U0556710

— 文学理论：问题与方法
Literary Theory: Problems and Methods

北京师范大学文艺学研究中心 编
王一川 赵勇 主编
陈雪虎 执行主编

文化与诗学

CULTURE AND POETICS

2021年
第2辑
（总第33辑）

中国文联出版社

图书在版编目（CIP）数据

文化与诗学：文学理论：问题与方法 / 王一川，赵勇主编. -- 北京：中国文联出版社, 2022.12
ISBN 978-7-5190-5040-5

Ⅰ. ①文… Ⅱ. ①王… ②赵… Ⅲ. ①文学理论—文集 Ⅳ. ① I0-53

中国版本图书馆 CIP 数据核字 (2022) 第 255682 号

主　　编　王一川　赵　勇
执行主编　陈雪虎
责任编辑　阴奕璇
责任校对　刘　丽
封面设计　十　一

出版发行　中国文联出版社有限公司
社　　址　北京市朝阳区农展馆南里 10 号　邮编 100125
电　　话　010-85923025（发行部）010-85923091（总编室）
经　　销　全国新华书店等
印　　刷　三河市龙大印装有限公司

开　　本　710 毫米 x 1000 毫米　1/16
印　　张　20.75
字　　数　288 千字
版次印次　2022 年 12 月第 1 版第 1 次印刷
定　　价　65.00 元

版权所有·侵权必究
如有印装质量问题，请与本社发行部联系调换

主　　编：王一川　赵　勇

执行主编：陈雪虎

编　　委：（按音序排名）

曹卫东　陈太胜　陈雪虎　程正民

方维规　郭英德　季广茂　李春青

罗　钢　吕　黎　钱　翰　陶东风

王一川　姚爱斌　张永清　张政文

赵　勇

彼得·芬沃思（Peter Fenves）

塞缪尔·韦伯（Samuel Weber）

"当前文学理论研究的问题与方法"会议篇

从一元到多元,从对立到对话
　　——20世纪俄罗斯诗学流派发展的启示 ………………………… 程正民　002
康德或马克思:20世纪80年代中国文艺学重建 ……………………… 程　巍　008
从象征人文主义到文化修辞论美学
　　——20世纪30年代以后德国诗学发展的一条进路 …………… 胡继华　019
文学理论研究尤其需要细读
　　——福柯的两组核心词汇试释 ……………………………………… 王丽丽　029
"梦幻刻奇":本雅明的辩证光学与阿拉贡的拱廊街邮品店 ………… 赵　文　037

"战时文艺与传统想象"篇

重估儒家审美主义
　　——再论抗战时期朱光潜对儒家礼乐的美学重构 ……………… 金　浪　050
"天崩地坼此何时"
　　——《亡明讲史》与台静农的"南明想象" ………………………… 吕彦霖　068
本能与政治:一种讨论抗战时期历史剧中女性形象的角度 ………… 罗雅琳　082

重讲鬼与神：延安的迷信文艺整改及其文化协商…………………… 杨明晨　097
处"浪漫"而慕"古典"
　　——抗战时期李长之重释中国传统文化的内在理路…………… 邹居东　113

"修辞学与西方文艺思想史"篇

爱情作为修辞：彼特拉克的《秘密》与认知…………………………… 钟碧莉　126
霍布斯的政治修辞术……………………………………………………… 叶仁杰　144
作为"沟通思想的技艺"：论边沁的功利主义修辞学…………………… 郭　峰　159
论题与拟格：昆体良《论演说术原理》（三—五卷）的诗学思想……… 姚云帆　175

青年园地篇

另一种来自俄国的声音
　　——"离散者"奥尔金及其《俄国文学指要》在中国……………… 翟　猛　194
"儒术"与"奴术"
　　——鲁迅《儒术》与胡适《说儒》思想之论析…………………… 李诗男　206
论梁宗岱的诗歌翻译观念………………………………… 张文晨　熊　辉　222
地方性：传播中的声音世界
　　——论抗战时期徐旭生通俗文艺实践的价值意义………………… 石天强　236
"美"之何"是"
　　——从希腊语汇出发重新考读柏拉图《大希庇亚篇》…………… 林　早　249
埃兹拉·庞德《诗章》中的光学与生物隐喻…………………………… 王年军　265
《魔山》中的景观体验…………………………………………………… 黄兰花　280

书评篇

假设与解释
　　——评高友工"抒情美典"中的音乐思想…………………… 曾小月 294

"虚构文学"视野下的政治辨识力与民主实践性
　　——评魏简《在虚构与现实之间》…………………………… 杨　旭 308

编后记 …………………………………………………………………321

"当前文学理论研究的问题与方法"
会议篇

从一元到多元，从对立到对话

——20 世纪俄罗斯诗学流派发展的启示

程正民[1]

[**摘要**] 20 世纪俄罗斯诗学流派发展的特点和趋势是从一元走向多元，从对立走向对话，它给我们当代文学理论发展的启示是要增强流派意识，形成不同的理论学派，要用对话的态度对待各种文化现象和文学现象。在马克思主义思想指导下，不同学派的形成，多元对话的形成，能给当代文学理论带来新的生机和活力。

[**关键词**] 一元多元　对立　对话　当代文学理论

2019 年，文艺学研究中心召开过一次题为"审美，社会和批判理论的旅行"的国际学术讨论会，赵勇老师让我发个言，我发言的题目是"精英文学和大众文化中的审美和非审美"。两年后，文艺学研究中心这次又召开题为"当前文学理论研究的问题和方法"学术讨论会。王一川老师让我发个言，我对当前文学创作和文学理论研究了解甚少，再三推辞。实在推辞不了，我只好结合前些年主持的项目"20 世纪俄罗斯诗学流派研究"和 2019 年出版的 6 卷本《20 世纪俄罗斯诗学流派研究》丛书，谈一点对当前文学理论研究的看法。

一个多世纪以来，中国文学和中国诗学的发展同俄罗斯文学和诗学的发

---

[1] 程正民，北京师范大学文学院教授，北京师范大学文艺学研究中心研究员。

展，有某些相似之处。20世纪俄罗斯诗学的发展也许能为我国当前文学理论的发展提供某些启示。

我把20世纪俄罗斯诗学的发展趋势或者特点归结为相互联系的两个方面：一是从一元走向多元，一是从对立走向对话。

先谈谈从一元走向多元。

俄罗斯诗学从19世纪到20世纪初，原来是多元发展的，是存在不同流派的。19世纪末20世纪初的俄国文艺学学院派中就存在神话学派、文化历史学派、比较历史学派和心理学派四大学派。十月革命后的20年代，也曾经出现过不同艺术流派和学术学派林立和相互竞争的局面。可是后来的政治高压和思想一元扼杀了流派和学派存在的局面，窒息了文学创作和文学理论的生机。当年尽管20世纪俄罗斯诗学是马克思主义文学社会学一统天下，但一些文艺学家在政治高压下，依然坚持自己的学术信念和学术个性，艰难形成不同的诗学流派，其中有语言诗学、结构诗学、体裁诗学、故事诗学、历史诗学、心理诗学、文化诗学等诗学流派。俄罗斯一批著名的文艺学家从不同的角度，运用不同的方法探索艺术创作的奥秘，并对世界文论的发展产生重要的影响。其中俄国形式主义被称为"20世纪文论开端"（伊格尔顿），普罗普作为"结构主义民间文艺学的奠基人"被西方结构主义奉为"结构主义的精神源头"，结构主义诗学的代表人物洛特曼的文本结构和外文本结构相结合的研究被认为是"一场哥白尼的革命"（佛克玛和易布思），而巴赫金作为诗学集大成者则被称为"20世纪人文科学领域最重要的苏联思想家，文学界最伟大的理论家"（托多罗夫）。

文学风格的形成是作家成熟的标志，诗学流派的形成是诗学成熟的标志，20世纪俄罗斯诗学流派的形成则是20世纪俄罗斯诗学成熟的标志。诗学流派的形成固然与文艺学家的创造力相关，与他们的聪明才智相关，也同文艺学的研究对象文学的特点相关。巴赫金曾经说过，"文学是一种极其复杂和多面的现象，而文艺学又过于年轻，所以还很难说，文艺学有什么类似'灵丹妙药'的方法。因此，采取各种不同的方法就是理所当然的，甚至是完全必要的"[1]。

　　中华人民共和国成立后，我国文学理论研究的状况同苏联有些相似，在相当长的时期内，在文学创作和文学研究领域实行思想一元、舆论一律，根本谈不上流派和学派的存在和竞争，稍有不同看法便被视为异端，轻者批判，重者镇压，胡风集团被镇压就是惨痛的教训。新时期以来，状况有了很大的变化，在马克思主义思想的指导下，在外来文艺思潮的影响下，出现了文学理论研究方法多样化、多元化的局面，促进了文学理论研究本身的发展。但是，文学理论界并没真的形成不同的流派和学派，更谈不上不同流派和学派之间的竞争和对话。究其原因，一方面是因为有些人害怕多元化，害怕形成了流派和学派，以为那样就会形成小团体，就会离经叛道，就会离开马克思主义的正确轨道。另一方面是我们的一些做法和尝试未能坚持下来，国内文艺学界在文学理论发展的不同时期，其实都有不同的理论主张出现，不同的研究方法出现，比如与文学向内转和主体性相联系的文艺心理学研究，与自然科技思想发展相联系的结构符号研究，与文化寻根相联系的文化研究。又比如后来的新理性主义研究和文化诗学研究。但是这些多元化的多样化的文学理论研究更多的是同一个时期的社会和文化的变动相联系、相呼应，缺乏同文艺学学科基本理论的研究本身更紧密的联系。其结果，这些主张和研究往往都是只出现一阵子，之后很快就消失了。当前文学理论研究如果能够增强流派意识，能够抓住文学理论的基本问题，每个研究单位或个人能在一个方向上长期坚持下去，并形成不同的流派和学派，那么我们文学理论研究的成熟和繁荣就指日可待了。

　　再谈谈与一元走向多元相联系的从对立走向对话。

　　从19世纪到20世纪，俄罗斯诗学有两种流派、两种传统并存。以别林斯基和马克思主义文艺社会学诗学为代表的流派和传统，相对的是更多强调文学同社会历史文化的联系，强调文学的社会功能。以"唯美派"和俄国形式主义为代表的流派和传统相对的是更多强调文学的特性、文学的形式结构

---

[1][苏]巴赫金.答《新世界》编辑部问[M]//《巴赫金全集》(第4卷).晓河等，译.石家庄：河北教育出版社，2009：406.

和文学的审美功能。这两种流派和传统在历史上常常是对立的。当年别林斯基同"唯美派"势不两立，马克思主义文艺社会学对形式主义也没有认真展开对话，而是给予毁灭性的打击。这两种流派和传统在历史上更多时候是对立的，但实际上也存在相互对话、相互渗透和相互融合的一面。在20世纪，如前所述，一些受主流压抑的文艺学家开始对历史进行反思，努力继承传统，并且同对方展开认真的对话，从对方身上吸收有价值的成分，自觉探索文学研究中内容和形式、历史和结构、外部和内部的融合。在20世纪俄罗斯诗学中，既可以看到多元发展的图景，也可以看到各种诗学流派积极对话的局面。他们既重视形式结构的研究，也继承俄罗斯诗学深厚的历史主义传统，并自觉探索文学研究中内容研究和形式研究的结合，历史研究和结构研究的融合，外部研究和内部研究的贯通，将文学理论推向一种综合的空间。

普罗普的故事研究显然是受形式主义影响。他的故事形态学研究不是从故事的内容切入，而是从故事的结构形态、故事的结构功能切入，进行故事研究。而他的《神奇故事的历史根源》则是力图通过故事与历史的对比，寻找故事产生的历史传统，在解答故事是什么的基础上进一步研究故事从何而来的问题。从他的研究可以看到形式主义的影响，同时他的研究又是同形式主义的对话，是对形式主义的超越，我们从中可以感受到俄罗斯诗学深厚的历史主义传统的浸润。

洛特曼的结构诗学显然是受形式主义和西方结构主义的影响，他注重文本的结构分析，认为文本结构的复杂性是同文本的艺术能量成正比的。文本艺术结构越复杂，所传达的艺术内涵就越丰富。这种研究当年曾被文论界的主流称之为"反历史主义"和"去人文化"，实际上洛特曼的结构诗学并没有完全局限于文本内部结构，他提出艺术文本结构和艺术外文本结构的概念，后者指的是文本的社会历史文化语境，他认为只有在社会历史文化语境中才能对文本有真正的理解。对此，著名文艺学家利哈乔夫指出，"在俄罗斯的结构研究系统中越来越顽强地流露出历史主义的态度，它归根结底将结构主义变成非结构主义，因为历史主义摧毁着结构主义，同时又允许从中吸收最好的因素，结构主义在形式与内容相关联的形式研究过程中发现了许多新东西"[1]。

到了巴赫金那里，各种诗学流派达到一种整合，我把巴赫金诗学称之为整体诗学。他的诗学既反对"非诗学的社会学"（庸俗社会学），又反对"非社会学的诗学"（形式主义）。在他的复调小说研究中，既从形式、结构、体裁（结构诗学）切入，又把它们同历史、文化联系起来，追寻复调小说同狂欢文化的联系（文化诗学），追寻狂欢体小说的历史形成过程（历史诗学）。在他的研究中，形式结构诗学、文化诗学、历史诗学是融为一体的。

新时期以来，我们的文学理论虽然没有形成各种理论学派，但是还是出现文学研究方法的多样化和多元化，问题是我们在观察各种文学现象时，在运用各种方法研究文学时，往往缺乏一种对话的思维，一种对话的态度。有时容易把不同的文学现象完全对立起来，比如把现实主义和现代主义完全对立起来，把精英文学和大众文化完全对立起来，把主旋律电影和商业电影完全对立起来等。在文学研究方面则是容易把一种研究方法同另一种研究方法完全对立起来，比如一谈形式结构就不谈历史文化语境，好像形式结构研究和艺术社会的研究是势不两立的。这种独白的思维，这种对立的态度，既不符合事物本身的实际，也缺乏一种辩证的思维。实际上在各个历史时期，特别是在社会文化转型时期，各种文化现象和文学现象是非常复杂和充满矛盾的，它们之间既有相互对立、相互矛盾的一面，也有相互对话、相互渗透、相互融合的一面。正因为此，社会文化转型时期的文化和文学才充满生机和活力。20世纪俄罗斯诗学的发展给我们一个重要启示，就是不能用对立的态度而要用对话的态度来对待各种文化现象和文学现象。当然，所谓的对话态度并不是要把一种文学现象完全变成另一种文学现象，把一种文学研究方法完全变成另一种文学研究方法。因为不同的文学现象有各自认识生活和把握生活的特点和优势，不同的研究方法也有各自把握文学现象的特点和优势。所谓对话的思维、对话的态度，是要从对方吸取有益的成分来充实自己、发展自己。现实主义在坚持自己特色的同时，可以从现代主义那里吸收有益的

---

[1]［俄］利哈乔夫.关于文学研究的思考［M］//解读俄罗斯.吴晓都等,译.北京：北京大学出版社，2003：315.

成分来充实自己；主旋律电影在坚持自己特色的同时，可以从商业电影那里吸取有益的成分来充实自己；同样，文学形式结构研究也可以从文学社会学那里吸取历史主义的有益成分来充实自己。

我们不用惧怕多元，不用惧怕对话，在马克思主义思想指导下，多元对话的形成，不同学派的形成，只能给我们当代文学理论带来新的生机和活力。

康德或马克思：20世纪80年代中国文艺学重建

程 巍[1]

[摘要] 中国20世纪80年代的文艺学重建体现为一种"去政治化"或"去意识形态化"的"文学本体论"，而美国文学理论家韦勒克和沃伦的《文学理论》为此提供了关键的理论资源和理论支撑。本文的目标是从《文学理论》一书自身在美国的"发生史"来勾勒美国中西部地区和南部地区的右派保守主义与东海岸地区的左派激进主义之间的一种对抗关系，以史料来揭示以韦勒克和沃伦的《文学理论》为其理论集大成的美国新批评与美国右派保守主义之间的文化—政治同盟，从而证明美国新批评的文学理论自身就是一种高度政治化或意识形态化的文学理论，一种"党派评论"。

[关键词] 20世纪80年代 文艺学 内部研究

在中国文艺学领域，80年代像一个幽灵，不仅一直徘徊在我们的经过美学净化的回忆中，也一直在干预着我们当今的文学批评实践，有时，我们自己可能就是80年代的借尸还魂。80年代被认为是中国的一个"思想解放"的时刻，这尤其体现于文艺学领域：为扭转此前文学和文学批评的"政治化"或"意识形态化"，80年代的文学理论家们开始提倡一种"去政治化"或"去意识形态化"的"文学本体论"。这些文学理论家大都具有康德美学的某种训练，尽管当初他们是把康德美学作为马克思主义美学的一个靶子而进行训练的。康德在1790年出版的《判断力批判》中把"审美"定义为一

---

[1] 程巍，文学博士，现为中国社会科学院外国文学研究所研究员。

种"无功利静观"的行为,说"关于美的判断只要夹杂着丝毫的利害在内,就会有偏爱而不是纯粹的欣赏判断了"。

但即便在80年代复活了康德的幽灵,还不足以支撑"文学的本体论"的合法性,因为一个"思想解放"的时代如果仅仅从18世纪吸取它的关键灵感,毕竟缺乏号召力,也难以打败那种仍然坚持认为文学是"一种特殊形式的意识形态"的文学理论及其批评实践。因此,必须从西方当代文学批评中去寻找合法性依据。80年代提出"走向世界""与世界接轨"的响亮口号,其中这个"世界",肯定不是指亚非拉世界,而是委婉指称西方世界——尤其是美国,它此时被建构为一切先进的现代的文学理论的来源。

1981年,杨周翰先生应邀去美国进行学术考察,次年写出类似"考察报告"的论文《镜子与七巧板:当前中西文学批评观念的一个主要差别》(以英文撰写,题为 The Mirror and the Jigsaw: A Major Diffenrence between Current Chinese and Wstern Critical Attitudes,载于加州大学出版社出版的文学评论刊物《再现》1983年秋季号),以"中西比较"的方式描述道:"中国当代一切文学批评都基于以下这些基本假设:文学反映或者应当反映社会生活,它不能与社会生活脱离,它有政治倾向性和教育目的;作家们被不断呼吁去深入生活,尤其是劳动大众的生活,而批评家们也因此主要关注作家是否深入了社会生活,是否成功反映了社会生活",而"与此同时,我们却在西方当代文学批评中发现了一套与之迥然不同的批评术语,各种批评流派都有着一种相互渗透的趋向,因此自然就有一些共同的特征,其中最主要者就是专注于文学作品的形式方面""中国批评家专注的是作品中反映的生活,而西方批评家观照作品本身,不屑于费心探究作品的'外部因素'。前者与韦勒克教授归类的外部研究近似,后者则与韦勒克教授归类的内部研究近似"[1]。

但"韦勒克教授"并非从"中西比较"的角度来区分"外部研究"和"内部研究",而是针对西方自身的各种文学批评流派进行的归类——这意味

---

[1] See Yang Zhou-han. The Mirror and the Jigsaw: A Major Diffenrence between Current Chinese and Wstern Critical Attitudes [J]. Representations, 1983 (4): 101-102.

着"外部研究"也同样广泛存在于当代西方文学批评,其中尤其是马克思主义的文艺批评以及其他一切基于历史和社会的文学批评。正如艾利克斯·沃洛赫所说,美国在1980年进入右派保守主义的"平庸的年代",但学院派的文学理论却反倒唱响了"政治化的高音","其标志是弗雷德里克·杰姆逊的《政治无意识》(该书的副题为'叙事作为一种社会象征行为')在1981年的出版及其在整个1980年代的影响"[1]。似乎刻意针对以美国新批评的"内部研究"为代表的那种非历史化倾向,杰姆逊不仅在《政治无意识》的扉页以维特根斯坦的"想象一种语言,就是想象一种社会方式"作为题词,而且该书序言第一句便是一个充满战斗意味的口号——"Always historicize!"要须臾不离历史化[2]。

杨周翰先生1981年在美国进行学术考察,正是杰姆逊出版《政治无意识》并且学院派的文学理论家们正在唱响"政治化的高音"的时刻,而杨周翰先生却只"发现"了美国文学批评的一种所谓的"共同的特征",即"专注于文学作品的形式方面"。这个考察结论完全忽视了美国(西方)的文学批评的党派冲突,而将其中一方建构为西方文学批评的一个共同特征,然后又从"中西比较"的角度,将韦勒克和沃伦本用来区分美国(西方)自身并存的"内部研究"和"外部研究"建构为一种中西对立,即"西方批评家们"在从事"内部研究",而"中国批评家们"却在从事"外部研究"。

不过,比杨周翰晚两年(1983)去美国访学的乐黛云先生一到美国,就接触到了美国或者西方文学批评的另一大潮,而她与杰姆逊在加州大学的会面,直接促成了杰姆逊1985年秋冬来北京大学授课三个月。乐黛云在为1986年出版的杰姆逊讲稿《后现代主义与文化理论——弗·杰姆逊教授讲演录》所写的序言中回顾说:"在加州时,我们曾谈到马克思主义在中国的实践及其无限潜能,也许正是这一切在吸引他罢。"[3] 序言谈到开课情形甚详:

---

[1] Alex Woloch, Or Orwell. Writing and Democratic Socialism [M]. Oxford: Harvard University Press, 2016: xi.
[2] Frederic Jameson. The Political Unconsciousness: Narrative as A Socially Symbolic Act [M]. Ithaca: Cornell University Press, 1982: 9.
[3] 乐黛云. 序 [M] // [美] 弗雷德里克·杰姆逊. 后现代主义与文化理论——弗·杰姆逊教授讲演录. 唐小兵,译. 西安:陕西师范大学出版社,1987:2.

"1985年9月至12月,美国杜克大学弗·杰姆逊教授应北京大学比较文学研究所和国际政治系国际文化专业之请,在北京大学开设有关当代西方文化理论的专题课。听讲的学生来自中文系、英语系、西语系和国际政治系,还有一些来自美国和苏联的留学生。他的课非常严格地按每周6个小时进行,用英文讲授,同时由英语系唐小兵用每周3小时另向英语较差的同学进行辅助性翻译复述。"[1]

从译者唐小兵为这部译著所写的译后记,可知杨周翰先生也参与了此事:"1985年秋冬,F.杰姆逊教授在北大讲课期间,我受杨周翰先生、乐黛云教授之托,为中文系部分比较文学及文艺学研究生翻译杰姆逊教授授课内容。那是繁忙紧张而又充满愉悦的4个月。"[2] 由此可见,杨周翰先生对杰姆逊也颇为重视,但为何1981年他在美国进行学术考察时,却只"发现"了作为西方各种文学批评的"共同的特征"的"内部研究"或者说"专注于文学作品的形式方面"?或许美方邀请者只想让他"发现"他们想要他"发现"的一面?或许是当时国内以"文学本体论"为基础重建中国文艺学的迫切需要,使杨周翰先生刻意忽略西方文学批评的另一大潮,因为它对"文学本体论"有对抗乃至拆台之虞?这真是一个令人不解的谜团。

不管怎样,1988年7月16日,杨周翰在《文艺报》发表了由王宁从英文翻译的《镜子和七巧板:当前中西文学批评观念的主要差异》,此文立即产生了影响,《文艺理论研究》1988年第5期随即发表无署名短评,题目有些惊悚——《中国文艺批评面临十字路口》,在撮要转述杨周翰文章的内容后,添加评论云:"中国文学批评到了一个十字路口,如果要想在此前进一步,就得承认创作工作的复杂性。现已有迹象表明,中国批评家已开始意识到了文学的内部研究的重要性。"[3]

直到1990年,也就是"文学的内部研究"已成为中国新文艺学的圭臬

---

[1] 乐黛云.序[M]//[美]弗雷德里克·杰姆逊.后现代主义与文化理论——弗·杰姆逊教授讲演录.唐小兵,译.西安:陕西师范大学出版社,1987:1.
[2] 唐小兵,译后记.乐黛云.序[M]//[美]弗雷德里克·杰姆逊.后现代主义与文化理论——弗·杰姆逊教授讲演录.唐小兵,译.西安:陕西师范大学出版社,1987:231.
[3] 中国文艺批评面临十字路口[J].文艺理论研究,1988(5).

之后,当《镜子和七巧板:当前中西文学批评观念的主要差异》一文收入杨周翰的论文集《镜子和七巧板》由中国社会科学出版社出版时,杨周翰在文章末尾添了一个"附记",承认当初《镜子和七巧板:当前中西文学批评观念的主要差异》一文对西方文学批评的整体场景有所遮蔽:"此文写于1982年,未能涉及结构主义和后结构主义。这两种新理论虽仍是形式主义的理论,但值得作进一步的比较研究。此外,本文也未涉及所谓的'新历史主义'批评,这一批评流派可以说是对形式主义批评的一种反作用,也值得作比较研究。"[1]

不过,在以韦勒克与沃伦的《文学理论》来重建中国文艺学的基础的20世纪80年代,无论是1985年秋冬杰姆逊在北京大学三个月的系列讲座,还是杨周翰先生在1988年为当初的《镜子和七巧板:当前中西文学批评观念的主要差异》添加的"附记",都被边缘化了。意味深长的是,作为美国和英国的头号马克思主义文学理论家的杰姆逊和伊格尔顿,他们各自第一部中译本著作(杰姆逊的《后现代主义与文化理论》和伊格尔顿的《二十世纪西方文学理论》)在1986年和1987年均出版于地处"边缘地带"的陕西师范大学出版社,而形式主义新批评派的韦勒克与沃伦的《文学理论》的中译本则在1984年由"中心地带的中心"的生活·读书·新知三联书店出版。

既然80年代最有号召力的口号是"走向世界"和"与世界接轨",那么,中国当代批评家们理当抛弃自己的"外部研究",转向作为"西方文学批评的共同的特征"的"内部研究"。一度在80年代的中国还没有获得其明晰内涵的"文学本体论",终于在韦勒克和沃伦的《文学理论》中找到了自己的简单而明晰的美国式表述方式。

韦勒克和沃伦的《文学理论》之于80年代中国文艺学重建的深远影响,姜涛在2009年的一篇笔谈中或许描述得最为全面和准确:"所谓'内外'有别观念在中国的确立,得益于韦勒克、沃伦的《文学理论》一书的广泛阅读,'内部研究'与'外部研究'二元区分,也成为80年代以来文学研究、

---

[1] 杨周翰.镜子和七巧板:当前中西文学批评观念的主要差异[M]//镜子和七巧板.北京:中国社会科学出版社,1990:31—32.

批评的基本框架。为了反抗粗暴的外部干预，必须要在文学的内部建立起自己的尺度，文学研究的学科性质的转移也奠基于此。80年代末'重写文学史'的冲动，归结到一点，也就是要用内部的标准替代外部的政治标准，重述一种独立的、审美的文学史。"[1]

但姜涛此话描述不是在为"内部研究"辩护，恰恰相反，他认为这种"向内转"的"内部研究"后来造成了中国"文学和文学批评'普遍地疏离甚至逃避现实的趋势'"，正如参与那次笔谈的另一个学者洪子诚所说："出现这种状况的很大部分原因，是80年代以来对'纯文学'和'文学自主性'的提倡。这些在80年代具有'革命能量'的思潮，在历史情景发生变化的时候，未能及时加以调整，而越来越明显地表现出其负面的影响。确实，在80年代，出于对'十七年'，特别是'文革'时期文学与政治的关系的反思，文学界的许多人怀有'纯文学'的想象，并推动着文学尽可能对政治的'离弃'。这与90年代以来的文学在批判精神上存在的缺失，应该说有一定的关联。"[2]

这个看法在"内部研究"的反思派那里颇具代表性，即强调韦勒克和沃伦的文学理论本身具有"革命能量"——错不再《文学理论》——而是中国社会自身从20世纪80年代进入20世纪90年代之后历史情景发生了变化，将这种"革命能量"冷却了。

但反思派从来就没有费心去探寻韦勒克和沃伦的《文学理论》自身的"发生史"，如果他们知道，《文学理论》本身就是美国中西部地区和南部地区的右派政治保守主义的一种文学理论，它反对的恰恰是美国东海岸地区的马克思主义的、左派的以及其他一切文学的政治的、历史的、社会的文学批评和文学史写作，那么，他们肯定对这部著作在中国造成的负面影响会有另一番见解。形式主义的"内部研究"通过把文学从其须臾不可割裂的社会关系和生产关系中想象性地割裂出来，变成一个形式主义的孤岛，本身就不荷载任何"革命能量"。顺便说一句，正如美国新批评派其他人，韦勒克和沃

---

[1] 姜涛.文学的内外：有别于"方法"[J].郑州大学学报（哲学社会科学版），2004，37（2）.
[2] 洪子诚.不要轻言"终结"[J].郑州大学学报（哲学社会科学版），2004，37（2）.

伦也是康德学者,而他们要在文学批评和文学史写作中以康德的幽灵驱逐马克思的幽灵。

韦勒克和沃伦的《文学理论》是美国新批评和俄罗斯形式主义——捷克结构主义的理论集大成者,不过它与俄罗斯形式主义——捷克结构主义一线的直接联系,仅仅因为韦勒克在1939年移民到美国的中西部地区的爱荷华州。美国新批评有时被定义为"英美新批评",其实主要是一种美国现象,它的产生与内战之后美国南部农业地区的庄园经济结构及其生产关系和生活方式对北部地区的具有工业资本主义时代的特征的生产方式、生产关系和生活方式的入侵的抗拒息息相关——现实中的抗拒的无能最终导致一种想象性的复归或者说"怀旧"以及T. S. 艾略特式的"出走"(被后溯为"英美新批评的开创者"之一的T. S. 艾略特出生并成长于美国中西部,一战爆发后滞留于英国,不久转为英籍)。

美国新批评不仅大盛于1945到1955年的麦卡锡主义运动的高峰时期,而且与麦卡锡主义一样发端于美国南部地区和中西部地区,这并非一个时间和地理的巧合。新批评和麦卡锡主义,都主要以美国内部地区和中西部地区作为其地区基础和群众基础,那里盛行的是盎格鲁·撒克逊的、清教主义的、种族主义的、重农主义的、经验主义的、反智主义的传统,而这些地区对知识分子云集的美国东海岸地区充满怀疑和敌意,这些知识分子主要来自东欧和中欧,大多是犹太新移民,具有自由主义和欧洲大陆的理论思辨的传统,并且从欧洲带来了包括马克思主义和其他左派学说在内的一切现代激进主义思潮。

美国1919到1933年的禁酒运动和1945到1955年的麦卡锡主义运动,可以被视为美国南部地区和中西部地区的小城镇社会向美国东海岸地区的大都市社会发起的两次十字军东征,正是在这两次十字军东征的时刻,美国新批评先是兴起于南部地区,以田纳西州的范德比尔德大学为其精神中心,以重农主义和对南方奴隶制时代的"美好旧时光"的怀旧来对抗东海岸地区北部的工业和现代性,继而,随着捷克形式主义者韦勒克和深受南部新批评影响的沃伦先后来到爱荷华州,爱荷华大学就成了与南部田纳西州的范德比尔德大学相互呼应的新批评的另一个精神中心。

新批评的这两个精神中心地处"边缘地带"的美国南部和中西部,而它发展壮大以及最终走向"中心地带"(东海岸地区),并非完全由其自身理论的吸引力所赢得,而是受到了美国政府暗中支持的洛克菲勒基金会的大力资助。保守主义者常常指控主流基金会在资助上偏向左派,不过,约翰·威尔逊在检视这些被指控的基金会的档案后却发现:"这些基金会无一资助过任何一项具有左翼意识形态色彩的项目,不像奥林基金会的资助具有明显的保守主义动机。即便是麦克唐纳提到的'最激进'的现代语言协会,也从来没有资助过什么人。那些大的基金会一般资助一些主流项目,例如课程改革,而不是资助对社会或学术机构进行激烈批评。"[1]休斯·维尔福德谈到洛克菲勒基金会在"先锋派的体制化"中所起的作用时,在一个脚注中提到洛克菲勒的政治偏向:"对新批评派的杂志的资助,不是洛克菲勒基金会对新批评派显示其偏向的唯一方式。1954年,洛克菲勒基金会拒绝了ACCF提出的给那些小杂志编辑们的一次会议提供资助的申请。ACCF受纽约知识分子群的控制。两年以后,洛克菲勒基金会资助了新批评派在纳什维尔这个所谓的'修辞运动的摇篮'的一次重聚会。"[2]

对麦卡锡主义时期洛克菲勒基金会人文部的秘密档案了如指掌的埃里克·本内特在《帝国的工作室》一书中谈到人文部,说"它巡视着高等教育,以确认哪些系和哪些学者与基金会的观点一致;它资助那些尚处在边缘的人物和发展,直到这些人物走向中心,这些发展变得关键;它紧盯学科的活动和兴趣的新的中心——任何看起来有希望对过度专业化和墨守成规形成一种对抗力量的中心。它资助的人有一长串,包括直到2015年的今天听起来依然不陌生的一些名字,他们是英文学科史上里程碑式的人物。在1944年,洛克菲勒基金会资助约翰·兰瑟姆七千五百美元,用于《肯庸评论》的

---

[1] John K. Wilson. The Myth of Political Correctness: The Conservative Attack on Higher Education [M]. Durham: Duke University Press, 1995: 29.
[2] Hugh Wilford. The New York Intellectuals: From Vanguard to Institution [M]. Manchester: Manchester University Press, 1995: 130.

编辑活动，另资助这份杂志的编辑埃里克·R.本特利1千美元（保罗·恩格尔也受了资助）。1946年，他们同意承担之前提到的罗伯特·P.沃伦的编辑费。1945年，该基金会通过爱荷华大学资助韦勒克和沃伦8千美元，用于完成他们的《文学理论》。1947年，该基金会开出4万美元，资助肯庸学院英文研究学校由莱昂内尔·屈瑞林、F.O.马希森和约翰·兰色姆担纲、致力于塑造美国的文学批评的三个学期的课程。1949年，F.R.利维斯通过剑桥大学获得该基金会的资助，得以连续三年雇用助手，让更多学生受惠。普林斯顿大学获得了3万美元的资助，用于推进文学批评新方法的探索。1951年，爱荷华写作中心的首任主任威尔布·希冉通过爱荷华大学获得该基金会'九千一百零五十美元的资助，用于研究在人文学科写作方面培训人员的可能性'。（他那时已是一个传播学的一个创始人，后来作为宣传顾问为中央情报局工作）1952年，普林斯顿大学从该基金会获得一笔高达10万美元的多年资助，用于支持高斯文学批评研讨班"[1]。

格里姆·库珀谈到洛克菲勒基金会与新批评派在麦卡锡主义时期大盛之间的关系时说："洛克菲勒基金会在背后资助了新批评派的反叛，这已不是什么新闻。但爱荷华的崛起，与这场反叛之间在政治、哲学和金钱上的密切联系，却鲜为人知，同样鲜为人知的是这场反叛的规模远不止新批评，新批评只是其中一个侧面，而不是整体。洛克菲勒基金会的秘密档案显示它曾资助四份评论杂志，资助把爱荷华变成改变美国的文学文化的一个战场。"[2]

但这个战场比爱荷华更大，因为受到它支持的爱荷华和田纳西的"新批评派"开始纷纷向此前主要为左派和自由主义知识分子盘踞的东海岸地区常春藤联校进军："在我们这个时代，绅士—批评家和诗人—批评家以及文人们被职业的大学批评家所取代：除艾略特外，新批评派诸人都在学院和大学找到了长期的教职。他们的诸多作品被大学资助的季刊和出版社出版……布鲁克斯、韦勒克和温姆萨特成了耶鲁大学教授，布莱克穆尔去了普

---

[1] Eric Bennett. Workshops of Empire: Stegner, Engle, and American Creative Writing During the Cold War [M]. Iowa City: University of Iowa Press, 2015: 60.
[2] Graeme Harper ed., A Companion to Creative Writing [M]. Chichester: John Wiley & Sons, 2013: 435.

林斯顿大学，肯尼斯·伯克去了本宁顿的罗格斯大学，艾略特获得了诺贝尔奖，克里格和兰色姆去了肯庸大学，在那里，兰色姆领导着名声远播的肯庸英文学院（受洛克菲勒基金资助），瑞恰慈去了哈佛大学，泰特去了明尼苏达大学，而温特斯刚成为斯坦福的全职教授。身处这些负有盛名的高校，新批评派获得了权威，使他们得以通过出版物和日常授课将他们的思想广泛传播。也就是在这个时候，新批评的全套理论原则被韦勒克和沃伦编入了后来证明影响深远的《文学理论》（1949），此书不像《理解诗歌》瞄准本科生，而是瞄准研究生和教授。'批评股份有限公司'在1940年代后期成了现实。"[1]

美国新批评与美国右派保守主义政治之间的关联，证明美国新批评是一种高度政治化或意识形态化的文学理论，即便它像康德美学一样声称自己是一种"无功利的静观"的文学本体论、一种形式主义的"内部研究"。不过，随着60年代新左派运动的到来，美国新批评一度失去了其学术的影响力，而马克思主义的以及其他一切社会的、历史的和政治的文学批评——诸如马克思主义文学批评、文化研究、后殖民批评、女性主义、族裔文学批评等等——如雨后春笋，繁盛一时，它们关注千千万万有血有肉的男男女女在历史中和现实中的境遇，将文学批评重新与自由和平等的政治事业紧紧相连。

不久之后，随着右派保守主义在20世纪70年代中后期的卷土重来，尤其是1980年极右保守主义者里根和撒切尔夫人分别入主白宫和唐宁街10号，右派保守主义再一次开始清算马克思主义的以及其他一切新老左派的文学理论，此时，在1949年麦卡锡主义高峰时期出版的韦勒克和沃伦的《文学理论》，作为清洗这些激进主义的一味政治保守主义的泻药，被再一次抬举出来。但奇特的是，这种政治保守主义的文学理论却随即被挪用到中国，作为中国80年代文艺学重建的基础——与其说它重建的是一种"去政治化"或"去意识形态化"的文学理论，不如说它以"去政治化"或"去意识形态

---

[1] Vincent B. Leitch. American Literary Criticism Since the 1930s [M]. London: Routledge, 2010: 34.

化"的"文学本体论"或"文学自主性"为名号,将左派的意识形态悉数括入"外部",而将一种右派保守主义的文学理论建构为一种"形式主义"。

中国的 80 年代被认为是一个"思想解放"的时代,不过,这个"思想解放"的时代在其文艺学重建中却将一种美国中西部和南部地区的右派保守主义的、重农主义的、怀旧的文学意识形态,供奉为一种"真正的文学理论",以排斥包括马克思主义文学理论在内的一切历史的、政治的和社会的文学批评——其无远弗届的深远影响,几乎变成了一种集体无意识。这并不是说,80 年代之后,一切历史的、政治的和社会的文学批评在中国文艺学中消失了,恰恰相反,它们形成了一种批评大潮,但在韦勒克和沃伦的《文学理论》虚构的"内部研究"和"外部研究"的专断尺度下,它们不被认为是文学批评和文学史写作的正道,不是文艺学的学科合法性的基础。

这里不是在指责 80 年代的理论前辈,因为每一代人都在自己继承下来的特定的历史条件中提出自己的问题,并试图以自己的方式加以解决。现在应该是走向正—反—合的时候了。或许"内部研究"在某种程度上能够磨砺批评家对形式的敏感性,但代价却是丢掉了整个世界及其社会关系,因此也完全不能说明形式自身的历史变化和阶层差异,因为形式的历史变化和阶层差异只有在历史进程的全部复杂关系中才能获得真正的说明。实际上,那些与生活世界息息相关并且最具政治洞见和历史深度的文学批评,恰恰体现出对于文学这种"特殊的意识形态"的形式敏感,而形式主义的"内部研究"反倒因为缺乏政治敏感性而不能在形式研究方面达到这种敏感——或许正因为它具有政治敏感,它才出于一种右派保守主义的政治需要,将文学研究囚禁于"内部"。

从象征人文主义到文化修辞论美学

——20 世纪 30 年代以后德国诗学发展的一条进路

胡继华[1]

[摘要] "卡—海之争"（Cassirer-Heidegger Debate），乃是 20 世纪，甚至是整个欧洲精神史上的重大事件，诸多思想发展流向滥觞于此，其中影响较大者，便是象征人文主义，及其向文化修辞论美学的转型。卡西尔"象征形式的哲学"之核心，便是"意义问题"。但他解决意义问题的独特进路却通向了象征的人文主义，实现了古典人文主义的创造性转换。在此，在可以操作的层面上，我们不妨将"象征人文主义"解释为以普遍人性信念为基础、以象征形式为媒介而重构的人文主义。同时，卡—海之争，推进了古典人文主义向象征人文主义的创造性转型。这种创造性转型的标志，乃是文化修辞论美学在 20 世纪 60 年代德国思想语境之中的崛起。驱动文化修辞论美学崛起的重镇，正是布鲁门伯格及其所建构的隐喻学范式。凸显修辞的建构性以及隐喻范型的导向性，布鲁门伯格不仅传承而且强化了卡西尔的"天下主义"。

[关键词] 达沃斯论辩　象征人文主义　文化修辞论美学　天下情怀

1928 年至 1931 年间，在瑞士的达沃斯举行了一系列学术论坛，由瑞士高校联盟组织和举办。这些论坛之宗旨，在于推动战后欧洲国家和民族之间

---

[1] 胡继华，文学博士，北京第二外国语学院文化与传播学院教授。

的合作。其中有一场论坛让人难以忘怀，那主要是因为1929年，在海德格尔和卡西尔之间爆发了一场著名的论战，论题集中在如何对康德和康德哲学做出恰如其分的阐释。卡—海之间的对质，也标志着海德格尔"形而上学解构学说"的上升和卡西尔更为古典的人文主义及启蒙思想的没落——卡西尔将文明史视为从"神话"（mythos）走向"理性"（logos）的进程。卡西尔乃是新康德主义马堡学派的殿军，通过《象征形式的哲学》而完成了对康德主义的超越和对新康德主义批判范式的拓展，海德格尔刚刚出版《存在与时间》，因其"基础存在论"而成为一颗冉冉上升的学界新星。

马堡学派的新康德主义者强调理性在经验之中的结构性功用，卡西尔坚持认为象征形式具有客观性，承载着古典人文主义的余韵。海德格尔对马堡学派和卡西尔的哲学立场提出质疑，对他们所代表的认识论和哲学人类学发起了"存在论"的挑战。许多人认为，这场遭遇战绝对是一条分水岭：它具有历史和哲学上的重要性，标志着同时代人基于不同的康德阐释而在政治、伦理，甚至在生存论上分道而行。[1] 受海德格尔之邀而有幸参与这场论辩的青年学生之一波尔诺回忆说，二位哲人论辩心平气和，波澜不惊，但听众觉得惊心动魄，有一种雄壮之感。每个参与者都觉得见证了"一个伟大历史性的时刻"："在这里，在今天，世界历史上一个新的欧洲诞生了。"[2]

史家所谓的"卡—海之争"（Cassirer-Heidegger Debate），乃是20世纪，甚至是整个欧洲精神史上的重大事件，诸多思想发展流向滥觞于此，其中影响较大者，便是象征人文主义，及其向文化修辞论美学的转型。

---

[1] 关于这种情形，参见弗里德曼.分道而行：卡尔纳普.卡西尔和海德格尔［M］.Chicago, IL: Open Court, 2000: 1；瓦伊特.论微言大义：达沃斯论辩中的海德格尔和（或）卡西尔［J］.政治理论，1998（26）: 610；克里斯陶多.海德格尔和卡西尔：存在，认识和政治［J］.康德研究，1991（82）: 469-483.

[2] 参见［德］萨弗兰斯基.海德格尔传——来自德国的大师［M］.靳希平，译.北京：商务印书馆，1999: 253.

一、分道而行：天下情怀与唯一存在意义

论辩以学生记录的零散形式传世，或许二位哲人之间差异被夸大了。卡西尔夫人回忆说，二位哲人在辩论之中丝毫没有流露出敌对情绪，海德格尔本人却认为这场论辩被炒作得过分了。但见证了这场遭遇战的列维纳斯（Emmanuel Levinas）说，"卡西尔代表了正在破坏的秩序……海德格尔宣告了一个正在倒塌的世界"。[1] 萨弗兰斯基则从这次思想决战联想到托马斯·曼（Thomas Mann）的《魔山》之中的塞特姆布里尼和纳福塔：与人为善的人文主义斗士和形而上学恐怖主义者。卡西尔守望普遍人性信念，展示出包容他者的"天下情怀"，而海德格尔致力探索存在的唯一意义，而表现排斥甚至扼杀存在差异的形而上暴力。萨弗兰斯基用诗意的语言夸张了二位哲人学理上的绝然对立："一个面向发生，一个面向渊源；一个涉及的是人类创造的居所，另一个顽固地津津乐道于'无中生有'（creatop ex nihilo）的无底奥秘。"[2] 但是我们宁愿平实地认为，在论辩之中自说自话的两位哲人都在致力于推进古典人文主义的创造性转化。卡西尔将古典人文主义转化为象征人文主义，而海德格尔则将古典人文主义转化为存在人文主义。

卡西尔坚信，人类精神具有符号创造能力，人可以创造一个叫作"文化"的象征世界。他将文明史解释为从"神话"（mythos）到"理性"（logos）的发展。作为一位根深蒂固的浪漫思想家，海德格尔对文明、理性、逻各斯和历史充满了恐惧，从而绝不予以信任，永远在尝试回归到语言、文明和历史的源头。

卡西尔断言，人类借着"形式媒介"而通达无限，而形式乃是人类自己的创造物。他解释道："无限乃是总体性，即有限自身的完成。但恰恰就是有限的完成构成了无限性。正如歌德所说：'如果你要进入无限，请你走

---

[1]［日］港道隆.列维纳斯：法外的思想［M］.张杰，李勇华，译.石家庄：河北教育出版社，2002：32-33.
[2]［德］萨弗兰斯基.海德格尔传——来自德国的大师［M］.靳希平，译.北京：商务印书馆，1999：257.

遍有限的四面八方。'"[1] 与这种立场截然相反，海德格尔断言："作为一种有限的存在物，人在存在论上确实具有一种无限性。在创造存在物（seienden）之时，人类绝非无限，亦非绝对。相反，恰恰是在领悟存在（verstehens des seins）的意义上，他才是无限。""此在"具有时间性或曰"世俗性"，且"内在超越寓于时间之本质"，而这就使得这种先于一切文化或文化哲学的"存在领悟"成为可能。[2]

这场好似"华山论剑"的巅峰思想对决最后表明，卡西尔对多重世界观和多种象征形式的认识让他更倾向于接受歧异之见，表现出"大道之行天下为公"（to be so ecumenical）的情怀。[3] 海德格尔一意孤行，致力于在"多种存在方式"之后获致一种"存在观念"，认为此乃哲学"唯一要务"（the one thing），故而时刻准备转向"形而上学的核心问题"，即"存在的意义问题"。[4]

二、象征人文主义

卡西尔"象征形式的哲学"之核心，便是"意义问题"。但他解决意义问题的独特进路却通向了象征的人文主义，实现了古典人文主义的创造性转换。在此，在可以操作的层面上，我们不妨将"象征人文主义"解释为以普遍人性信念为基础、以象征形式为媒介而重构的人文主义。这种人文主义筑构在欧洲文化的整体景观之中，收纳并传承了古希腊罗马"教化"（paideia）传统、基督教"灵修"（spiritual exercise）传统、文艺复兴和启蒙时代认知渴

---

[1]《达沃斯辩论：在恩斯特·卡西尔和马丁·海德格尔之间》，海德格尔：《康德与形而上学疑难》，第四版附录。
[2]《达沃斯论辩》，第252、254、256—257页。
[3]《达沃斯论辩》，第264、266页。"象征形式"乃是卡西尔用于描述一切文化形式、一切意识模式的普遍概念。本文沿用这个概念，却总是无法区分变化多端的表达形式和再现方式，因为我们集中讨论象征形式的共性：它们的功能。隐喻、神话、修辞、象征、概念、理性、科学、象征形式、文明、知识体系，以及"回答"：所有这一切都具有满足好奇心、满足需要、"回答问题"和"占据位置"的功能。
[4]《达沃斯论辩》，第267—268页。

望（curiosity for knowledge）。

在卡西尔哲学中，意义，尤其是象征形式所媒介的意义，构成其人文主义的内隐之维。与海德格尔视"存在意义"为唯一意义的形而上暴力姿态完全不一样，卡西尔思想的前提是意义多元，心灵开放，因而具有一种"天下主义"的情怀。《象征形式的哲学》所扩展的并非新康德主义认识论，而是康德主义的理性批判谋划。经过将认识论批判拓展为文化批判，卡西尔将"认识论"转化为现象学意义理论。他将意义分为三个维度，即"表现"（ausdruck）、"再现"（darstellung）和"纯粹意蕴"（reine bedeutung）。[1] 以表现意义（ausdruck）为纲维，卡西尔探索了这些世界关系网络，其神话研究及其政治神话渊源探索，为这种象征的人文主义提供了经典范式。表现的世界，乃是灵想之独辟总非人间所有的"象征宇宙"。化实景为虚境，创形象以象征，卡西尔的"表现世界"是一个人文借着象征流韵不息的世界。这个世界是人类生活于其中的家园，而非哲学反思的对象。这是一个我们通过"心境""意境"去体验的世界。这个世界的沉郁与快乐、骚动与平静、安详与恐怖，一切节奏出乎其自在，而非人类主体强加。[2] 总之，在卡西尔"表现世界"之中，"象征的蕴藉"（symbolische prägnanz）乃是人文的悠长余韵。

经过达沃斯交锋，晚期卡西尔和后期海德格尔都面对着"如何更新人文主义"这一紧迫难题。海德格尔《人文书简》众所周知，其中包含着一项决定性的陈述："法礼（nomos）不仅是法律（law），而且在更为本源的意义上乃是隐含在'存在命运'（schichung des seins）之中的使命。惟有这一使命才能向存在之中的人发令。惟有这么一种指令才能壁立万仞，界限森严。否则，一切法律均为人类理性的手工活计。"[3] "存在命运"一语，彰显了海德格尔形而上暴力的恐怖色彩。与海德格尔针锋相对，卡西尔呼吁个体自律，将自己的存在托付给自己独一无二的理性。卡西尔以西方自然法传统为典范，

---

[1] Ernst Cassirer. Das Symboproblem und seine Stellung im System der Philosophie [J] Zeischrift für Aesthetik und allgemeine Kunstwissenschaft, 1927(21): 295-312.
[2] Ernst Cassirer, PSF, III, p. 72.
[3] Martin Heidegger. Brief über Humanismus [M] // Wegmarken, Frankfurt am Main: Vittorio Klostermann, 1967: 191.

深化了象征形式的哲学。在他看来，人类就是"象征的动物"。基于这一普遍人性的信念，卡西尔推论说："存在着超越个体、超越国家、超越民族伦理诉求的普遍约束。"[1]他还暗示，这种普遍约束，绝不可以与"存在命运"相提并论。卡西尔断定，这么一种普遍约束意味着，人类依附于语言，并且仰赖语言的权力，去建构人类共同体，让个体有能力许诺，通过行动去占有一个"未来"。[2]卡西尔的象征人文主义，给欧洲思想传统出示了一种"天下主义"的愿景，并预示着文化修辞论美学在20世纪60年代之后崛起。

三、文化修辞论美学

如果透过神话理论这面棱镜来重新审视这场划时代的论辩，我们甚至能感觉到"修辞"就像一个徘徊在达沃斯的"幽灵"。而卡西尔"象征形式的哲学"也不妨被视为文化修辞论的一项规范性基础，其核心宗旨乃是建构一种"典雅文明、经纬天地的批判人文主义"。[3]

卡—海之争，推进了古典人文主义向象征人文主义的创造性转型。这种创造性转型的标志，乃是文化修辞论美学在20世纪60年代德国思想语境之中的崛起。驱动文化修辞论美学崛起的重镇，正是布鲁门伯格（Hans Blumenberg）及其所建构的隐喻学范式（paradigm for metaphorology）。

在德国思想脉络中，"语言学转向"与哲学人类学的兴起在20世纪60年代的合流，迎来了"修辞学的复兴"。修辞论美学取代传统思辨美学、现代体验论美学，尤其关注人类符号实践及其美的建构。[4]语言论转向将语言运用置于美学建构的首要地位，哲学人类学则将修辞视为人类补偿天然人性匮乏的重要手段。德国哲学人类学家马克斯·舍勒（Max Scheler）、赫尔

---

[1] Ernst Cassirer. Symbol, Myth, and Culture [M]. New Haven: Yale University Press, 1979: 257-267.
[2] Ernst Cassirer. Axel Hägerström: Eine Studie zur Schwedischen Philosophie der Gegenwart [J]. Göteborgs Höskolas Arsskrift, 1939(45): 104-106.
[3] Thomas A. Discenna. Rhetoric's Ghost at Davos: Reading Cassirer in the Rhetorical Tradition [J]. Rhetorica: A Journal of the History of Rhetoric, 2014, 32(3): 245-266.
[4] 王一川主编.美学原理（第二版）[M].北京：中国人民大学出版社，2021：38-39.

穆特·普莱斯纳（Helmuth Plessner）和阿诺德·盖伦（Arnold Gehlen）一致强调，人类的生物学本能与人类的社会性一样重要。但人类在生物学上天生匮乏，难以适应环境的复杂变化，故而必须以文化、语言、技术、修辞、象征等手段来补偿天生匮乏。将"修辞补偿论"追溯到柏拉图的《普罗泰戈拉篇》，布鲁门伯格将普罗米修斯从天神盗火、泽及人类的故事解释为一个修辞美学的隐喻：人类脱离了语言、技术等补偿手段，就无法生存。修辞的功用，相当于普罗米修斯之火的功用。布鲁门伯格将修辞论美学凝练为两个命题："人类作为匮乏的造物，需要修辞以作为表面的艺术来应对自己匮乏真实的处境"；[1]"不仅人类的处境是潜在的隐喻处境，人类存在本身亦复如此"[2]。可见，修辞成为一种建构生活世界之美的媒介，在人类的符号实践中占有不可或缺的位置。"生活世界"构成了文化修辞论美学的理论原点。

"生活世界"概念，是20世纪30年代欧洲科学危机的产物。按照胡塞尔的看法，"生活世界是原始明见性的一个领域"[3]，以此为基础可望建立一种关于先在世界普遍性原理的科学。布鲁门伯格将"生活概念"携入美学和修辞学论域之中，酝酿出"生活世界的理论"。在他看来，"生活世界"具有前逻辑性和前预示性，是一个不容哲学思辨侵入且不让哲学存在的世界，也是一个乌托邦式的审美世界，一个终极的创造世界。因而，基于"生活世界"的审美建构乃是一种防御性的建构。"生活世界"是一系列前哲学的"先入之见"或"秩序"与"制度"。以此为基础建立的乌托邦式美学宇宙将混乱、恐怖的自然状态放置在适当的距离之外。[4]

布鲁门伯格就拓展了文化哲学的视野，以隐喻范型描述人类赋予其经验

---

[1] Hans Blumenerg. Beschreibung des Menschen [M]. Frankfurt am Main: Suhrkamp, 2006: 431–432.
[2] Hans Blumenberg. Anthropologische Annäherung an die Aktualität der Rhetorik [M] // Ästhetische und metaphorologische Schriften, Frankfurt am Main: Suhrkamp, 2001: 431.
[3] ［德］胡塞尔, 著, K. 黑尔德, 编. 生活世界的现象学 [M]. 倪梁康, 张廷国, 译. 上海: 上海译文出版社, 2002: 265.
[4] Hans Blumenberg. Theorie der Lebenswelt [M]. Frankfurt am Main: Suhrkamp, 2010: 123–124. 关于这个主题的论述，参见［英］A. 尼科尔斯. 神话及其政治意蕴——布鲁门伯格遗作研究 [J]. 刘静, 译. 跨文化研究, 2019（2）.

以整体可感形式的修辞创造活动。将概念史（begriffgeschichten）改造为文化修辞论美学，布鲁门伯格揭示了隐喻使用的历史性及其语用效果。从回避和拒斥"绝对性"到涵盖和呈现"绝对性"，布鲁门伯格创立了隐喻范型论和神话学说。在他看来，隐喻作为"此在"与整个现实性之间的媒介，不仅建构了人与绝对之间的关系，而且保护了人与绝对之间的距离。从人类现象学的角度看，人与绝对之间的关系是审美的关系，人与绝对之间的距离也是审美的距离。

作为一种美学策略，隐喻是一种通过语言策略而实现的生命转型，即通过象征形式的建构而超越无序、紊乱、粗犷、凌厉的自然状态，与偶然的压力、残酷的生存处境拉开一段审美的距离，建构一个纯净、自律、生生不息的意义世界。作为一种生存策略，隐喻具有本体性，也就是说，它是一种建构语言秩序、求解存在之谜和创造意义的存在方式。人类本源的匮乏决定了他必须借助于语言、符号、修辞、技艺、制度，等等，来补偿生存的匮乏，建构文化制度，制礼作乐，神道设教，以便维系自己脆弱的生命。隐喻，是修辞策略，更是生存艺术。人类借着这种策略与艺术，为自己建构一个同粗犷、凌厉的现实拉开距离的意义世界，并试图求解宇宙人生奥秘的谜语。布鲁门伯格一句话指明了隐喻的本体性："不仅人类的境遇，而且人类的建制，本身都已经是隐喻。"[1] 按照解决存在之谜的功能，隐喻可以分为"残余隐喻"和"绝对隐喻"。"残余隐喻"是有待转换为纯粹理性概念的隐喻，而落在"调节性理想"的范畴之下；"绝对隐喻"则是拒绝转换为纯粹理性概念的隐喻，像洞穴隐喻，航海与沉船隐喻，自然之书隐喻，血缘与土地隐喻。绝对隐喻，是要回答那些在原则上不可回答的问题，去求解在根本上无法解开的存在之谜。"绝对隐喻，就是要回答假设为素朴的但在原则上无法回答的问题，这些问题不可能被取消，因为并非我们自己提出这些问题，而是这些问

---

[1] Hans Blumenberg. Anthropologische Ännaherung an die Akualität der Rhetorik［M］// Ästhetische und metaphorologische Schriften, Frankfurt am Main: Suhrkamp, 2001: 431.

题本来就已经寓于人类存在之根基。"[1] 为了破解绝对之谜，人类心灵锲而不舍，致力于回答宇宙人生难题，奋力求解存在之谜。于是意义的创生绵延无尽，心灵的超越永无止境。

四、捍卫一种"天下主义"？

布鲁门伯格不仅赞美，而且强化了卡西尔的天下主义（ecumenicalism）。在他看来，文化的每一次呈现基本上都有助于远离人类受到威胁的"起点"。但这并不是说，一切"答案"在一切时代均为有效：每一个答案必须提供令人信服的支持证据，满足人类先天内在的知识期待。[2]

布鲁门伯格同时还断言，每一种文化、每一个时代、每一个体的创造物都应该得以保护，不论它们在现在看来是多么过时。他谈到，"不要轻易放弃具有人性的失落之物，是基本的义务"，而且还主张"人类所思考过的一切都值得留意、值得反思"（denkwürdig）。[3] 在其他论著中，他还将这种追思怀想的义务拓展到了这么一些"问题"："哲学在每一种文化之中仅仅代表一种更为普遍的境遇：虽然我们努力去超克其基本需要和根本问题，但这些需要和问题却不可压抑。文化同时也意味着尊重那些无法回答的问题"——当然也包括海德格尔的"存在意义问题"。[4] 这种天下为公的回忆驱动着人类自我保护的大业。

---

[1] Hans Blumenberg. Paradigmen zur Einer Metaphorologie［M］. Frankfurt am Main: Suhrkamp, 1960: 19-20.
[2] 曼德尔鲍姆（Allen Mandelbaum）第一次提醒笔者注意布鲁门伯格的天下主义。关于新颖性与总体化问题的另一种看法，参见他的论文《"取自布林迪西"：他者彼岸世界的维吉尔》，载于伯纳德，编《2000年的维吉尔》第223—238页。
[3]［德］布鲁门伯格. 纪念卡西尔: 170, 以及全文各处（收录于 Hans Blumenberg. Wirklichkeiten in denen wir leben: Aufsätze und eine Rede［M］. Stuttgart: Reclam, 1999）；世界的可读性: 409页（Hans Blumenberg. Die Lesbarkeit der Welt［M］. Frankfurt am Main, Suhrkamp, 2000）。
[4] Blumenberg. Pensiveness［M］// Hannes Bajohr, Florian Fuchs, and Joe Paul Kroll, eds., History, Metaphors and Fables: A Hans Blumenberg Reader, Ithaca and London: Cornell University Press and Cornell University Library, 2020；也参见布鲁门伯格. 存在——一个麦格芬：如何保护思想的欲望［J］. 亚当斯英译，刊于美国斯基德莫尔学院（Skidmore College）院刊 Salmagundi, Spring-Summmer 1991, No. 90/91.

显而易见，对于所有过去的文化形式，我们无法投注同等的生命，但必须赋予它们各种程度上的意义。自我保护也意味着被精挑细拣。最具有天下为公情怀的人或者文化都不可能对所有的问题和答案都报以同等的热情。譬如说，关于历史主体的问题。人类知识架构之中的"位置"在现代被"再度占有"了，主体从上帝转向了人类："这个最为大胆的隐喻，努力包含最大的张力，它也可能最大限度地完成了人类的自我伸张：努力让上帝远离其自身，绝对视之为完全的他者，从而无情地开启最为艰难的修辞行为，也就是说，将自己比之于这个上帝。"[1] 天下主义和自我保护，可能并不是历史主体的最佳选项。

---

[1] Hans Blumenberg. Anthropologische Ännäherung an die Akualität der Rhetorik［M］// Ästhetische und metaphorologische Schriften, Frankfurt am Main: Suhrkamp, 2001: 456。

文学理论研究尤其需要细读

——福柯的两组核心词汇试释

王丽丽[1]

[摘要] 本文采用细读的方法,尝试对米歇尔·福柯的两组核心词汇进行释义。福柯的"考古学"是对以档案的形式呈现的话语的分析,其话语分析的具体方法,在精神实质上与一般理解的"考古学"神类似;他的"谱系学"侧重对历史事件作开端与更迭的描述,但不对事件作因果必然的解释,而倾向于将事件看作众多条件所导致的效应;因为促使事件发生的条件不是封闭的,所以对历史事件的研究还需要"战略统筹"。"考古学""谱系学"和"战略统筹",是同一个"历史—哲学的批判分析"的研究方法的三个同步的维度。福柯历史考察的重要内容之一,是分析"知识—权力的复杂关联"(a nexus of knowledge-power)。"知识"(knowledge, savoir)这个词指的是,在一个特定的领域特定的时间点上可以被接受的知识(knowledge, connaissance)的所有程序和所有效果;福柯虽然没有对"权力"一词做相似的二分厘析,但其中地位和含义与"知识"(knowledge, savoir)相对应与类似的"权力"部分,则涵盖了"权力"这一术语所潜隐的一整系列可确定的和已确定的、可能引发行为和话语的特殊机制。

[关键词] 考古学　谱系学　战略统筹　知识—权力的复杂关联　知识(knowledge, connaissance / savoir)　权力

---

[1] 王丽丽,文学博士,北京大学中文系教授。

众所周知，美国的新批评几乎让全世界的文学阅读者都认可了一项非常有效的技能：细读。这一点国内亦然，但在文学理论研究中，或许是因为理论向来被期待的高屋建瓴地引领和指导角色，抑或许是因为人们更容易对理论的宏观视角表示倾心和尊崇，所以从业者好像还不太习惯甚至不屑于把理论著作（尤其是引进的西方理论著作）也当成作品，进行新批评施之于文学作品那样的细读。殊不知，相较于文学作品，文学理论著作思想容量和密度更大，尤其是其中的核心概念或关键词汇，其内涵高度地概括与浓缩，理论家对其总结提取的思维过程极度地严谨与缜密，以及由此所带来的理解和把握的艰晦与困难的程度，都较之于文学作品有过之而无不及。即便是后者当中被现代人最为珍视的独创性，文艺理论著作也毫不逊色。因此，细读更应该成为文学理论研究的基本要求和研究者的必备素养。本文即尝试采用新批评细读的方法，对米歇尔·福柯（Michel Foucault，1926—1984）的两组核心词汇，作一点简要的释义：

米歇尔·福柯最具招牌性质的词汇，似乎应当首选"考古学"（archaeology）和"谱系学"（genealogy）。如果阅读福柯的《知识考古学》，很可能就会发现，福柯对历史进程断裂不连续、层叠参差或彼此交错的描述，更容易让人联想到具有丰富沉积纹理的地质岩层。但这种比较普遍产生的错觉被福柯在其《论书写历史的方式》一文中断然予以否认："就我的理解，考古学既不类似于地质学（作为底部地层分析），也不类似于谱系学（作为开端和更迭的描述）；它是对以档案的形式呈现的话语的分析。"[1] 在这一处解释中，针对"考古学"，福柯从正面只说明了一点：他的"考古学"没有作业的田野，或者说，他的考古田野在图书馆里，考古发掘和分析的对象是呈现为档案形式的话语。但除此之外，福柯具体的考古学操作，亦即他进行话语分析的方式，真的与人们一般理解的考古学神类似。

福柯的主要研究对象是因他个人所特别命名的"思想体系史"，具体体现为诸如精神健康系统、惩罚系统和西方的性系统等福柯致力良多并因而贡

---

[1]［法］米歇尔·福柯，著，詹姆斯·D·福卞，编著. 美学、方法和认识论［M］. 罗伯特·赫尔利等，译. 纽约：新出版社，1998：289-290.

献卓著的一些话语领域。在福柯的叙述中，这些话语系统通常仿佛是突然之间横空出世，这大概也就是为什么福柯认定历史不是像一条线似的连续而是断裂的主要原因。

正像考古发掘面对的是已经存在的历史遗存一样，福柯最感兴趣的工作，就是对精神健康或者惩罚等在历史上也已出现（被接受）的"思想体系"进行"历史的—哲学的"批判性分析，以便揭示出该"思想体系"之所以在历史上出现即被接受的条件。如果不排斥对之加以简单化，福柯的分析规程大致可分为如下几个步骤：首先，确定系统出现和被接受的突破点（the breaking points）。这个突破点，亦即系统横空出世的特定时间（可能表现为一个或若干个世纪或其中的某个阶段）和特定区域（可能是若干个学科），也就是福柯即将展开发掘工作的考古现场；其次，不妨将这些系统都看成是一个由若干组要素组成的全套群组（an ensemble），然后在这一系统被接受之点即发生现场复原它；再次，通过对支撑着这套群组的知识—权力复杂关联的分析，着重探明，在话语系统被接受之处是什么使它成为可被接受的。福柯将这一分析的方法和路径描述为"在它（思想体系、话语系统——笔者注）的肯定性（被接受的事实——笔者注）中复原它"（recouping it in its positivity）。

仔细想来，福柯将这一套历史的批判分析的方法名之为"考古学"可谓相当贴切：回到思想体系被接受这一事实发生的精准现场，试图恢复或曰复原（recoup）接受事实真正发生之时的情境和过程，重建贯穿事实发生全程背后的知识—权力复杂关联，并进而探明，是什么样的知识—权力复杂关联、经过怎样的相互之间作用的机制，导致了思想体系的最终确立（被接受）。

法国学者朱迪特·勒薇尔（Judith Revel）指出："考古学一词既有起源（archè）的意思，即开始、起因、认识对象的出现等意义，也有档案（archive），即记录对象的含义。"[1] 从某个角度来看，朱迪特的解释与其说可

---

[1] 朱迪特·勒薇尔. 考古学［M］// 福柯思想辞典. 潘培庆, 译. 重庆：重庆大学出版社, 2015：9.

以加深我们对福柯"考古学"一词的理解，不如说同时也提醒我们，福柯"档案"一词的含义，或许与考古现场的发掘记录或发掘报告存在着某种可类比之处。

指出上述三个步骤对福柯"考古学"的"简单化"，其中并不包含半点学术表述上谦虚的成分。且不说系统被接受的"突破点"在历史上没有任何提示的标记，其发现和确定需要依靠像福柯这样的操作者所具有的、能够穿透浩瀚档案的如炬的洞察力，单说在考古现场对全套群组的复原，最困难之处也在于，这些有待复原的群组从来都不是现成的（哪怕是散落各处），而是等待考古者本人去别具只眼地发现甚至如作家般构造的。如同福柯本人的自我例示：疯狂和精神疾病在精神病学体制中重合在一起，在精神病科学系统出现之前，并不是显而易见之事；惩罚、监禁和监狱的规训在刑罚系统中被铰接在一起，也不是一个既定的事实；欲望、淫欲和个体的性行为在一个被称作性（sexuality）[1]的知识和常态的系统中被一个接一个地链接在一起，依然不是给定的。在此，需要的仍然是像福柯那样，能够在貌似风马牛不相及的事物或者学科话语体系之间，发现统一性并建立关联的原创性的跨越边界的能力。

另一个棘手之处则在于，这些被分析的群组都不具有普适性（universals），因为历史及其特殊的环境会为具体的考古对象和发生过程带来众多改变。因此，通过对系统被接受这一事实（即"肯定性"）的分析而必须被恢复（has to be recovered）的，只能是纯粹的独特性（pure singularities），比如现代西方世界疯癫的独特性、性的绝对独特性，以及惩罚的道德—法律系统的独特性。所谓纯粹的独特性，也就是说既非现存，也找不到先例，以后也未必能够复现。从这一点来看，我们或许也可以更加深切地理解，为什么福柯的历史观念，与任何"本质"、"规律"、目的论或命定论统统不相容。

---

[1] 福柯的"sexuality"也是极不容易翻译的一个词，福柯提示"sexuality"是一个有关"sex"的"知识和常态的系统"，因此有中译者将之译为"性论"或"性态"，皆可通，但似乎仍然呼唤和期待着能够更加完整而贴切地传达出福柯意思的理想译法。

也因此，一般人容易觉得，福柯的考古学操作，其解释程序与因果关系（或因果律，causality）也一定不相容。但福柯对此却持否定态度。对全部群组纯粹独特性的分析，目的就是探明肯定性（即一套思想或话语体系被接受的事实）之所以可以被接受的条件。为此，事实上需要部署一个远较普通的因果关系复杂而紧密得多的因果网络，只不过福柯的因果网络与一般的因果律不同：普通的因果关系是从单一的原因推衍出一系列后果，因而因和果之间形象地呈金字塔形，而且两者之间的关系被认为是深刻而必然的，有因必有果，由果亦可回溯至因；福柯的因果网络并不致力于将全部衍生的现象（条件）皆回溯到单一的原因即最初的起源（genesis），而仅仅要使这些衍生的条件就其能使一个独特的肯定性何以使自己显得独特的方面而言，变得可以理解。基于这两个主要区别，福柯提议以"谱系学"代替通常的起源研究。所谓"谱系学"，也就是试图还原（restore）一个独特性从众多的决定性要素中诞生而出现的条件，但"谱系学"与起源研究最大的不同在于，这个独特性不是这些决定性要素的产物（the product）或结果，而毋宁是它们的效应（the effect）。

正如福柯所言，"谱系学"通过对一个话语体系"开端和更迭的描述"，使这一系统的独特性显得可以理解。但"谱系学"对肯定性发生的条件探析过程是不封闭的。之所以如此，原因至少有两个：第一，独特性效果的产生主要应该从关系方面来解释，而关系又涉及主体、行为的类型、决定和选择等，主体还可能是个体、团体抑或是二者的合体，其中任一因素或者环节的变化，都可能导致"效应"的极大不同；第二，我们试图建立起来以便将一个独特性作为效应来解释的关系的网络，一定不会只由一个层面构成，关系之间不断地彼此滑移。在一个层级上运作的相互作用的逻辑，在另一个层级上还能协同其他的要素运行。换言之，这是一个多层立体、复杂错综且无时无刻不处于瞬息转变中的关系网络。

福柯认为，我们可能面对的，是永久的机动性、根本的脆弱性或毋宁说是复杂的相互影响，为此，必须提出一种分析的总体形式，可以称之为"战略统筹"（strategics）。"战略统筹"是笔者的改译，前此一般中译为"策略"。

英语的"strategy"对应的中文有"策略"或"战略"的意思，两相比较，"战略"似乎较"策略"在范围和层次上显得更广更高；"strategic"本来是"strategy"的形容词形式，有"战略性的"，"根据全局安排的"之义。形容词加上"s"名词化，有词典解释为"兵法""军事学"或者经济学中的"统筹学"。体会福柯这里的意思，他主要应该是想表达，面对错综复杂、瞬息万变的关系之间的相互作用，研究分析者迫切需要的，显然应该像"运筹帷幄之中、决胜千里之外"的军事家一样，"从全局着眼"，进行"战略统筹"。顺便指出，"谱系学"运行过程的不封闭，可以充分证明福柯与结构主义的殊途。

有一个说法似乎已经得到研究者的普遍认可：福柯的早期著作主要使用考古学，中期（大约1970年后）则转向谱系学，后期则是伦理学。[1] 其实，福柯自己非常清楚，考古学、谱系学和战略统筹，并不是三个连续相继的分析方法，而是同一个方法中三个必然同步的维度。而且，正是由于三者之间的同时性及其相互支持彼此协同，可以让我们复原无论何种存在的肯定性，即复原那些使一个独特性可以被接受的条件。

到此为止，我们释义的重点一直集中在福柯考察"思想体系史"的方法三套件上，而相对忽视了福柯试图考察和研究的具体内容。回到被我们大幅简化的"考古学"的三步骤，即可发现，对支撑着思想和话语系统全套群组的"知识—权力的复杂关联"（a nexus of knowledge-power）进行批判性分析，才是考察特定"思想体系"何以在历史的地平线上出现、并最终得以确立的关键。

"知识"（knowledge）和"权力"（power）原本也都是福柯理论中的关键词，福柯对两者之间关系的看法前后有一些变化，但在20世纪70年代中期以后，福柯更倾向于将二者合成为一个错综复杂的联结体（a nexus）。他这样阐述两者之间的相互交织：

---

[1] 参见［美］狄安娜·泰勒，编.福柯：关键概念［M］.庞弘，译.重庆：重庆大学出版社，2019：69.

没有东西可以作为知识的要素而存在，如果一方面它不与（例如）特定时期科学话语的特定类型的一套规则和限制性特点相符合，另一方面它不对那些被科学地确认为有效、或仅仅是合理的或被普遍接受的等东西具有特殊的强迫或单纯的激励效应的话；反之，没有什么可以作为权力机制发挥作用，如果它不是根据那些在或多或少一致的知识体系中可被证实为有效的程序、工具、方法和目的而展开。[1]

说得更直白一点，任何知识要取得存在的地位，一方面它必须符合其相应时期科学话语的一整套规则，这是知识存在合法性的基础；另一方面，知识若想发挥出自己应有的功能，它又应该对那些被科学确认为"有效"或者"被普遍接受"的东西表现出某种肯定和"激励"，抑或对被判定为"仅仅是合理"的东西持某种保留态度，这样就可以使自己免于闲置和无用。但"规则"必然带有一些"强迫"或"限制性特点"，"激励"和"保留"也或多或少带有力的作用痕迹，这两方面都显露出了"权力"的因素。反之亦然，如果权力机制想要正常发挥作用，无论其经由何种程序、采用什么工具和方法，为了达到哪个目的，所有这些程序、工具、方法和目的，也必须首先获得统一的知识体系的有效性证明。换言之，权力的有效来源又是知识。

更简单地说就是："对知识而言，要作为知识产生作用，它就必须运用权力。……反过来，所有权力的运用……都至少隐含着某种才干（a *savoir-faire*）。"[2] 总而言之，"知识"和"权力"不是两个界限分明的范畴，而是彻底交织在一起，组成一张无比复杂、无远弗届之网。

对"知识—权力的复杂关联"进行分析，重点在于权力的强迫机制（mechanism of coercion）与知识内容的连接之处，以便查明，在强迫机制和知识的要素之间，可以产生什么样的联系和连结，可以发展出什么样的中继

---

[1] ［法］米歇尔·福柯，著，西尔维·罗廷格，编著. 什么是批判？［M］// 真理的政治学. 莉莎·霍琪罗斯，凯瑟琳·波特，译. 旧金山：塞谬特克斯特，2007：61.
[2] ［法］米歇尔·福柯，著，西尔维·罗廷格，编著. 什么是批判？［M］// 真理的政治学. 莉莎·霍琪罗斯，凯瑟琳·波特，译. 旧金山：塞谬特克斯特，第71页.（Ibid., p. 71）

和支持的相互作用，以至于一个给定的知识要素，在一个给定的系统内，被指定为真实的、可能的、不确定的或错误的要素，从而呈现出不同性质和等级的权力效应，相应地，一个强迫程序也可以取得合法化，且获得一个合理的、经过核算的、技术上有效的要素的恰当形式。

或许正是为了让所有知识所附带的权力效应和所有权力都潜在拥有的知识话语能够更清楚地得以彰显，所以有必要对"知识"和"权力"进行进一步细致地分析。但在此之前，首先还必须对这两个词进行系统的价值还原，过滤到人们对其已经形成的刻板褒贬，比如"知识"容易让人想到"纯粹、价值中正而无偏私"，"权力"则容易诱发"强迫、支配、暴力"等不良联想。然后，在确保这两个词完全中性化的基础上，再分别将已经处理得相对纯净的"知识"和"权力"进行类似光谱化的分析。由此，福柯将"知识"一词细分为二的理由也不再难以理解。福柯说，"知识"（knowledge, *savoir*）这个词指的是，在一个特定的领域特定的时间点上可以被接受的知识（knowledge, *connaissance*）的所有程序和所有效果，而"权力"这个术语则仅仅涵盖一整系列可确定的和已确定的、可能引发行为和话语的特殊机制。

福柯的意思很清楚，这里的"知识"（knowledge, *savoir*），是专指作为可以被接受的体系的知识（knowledge, *connaissance*）所附带的所有可能产生权力效应的程序及其全部效果。虽然福柯没有为"权力"做同样的细微厘析，但"权力"一词在此处，其地位和意义偏重都与"知识"（knowledge, *savoir*）相近和相似，两者都是为了使知识所附带的权力效应和权力背后所潜藏的知识话语在批判分析中更清晰地得以显影。打个不甚恰切的比方，知识 C（knowledge, *connaissance*）之于知识 S（knowledge, *savoir*），就如同太阳光之于通过多棱镜之后所析出的光谱，后者的最主要的作用，就是使原本人们对之无感的七彩效应变得肉眼可见。如此说来，知识 S 和与之地位和含义相类的"权力"，在福柯的话语批判中仅仅充当了一种分析的格栅（an analytical grid），因而也只表现出了方法论方面的功能。

"梦幻刻奇"：本雅明的辩证光学与阿拉贡的拱廊街邮品店

赵 文[1]

[摘要] 本雅明的"超级经验论"的真理观使他本人高度关注事物的表象系统的细节。这一点为本雅明与法国诗、作家阿拉贡之间的共同经验提供了基本的条件。如果说，阿拉贡在巴黎的拱廊世界中充分地体验到了现代世界的"谜面"，那么，本雅明则在阿拉贡的激发之下，通过其"辩证光学"和对"梦幻刻奇"的理论构造，触及了现代性的"谜底"。本雅明《拱廊街计划》中的"邮品店"堆积的辩证图像作为"梦幻刻奇"，在其辩证光学式的透视之下，勾勒出了作为"事件"的现代性的"外部真理"。

[关键词] 本雅明　梦幻刻奇　辩证光学　阿拉贡

本雅明作为法兰克福学派中的"特殊成员"，与法兰克福社会研究所保持着一种较为松散的关系，因此他的理论思考和写作实践在"法兰克福学派"初代批判理论的建构中展现出了独特的样貌。一方面，与霍克海默、波洛克、洛文塔尔等人的社会学批判不同，本雅明的思想风格有极强的哲学（犹太宗教—哲学）的沉思性质，另一方面，与阿多诺的非存在主义哲学路径也有着明显的差异，在某种意义上说，本雅明的哲学从其早期《德国悲悼剧的起源》开始就是建立在存在论结构中的"表现"问题这一基本难题之上的，这种思考一直贯穿在本雅明对"经验"这一概念的连续思考中："辩证

---

[1] 赵文，文学博士，陕西师范大学文学院教授。

图像""历史辩证法中的例外与常态""暴力的纯粹性"等诸多本雅明随后的哲学概念,都可以归因于他独特的存在论经验结构分析。而且,尤为有趣的是,本雅明虽然同"法兰克福学派"的核心成员在思想路径上表现出了这些重要差别,但却在自己的理论书写中兼容了他们的问题:通过哲学思辩来思考实证的社会现象,对"机械复制时代"的艺术生产形成了深刻的洞见;又通过社会现象—图像来做概念的哲学联结,进而形成了独特的历史观,故此,本雅明在法兰克福学派的"星丛"中似乎占据着一个"多价键"的位置。

这些理论上的"键位"在20世纪20年代本雅明旅法期间在他本人的理论创造中产生了有趣的"化合反应"。对经验的重视、对"表现"的关注、对图像和表象的迷恋让本雅明与法国"超现实主义"运动密切地结合了起来,同时也促发了他本人的巴黎《拱廊街计划》研究。当阿多诺获知本雅明的这个研究计划时,立即判断这将是本雅明在"第一哲学"(形而上学)方面的重要工作:

> 你所提到的你的散文时期的结束,尤其是你开始写作《拱廊街》,这确实是多年来你所告诉我的最好的消息。你知道,我把这部著作看成是已经给予我们的第一哲学的一部分,我的一个希望就是,在经过长期的和痛苦的中断之后,你能以这项任务所要求的坚定和能力来完成它。如果你不介意的话,我愿意在这项工作开始之时提出我对此的希望,那就是:这项工作应当在其被给予的最极端的论题中,毫不迟疑地在所有神学内容及其确定性方面取得成果。(简单来说,这一工作应当毫不迟疑地忽略掉布莱希特无神论的反对,这一无神论作为一种反神学,也许将来有一天我们必须去拯救它,但我们现在的任务却并非是去利用它!)而且,为了它所做出的承诺,这一工作也必须尽可能地避免同社会理论的联系。因为在这里,这一工作确实是最重要的问题和最严肃的事情,对于我来说,必须对其进行充分、完整地探讨,在不回避神学的情况下使其充分地概念化。我也相信,在马克思

主义理论的这个决定性的层面上,我们是大有可为的,而不只是顺从地接受它。而且,如果阶级理论仅仅是一种机械降神,那么"审美"将以一种阶级理论所无法比拟的更为深刻、更具革命性的方式触及现实。[1]

本雅明对现实的辩证处理不是从杂多的事实出发,不是以观念学的概念为对象,相反,却是对叠印在日常生活—观念系统上的"意象"群的"祛魅"开始的。尤其是"超现实主义"的重要作家阿拉贡的《巴黎的农民》一书勾画出的歌剧院通道街的世界,可以被视为本雅明的《拱廊街计划》的直接诱因。本雅明不仅用德语翻译了这部书的部分章节,而且毫不掩饰地指出,他本人("我们这代人")也要以这种方式参与到对现代迷宫的表象的发掘之中:"只有我们这代人才能增添关于这座城市的明确的文献。这本书(即指《巴黎的农民》)是为数不多的几本书之一,我们以后会感谢它。"[2]甚至到了30年代中期,本雅明仍然对阿拉贡《巴黎的农民》保持着最初的热情,并对该著在何种程度上刺激了他对《拱廊街计划》的构思记忆犹新,他在给阿多诺的信中说,"首先就是阿拉贡——《巴黎的农民》。这是我那些日子的夜晚的床上读物,我每晚读它绝不可能超过两三页,因为,每当读它时,我的心总是怦怦直跳,我不得不把书放下。这是怎样的警示啊!我和这种阅读之间保持了年复一年的关系。《拱廊街》的最初计划的最初草稿的写作就是从那时候开始的"[3]。

---

[1] 阿多诺1934年11月6日致本雅明的信,本雅明转引在其《拱廊街计划》中。[德]本雅明.拱廊街计划[M]//本雅明文集(第五卷).美茵法兰克福:苏尔坎普出版社,1982:1106.
[2] [德]本雅明.路易·阿拉贡:唐璜和擦鞋男孩 邮票 塞尔塔咖啡馆女盥洗室《巴黎的农民》摘录和序言[J].文学世界,1928,4(23):3.
[3] [德]本雅明.书信[M].法兰克福:苏尔坎普出版社,1966:662.

图 1　歌剧院通道街，引自瓦尔特·本雅明：《拱廊街计划》
(*Arcades Project*, Cambridge, Mass.: The Belknap Press of Harvard University Press, 2002)
霍华德·艾兰德（Howard Eiland）和凯文·迈克劳夫林（Kevin McLaughlin）译

在他与阅读阿拉贡的这种"亲密"关系中，本雅明也采取了一种"间离"的立场。本雅明对自己的巴黎《拱廊街计划》的设计表明了他用一种概念化的努力来寻找他与这部重要的超现实主义作品的"亲密的距离"的艰巨努力。如果说阿拉贡的《巴黎的农民》中所记录的"歌剧院通道街"（Passage de l'Opera）[1]是一个由商品和物体的表象拼贴而成的现代圣物陈列

---

[1] 阿拉贡的祖父在巴黎歌剧院广场开了一家俱乐部，那一带有很多带阳台的客厅，站在阳台上可以眺望古玩交易市场。阿拉贡和布勒东等"超现实主义"艺术家们经常在那一带的咖啡馆和"歌剧院通道街"活动。阿拉贡还将他的大部分书放在歌剧院走廊售卖。在《巴黎的农民》中阿拉贡以梦幻塑造现实的方式拼贴出了他在"歌剧院通道街"的生活世界中所感知的斑驳陆离的意象体系。"歌剧院通道街"是巴黎最早的拱廊街之一，后来被拆除。

场，那么，本雅明的巴黎《拱廊街计划》就是寄寓着"世俗启蒙、唯物主义、人类学灵感"这一美学政治概念[1]的一部具有更强烈的"认知生产"意图的"辩证盛宴"。

在为《拱廊街计划》搜集素材和撰写初稿的那段时期，本雅明在很大程度上通过对阿拉贡的《巴黎的农民》的参照和思考，发展出了若干重要的理论"路标"，《梦幻刻奇》(Traumkitsch)即其中之一[2]。"Kitsch"一词不再仅具有"艺术手法拙劣的作品"这一日常含义，相反，它被本雅明用来赞赏从波德莱尔（Charles Pierre Baudelaire, 1821—1867）和兰波（Arthur Rimbaud, 1854—1891）发轫，由纪尧姆·阿波利奈尔（Guillaume Apollinaire, 1880—1918）和达达主义者准备好的新型艺术视角，在超现实主义——尤其是阿拉贡——这里达到巅峰的新艺术风格。

* * *

"Kitsch"在本雅明的批评语境中指艺术将现代世界的物体系表象表达至崇高的、非形式的艺术风格，而《梦幻刻奇》(Traumkitsch)则指在这种艺术表现中，物表象的非形式堆积走向其反面的辩证效果，这种效果在无序的梦幻表象逻辑中，透露出生活世界的真理的外部轮廓线："真的没有关于蓝色花朵的梦。今天像亨利希·冯·奥夫特丁根[3]一样醒来的人一定睡过头了。梦的历史还有待书写：对梦的历史的洞察就意味着通过历史的启蒙决定性地击败自然偏见的迷信。梦是历史的一部分。梦的统计学将越过轶事景观的可爱风光，而进入严酷的战场……梦不再揭示蓝色的距离。它变成了灰色。事物上蒙的一层灰色的尘是它最好的部分。现在的梦都指向了平庸。再也不为

---

[1] [德] 本雅明. 论超现实主义 [M] // 本雅明文集（第二卷）. 美茵法兰克福：苏尔坎普出版社，1977：297.
[2] [德] 本雅明. 梦幻刻奇 [M] // 本雅明文集（第二卷）. 美茵法兰克福：苏尔坎普出版社，1977：620.
[3] 诺瓦利斯《亨利希·冯·奥夫特丁根》中的主人公。该著以蓝花作为浪漫主义的憧憬的象征，描写了中世纪诗人奥弗特丁根的生平。

人所能见的技术收集起据信消失了它们的真实性的事物（如钞票这类东西）的外部影像。如今，手在梦中再次抓住它，并在离开时对它的轮廓感到熟悉。手在事物的那最破损的地方抓住了事物。那并不是最适意的。孩子们抓不到杯子，手穿过了杯壁，伸到了杯子之中。哪一边才是梦？最破损的地方又在哪？是被习惯磨损了的又被廉价的说辞补缀了的这一边。把事物转变为梦幻的这一边就是刻奇。"[1] 路易·阿拉贡在《巴黎的农民》中以大量的细节展现的巴黎最著名的"歌剧院通道街"的景观，不啻是一种梦幻刻奇，作家满目所即的通道两边商铺中陈列的旧物，是这个城市现代生活的"磨损部"。如果说，现代都市就是用通道街将商品化了的外部真实自然转化为影像的堆积，甚至现代神话的内在抱负就是用"拱廊"将整个宇宙万物联通，进而让都市中的"人"成为了宇宙拱廊中的无名暗影[2]，那么，在阿拉贡的笔下，这个巨大到无以名状的通道世界也让作家进入了一个意义迷宫，让他像梦中的孩子一样，从这些意义含混、用途不明的大量堆积的图像体系中穿过一道"意义屏障"进入到图像的"另一边"——进入到它们消失了的真实性之中。

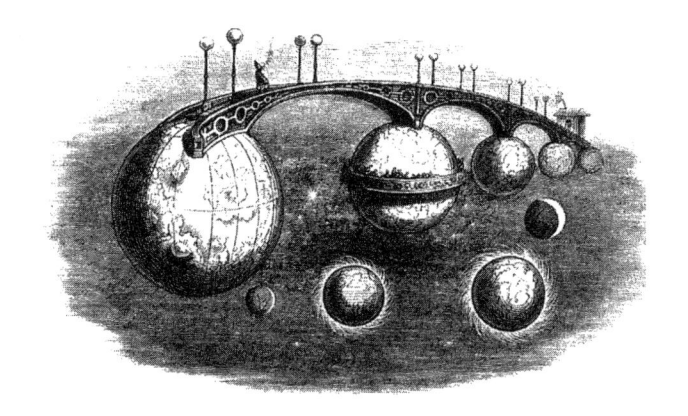

图 2

---

[1] 本雅明.梦幻刻奇［M］//本雅明文集（第二卷）.美茵法克福：苏尔坎普出版社，1977：620.
[2] 本雅明在《拱廊街计划》中搜集的许多巴黎拱廊街明信片所反映的图像主题，极好地回应了"联通宇宙的拱廊""作为第二自然的拱廊通道""拱廊中的游荡者的幽灵化"的主题。见图2、图3和图4。

图 3　　　　　　　　　　　　　　图 4

　　在阿拉贡搜集起来的从"歌剧院通道街"到"塞尔塔咖啡馆"（Café Certâ）这段路上的影像世界中，最密集的，莫过于这条拱廊之路上的"邮品店"，对阿拉贡来说，邮品店橱窗里和店中的那些密集的图像，构成了一种现代神话意义上的难以逾越的谜："图像像纸屑一样落下，图像，图像，到处都是图像。"（Images, descendez comme des confetti. Images, images, partout des images）[1]这些眩目而令人费解的邮票及其图像让阿拉贡瞥见了平庸和奇妙的含混修辞系统，也正是由于它们修辞的含混性，使阿拉贡以及"超现实主义"的艺术家们在进入失落的现实性中的同时，却无法从中获得任何对其可能含义的解释："我对这（邮票和邮品上的）历史和地理完全一无所知。Surcharges，加盖过邮戳的邮票，你黑色的谜令我不安。"（Je ne comprendrai jamais rien à toute cette histoire et géographie. Surcharges, surtaxes, vos noires énigmes m'épouvantent）[2]本雅明同样借助《梦幻刻奇》进入并流连

---

[1]［法］路易·阿拉贡.巴黎的农民［M］.巴黎：伽利玛出版社，1972：101.（以下只标注书名和页码）
[2]［法］路易·阿拉贡.巴黎的农民［M］.巴黎：伽利玛出版社，1972：90.

于"单向街""拱廊街"的邮品店，明信片、邮票和印花税票，等等邮品精美而晦涩的图像和滚筒邮戳滚出的黑色字串和黑波浪线的交叠，闪现在《拱廊街计划》的草稿、初稿、二稿和注释之中[1]。在可被视为《拱廊街计划》的最初"演练"的《单向街》中，本雅明专门收入了一节题为"邮品店"（briefmarkenhandlung）[2]的文字，对阿拉贡《巴黎的农民》中"邮品店"一节做出了回应——他们两人在邮品店中又一次相遇。然而，本雅明对待邮品的图像系统的态度既与阿拉贡相同，也与阿拉贡不同。相同之处在于，本雅明同样将这种图像系统当作现代性大厦未倒塌之前的废墟上的那层"灰色的尘埃"。不同之处在于本雅明并不满足于超现实主义这种19世纪"欧洲知识界的最后一张快照"（die letzte momentaufnahme der europäischen intelligenz）[3]式的纯然记录。如果说阿拉贡只是通过这个体系进入了"梦幻刻奇"的另一面，那么，本雅明则想要借助一种"辩证光学"（dialektischen optik）[4]在这座图像迷宫给观者造成的梦境、陶醉和迷惑中挖掘出现代神话的世俗启蒙。

* * *

"辩证光学"分析的效果使本雅明将邮品视为一种真正的"奇异"的事物，在它们和它们票面的图像所构成的体系上，时代的多个"场合"和这个时代的主体既奇异地被链接在一起，又奇异地发生了脱节。

邮票本身既是商品又是废品。收藏家只痴迷于"那些盖了邮戳的邮票"[5]，它们或是从旧的书信中被揭了下来，或是连同旧信封和旧明信片一起

---

[1] 见［德］瓦尔特·本雅明.拱廊街计划［M］.霍华德·艾兰德，凯文·迈克劳夫林，英译.马萨诸塞：哈佛大学出版社贝尔纳普分社，2002：33, 48, 123, 140, 872, 876.（以下只标注书名和页码）
[2] ［德］本雅明.单向街［M］.陶林，译.南京：江苏凤凰文艺出版社，2015：56-59.（以下只标注书名和页码）
[3] 这是本雅明1929年连续发表在《文学世界》杂志上的《超现实主义，欧洲知识界的最后一张快照》（*Der Sürrealismus. Die letzte Momentaufnahme der europäischen Intelligenz*）的标题。
[4] 见［德］约瑟夫·费恩凯斯.作为认识的超现实主义：瓦尔特·本雅明——魏玛单向街和巴黎的街道［M］.斯图亚特：梅茨勒出版社，1988：99.
[5] ［德］本雅明.单向街［M］.陶林，译.南京：江苏凤凰文艺出版社，2015：56.

被放在玻璃柜罩上，已经失去了预付邮资的凭证的商品使用价值，但唯其丧失了最初的使用价值，它们才被重新当作了一种供售卖的商品，被归类或未归类地摆置在邮品店中售卖。它们在邮品店中的定价方式已经脱离了它们的初始标价系统，进入了一个随时变更的定价体系之中。这种"新"定价系统的标准，也代表了一种奇异的脱节，旧邮票越是带上它的"黑暗面"[1]——邮戳——就旧越是贵重，被施过"暴行"的邮票本身由于身上带上了"像地震那样劈开整块画面的"[2]油墨波浪印痕而诱发着收藏家的变态快感，让他们反而迷恋旧邮票"呈网眼纱衣状的白花边饰"，越是这样，他们就越满足自己隐秘的欲望，从而意愿出高价收购这些曾是实际商品的废品。

因此，真正给这些邮品在收藏市场上定价的是收藏家们的"欲望"本身。但正如本雅明在这里暗示的那样，这种欲望是一种倒错的、退行性的欲望，它让收藏家们既是一个成年人，又是一个儿童。收藏家进入邮品店的那一刻，就不再是一个受现实原则支配的成年人了，他的欲望原则转变成了某种唯乐原则。他们来到这里，是为了不断体验他们自童年起就养成的对明信片、邮票的奇妙花纹的迷恋——"邮票就是伟大国度在孩子的房间内所分发的名片"[3]。超现实主义者、收藏家们和本雅明这一代人童年时期就为着19世纪兴起的邮票文化所包围。1840年5月6日，英国邮政在罗兰·居尔爵士的建议下推出了第一批邮票，以满足爆炸式增长的贸易和交通需求，这也使这些彩色的微缩画进入了儿童们的卧室和游戏场所。这些画片中的异域风景、海洋、陆地、植物、动物，国王、政要织成了那个时代儿童们和他们的世界之间的神秘的图像关联，他们以游戏的方式排布、组合、配置这些图像，为这个神秘的世界进行分类，或者"同格列佛一样，孩子在邮票上所呈现的陆地和民族中旅行。那小人国的地理和历史，有关这个国家全部科学的相应数字和名字，时不时出现在他的睡梦中。他参与他们的事务，出席他们的国民大会，观看他们所建造的小轮船首次下水，与他们的国王加冕而狂欢，一起

---

[1] ［德］本雅明.单向街［M］.陶林，译.南京：江苏凤凰文艺出版社，2015：56.
[2] ［德］本雅明.单向街［M］.陶林，译.南京：江苏凤凰文艺出版社，2015：56.
[3] ［德］本雅明.单向街［M］.陶林，译.南京：江苏凤凰文艺出版社，2015：59.

坐在矮树后"[1]。收藏家们走进邮品店，便与 20 世纪的现实生活世界暂时断开了联系，而进入了他们童年的"格列佛之旅"，与他们隐秘的神话式世界分类的欲望再次相遇。他们在这欲望中退行性地回到了与世界的触觉关系之中——"收藏家是具有触觉本能的生物"[2]。

收藏家也"是物的世界的相术师"[3]，但这个世界里的"物"都是逝去或行将逝去的事物。邮票本身就是 19 世纪工业化深入到对时空的改造的象征，也恰恰位于蒸汽时代的尾声和电气时代拉开序幕的交叉点上。预付邮资的邮政技术的背后是蒸汽海陆运输网改变空间和时间的新地形学的全面确立。19 世纪 40 年代以来的邮票上的微缩画景观也正是这个时代的时空秩序的缩影。"邮票上面标出的国家和海洋不过是一些很小的省区，上面的国王们只不过是数字雇用和指使的人"[4]——票面上标注的邮资价格以反比例显示着财富中心、半中心、边缘、异域的距离。然而，邮票所代表的时空加速甚至迅速地让邮票及其邮政技术本身迅速变得过时，欧洲邮政系统在 19 世纪中叶实行邮票改革后，电报线路系统很快就开始投入应用，蒸汽时代被电气时代所取代，以电报、电话和电信为标志的新闻系统的技术发展，在效率和速度上都超过了与邮票相联系的相对舒适的通信，也意味着资本主义的全球扩张更深刻地改变了时空和人的生活世界。邮票中的"幽灵"越来越多，"补付邮资邮票"就是这种幽灵。无论是被邮寄的信件无法投递给收件人而退回寄件人补付邮资，还是信件无法退回寄件人由收件人补付邮资，都意味着人们的流动速度的加快，甚至是社会组织方式的更迭的加速，补付邮资邮票却"从不改变。王朝和政府的变更从它们身上就像从幽灵身上经过一样，未留下一丝痕迹"[5]。票面上的那些"过去的时光"以及成为历史的人和事，也蒙上了一层梦幻刻奇的那层"灰色的尘埃"，从而获得了它们的非真实的真实性。

---

[1] [德] 本雅明. 单向街 [M]. 陶林, 译. 南京：江苏凤凰文艺出版社，2015：59.
[2] [德] 瓦尔特·本雅明. 拱廊街计划 [M]. 霍华德·艾兰德, 凯文·迈克劳夫林, 英译. 马萨诸塞：哈佛大学出版社贝尔纳普分社，2002：206.
[3] [德] 瓦尔特·本雅明. 拱廊街计划 [M]. 霍华德·艾兰德, 凯文·迈克劳夫林, 英译. 马萨诸塞：哈佛大学出版社贝尔纳普分社，第 207 页，第 858 页。
[4] [德] 本雅明. 单向街 [M]. 陶林, 译. 南京：江苏凤凰文艺出版社，2015：57.
[5] [德] 本雅明. 单向街 [M]. 陶林, 译. 南京：江苏凤凰文艺出版社，2015：58.

如果说阿拉贡在邮品店中体验到的是一种被邮票丛和票面上的图像群包围的信息过载经验的话，本雅明则在邮品店中看到的是历史渗入现在、触觉渗入思辨、生流通渗入生产、童年渗入成年的叠加经验。超现实主义的"快照"特性让阿拉贡在面对邮票丛和图像群时，用成年人的惊慌失措应对这些"童年伙伴，邮票"（compagnons d'enfance, les timbres）的突然回归，感到他自己被猛然拖进了一场"令人懊恼的大冒险"，"这是失败的印迹"[1]。而对本雅明来说，"辩证光学"则让他欣喜地发现邮品店和其中的邮票是重新进入同物的世界的真实关系的一个契机，这恰恰是因为在这里收藏家再次成为了"儿童"的缘故。本雅明在《单向街》另一节标题为"建筑工地"的文字中，对儿童在游戏中令人吃惊地发现世界的真实面相的那种本能做出了说明——"世界充满了孩子们感兴趣的和供他们玩乐的东西。它们随处可见，实实在在，却独特无比。孩子尤其喜欢那些生产工地，他们感觉到自己参与了世界的建筑，被园艺和家务劳动、剪裁或者木工深深地吸引。从废弃的东西中，他们看到物质世界直接向他们敞开了，而且向他们展示了各自独一无二的面孔"[2]。当"成人"按照自己计算的目的，制成一个物件（这可以是任何物件，建筑、物品，乃至于整个世界）的同时，那些边角料恰恰可以勾勒那个被制成品的外轮廓的全貌。成人在占有那个具有功利性的物件时，会遗忘那个物件本身。然而，被当作废品排除掉的、落到了"儿童"们手中的那些边角料组成的外轮廓或这些外轮廓的碎片，却会隐秘地提示那个物件的存在本身，"儿童"们就这样利用这些边角料开启了通向事物本身的大门。"儿童"是天然的"辩证光学"的实践者，他们本能地知道如何在邮票中建立起比"成人"的周围世界广阔得多、确实得多的"外面"世界。在这里，本雅明仍然回到了他曾在《德国悲悼剧的起源》开篇所引述的歌德的告诫：

---

[1] ［法］路易·阿拉贡.巴黎的农民［M］.巴黎：伽利玛出版社，1972：90.
[2] ［德］本雅明.单向街［M］.陶林，译.南京：江苏凤凰文艺出版社，2015：10-11.

无论是在知识还是在反思中，都不能得出整体，因为前者缺乏内在，而后者缺乏外在，是故，我们若想借学问获得整体，就务必将学问理解为艺术。实际上，我们不必周求六合、格取万方以致此知，相反，艺术总是借由每个独一无二的技艺制品完整地使它自身现前，这也正是由此被观照的每一个个体物皆可使学问得以自证的缘故（Da im Wissen sowohl als in der Reflexion kein Ganzes zusammengebracht werden kann, weil jenem das Innre, dieser das Äußere fehlt, so müssen wir uns die Wissenschaft notwendig als Kunst denken, wenn wir von ihr irgend eine Art von Ganzheit erwarten. Und zwar haben wir diese nicht im Allgemeinen, im überschwänglichen zu suchen, sondern, wie die Kunst sich immer ganz in jedem einzelnen Kunstwerk darstellt, so sollte die Wissenschaft sich auch jedesmal ganz in jedem einzelnen Behandelten erweisen）。[1]

　　要知道，歌德的这一告诫正是来自他的《光学理论笔记》（*Materialienzur Geschichte der Farbenlehre*）。光学本质上就是"辩证光学"，光谱上任何一个色彩，都限定并揭示着其他色彩的位置和边界。

---

[1]［德］本雅明.德国悲悼剧的起源［M］//本雅明文集（第一卷）.美茵法兰克福：苏尔坎普出版社，1974：207.

"战时文艺与传统想象"篇

重估儒家审美主义

——再论抗战时期朱光潜对儒家礼乐的美学重构[1]

金 浪[2]

[摘要]《乐的精神与礼的精神——儒家思想系统的基础》是朱光潜抗战时期重释儒家思想系统的代表作。该文以乐的精神与礼的精神为基础对儒家思想系统的重释，是从朱光潜浸淫甚深的美学视野出发的。这种美学视野不仅带来了与马一浮在儒家思想系统体认上的分歧，也围绕"无字天书"能不能读的问题形成了与冯友兰《新理学》截然不同的重释思路。而这种从美学视野对儒家礼乐的重释，实则又源于对情感的高度关注。通过把礼乐视作调节情欲的工具，并将之与近代欧洲人提倡的美育相联系，朱光潜将儒家审美主义推向了新高度。

[关键词] 朱光潜　抗战时期　儒家礼乐　美学　情感

在抗战时期传统文化复兴的思想氛围下，朱光潜的美学研究也迎来"传统转向"的高光时刻。在《谈修养》中借助美学视野对儒家心性论进行重释的同时[3]，他也将重释工作瞄准了儒家礼乐。1942年2月发表在《思想与时

---

[1] 本文为重庆市社科规划一般项目"抗战国统区左翼文学批评的思想谱系研究"（项目编号：2020YBWX159）的阶段性成果。

[2] 金浪，文学博士，重庆大学人文社会科学高等研究院副教授，研究兴趣主要集中于抗战时期的文论与美学。

[3] 参见金浪.处群追问下的儒学"转向"——《谈修养》与抗战时期朱光潜的美学建国思想[J].当代文坛，2015（6）.

代月刊》上的《乐的精神与礼的精神——儒家思想系统的基础》一文,便是他在重释儒家礼乐方面的代表作。如果说《谈修养》还主要围绕心性与修养层面展开,那么,这篇文章则通过将之扩展至社会观、宇宙观层面,极大地拓展和推进了其从美学视野对儒家思想系统的重释工作。对于抗战时期朱光潜对儒家礼乐的重释工作,笔者曾经在《儒家礼乐的美学阐释——兼论抗战时期朱光潜与宗白华的美学分野》一文中进行过初步分析,指出朱光潜儒家礼乐的重释工作旨在"贯通个人修养与社会教化"[1],但由于彼时论题聚焦于对朱光潜与宗白华的美学进路及其文化政治差异的横向比较,因此对朱光潜重释儒家礼乐方面的不少问题都尚未来得及作更充分的开掘。事实上,抗战时期朱光潜对儒家礼乐的美学重释并非自说自话,而是在与现代新儒家思想家马一浮、冯友兰的隐秘对话中展开的。本文便试图通过对这些隐秘对话的辨析,进一步探究朱光潜重释儒家礼乐的儒家审美主义思路及其在战时儒学复兴思潮中的意义。

一、乐的精神与礼的精神:重释儒家思想系统的基础

儒家礼乐作为中国传统文化的核心内容,在现代中国经历了起伏跌宕的命运,继其在新文化运动中被批评为"吃人的礼教"后,中国思想界也涌现了不少为之辩护的声音,其中又以现代新儒家为代表,他们不仅反对新文化运动对儒家礼教的批判,还将之表彰为中国文化乃至世界文化的优秀成分。[2] 虽然朱光潜的《乐的精神与礼的精神——儒家思想系统的基础》一文同样可以放置到为儒家礼乐(礼教)辩护的声音之列,但与这些论述的显著不同却在于该文并不是从一般意义上来肯定儒家礼乐的现代价值,而是以乐的精神和礼的精神作为基本观念对儒家思想系统进行了别开生面的新阐发。为此文章开篇便指出,儒家学问虽然范围极广、名目众多,但这些无所不包、纷繁

---

[1] 金浪.儒家礼乐的美学阐释——兼论抗战时期朱光潜与宗白华的美学分野[J].文艺争鸣,2016(11).
[2] 这方面的论述可参见蔡尚思[M]//中国礼教思想史.上海:上海古籍出版社,2006:214-227.

复杂的名目其实又可归结为两个基本的观念，这便是乐的精神与礼的精神，而阐明儒家的伦理学、教育学、政治学乃至于宇宙哲学、宗教哲学，是如何由这两个基本观念构筑而成，也便成为这篇文章的目的所在。

用"和"与"序"来阐述乐的精神与礼的精神，作为这篇文章重释儒家思想系统的理论框架，虽然可以从程颐那里找到依据，但通过引证西方现代心理学学说，朱光潜已然赋予了这一认识以更为现代的解释，譬如其对"和"的解释便以现代心理学为基础："人生来有理智，情感，意志，欲念。这些心理机能性质各异，趋向不同，在普通生活中常起冲突。不特情理可以失调，志欲虽趋一致，就是同一心理机构，未到豁然贯通的境界，理与理可以冲突；未到清明在躬的境界，情与情可以冲突，至于意志纷歧，欲念驳杂，尤其是常有之事。一个人内部自行分家吵闹，愁苦由此起，心理变态由此起，罪恶行为也由此起。所以无论从心理卫生的观点看，或是从伦理学的观点看，一个人都需要内心和谐；内心和谐，他才可以是健康的人，才可以是善人，也才可以是幸福的人。"[1]个人如此，社会也如此，"一个有幸福的社会必然是一个无争无怨相安和谐群策群力的社会，因为如此社会才有他的生存理由，才能有最合理的发展"[2]。在将"和"阐发为个人修养与社会发展的胜境后，朱光潜指出要达到这一胜境的路径就是"序"。为了说明"和"与"序"的关系，他又以音乐作了类比：

> 和的意义原于音乐，就拿音乐来说，"声成文，谓之音"，一曲乐调本是许多不同的甚至相反的声音配合起来的，音乐和谐与不和谐，就看这配合有无条理秩序。音乐是一种最高的艺术，像其他艺术一样，他的成就在形式，而形式之所以为形式，可因其具有条理秩序，即中国语所谓"文"。就一个人的内心说，思想要成一个融贯的系统，他必定有条

---

[1] 朱光潜.乐的精神与礼的精神——儒家思想系统的基础[M]//朱光潜全集（第九卷）.合肥：安徽教育出版社，1993：96.
[2] 朱光潜.乐的精神与礼的精神——儒家思想系统的基础[M]//朱光潜全集（第九卷）.合肥：安徽教育出版社，1993：96.

理秩序，人格要成一个完美的有机体，知情意各种活动必须各安其位，各守其分。就一个社会说，分子与分子要和而无争，他也必有制度法律，使每个人都遵照。世间决没有一个无"序"而能"和"的现象。[1]

在美学视野的观照下，音乐中的"和"与"序"成为了朱光潜用来说明礼乐关系的最佳载体："序"是"和"的条件，所以乐中必有礼，反过来，礼中也必有乐，二者被描述为不仅内外相应，也相反相成。对此内外相应、相反相成的关系，朱光潜又从三个方面来作了说明：第一，"乐是情感的流露，意志的表现，用处在发扬宣泄，使人尽量地任生气洋溢；礼是行为仪表的纪律，制度文为的条理，用处在调整节制，使人于发扬生气之中不至泛滥横流"。第二，"乐是在冲突中求和谐，礼是混乱中求秩序；论功用，乐易起同情共鸣，礼易显出等差分际；乐使异者趋于同，礼使同者现其异；乐者综合，礼者分析；乐之用在'化'，礼之用在'别'"。第三，"乐的精神是和，乐，仁，爱，是自然，或是修养成自然；礼的精神是序，节，文，制，是人为，是修养所下的功夫。乐本乎情，而礼则求情当于理。原始社会即有乐，礼（包含制度典章）则为文化既具的征兆。就个人说，有礼才能有修养；就社会说，有礼才能有文化"。[2] 总而言之，礼与乐不能分离，"一个理想的人，或是一个理想的社会，必须具备乐的精神和礼的精神，才算完美"[3]。

在阐明了乐的精神与礼的精神的关系后，文章第二、三、四部分又分别从个人、社会、宇宙三个层面对这一关系在儒家思想系统中的开展进行了阐发：就个体层面而言，礼与乐的共同作用在于调节情欲。通过引证《礼记·乐记》关于性静情动的论述，朱光潜说明了礼乐的相互配合在调节情欲上的作用："修养的功夫就在调节性欲，使归于正，使复于性的本

---

[1] 朱光潜. 乐的精神与礼的精神——儒家思想系统的基础 [M] // 朱光潜全集（第九卷）. 合肥：安徽教育出版社，1993：96-97.
[2] 朱光潜. 乐的精神与礼的精神——儒家思想系统的基础 [M] // 朱光潜全集（第九卷）. 合肥：安徽教育出版社，1993：98-99.
[3] 朱光潜. 乐的精神与礼的精神——儒家思想系统的基础 [M] // 朱光潜全集（第九卷）. 合肥：安徽教育出版社，1993：99.

来善的倾向。乐与礼就是调节情欲使归于正的两大工具。"[1]其中乐的作用旨在使情感宣泄和发散，而礼的作用则在于使情感"焕然有序"，所谓礼的"节""养""文"三义都与情感调节密不可分；就社会层面而言，礼与乐的共同作用在于教化。教化是兼政与教而言的，就个体而言是教育，就群体而言则是政治，因此儒家的教育学也是政治学，由此朱光潜也改变了自己在《谈修养》中对中国人不善处群的批评："'群'的观念，不如一般人所想象的，在中国实在发达得很早，而中国先儒所讲的治群与化群的方法也极彻底。他们早就把社会看成个人的扩充；所以论个人修养，他们主张用礼乐；论社会教化，他们仍是主张用礼乐。"[2]就宇宙层面而言，礼与乐的共同作用在于孝天。通过把朱熹对《乐礼》的解释追溯至《易经》，朱光潜发现儒家的心性论与社会论其实又都可以从宇宙论中找到依据，"人是天生的，一切应该以天为法。人要居仁由义，因为天地有生长敛藏；人要有礼有乐，因为天地有和有序"[3]。在朱光潜看来，这种尊生孝天并不只是儒家思想的特点，也同样为世界上其他优秀的宗教文化所共享。文章最后再次总结称：

> 乐的精神在和，礼的精神在序。从伦理学的观点说具有和与序为仁义；从教育学的观点说，礼乐的修养最易使人具有和与序；从政治学的观点说，国的治乱视有无和与序，礼乐是治国的最好工具。人所以应有和与序，因为宇宙有和有序。在天为本然，在人为当然。[4]

除了引入西方现代心理学美学外，朱光潜从乐的精神与礼的精神来解释儒家思想系统也隐然透露出与尼采《悲剧的诞生》的亲缘关系。众所周

---

[1] 朱光潜.乐的精神与礼的精神——儒家思想系统的基础[M]//朱光潜全集（第九卷）.合肥：安徽教育出版社，1993：100.
[2] 朱光潜.乐的精神与礼的精神——儒家思想系统的基础[M]//朱光潜全集（第九卷）.合肥：安徽教育出版社，1993：105.
[3] 朱光潜.乐的精神与礼的精神——儒家思想系统的基础[M]//朱光潜全集（第九卷）.合肥：安徽教育出版社，1993：109.
[4] 朱光潜.乐的精神与礼的精神——儒家思想系统的基础[M]//朱光潜全集（第九卷）.合肥：安徽教育出版社，1993：111.

知,尼采在《悲剧的诞生》中以酒神精神和日神精神的冲突融合关系来论述悲剧艺术,酒神精神被认为与作为非理性的原始生命力有关,而日神精神则是理性与秩序的象征。虽然不少研究者都注意到朱光潜美学受尼采《悲剧的诞生》的影响,但在考察这一影响时却多聚焦于"看戏"与"演戏"的人生态度理解,而很少留心朱光潜对儒家礼乐的重释也受到《悲剧的诞生》的启发。这种启发一方面体现在朱光潜没有直接称礼和乐,而是通过加上"精神"二字,将之从"六经"或"六艺"中的两种提升为了普遍性的精神构造。只不过,朱光潜在对乐的精神的阐发中已然去除了尼采在酒神精神中注入的非理性主义色彩,由此《悲剧的诞生》中酒神精神与日神精神的冲突对立模式也被改造为了乐的精神与礼的精神的相遇相应又相友相成的关系;另一方面,与尼采《悲剧的诞生》认为酒神精神比日神精神更具本源性的观点类似,朱光潜同样认为乐的精神相较礼的精神更为根本。这不仅体现在文章标题刻意把乐的精神置于礼的精神之前,而且也在文中对二者关系做了清楚表述:"就政与教言,基本在教,就礼与乐言,基本在乐。乐是最原始的艺术,感人不但最深,也最普遍。"[1]

二、礼乐精神与六艺互摄:与马一浮的分歧

虽然加上了"精神"二字之后的乐的精神和礼的精神,已然不再是"六经"或"六艺"中的两种,而是被提升为可以用来统摄六经的精神性构造,但如何以这种新解释来对接过去以"六经"或"六艺"分判儒家学问体系的传统做法,仍然是朱光潜不得不面对的难题。对此文章最后给出了答案:"儒家最主要的经典是五经。五经所言者非乐即礼。诗属于乐,书道政事,春秋道名分,都属于礼。易融贯礼乐为一体,就其论'天下之赜'言,是礼;就其论'天下之动'言,是乐。"[2] 在这段话中,朱光潜明确提出了以乐

---

[1] 朱光潜. 乐的精神与礼的精神——儒家思想系统的基础[M]//朱光潜全集(第九卷). 合肥:安徽教育出版社,1993:105.
[2] 朱光潜. 乐的精神与礼的精神——儒家思想系统的基础[M]//朱光潜全集(第九卷). 合肥:安徽教育出版社,1993:111.

的精神和礼的精神来重新分判五经(《乐》亡佚)的思路:《诗》属于乐的精神,《书》《春秋》属于礼的精神,《易》则兼二者而有之。从现代知识视野看来,将《诗》归并入乐的精神并不难理解,因为诗、乐往往与美学和艺术视野存在最密切的联系,对此文中也做了解释:"乐在古代与诗相连。《尧典》中载夔典乐,而教胄子以'诗言志'。周官太师本掌乐,而所教者是'六诗'。儒家说诗的话都可以应用于乐。孔子说诗可以兴观群怨,诗教为温柔敦厚,温柔敦厚者乐之体,兴观群怨者乐之用。孔子论德行最重仁,论教化最重诗乐。道理是一贯的,因为诗的用在感,而感便是仁的发动。"[1] 紧接着这一解释,朱光潜又补充道:

> 马一浮先生论《论语》中凡答问仁者皆诗教义,甚详且精。惟别诗于乐,合乐于礼,谓礼乐教主孝,书教主政,与本篇立论精神稍异。从本篇的立场说,孝为仁之施于亲,仍是一种和,仍是乐的精神;书以道政事,仍是秩序条理之事,仍是礼的精神。[2]

这段文字作为全文唯一提及同时代人的地方,也是理解朱光潜重释儒家礼乐的关键。作为现代新儒学思想家第一代人物的马一浮、梁漱溟、熊十力素有"新儒家三圣"的美誉。自从抗战爆发后随内迁的浙江大学在江西泰和、广西宜山开启讲学生涯后,1939年,马一浮又接受国民政府邀请,赴四川乐山创办复性书院,《复性书院讲录》便是这一时期讲学和问答的结集。而同时期朱光潜也在迁至乐山嘉定的武汉大学文学院任教,二者也因此有了交往互动的机会。在马一浮的新儒学思想中,最具创见也最富争议的便是"六艺之学"。在《泰和会语》中,马一浮首次提出以儒家"六艺之学"来统摄古今中外一切学问的主张。在其看来,"六艺之学"不仅可以用来统诸子

---

[1] 朱光潜.乐的精神与礼的精神——儒家思想系统的基础[M]//朱光潜全集(第九卷).合肥:安徽教育出版社,1993:100-101.
[2] 朱光潜.乐的精神与礼的精神——儒家思想系统的基础[M]//朱光潜全集(第九卷).合肥:安徽教育出版社,1993:101.

和四部之学，也可以统外国的一切学问，比如自然科学可统于《易》，社会科学（或人文科学）可统于《春秋》，文学艺术可统于《诗》《乐》，政治法律经济可统于《书》《礼》。虽然"六艺之学"各有不同，但由于"六艺同出于一心"，因此又并非彼此隔绝，而是互摄互通的关系，这其实是受佛教华严宗圆融不二判教思想的影响，对此马一浮在《礼教绪论》中论诗、礼、乐关系时已作了清楚说明：

> 此谓诗之所至，礼亦至焉。所行必与所志相应，亦即所行必与所言相应也。言而履之，礼也。行其所言，然后其言信而非妄，行而乐之乐也。乐其所志，然后其行和而中节，此谓礼之所至，乐亦至焉。故即诗即礼，即礼即乐。华严家有帝网珠之喻。谓交光相罗，重重无尽。一一珠中，遍含百千珠相。交参互入，不杂不坏。六艺之道，亦复如是。故言诗则摄礼。言礼则摄乐。乐亦诗摄，书亦礼摄，易与春秋亦互相摄。如此总别不二，方名为通。[1]

六艺之间的相通相摄关系，正是马一浮六艺互摄说的主要内容。正是以六艺互摄为方法，马一浮对儒家经典的微言大义进行了释读。《论语》作为记载孔子与弟子问答的经典，也被认为是体现"六艺之教"的经典："六艺之旨，散在《论语》"[2]，"《论语》群经之管钥。观于夫子之雅言，则知六艺之要也"[3]，"《论语》大义，无往而非六艺之要"[4]。因此，"据《论语》以说六艺"，也便成为马一浮释读《论语》大义的方法论总纲：

---

[1] 马一浮.复性书院讲录·卷四[M]//刘梦溪主编.中国现代学术经典·马一浮卷.石家庄：河北教育出版社，1996：266-267.
[2] 马一浮.泰和会语[M]//刘梦溪主编.中国现代学术经典·马一浮卷.石家庄：河北教育出版社，1996：15.
[3] 马一浮.复性书院讲录·卷一[M]//刘梦溪主编.中国现代学术经典·马一浮卷.石家庄：河北教育出版社，1996：117.
[4] 马一浮.复性书院讲录·卷二[M]//刘梦溪主编.中国现代学术经典·马一浮卷.石家庄：河北教育出版社，1996：143.

《论语》有三大问目：一问仁；一问政；一问孝。凡答问仁者，皆《诗》教义也。答问政者，皆《书》教义也。答问孝者，皆《礼》《乐》义也。故曰："子所雅言，《诗》、《书》、执礼，皆雅言也。"兴于《诗》，立于《礼》，成于《乐》。言执礼不及《乐》者，《礼》主于行，重在执守，行而乐之，即《乐》，以《礼》统《乐》也。言兴《诗》不及《书》者，《书》以道事，即指政事，《诗》通于政，以《诗》统《书》也。《易》为《礼》《乐》之原，言《礼》、《乐》则《易》在其中。故曰，明则有礼乐，幽则有鬼神也。《春秋》为《诗》《书》之用，言《诗》《书》，则《春秋》在其中。故曰"《诗》亡然后《春秋》作也。"[1]

这段文字对《论语》中"六艺之教"（诗教、书教、礼乐教、易教、春秋教）及其相互关系的论述再次体现了六艺互摄论的原则。而在对"问仁皆诗教"的释读中，马一浮更是重点突出了感兴在沟通"仁"与诗中间发挥的作用："故圣人始教以诗为先，诗以感为体。令人感发兴起，必假言说，故一切言语之足以感人者，皆诗也。此心之所以能感者，便是仁，故《诗》教主仁。说者闻者，同时俱感于此，便可验仁。"[2] 简言之，"仁"为心之全德，诗是"仁"的发动（感）与兴起（兴），这与前述朱光潜对诗乐关系的解释是一致的，因此朱光潜对马一浮的这一解释也非常欣赏，赞其"甚详且精"，但他不能同意马一浮处则在于其"别诗于乐，合乐于礼，谓礼乐教主孝，书教主政"的做法。在朱光潜看来，马一浮把《诗》与《乐》分来，把《礼》《乐》合并，认为诗教主仁，礼乐教主孝，书教主政，是完全没必要的，因为"孝为人之施于亲，仍是一种和，仍是乐的精神；书以道政事，仍是秩序条理之事，仍是礼的精神"，换言之，主孝的礼乐教和主政的书教，仍然可以进一步归并到乐的精神和礼的精神中去，而这其实也是朱光潜对自己重释

---

[1] 马一浮.复性书院讲录·卷二[M]//刘梦溪主编.中国现代学术经典·马一浮卷.石家庄：河北教育出版社，1996：143.
[2] 马一浮.复性书院讲录·卷二[M]//刘梦溪主编.中国现代学术经典·马一浮卷.石家庄：河北教育出版社，1996：145.

儒家思想的方法论强调。

由此可见，无论是对马一浮的赞赏还是与马一浮的分歧，都与朱光潜立足于美学视野来阐释儒家思想系统的方法论有关。马一浮以儒家的"六艺之学"来统摄现代学术，重在"六义同出于一心"，六艺之间被认为是互摄互通的关系；而朱光潜对儒家思想的现代阐释则是从美学视野出发的，这不仅体现为他在乐的精神与礼的精神中更强调乐的精神的优先性和本原性，也渗透到了他对礼的精神的解释，譬如他在解释礼之三义中的"文"义时便如此强调："'文'是'节'与'养'的结果，含'序''理''义'诸义在内。'义者事之宜'，正因其有'理'有'序'，自旁人观之，则为'焕乎有文'。文为诚于中形于外，内和而外敬，和为质，敬仍是文。从'序'与'理'说，礼的精神是科学的；从'义'与'敬'说，礼的精神是道德的；从含四者而为'文'说，礼的精神也是艺术的……文艺也始终是条理之事。所以礼融贯真善美为一体。儒家因为透懂礼的性质与功用，所以把伦理学、哲学、美学打成一气，真善美不像在西方思想中成为三种若不相谋的事。"[1] 同样是强调儒家思想融真善美于一体的优越性，但二者的做法却又有所不同：马一浮是将真善美统于六艺，六艺又统于一心，而朱光潜以乐的精神与礼的精神来重释儒家思想系统，实则是以美来统摄真与善。

三、"无字天书"能不能读：对冯友兰的批评

如果说在与马一浮关于六经与礼乐关系的认识分歧中，朱光潜重释儒家礼乐的美学视野得到了凸显的话，那么，1941年发生在朱光潜与冯友兰之间的一场关于"无字天书"能不能读的争论，则从另一个面向呈现了他与现代新儒家的思路差异。虽然常常与马一浮、熊十力、梁漱溟同列为现代新儒家第一代人物，但与其他三人在中国传统哲学与西方现代哲学之间更明确地服膺前者并采取了儒学立场来回应西方现代哲学的思路不同，曾留学美国并

---

[1] 朱光潜. 乐的精神与礼的精神——儒家思想系统的基础[M]//朱光潜全集（第九卷）. 合肥：安徽教育出版社，1993：103.

接受了西方哲学系统训练的冯友兰则认为中国传统哲学缺乏严密的逻辑分析方法和明晰的概念体系，故而采取了借鉴西方现代哲学方法尤其是结合当时流行的维也纳逻辑实证主义和新实在论哲学对中国传统哲学进行形而上学重建的思路。他于抗战中完成的"贞元六书"——《新理学》（1939）、《新事论》（1940）、《新世训》（1940）、《新原人》（1943）、《新原道》（1945）、《新知言》（1946），便是这种重建工作的系列工程。其中出版时间最早的《新理学》可以说是冯友兰运用西方现代哲学方法对宋明理学进行系统阐释的首度尝试。在《新理学》的绪言中，冯友兰已然对自己的方法做了清楚交代："我们说'承接'，因为我们是'接著'宋明以来底理学讲底，而不是'照著'宋明以来底理学讲底。"[1]

《新理学》用西方现代哲学方法对宋明理学进行形而上学重建的核心在于真际与实际的区分："真际与实际不同，真际是指凡可称为有者，亦可名为本然；实际是指有事实底存在者，亦可名为自然。真者，言其无妄；实者，言其不虚；本然者，本来即然；自然者，自己而然……有某一件有事实底存在底事物，必有实际，但有实际不必有某一件有事实底存在底事物。属于实际中者亦属于真际中；但属于真际中者不必属于实际中。"[2] 而这也被认为是哲学与科学的分野所在："哲学只对于真际有所肯定，而不特别对于实际有所肯定"[3]，科学则只是对实际有所肯定，故这种不切实际的形而上学也被冯友兰称为"最哲学的哲学"。正是通过这种"最哲学的哲学"方法，冯友兰不仅对中国传统哲学中的理、气、道体、大全等范畴进行了系统诠释，也论及了艺术问题："在艺术方面，我们可以说，对于每一个艺术作品之题材，在一种工具及一种风格之下，都有一个本然底艺术作品，与之相应。每一个艺术家对于每一个题材之作品，都是以我们所谓本然底艺术作品为其创作的标准。我们批评他亦以此本然底作品为标准。"[4] 在冯友兰看来，这种

---

[1] 冯友兰.新理学［M］//三松堂全集（第4卷）.郑州：河南人民出版社，2001：4.
[2] 冯友兰.新理学［M］//三松堂全集（第4卷）.郑州：河南人民出版社，2001：9-10.
[3] 冯友兰.新理学［M］//三松堂全集（第4卷）.郑州：河南人民出版社，2001：9.
[4] 冯友兰.新理学［M］//三松堂全集（第4卷）.郑州：河南人民出版社，2001：154-155.

"本然底样子"在音乐方面是"无声之乐",在诗学方面是"不著一字,尽得风流""至乐无声,至文无字"。第十章的开篇处,冯友兰更将这些不同领域的"本然底样子"统称为了"无字天书":

> 此诸本然办法,本然命题,或本然样子,可以说是均在无字天书之中。无字天书,有人能读之,有人不能读之;能读无字天书,而见本然办法,本然命题,本然样子,或其仿佛者,我们称之曰才人。[1]

冯友兰《新理学》出版后不久,朱光潜便撰写了专业性的书评,这便是发表在1941年《文史杂志》第1卷第2期上的《评冯友兰的〈新理学〉》一文。虽然原本旨在对《新理学》中的艺术论进行评述,但因为谈艺术论不得不牵涉《新理学》的哲学基础,因此书评开篇又先花了大量的篇幅对冯友兰的哲学方法进行评述。朱光潜开宗明义地指出,《新理学》哲学系统的核心在于真际与实际的分别,但这也是歧义丛生所在,而"我们如何知真际和实际",这是艺术论方面的问题根源,"无字天书"究竟能不能读的问题,正是由这一问题衍生出来的。在对《新理学》的哲学基础进行了清理之后,朱光潜才聚焦冯友兰的"无字天书"论述,对其究竟能不能读的悖论进行了分析:

> 冯先生说"有人能读之,有人不能读之"。不能读之者是否就不能评判一件行为的善恶,一哲学命题的是非,一艺术作品的美丑呢?我们知道,事实上我们天天在做这些活动,我们这一群不能读无字天书的可怜虫!冯先生说,"有人能读之",其实也还是夸大之词。因为据他自己的看法,"若有"全知全能的上帝,站在宇宙之外,而又全知宇宙内之事,则所有实际命题及所有本然命题以及所有事实,皆一时了然于胸中我们是人,显然没有这副全知。"我们或者永不能有一是的实际命题,

---

[1] 冯友兰. 新理学 [M] // 三松堂全集(第4卷). 郑州:河南人民出版社,1986:198.

或者所以为是的实际命题,皆不过是我们以为如此,所以皆是相对的可变的。"照这样看,我们人(指一切人)很可能地就永不能读无字天书,就无法断定实然是否与本然相合,无法有真知识。"无字天书"究竟能读不能读呢?冯先生在这问题前面踌躇,徘徊,以至于惊鼠乱窜。[1]

从这段分析中不难见出,"无字天书"能不能读,已然牵涉到了艺术接受与评判的重大问题,而沿着这一质疑,朱光潜又进一步指出《新理学》在艺术论方面的三点偏颇:一是"无字天书中的本然的样子"近于古典主义的典型概念,而所谓艺术"依照"无字天书的说法则近于希腊哲学家的"摹仿"说,而《新理学》却丝毫没有提及;二是假如"无字天书"真的只有上帝能读而凡人不能读,那艺术不但批评无所根据,连创作也不能有根据,这显然与事实不符;三是冯友兰承认历史没有"无字天书",即所谓"没有本然的历史,亦没有本然的写的历史,因为具体的个别的事实不是本然的",然而当艺术成为作品时,也是具体的个别的事实,也是一种历史的成就,这正是艺术史赖以成立的基础。承认历史没有"无字天书"而坚持艺术有"无字天书",这显然也是自相矛盾的。总而言之,"无字天书"能不能读,直接导致了《新理学》在艺术论方面的诸多难题。

在朱光潜看来,上述这些问题其实又都可归结到冯友兰的唯理主义哲学立场,对此他在文中已委婉指出:"本文立论是接受冯先生的立场而指出其系统中之破绽。如果站在另一种哲学系统的立场上,话自然又不是这样说。我个人早年是受的一点肤浅的符号逻辑的训练和一向对于柏拉图和莱布尼兹的爱好,也许使我偏向于唯理主义。但是这种偏向和冯先生的'最哲学的哲学'的立场并不很冲突。"[2] 对于自己的唯理主义立场,冯友兰本人是从不讳言的,他甚至公开宣称:"理性主义才是西洋哲学自柏拉图以来的正宗。经验主义及反知识主义仍然是从理性主义来的,是受过理性主义的训练的。中

---

[1] 朱光潜.冯友兰先生的《新理学》[M]//朱光潜全集(第九卷).合肥:安徽教育出版社,1993:51.
[2] 朱光潜.冯友兰先生的《新理学》[M]//朱光潜全集(第九卷).合肥:安徽教育出版社,1993:53.

国最缺乏理性主义的训练，我们应当多介绍理性主义。"[1] 因此可以说，《新理学》对宋明理学的现代转化正是以唯理主义为方法，而相较之下，朱光潜虽然也自承受过唯理主义的影响，"和冯友兰'最哲学的哲学'的立场并不很冲突"，但其实他在自己的研究早期就对唯理主义立场有所不满，无论是对克罗齐美学的批评，还是运用儒家日用伦常对康德审美共通感的经验重构，都透露出他试图用经验主义来补充唯理主义的思路。[2] 而这一差异其实又根源于二者截然不同的学术旨趣：如果说冯友兰对中国传统哲学的形而上学重建乃立足于理性主义的哲学地基的话，那么，朱光潜对儒家礼乐的重释则源于始终关注情感问题的美学视野。

四、以情为本：战时儒学复兴的美学进路

如前所述，无论是与马一浮在如何解释儒家思想系统上的认识分歧，还是围绕无字天书能不能读问题对冯友兰《新理学》的批评，朱光潜重释儒家礼乐的美学视野都得到了凸显。事实上，在儒学的现代转型过程中，美学以及与之相关的艺术视野从一开始便没有缺席。在对汉语审美主义的考察中，刘小枫便以梁漱溟为例揭示了审美主义与儒家思想传统的关系："梁漱溟的审美主义与王国维和蔡元培都不同，它的旨趣是为儒家思想传统（尽管这一传统在他笔下具道德品性）作文化民族主义的防御性扩建：儒家的礼乐由于给人的生存带来心绪和精神上的平稳，因而具有宗教的功能，同时，又不带有宗教的出世之弊。儒家通过礼乐达致宗教的功能这一命题的要点是：来世（彼岸）从来就是与此世（此岸）相对立的，人生就是人生，无两岸性划分。重要的不是此世还是彼世，而是在世，在世可由礼乐、智情达致圆满。梁漱溟的审美主义中的民族性价值理念的辩护性，是王国维和蔡元培的论点中没

---

[1] 冯友兰.在中国哲学会年会上的开会词[M]//三松堂全集（第11卷）.郑州：河南人民出版社，2000：281.
[2] 相关论述可参见金浪.朱光潜与英国经验主义传统——兼论1930—1940年代朱光潜修正克罗齐的背景与资源[J].文艺理论研究，2012（6）；金浪.处群追问下的儒学"转向"——《谈修养》与抗战时期朱光潜的美学建国思想[J].当代文坛，2015（6）.

有的。"[1] 在刘小枫看来，当梁漱溟将儒家礼乐与艺术相提并论，认为"礼乐使人处于艺术之中"时，便已然宣告了与儒学高度关联的华夏式审美主义的孕生，但刘小枫没有提到的是，梁漱溟后来很快便中断了这一方向，转而投身于乡村建设实践，真正沿此思路对儒家审美主义进行系统性阐发，其实是由抗战时期的朱光潜完成的。

要理解这种儒家审美主义在中国现代思想中的出现，对情感的关注是不容忽视的关键。事实上，不仅梁漱溟在《东西文化及其哲学》中把儒家礼乐与艺术相提并论，同时期梁启超对科学万能的批判及其对中国文学中情感主义的大力表彰，也都与第一次世界大战后西方思想经由对理性的反思导致的情感转向有关。在朱光潜这里，这种对情感的关注不仅构成了其选择以美学作为志业的问题意识，甚至还以情理冲突的方式呈现为1926年他与杜亚泉关于"问心的道德"与"问理的道德"的争论。针对杜亚泉从理性来解释道德的做法，朱光潜区分出了两种道德：一种是"问理的道德"（morality according to principle），一种是"问心的道德"（morality according to heart），二者的区别在于前者纯任理智，后者则将道德安放在情感的基础上："一言以蔽之，仁胜于义，问心的道德胜于问理的道德，所以情感的生活胜于理智的生活。生活是多方面的，我们不但要能够知（know），我们更要能够感（feel）。理智的生活只是片面的生活。理智没有多大能力去支配情感，纵使理智能支配情感，而理胜于情的生活和文化都不是理想的。"[2] 如果说对"问心的道德"的阐发已然开启了从情感方面来理解儒家礼乐的先河，那么，到了《乐的精神和礼的精神——儒家思想系统的基础》中，朱光潜不仅明确将礼乐称为"调节情欲使归于正的两大工具"，还据此对儒家伦理思想进行了表彰：

> 总观以上乐礼诸义，我们可以看出儒家的伦理思想是很康健的，平易近人的。他们只求调节情欲而达于中和，并不主张禁止或摧残。在西方思想中，灵与肉，理智与情欲，往往被看成对敌的天使与魔鬼，一个

---

[1] 刘小枫. 现代性社会理论绪论［M］. 上海：上海三联书店，1998：313.
[2] 朱光潜. 给青年的十二封信［M］//朱光潜全集（第一卷）. 合肥：安徽教育出版社，1987：46.

人于是分成两橛。西方人感觉这两方面的冲突似乎特别锐敏，他们的解决方法，如同在两敌国中谋和平，必由甲国消灭乙国……这实在是一个不健全的人生理想，因为他要戕贼一部分人性去发展另一部分人性。从文艺复兴以后，西方人也逐渐觉悟到这是错误，于是提倡所谓"全人"理想。近代心理学家更明白指出压抑情欲的流弊。英儒理查兹（Richards）在他的《文学批评原理》里有一章说得很中肯。他以为人类生来有许多生机（impulses）如食欲性欲哀怜恐惧欢欣愁苦之类。通常某一种生机可自由活动时，相反的生机便须受压抑或消灭。但是压抑消灭是一种可惜的损耗。道德的问题就在如何使相反的生机调和融洽，并行不悖。这需要适宜的组织（organization）。活动愈多方愈自由，愈调和，则生命亦愈丰富。儒家所提倡的礼乐就是求"对于人类生机损耗最少的组织。[1]"

这段从情感调节的角度对儒家伦理观的表彰，不仅是理解朱光潜重释儒家礼乐的关键，也是理解朱光潜美学构建的关键。在朱光潜看来，儒家礼乐的本质是通过对情感的调节使人达到内在的和谐，而非对人的自然欲望的禁止和摧残，而这其实也是朱光潜在思考文学艺术上一以贯之的思路：通过着眼于情感的调节及对其平衡机制的探寻，朱光潜在文学艺术与儒家礼乐之间建立了内在关联。在调节情感的意义上，二者是异曲同工的，这正是他从美学视野来重释儒家礼乐的理论基础。而通过情感的调节作用而在个人、社会、国家等层面实现的"和"与"序"，也便被指认为是儒家伦理观的特点。引文中把致力于阐发心理冲动平衡理论的英国文艺理论家理查兹（I. A. Richards）称为"英儒"，便是朱光潜这种"以情释儒"思路的绝佳体现。通过从情感调节的角度把儒家礼乐论证为更健康的伦理观，朱光潜不仅推翻了新文化运动对儒家礼教的批评，也为抗战时期传统文化复兴思潮提供了一种另辟蹊径的努力。对于自己立足于情感对儒家礼乐的美

---

[1] 朱光潜.乐的精神与礼的精神——儒家思想系统的基础[M]//朱光潜全集（第九卷）.合肥：安徽教育出版社，1993：103-104.

学重构思路，朱光潜在 1943 年的《音乐与教育》一文中还进行了更简明扼要的提炼与概括：

> 中国先儒以礼乐立教，就为明白了这个道理。乐的精神在和谐，礼的精神在秩序，这两者中间，乐更是根本的，因为内和谐外自然有秩序，没有和谐做基础的秩序就成了呆板形式，没有灵魂的躯壳。内心和谐而生活有秩序，一个人修养到这个境界，就不会有疵可指了。谈到究竟，德育须从美育上做起。道德必由真性情的流露，美育怡情养性，使性情的和谐流露为行为的端正，是从根本上做起。惟有这种修养的结果，善与美才能一致。明白这个道理，我们就会明白孔子谈政教何以那样重诗乐。诗与乐原来是一回事，一切艺术精神原来也都与诗乐相通。孔子提倡诗乐，犹如近代人提倡美育。[1]

这段论述看似言简意赅，实则道出了朱光潜对儒家礼乐进行美学重构的方方面面。"一切艺术精神原来都与诗乐相通"，"孔子提倡诗乐，犹如近代人提倡美育"，已然构成朱光潜对自己重释儒家礼乐的美学视野作出的最直截了当的表达。这种以美学和艺术视野对儒家思想传统进行转化的儒学审美主义思路，虽然在儒学的现代转型过程中从来就没有缺席过，新文化运动前后，受西方直觉主义思潮影响的梁启超、梁漱溟，已然开启了这一思路的先河，此后这一思路一度在现代新儒学运动内部继续发酵，到了抗战时期则更是为诸多致力于提倡传统文化复兴思潮的知识人共享。然而，在上述这些思想谱系中，明确提出以乐的精神和礼的精神的二元架构来重释儒家思想系统，并由此将儒家审美主义思路推至前所未有的高度，却是由抗战时期的朱光潜完成的。美学方面的深厚积累以及对情感问题的长期关注，不仅让朱光潜在对儒家礼乐进行美学重释方面有着得天独厚的优势，也令其避免了身陷儒家原教旨主义的风险，前述他与马一浮在儒家思想系统认识上的分歧，以

---

[1] 朱光潜.音乐与教育[M]//朱光潜全集（第九卷）.合肥：安徽教育出版社，1993：144.

及围绕"无字天书"能不能读的问题对冯友兰《新理学》中的唯理主义哲学立场的批评,都是这种儒家审美主义优势的体现。虽然在朱光潜身上,这种儒家审美主义如同抗战中的昙花一现,但从更长远的思想史视野来看,它对后世的影响却实在不容小觑,晚近李泽厚以"情本体"对儒家乐感文化的再度阐发,仍可视作这一思路的继续推进。

"天崩地坼此何时"

——《亡明讲史》与台静农的"南明想象"[1]

吕彦霖[2]

[摘要] 作为台静农小说创作的"终曲",完成于抗战时期的历史小说《亡明讲史》,无疑是其创作谱系中的独异存在。自小说于2020年面世以来,关于这部作品为何始终未能于作者生前出版,文本中迥异于同时代的奇特"南明想象"何以诞生,以及作者在小说中寄寓了怎样的思想情态等疑问,皆有待深究。文章试图以台静农在小说中对南明历史的"断面化"处理为切入点,重新审视小说的叙事逻辑与情节结构。同时,文章还试图结合作者的思想取向与抗战时期的具体历史情境,探究此种叙事策略背后所隐含的复杂心态。笔者认为,揭示作者的此种心态不唯有利于回应围绕着小说的诸多疑问,对于我们理解台静农在战后的生命轨迹及其文学观念的嬗变亦不无补益。

[关键词] 台静农 《亡明讲史》 "南明想象" 历史叙事 心态转折

---

[1] 本文系浙江省哲学社会科学重点研究基地"文艺批评研究院"资助项目、杭州师范大学科研启动经费项目(项目编号:RWSK20191023)的阶段性成果。
[2] 吕彦霖,文学博士,早稻田大学访问学者,杭州师范大学人文学院讲师。主要研究方向:中国现代文学思想史,抗战文学与左翼知识分子研究。

一、"天崩地坼此何时"
——《亡明讲史》的诞生及其文本世界

> "皂帽西来鬓有丝，天崩地坼此何时。为怜冰雪盈怀抱，来写荒山绝世姿。"
>
> ——台静农《画梅》[1]

1937年7月，时任青岛山东大学教师的台静农应邀赴北平休假。其间不仅在"来今雨轩"为"未名社"好友李霁野证婚，还拜访了张大千寓所，参观其收藏。忧患中年，欣逢旧友本为人生至乐。然而待到7月30日，日军宣布占领北平城，魏建功遂嘱托行将南下的台静农代留守北大诸君问计于胡适。离别之际，台静农与启功同醉魏宅，启功为之作《荒城寒鸦图》以铭国耻。重游之喜突转为黍离之悲，目睹了故都沦丧的台静农，在晚年回忆文字中仍能清晰地描述日军入城的场景——"站在坦克车上武装士兵，敌视着北京城的人民，坦克车巡回驰驶着，地都是动的。"[2]

在台静农看来，逃离沦陷的北平，不过是他"身经丧乱的开始"[3]。其后的一年中，他与家人厕身难民洪流，艰难跋涉千百里，最终落脚在江津白沙镇，"抵白沙后不久，受聘为编译馆编译委员会委员"[4]。客居西南大后方虽能暂时远离战祸，却无法纾解家国之痛与书生无用的苦闷。"中国将往何处去"——深谙"居今志古"之道的台静农与众多知识人不约而同地将目光投向历史的纵深处，试图从中汲取因应个体身心危局所亟须的精神能量。随之而来的，便是既有的"南渡经验"的渐次复活，进而成为同时代知识分子共有的思想焦点。如何借由"南渡经验"进行"传统再生产"，使之足以激发自身气节，鼓动民众抗战意志，无疑是不同倾向的知识者的重要课题。而对

---

[1] 台静农.画梅[M]//台静农全集·白沙草 龙坡草.郑州：海燕出版社，2015：3.
[2] 台静农，著，秦贤次，编.酒旗风暖[M].青岛：青岛出版社，2011：29.
[3] 台静农，著，秦贤次，编.酒旗风暖[M].青岛：青岛出版社，2011：34.
[4] 黄乔生，主编.台静农年谱简编[M].郑州：海燕出版社，2015：26.

晚明史事素有兴味的台静农[1]，则撰写了一部反映南明兴亡的历史小说，试图从明清鼎革之际中寻觅为政者的得失，以资当世。吊诡的是，作者与研究者对于这部作品的态度却大相径庭。作者对自己这部数易其名[2]，寄托遥深的小说创作的"终曲"始终态度暧昧。除了曾经以原稿就正于客居江津的陈独秀之外，台静农"民国卅五年携稿来台，从未谈及或示人"[3]，致使这部作品八十余年来始终处于文学史视野之外[4]。而研究者则在小说整理出版后，极言"《亡明讲史》一书是台先生寄托遥远的一部历史小说"，"具有不能忽略的重要性"。[5]认定此书不仅是洞悉台静农抗战时期心态转折的切口，更有可能是解开他其后生命轨迹选择的钥匙。而在笔者看来，无论是作者对小说的刻意隐匿，还是研究者对作品价值的反复申说，实际上都指向了小说所建构的文本世界与不同历史情态之间复杂的张力关系。

《亡明讲史》虽以南明政权的兴衰为书写对象，却并未穷尽其十八年的历史，而是将焦点集中于甲申（1644）与乙酉（1645）两年。作者在小说起始即借老太监之口营造出萧索悲凉的宫闱气氛——李自成西安称帝，大臣争名夺利，皇帝已不进荤腥，明朝的国力竟不如阉党横行之时。面对齐来的恶讯，崇祯也进退失据："求战"——李建泰自请督师讨伐李自成兵败投降；"南逃"——命太子南下监国的试探又被光时亨阻断；"守城"——国库因为天灾和连年战乱入而不敷出。于是崇祯帝只能从勋臣贵戚处募款救急，哪料国丈

---

[1] 据舒芜的回忆："诗学方面，我从静农先生受到最大的教益是，第一次知道晚明诗特别是明遗民诗的价值……静农先生大概对晚明文学艺术有深好，那时已开始写倪元璐一路的字，后来去台湾后成为一代书法宗师；他常对我说起明遗民诗，这是我从不知道的。"参见陈子善，编. 回忆台静农［M］. 上海：上海教育出版社，1995：60.
[2] 据黄立斌从档案中发现的台静农佚信可知，这部小说的雏形叫《民族英雄张苍水》，后"因已搜及之材料较广，拟改为《晚明讲史》"。参见黄立斌. 新发现档案里的台静农佚信七通［J］. 鲁迅研究月刊，2021（3）. 而据其后整理出版此书的廖肇亨披露："初稿本题作《晚明讲史》，他人代抄本题作《亡明讲史》。"参见廖肇亨. 希望·绝望·虚妄——试论台静农《亡明讲史》与郭沫若《甲申三百年祭》的人物图像与文化诠释［J］. 明代研究，2008（11）.
[3] 罗联添. 台静农先生学术艺文编年考释（上）［M］. 台北：台湾学生书局，2009：298.
[4] 台静农弟子罗联添在《台静农先生学术艺文编年考释》中认为，《亡明讲史》写作于1940年9月。廖肇亨、王德威均采信了罗的说法。而黄立斌则通过台静农的佚信，将小说的大致完成时间前推至1938年12月。
[5] 廖肇亨. 后记·写在出版之前［M］// 台静农. 亡明讲史. 台北：台湾大学出版中心，2020：173.

等人在如此危局之下仍是一毛不拔。北京被大顺军包围，崇祯回天乏术，只得趁乱逃出皇城，最终自缢于煤山。"最是仓皇辞庙日"，台静农细写了亡国之君濒死之时的所见所思，更增益了小说的幽暗气质：

> 苑中夹道，黑暗异常，因内监各谋逃命，灯火自灭，已无人过问。皇帝扶着王承恩左背，踉跄走出后苑，直往万岁山去，行经山麓时，皇帝已遍身是汗，气喘力软，即坐石上稍息。不久鼓力走到寿星亭。时天方曙亮，内城各门洞开，闯军正疯狂入城……火光已少，惟喊哭之声，有如海啸。遥见宫中树木新叶正发，晨光中已能辨出油绿的柳色，皇帝不禁心酸，霎时间过去十六年中的一切，都一一的陈现在面前，忽又一片漆黑，一切都不见了，只有漆黑。[1]

崇祯出奔后，紫禁城各门主动迎降，大顺军占领北京，小说至此陡然生发出闹剧维度。旧主尸骨未寒，群臣却已争先恐后地投奔新主，在作者笔下如同乌鸦一般齐聚朝堂，"各人欢天喜地，等着明旦朝拜新主，候膺新命"[2]。除了对群臣丑行的刻画，作者还借光时亨的家信揭露了向来被目为"清流"的东林党的内心世界——"想到自己先阻止崇祯南迁，后又开门献城，这于大顺皇帝都是大功，虽未相从戎马间，但也算得开国一勋臣，今日陛见，皇帝甚嘉奖，将来入阁，自有希望。"[3]一番得意之余，他还不忘嘱咐江南的儿子改姓科考，赚取南朝功名。一边是首鼠两端的"清流诤臣"，一边是悲壮殉国却惨遭群臣嘲弄的范景文、倪元璐。两相对比之下，作者嘲讽的辛辣，可谓跃然纸面。待到闯王兵败，八旗兵占领北京，高谈儒家大义的衮衮诸公，又竞相投效摄政王多尔衮。值得注意的是，小说的否定性能量不仅指向"在朝"者，也指向"在野"的农民起义军——作者笔下的闯王经过承天门时狂呼大笑，望之不似人君，处事裁断也全无英武之气，反而显得粗豪异

---

[1] 台静农．亡明讲史［M］．台北：台湾大学出版中心，2020：31.
[2] 台静农．亡明讲史［M］．台北：台湾大学出版中心，2020：37.
[3] 台静农．亡明讲史［M］．台北：台湾大学出版中心，2020：44.

常。不唯领袖有勇无谋，农民军将领也粗暴贪婪——刘宗敏在田皇亲府上拷问百官，查没家产，竟连新降诸臣与街上富户也不放过。走笔至此，台静农俨然已经"看穿一切人性虚浮与愚昧，进而嘲弄任何改变现状的可能"。[1]

"北归"既已无望，"南渡"者又何尝振作。在南京群臣议立未定之际，马士英即以重兵将福王送往燕子矶，强行拥立为弘光帝。弘光帝耽溺酒色，奸相马士英卖官鬻爵，四镇总兵肆意妄为，朝纲废弛可想而知。面对此情此景，矢志恢复的史可法也只能悲叹："先帝殉国时，我在南京，那时本该死了。转想国家为重，希望中兴，不料决裂到这种地步！"[2] 面对南下的清军，马阮之流宁可与左良玉内耗，也不愿抗击外敌。扬州城破，史可法被执，清军血腥屠城。作者在此时忽然发挥"讲史"本色——提醒读者"且看这偌大的扬州城，被清兵闹得比地狱还惨，奸抢焚杀，无所不为，正如三百年后现在的日本兵的兽行一样……读者自己去翻翻这篇血史吧，看看同我们的日本敌人现在放下的血债有什么分别没有？"[3] 从昔日的"扬州十日"联想到南京大屠杀，串接今古的作者至此表明了尖锐的现实关切。扬州屠城后南京献城，群臣在钱谦益等人的带领下照旧投效新主。成了亡国之君的弘光帝则形同跳梁小丑，虽然被押解过市的他面对百姓的唾骂"不声不响的，俨然一匹待决的老鼠"[4]；面对豫王多铎的质问，他又"只觉汗出不已，那蓝布衫全湿了，终席低着头，从前的豪兴一点也没有了"[5]。然而一旦稍获自由，他便又立刻嬉笑自若，问道"马士英奸臣那里去了！"[6] 小说最终在一副讽刺弘光朝君臣丑态的对联中落下帷幕。

江山易手，朝代鼎革之际，向来是史家以史笔激浊扬清，为观者指引正道的时刻。然而通览小说述及的三段史事，无论是崇祯身死，还是李闯败逃，抑或是弘光覆灭。除去那些平日隐没无声的百姓面对国难的奉献与牺牲

---

[1] 王德威.亡明作为隐喻——台静农的《亡明讲史》[J].现代中文学刊，2020（4）.
[2] 台静农.亡明讲史[M].台北：台湾大学出版中心，2020：87.
[3] 台静农.亡明讲史[M].台北：台湾大学出版中心，2020：141.
[4] 台静农.亡明讲史[M].台北：台湾大学出版中心，2020：166.
[5] 台静农.亡明讲史[M].台北：台湾大学出版中心，2020：168.
[6] 台静农.亡明讲史[M].台北：台湾大学出版中心，2020：169.

之外，小说内部似乎毫无亮色可言。而厕身其中的权势人物，不是弃绝礼义廉耻，身陷欲望黑洞；便是回天乏力，落得兵败身死。南社诗人口中血泪交迸的"南明悲壮史"，到台静农笔下竟变作一场完全黑暗、荒谬的丑剧——字里行间仿佛弥漫着一种充溢着否定性与虚无感的历史观念。而在抗战陷于焦灼相持，个体与民众都亟待鼓舞的历史时刻，爱国者台静农何以构建如此幽暗奇崛的"南明想象"，我们又当如何理解他对待此书的暧昧态度，则是接下来需要探究的问题。

二、"问天不语骚难赋"
——抗战"晚明书写"与小说出版困局

谈及《亡明讲史》的跌宕命运，陈独秀自是绕不过的存在。根据台的弟子罗联添回忆，台静农于1940年10月初，曾"致函陈独秀，并寄自作《晚明讲史》及陈作《史表补文》"[1]。陈独秀于当月14日复信，表示"《晚明讲史》不如改名《明末亡国史》，修改时，望极力使成历史而非小说。盖历史小说，如《列国》《三国》虽流传极广，究于历史及小说两无价值也"[2]。作为五四运动与左翼革命的先驱，陈独秀是台静农素来敬仰的前辈。据台静农自述，自陈独秀出狱后落脚江津城后，"我就想见到他，弥补我晚去北京，不能做他的学生，现在他竟在等着见我，使我既感动又惊异"[3]。而在《亡明讲史》成书后，又只交予陈独秀一人指正，更可见出台对陈的信重。然而陈独秀的回信，却对台静农的"讲史"意图不甚赞成，反而劝其摒除虚构描画，专论历史兴衰，使小说可以成为今日之借鉴。前辈的此番建议，显然给台静农造成了一定的压力。因此几位研究者便将此书未能出版的原因，归结于陈独秀的这番劝诫，一致强调"或许是受到陈独秀批评的缘故，使台静农

---

[1] 罗联添.台静农先生学术艺文编年考释（上）[M].台北：台湾学生书局，2009：297.
[2] 陈独秀.台静农先生珍藏书札（一）[M].台北："中研院"文哲所，1996：64.
[3] 台静农，著，秦贤次，编.酒旗风暖[M].青岛：青岛出版社，2011：121.

失去了出版《晚明讲史》的热情"[1]。

　　然而在笔者看来，陈独秀的批评对于台静农来说固然不易接受，却也不至于因此对出版小说彻底断念。对台静农此种暧昧态度，必须考虑到作者当时的人生状态及其所面对的历史情境。首先，台静农彼时已年届不惑，思想成熟，写作《亡明讲史》也必然经过一番思虑、准备，其初心断然不会因为前辈的几句批评而被轻易打消。其次，当时的陈独秀已晚景苍凉，不再是当年叱咤政治/文化两界的风云人物，客居江津的他"生活只靠一二老友接济"[2]。在这段迟到的"忘年之交"中，他的意见能够施加于台静农的现实影响其实微乎其微。基于此，我们就需要将台静农的作为放置于具体的历史情境中加以理解。

　　作为"南渡经验"的重要组成部分，"晚明书写"肇始于晚清时期，在当时乃是宣扬"排满革命"的最佳介质。而"晚明书写"的再次兴起则是在抗战时期，其首次集中出现是在"孤岛"时期的上海。由于"孤岛"四面受敌的特殊空间形态，以及租界当局的言论钳制，"重新发掘固有历史传统，生产富于'当代性'的历史传奇的文化行动，也成为'孤岛'知识界的共同选择"[3]。在"孤岛"时期的众多历史剧中，阿英化名"魏如晦"创作的"南明史剧"三部曲声誉最著，也最具代表性。其中《碧血花》讲述了名妓葛嫩娘规劝名士孙克咸从军抗清，被俘虏后嚼碎舌头血溅敌酋的悲壮故事；而《海国英雄》写的是抗清领袖郑成功在台湾建立政权并组织"天地会"以广泛散播"反清复明"思想的故事；剧本《杨娥传》则讲述了"奇女子"杨娥设计刺杀吴三桂，为南明永历帝及自己夫君报仇的故事。在这三部史剧中，不难看出作者试图以三个不同阶层人物的抗清义举，调动潜伏在国人精神内质中的"华夷之辨"。通过戏剧表演这一互动性极强的艺术实践形式，坚定观众的抗战意志，激发国人的民族意识和民族气节。而"晚明书写"再次

---

[1] 黄立斌. 新发现档案里的台静农佚信七通[J]. 鲁迅研究月刊，2021（3）.
[2] 台静农，著，秦贤次，编. 酒旗风暖[M]. 青岛：青岛出版社，2011：127.
[3] 耿传明，吕彦霖. "孤岛"烽火思南明——从柳亚子与阿英关于《杨娥传》的分歧看两代作家的文化心理差异[J]. 天津师范大学学报（社会科学版），2017（5）.

成为文化领域的焦点,则是在 1944 年的大后方,该年是旧历甲申年,正是明朝覆亡的三百年纪念。中共方面安排《新华日报》以及《群众周刊》集中刊发了郭沫若、柳亚子等人写作的纪念文章。这些文章之中,郭沫若的长文《甲申三百年祭》在刊发之后,不仅对知识界产生了重大影响,还激起了国共两党的积极回应。与柳亚子的"晚明书写"中借助对明代"人事／风物"的歌咏召唤"民族／种族"革命的意志不同,接受唯物史观,认同农民"是中国革命的最广大的动力,是无产阶级的天然的和最可靠的同盟者,是中国革命队伍的主力军"[1]的郭沫若,在文章的起始部分便直接表达了与柳亚子不同的态度——"规模宏大而经历长久的农民战争,在这一年使明朝最专制的王权统治崩溃了"[2]。可见他写作此文的真实目的,并非为明代招魂,而是以唯物史观对动荡的晚明历史进行解构。写作此文的目的,其一是论证"民变"历史的必然性,从而为农民起义彻底正名;其二则是以李岩的命运为切入点,探讨起义失败的原因。由于郭沫若此文所透露出的意识形态倾向,它毫无疑问地受到了中共方面的热烈欢迎,当时身在延安的中共领袖毛泽东就专程致信郭沫若,表示"你的《甲申三百年祭》,我们把它当作整风文件看待。小胜即骄傲,大胜更骄傲,一次又一次吃亏,如何避免此种毛病,实在值得注意"[3]。反观国民党方面,自《甲申三百年祭》发表后,他们也积极组织各种舆论力量进行驳斥。在批驳文章中,叶青给郭沫若及其背后的中共扣上了民族"失败主义"的帽子。按照国民党政府的逻辑,他指责郭沫若撰写《甲申三百年祭》乃是暗藏"祸心"——"回忆明亡底故事而又诋毁崇祯,歌颂李自成、李岩、宋献策,显然是反对政府,赞成流寇,大有希望今年为三百年前的甲申之再现的意思。如果这个希望实现了,今年发生大乱,那末日本之趁机完成其征服中国的迷梦,实为不可避免的事。"[4] 毋庸置疑,叶青的这种"农民事变—国家危机—外族入侵—国家灭亡"的思维模式,所承袭

---

[1] 毛泽东. 中国革命和中国共产党[M]//毛泽东选集(第二卷). 北京:人民出版社,1966:606.
[2] 郭沫若. 甲申三百年祭[M]//郭沫若全集·历史编(第四卷). 北京:人民出版社,1982:176.
[3] 毛泽东. 致郭沫若(1944年11月21日)[M]//毛泽东书信选集. 北京:人民出版社,1983:241.
[4] 叶青. 批判郭沫若"甲申三百年祭"平议[J]. 民族正气,1944(4):28-29.

的正是蒋介石在《中国之命运》中对"明亡于谁人之手"的论断[1]。在时人的回忆里，国民党方面在应对郭沫若此文的相关发言，总给人以"左支右拙"的印象，而这种言语困境也鲜明地印证了话语权力随着形势的发展，已经越来越转向中共一边。

经过上述梳理不难发现，无论是将《甲申三百年祭》作为"整风文件"的中共，还是认定郭文"诋毁政府，动摇人心，煽动民变"[2]的国民党，实际上都充分认识到在"天地玄黄"的历史转折关头，"晚明书写"中所蕴藏的巨大隐喻能量。因而，国共双方也都在潜意识层面自觉地将"现实政治"交织进"晚明书写"所提供的"历史记忆"之中。由此可见，《亡明讲史》在抗战时期的"晚明书写"谱系中具有双重的"异质性"。从文化上看，它于一众以悲剧形式申说"南明教训"的创作中，以丑剧道出了人性的残忍、道德的失效以及历史的虚无。从政治上看，彼时的历史语境下，国共两党均将自身深度代入到晚明时期政坛的对立双方之中。而《亡明讲史》对崇祯、弘光两朝帝王，群臣的讽刺揭批固然辛辣，对以李自成为首的农民起义军也明显缺乏好感。如此一来，这部小说不仅不利于知识界总结"治/乱"规律的可能性，也冲击了民众以古鉴今砥砺抗战热情的意愿。而弥漫其中的对晚明政坛两股主要政治势力的恶感，又显然难以为国共双方所接受。在这样的一个"非杨即墨"的时代，台静农当然了解出版这样的一部作品可能带来的现实风险与言论压力。因此他选择只将这部作品交予陈独秀一人指正，并于1946年将小说原稿随身带往台湾大学。抵达台湾后，小说的"异质性"仍然抑制着其出版的可能。尽管其后岛内政治语境渐趋宽松，以至于"民国七十年左右，台先生曾嘱笔者找人誊清，似有整理出版之意"[3]。然而这部小说最终未能于台静农有生之年面世，这对作者和读者来说都不能不说是一种遗憾。

---

[1] 蒋介石认为："满族原是少数人口的宗族，为什么能够征服中国呢？……三百年的明室，在李闯、张献忠等流寇与满族的旗兵，内外交侵之下，竟以覆灭。自满族入关以后，中国的民族思想，便渐渐消灭了。"参见蒋介石.中国之命运[M].北平：北平时报社，1946：9.
[2] 叶青.批判郭沫若"甲申三百年祭"平议[J].民族正气，1944（4）：31.
[3] 罗联添.台静农先生学术艺文编年考释（上）[M].台北：台湾学生书局，2009：298.

遗憾之余，我们更能感受到这部小说对于台静农的独特意义——写作这样一部与时势话语背道而驰的历史小说已非寻常；在创作此书之后就彻底放弃本已声名卓著的小说家身份更令人不解。正如蒋勋所问："那么锐利的文学创作却在盛年突然中断，一个狂热追求文学理想，数度因为文学刊物而出入牢狱的青年，他的创作戛然而止，究竟透露着怎么样沉痛的讯息呢？"[1] 接下来，笔者就尝试以小说对"南明历史"的断面化处理为切入点，重审作品的叙事逻辑与情节结构，发掘台静农包孕于其中的隐微心声。

三、"风波如此欲安归"
——台静农"南明想象"之意喻探微

正如前文所述，南明政权（1644—1662）自弘光帝建元南京，到永历帝命丧昆明，共经历了一十八年历史。而台静农在《亡明讲史》这部意在探究南明兴衰的历史小说中，却只选取了甲申（1644）与乙酉（1645）两年的史事。这种对南明历史的"断面化"处理，一方面构成了作品情节结构的基础，一方面决定了小说的叙事逻辑。作者如此作为究竟意欲何在？在廖肇亨看来，"台静农选择以弘光朝的覆灭作为《亡明讲史》的终止符，并不只是贴合历史而已，而是一种意味深长的警示（或预言）"[2]。以弘光朝溃败的"南明教训"来警示国人团结御侮的极端重要性，自是小说的题中应有之义。然而这种解读却模糊了小说与其他"晚明书写"作品的界限，遮蔽了这部作品内在的"异质性"。在笔者看来，对于《亡明讲史》这样别有寄托的作品，不仅需要看到其在文本中的"在场"言说，更应该看到其叙述中的"省略"与"留白"，体悟其"知而不言"背后所隐含的复杂心态。

弘光朝覆灭后，唐王朱聿键在郑芝龙等人的拥立下于1645年在福州称

---

[1] 蒋勋.夕阳无语——敬悼台静农先生［M］//陈子善，编.回忆台静农.上海：上海教育出版社，1995：254.
[2] 廖肇亨.希望·绝望·虚妄——试论台静农《亡明讲史》与郭沫若《甲申三百年祭》的人物图像与文化诠释［J］.明代研究，2008（11）：110.

帝，改元隆武，1646年兵败后绝食而亡。随后桂王朱由榔在肇庆称帝，是为永历帝。南明诸王中，永历帝无疑是最值得重视的一位，不仅因为他在位最久（1646—1662），更因为在他在位期间抗清局面出现了高潮。在李定国、瞿式耜、郑成功等人的领导下，明军逐渐转守为攻——"1648—1649年，清朝步步上升的好运急转直下。""明军在湖广取得了惊人的胜利，于1648年夺回全省。""1652年7、8两个月，李定国首先攻下了宝庆及湖广西南部西端的其他关键城市……然后他亲自率军，火速向桂林挺进，于8月7日一举攻下。这一次大胜利，使广西清军占领区纷纷倒戈，投向明朝方面，只有梧州尚在清军之手。"[1] 笔者之所以强调永历帝的重要性，并非只注目于其抗清战绩，更因为其在近代文化史上的标志性意义。1902年4月26日，章太炎与秦力山、冯自由等人在东京发起"支那亡国二百四十二年纪念会"，号召推翻清政府。孙中山率华侨十余人自横滨准备参加纪念会。由于驻日公使蔡钧勾结日本政府进行阻挠，会议未能成功举办。孙中山、章太炎等人遂于当日返回横滨，在永乐楼举行纪念会，由章太炎撰写大会宣言。章氏在宣言中开门见山，申明"排满"宗旨："自永历建元，穷于辛丑，明祚既移，则炎黄姬汉之邦族，亦因以澌灭。顾望皋溇，云物如故，维兹元首，不知谁氏？支那之亡，既二百四十二年矣。"[2] 其后更高呼："愿吾滇人，无忘李定国；愿吾闽人，无忘郑成功；愿吾越人，无忘张煌言；愿吾桂人，无忘瞿式耜；愿吾楚人，无忘何腾蛟；愿吾辽人，无忘李成梁。"[3] 在这篇对留日学生产生巨大影响的宣言中，章太炎极言永历帝的象征意义，他不仅将其身死国灭视为华夏灭亡的标志，更强调继承永历朝诸臣的抗争精神对于"排满"革命的重要价值。值得注意的是，在章太炎等人组织纪念会的时刻，日后成为章门弟子的鲁迅，此时已经从横滨抵达东京，"住东京麹町区平河町四丁目

---

[1] [美] 司徒琳. 南明史: 1644—1662 [M]. 李荣庆等, 译. 严寿澂, 校订. 上海: 上海人民出版社, 2017: 199-232.
[2] 章太炎. 中夏亡国二百四十二年纪念会书 [M] // 章太炎全集（第四卷）. 上海: 上海人民出版社, 1985: 188.
[3] 章太炎. 中夏亡国二百四十二年纪念会书 [M] // 章太炎全集（第四卷）. 上海: 上海人民出版社, 1985: 189.

三桥旅馆，不日进成城学校"，[1]即将开启留学生涯。这次纪念会以及章太炎对永历帝的推重，想必会给一向关心国事的鲁迅留下深刻印象。而作为鲁迅的从游最久，相知最深的学生和挚友，对晚明文学艺术深感兴味的台静农，断然不会不了解永历帝在南明历史中的重要地位。在笔者看来，台静农选择"知而不言"恰恰指向他的"别有怀抱"。在小说中通过忽略永历帝以实现对南明历史的"断面化"处理，正是为了借此贯注其难以言明的隐微心声。

如前所述，《亡明讲史》所提供的"南明想象"的独到之处，就在于它乃是一众历史悲剧中罕有的丑剧，作者笔下的晚明世界近乎一团漆黑，鲜有亮色。而丑剧风格的生成，则源自创作者的有意识地排布建构，这在历史学家海登·怀特那里被命名为"情节化解释"。他认为"在叙述故事的过程中，如果史学家赋予它一种悲剧的情节结构，他就在按悲剧方式'解释'故事；如果将故事建构成喜剧，他也就按另一种方式'解释'故事了。情节化是一种方式，通过它，形成故事的事件序列逐渐展现为某一特定类型的故事"[2]。倘若从这个角度出发，我们也许就不难发现作者对南明历史采取"断面化"处理的用意。如果在小说中述及永历朝史事，那么无论是永历朝辉煌的抗清战绩，还是永历帝悲壮的殉国经历，都可能破坏作者制定的丑剧化的小说情节结构，使之向悲剧的方向漂移。唯有摒弃永历朝史事，专注于崇祯亡国到弘光覆灭这一时段的书写，才能使小说保持其丑剧色彩。更为重要的是，永历朝史事的加入，将可能导致作者难以完成对晚明时期的"在朝/在野"势力的双向否定，进而阻碍小说对战乱之中民众德性的凸显。作为《亡明讲史》中少有的几许亮色，在北京城即将被攻破，勋贵、朝臣们依旧无动于衷的时刻，百姓却纷纷毁家纾难——"自动的三百一百的凑献一万多两来。"[3]而目睹了投降满清的赵之龙的安民告示的乞丐，则"长叹一声，随着冷笑道，'好个大明忠臣！'忽然拿了一块煤炭，在桥上题起诗来：'三百年来养

---

[1] 鲁迅博物馆，鲁迅研究室编.鲁迅年谱（增订本）第一卷[M].北京：人民文学出版社，1981：89.
[2] [美]海登·怀特.元史学：19世纪欧洲的历史想象[M].陈新，译.彭刚，校.南京：译林出版社，2004：9.
[3] 台静农.亡明讲史[M].台北：台湾大学出版中心，2020：17.

士朝,如何文武尽皆逃?纲常留在卑田院,乞丐羞存命一条!'"[1]题罢此诗,这名乞丐随即纵身入水,以命殉国。

"朝无直臣,野有遗贤"——小说对民众精神伟力与道德优胜的标举,似乎暴露了作品的左翼底色。然而作品中对李自成起义军的否定性刻画,却又分明背离了左翼文学的叙事逻辑。以至于有研究者认为"台静农《亡明讲史》一书代表了自由派知识分子对于时局那'不愿人知'却又'不能不言'的苦痛与绝望心境"[2]。《亡明讲史》当然是别有寄托之作,但台静农却不能以自由主义知识分子视之。早在1928年年初,台静农就因其所在的未名社出版托洛茨基的《文学与革命》一书,被冠以"散布左翼思想"的罪名,与韦丛芜、李霁野同时被捕。到了1930年北方"左联"成立之际,台静农已厕身组织的常委之列,鲁迅震动文坛的"北平五讲"能够顺利完成,就有赖于台的悉心辅助。明确了台的左翼文化人身份,反观其在小说中对农民起义军的处理,却更增加了我们的困惑。作为因革命嫌疑而数度系狱,曾经参与领导北方左翼文化运动的人物。台静农借助弘光君臣丑态影射贪腐横行的国民党政府,乃至于以满清灭明的结局表达对蒋介石"纳九鼎"及出版《中国之命运》的不满,自在意料之内。而他对晚明"在野"力量的否定,是否意味着他在表达自身对于革命进程及其结果的怀疑?倘若如此,我们是否可以进一步推断,身为左翼文化人的台静农秉持的革命理想,实际上更在当时的主流共产革命理念之外。因为只有这样,我们才有可能去理解这部小说中的种种否定与虚无——当他认为"在朝/在野"势力皆不可信任,历史亦丧失意义之时,唯有那些无声的民众成为"彷徨于无地"的作者的唯一寄托。与此同时,这部小说仿佛也预示着台静农其后的生命轨迹,既然八年抗战已销尽英气,往昔的政治幻想也行将破灭,"天崩地坼"之际,寄身"孤岛"似乎就成了最后的选择。1946年10月18日,在乾坤未定,天地玄黄之际,台

---

[1] 台静农.亡明讲史[M].台北:台湾大学出版中心,2020:149-150.
[2] 廖肇亨.希望·绝望·虚妄——试论台静农《亡明讲史》与郭沫若《甲申三百年祭》的人物图像与文化诠释[J].明代研究,2008(11):104.

静农一反常态地"携家人自沪乘船抵台北"[1]，入住温州街的台大宿舍后，命其书斋为"歇脚盦"，以示不忘故土。

自完成《亡明讲史》之后，台静农终止了与现实密切关联的小说创作，转而成为一位出经入史的授业者与书法家。作为曾经的"建塔者"，台静农的小说创作向来与他对现实／政治热情息息相关，而他此番如此剧烈的身心转向，究竟是因为理想无望而彻底告别旧我，抑或是在经书典籍与书法技艺中找到了安置灵魂的更为阔大的天地，如今已不得而知。然而当我们尝试以小说为线索，重新审视台静农此生的行状与转变之时。我们又恍然发觉晚景苍凉的陈独秀当时并未谬托知己，时常吟诵"人生实难，大道多歧"的台静农，实际上已经暗暗地完成了前辈当年"使成为历史而非小说"[2]的期许——以他自己的方式。

---

[1] 黄乔生，主编.台静农年谱简编[M].郑州：海燕出版社，2015：42.
[2] 陈独秀.台静农先生珍藏书札（一）[M].台北："中研院"文哲所，1996：64.

本能与政治：一种讨论抗战时期历史剧中女性形象的角度[1]

罗雅琳[2]

[摘要] 在抗战时期的历史剧中，左翼作家尤其偏爱书写女性形象。剧中的"女英雄"们不是因男性启蒙或是儒家教育而知晓家国大义，而是因本真性的"良心"和"脾气"而做出正确行动。这表明"女英雄"是主动者而非任何一种声音的"传声筒"，也象征着底层民众的爱国之举直接源自本能而非政治宣传。历史剧中的一些次要女性角色常常引发关于"美"而非"崇高"的感受，为普通观众提供了一个道德要求相对缓和的认同位置。但"女英雄"的出现，则帮助观众将发自本能的"良心"引向崇高的政治理想。化血为花的情节既是对历史剧之美化苦难功能的寓言，也涉及本能与政治的关系问题。

[关键词] 抗战文艺　历史剧　女性形象　女英雄

一、消失的男性启蒙者

抗战时期中国涌现出的大量历史剧共享着两个显著特征：一、其作者大多为左翼作家；二、其中出现了一群引人注目的"女英雄"。从夏衍笔下

---

[1] 该文为国家社科基金重大项目"20世纪中国文学学术话语体系的形成、建构与反思研究"（项目编号：20&ZD280）的阶段性成果。
[2] 罗雅琳，中国社会科学院文学研究所《文学评论》编辑部编辑，北京大学文学博士，主要研究方向为抗战文学、女性文学与80年代以来的当代文学文化。

的赛金花(《赛金花》)和秋瑾(《自由魂》),到阿英笔下的葛嫩娘(《碧血花》)、马金子(《碧血花》和《海国英雄》)和杨娥(《杨娥传》),到欧阳予倩笔下的花木兰(《木兰从军》)、李香君(《桃花扇》)和梁红玉(《梁红玉》),再到郭沫若笔下的春姑(《棠棣之花》)和如姬(《虎符》),莫不如此。比较这些历史剧与其他经典的左翼文艺作品,读者会发现一个问题:在左翼作家创作的小说、电影和现代题材的话剧中,男革命者往往是女革命者的启蒙者;然而,在抗战时期的历史剧中,为何这些"女英雄"们并不需要启蒙者即可投身正确行动?

此处可举一例:欧阳予倩改编的京剧《桃花扇》(1938)是以李香君和侯方域等人为主角的历史剧。他编剧的电影《新桃花扇》(1935)则是将侯李故事移植到北伐时期,讲述男性革命者方与民和花旦谢素芳的爱情故事。二者都有反面人物撮合男女主角的情节,但男女主角的反应有所不同。在电影《新桃花扇》中,方与民发现军阀阴谋后反问谢素芳:"你倘若事先知道,你就尽量去享福吧!"谢答:"我是完全不知道,既是你要走我跟去就是。"[1] 谢素芳对军阀的阴谋毫无察觉,其行动不过是跟随方与民。但在京剧《桃花扇》中,阮大铖的阴谋使侯方域轻易上钩,李香君则在侯方域犹豫是否还钱之际毅然掷还衣饰[2]。现代剧中一以贯之的男性启蒙者与女性跟随者的性别结构,为何到了历史剧中就骤然消失?

在抗战时期历史剧中,大部分女英雄的英勇之举似乎完全是自发的,没有一个从蒙昧无知到启蒙觉醒的过程。葛嫩娘、杨娥、李香君和梁红玉在各剧中的见识远超男性。在夏衍的《赛金花》中,赛金花所作所为的正当性存在一定争议,但在作者看来至少高出李鸿章、孙家鼐诸人。此外,就算夏衍让赛金花在入狱后仰慕革命党人沈荩,郭沫若让春姑仰慕聂政(《棠棣之花》)、让如姬仰慕信陵君(《虎符》),也几乎没有写到男性需要以家国大义

---

[1] 欧阳予倩.新桃花扇(电影剧本)[J].八方文艺丛刊,1979(1):271.
[2] 1938年演出的京剧《桃花扇》剧本已佚。此处关于侯方域中计而李香君毅然却奁的情节,参照欧阳予倩1942年在历史剧问题座谈会上的介绍。黄旬.历史剧问题座谈[J].戏剧春秋,1942,2(4).

说服这些女性。最有男性启蒙之"嫌疑"的是郭沫若的《屈原》,婵娟的正义之举很难与屈原的言传身教分离开来。然而,相比之下,宋玉和子兰这两位受过屈原更加"正式"的教育的男学生却没有继承屈原的志节情操。也就是说,这些左翼历史剧中的"女英雄"不仅几乎不需要启蒙者,而且,即使有一个疑似"启蒙"的过程,"启蒙"对于女性也显得较之男性更为有效。

当然,中国传统文化中一直有着女性比男性更具道德感的说法,其中尤为突出者是所谓的明末"男降女不降"。据夏晓虹考证,这一说法在1903—1905年间开始流行,陈去病、章士钊、蔡元培、柳亚子等人都力推该说[1]。柳亚子此时正是在"男降女不降"的思路下开始关注杨娥故事,后又在抗战时期推荐阿英据此题材创作的历史剧《杨娥传》。不过,夏晓虹还指出,"男降女不降"的口号选择性地忽略了女性因地位低下而被认为对满族统治权不具威胁的前提,也回避了"女不降"的标志正是对女性残害至深的缠足之俗。晚清革命者策略性地将女性处于政治秩序之外的"弱势"翻转为一种超越政治的"优势",将女性被迫接受的缠足恶习翻转为对于汉族认同的主动持守。所谓的"男降女不降"折射出,在传统道德伦理规范中,女性的能动空间要比男性更为狭窄。

如果抗战时期的左翼历史剧继续沿着这样的思路进行构思,强迫女性只能做出"守节"的唯一选择,既会削弱自身的革命性,与充满封建道德的"旧戏"相等同,也与此时国民政府反复宣传的"忠孝节义"缺乏差异。事实上,对于左翼历史剧的常见批判,即是认为这些故事处于"启蒙"之前,不具备现代性,完全是复苏封建道德。那么,左翼历史剧究竟为何喜爱表现这些见识与气节远超男性的"女英雄"?她们无需"启蒙"即可坚守家国大义和伦理道德,这到底是一种未经"启蒙"的、充满蒙昧的虔信,还是因为发自本能而无需"启蒙"?本文尝试通过对于历史剧的细读来解答这一问题。

---

[1] 夏晓虹. 历史记忆的重构[J]. 读书杂志,2001(4).

二、凸显本真：女英雄是"传声筒"吗？

对于抗战时期历史剧中的女性，传统的"淑德"只体现于她们与志同道合的爱人在一起时的极少数场景。在大多数情况下，她们都具有某种未被规训过的"脾气"：热烈、直率、爱讽刺、不屈服……这种"脾气"，在剧中大都表现为一些反复出现的台词和情节模式。比如，夏衍《赛金花》的第一幕被命名为"天生了这副爱热闹的坏脾气"。在这一幕中，赛金花表示自己因这副"脾气"而不能为洪钧守节，"不能装假幌子骗人，骗自己，不如直截了当"[1]。这一人物设定也贯穿全剧始终，赛金花凭着这种"脾气"拆穿清廷大臣的虚伪，也对饱受战争之苦的普通人怀有同情。夏衍认为这体现出赛金花比清廷官员更具有"人性"[2]。在这里，"脾气"是出身低微的赛金花所具有、而为达官贵人们所无的一种本真性。

郭沫若笔下的春姑和婵娟也是具有"脾气"的女性。在《棠棣之花》中，春姑不愿意应酬客人，酒家母表示"她就是这样的脾气"，聂嫈则夸奖春姑的"纯真"。在《屈原》中，婵娟怒斥南后的阴谋，不愿接受宋玉和子兰的恩惠，被称为"疯子"和"小泼妇"。婵娟称自己有"态度"："先生决不会苟且偷生，我也是断然不肯苟且偷生的？这就是我的态度！"[3]尽管表现形式和赛金花有所差异，但春姑的"脾气"和婵娟的"态度"也同样指涉着一种不通融、不权变、不虚伪的直率特质与本真性。

在欧阳予倩抗战时期创作的京剧《桃花扇》中，李香君也是有"脾气"之人，这一点体现于她痛斥权奸、退还财物的"却奁"情节中。这一剧作最为时人称道的一处改编，是将孔尚任笔下无甚光彩的"伧妇"郑妥娘改写为"豪爽热辣"、嘲笑名士与官员的重要角色，并不再以"丑"扮演郑妥娘[4]。这一改动是对郑妥娘之泼辣直率"脾气"的正面化。在京剧《桃花扇》50年代

---

[1] 夏衍. 夏衍全集 戏剧剧本 上 [M]. 杭州：浙江文艺出版社，2005：37.
[2] 夏衍. 历史与讽喻——给演出者的一封私信 [J]. 文学界，1936，创刊号.
[3] 郭沫若. 屈原 [M]. 重庆：重庆文林出版社，1942：123.
[4] 赵景深.《桃花扇》的风 [J]. 文会，1938，1（1）.

的修改版本中，李贞丽说李香君却依是"小孩子脾气"[1]，苏昆生说郑妥娘的性格"真象个猴子"[2]。所谓的"小孩子脾气"和"真象个猴子"，正指向她们与充满伪饰的成人社会之间的对立。欧阳予倩笔下的李香君和郑妥娘，与夏衍笔下的赛金花、郭沫若笔下的春姑和婵娟一样具有本真性。

这种本真性，使得左翼历史剧作家们笔下这些地位低下、为妓为婢的女性敢于直言，以此戳破当权者的虚伪。此时，剧中又会出现类似的情节——当权者们往往会反问这些女性："这些话是谁教的？"在《棠棣之花》中，当春姑向士长们讲述国王的罪恶和应当共同抵抗秦国的道理之时，士长说这些话"好像是从一本书本儿上背下来的"[3]。在《屈原》中，面对婵娟的痛斥，南后问："你年纪轻轻的女孩子，为什么就学得这样泼辣？"[4]在当权者及其附庸的眼中，这些无知无识、人微言轻的女性不可能知晓抵抗侵略和明辨忠奸的大道理，因此这些话只可能是别人"教"的，是从别处"学"来的。在1947年版话剧《桃花扇》中，欧阳予倩更让阮大铖表示，听说李香君和郑妥娘等人"因为吃了复社少年的屁，背地里也学了些新名词儿来骂我"[5]。也即，阮大铖认为，李香君和郑妥娘对于权奸的痛斥不可能是其本人的见解，而不过是儒家士人的传声筒。之所以阮大铖和南后等人会反问李香君和婵娟所陈述的大义"是谁教的"，是因为他们认定，大义的获得只能出自外在的儒家道德教育，无法自然地发乎人的本性。

然而，在这些历史剧中，面对"这些话是谁教的"这一疑问，大部分女性都表示，这些大义之辞发乎"良心"，而非从别处"学"来。在《棠棣之花》中，士长们面对春姑的劝说不为所动，春姑悲痛地说："人的良心何在呀！"在《屈原》中，婵娟也痛斥南后没有"良心"。在欧阳予倩1947年的话剧版《桃花扇》中，李香君更是直言"是我的良心指使我的"[6]。在1959

---

[1] 欧阳予倩.桃花扇（京剧）[M].北京：中国戏剧出版社，1959：41.
[2] 欧阳予倩.桃花扇（京剧）[M].北京：中国戏剧出版社，1959：13.
[3] 郭沫若.棠棣之花[M].上海：群益出版社，1946：117.
[4] 郭沫若.屈原[M].重庆：重庆文林出版社，1942：109.
[5] 欧阳予倩.桃花扇（予倩未定稿）[M].北京：国家图书馆藏缩微胶卷（新中国剧社），1947：29.
[6] 欧阳予倩.桃花扇（予倩未定稿）[M].北京：国家图书馆藏缩微胶卷（新中国剧社），1947：33.

年京剧版《桃花扇》中,李香君也回答:"你还问我的话是哪个教的,看将起来,你们的心都死了!"[1] 这些频繁出现的"良心"一词,与前文分析的"脾气"有着类似的意味,不能被当作普通用语而轻易放过。普通底层民众(尤其以这些地位低下、没有受过正统儒家教育的女性为代表)的、人皆有之且发乎自然的"良心"在这里被视为忠诚、正直、爱国和战斗精神等"大义"的源泉,从而与"大义"的另一源泉——属于少数人的、外在的、正统的儒家教育形成了对照。

在人何以懂得家国大义这个问题上,左翼作家与非左翼作家有着非常不同的理解。左翼作家如夏衍、郭沫若和欧阳予倩,均在剧作中认为家国大义来自作为自然本性的"脾气"和"良心",而非通过正统儒家教育才能习得。非左翼作家们则持有相反的观点,并认为普通底层民众之所以懂得家国大义,是他们濡染儒家教育的结果。在周贻白创作的话剧《李香君》(1940)中,他虽然也认为李香君痛斥奸臣是"脾气"的体现,但认定这种"脾气"不是源自自然本性,而是源自后天教育。剧中李香君的名字第一次出现便与"脾气"一词联系在一起:

魁官　香君这么早就在那儿画画,真是了不得!

贞丽　她的脾气,就是这样,一天到晚,不是看书,就是画画,到底是良家子女,多少带点小姐派头,可是来往的客人,喜欢她的也就是这一点。[2]

周贻白借李贞丽之口,认定这种"脾气"来自出身"良家"所带来的"小姐派头"——也即教育的结果。在此后的剧情中,李香君更是反复表示自己因妓女身份而惭愧于"书香之家"的出身,王将军则称她像一个"东林党人"。当李香君痛心于侯方域的出仕之时,她表示,自己"原是好人家的女儿,幼小时候也念过几句书",因此尽管堕入风尘,却"不曾完全忘记"

---

[1] 欧阳予倩.桃花扇(京剧)[M].北京:中国戏剧出版社,1959:54-55.
[2] 周贻白.李香君[M].上海:上海国民书店,1940:8.

做人的道理[1]。周贻白在剧中反复地让李香君讲述对于读书人的认同，甚至宣布自己不再当妓女。

类似的情节也出现在蒋旗的话剧《陈圆圆》中。陈圆圆劝说吴三桂与李闯合作对付满人，她表示："我从小也是知书识字的，知道好男应当为国尽忠，烈女应当为夫殉节。"[2]这种将妓女的家国大义归因于"从小知书识字"的叙述模式，与周贻白的《李香君》是完全一致的。周蒋二人的写法，显然和欧阳予倩与郭沫若等人形成了鲜明对比。他们的分歧，不仅是妓女和奴婢等底层群众能否具有爱国思想的问题，更是她们缘何生出爱国思想的问题——是因外在的启蒙，还是因内在的良心？周贻白和蒋旗选择的是前者，而左翼作家郭沫若和欧阳予倩选择的是后者。

值得注意的是，多部抗战时期的历史剧中都出现了对于儒家士人的强烈批评，以及对于传统儒家教育方式是否依然有效的深刻怀疑。与之相对的是，其中同时也出现了对于底层女性（底层中的最底层）之节操的赞美。欧阳予倩的京剧《桃花扇》即是一例，当时评论指出，京剧《桃花扇》"强调了李香君的爱国的赤诚，及其见解的正确，而把侯朝宗写成一个动摇的智识份子"[3]。历史学家翦伯赞当时读南明史亦有感："孤臣孽子不出于世禄之家，儒者之林，而出于'盗贼、流寇'与草野下士也。"[4]郭沫若的《屈原》也是如此，开场时的屈原通过《橘颂》对宋玉传达"诗教"，但宋玉在其后的剧情中迅速成为当权者的帮凶，相比之下，没有正式受过屈原教育的婵娟却以一死证明了自己绝不同流合污的高尚情操。抗战时期的知识人在采用历史故事教育民众热爱国家乃至"忠孝节义"的同时，必须面对的问题是传统儒家伦理教育方式的已然失效。这种失效体现于两方面：一方面，对于上层人士而言，儒家伦理的崩塌不仅是"五四"以来多次反传统思潮的结果，更是一个充满着强力竞争的时代的必然结果。在阿英的《碧血花》中，郑芝龙

---

[1] 周贻白.李香君[M].上海：上海国民书店，1940：170.
[2] 蒋旗.陈圆圆[M].上海：上海国民书店，1940：111.
[3] 蓬矢.桃花扇预志[N].社会日报，1938-03-10（2）.
[4] 翦伯赞.南明史上的永历时代，翦伯赞史学论文选集（一）[M].北京：人民出版社，1990：306.

的台词清晰地道出了这个时代的基本逻辑:"如果我郑芝龙不立皇上,我看他们到哪儿'忠'去!"[1] 在这里,强力逻辑彻底解构了"忠孝节义"的伦理,郑芝龙的逻辑也就是"战国策派"的逻辑。另一方面,下层民众作为抗战与爱国教育所希望动员的最广大力量,却一直脱离于传统的儒家教育之外。于是,在传统的儒家教育方式难以为继的情况下,源自本能的"良心""脾气"和"情"被左翼剧人们标举为大义的全新源泉。

在以上情节分析中,可以看到,"女英雄"们不是因男性启蒙或是儒家教育而知晓家国大义,而是因本真性的"良心""脾气"和"情"而做出正确行动。这些情节挑战了以往历史剧研究中认为这些女性不过是政治宣传的"传声筒"的观点。一些左翼历史剧作家们常常让笔下的"女英雄"们说出看似不可能出自其之口的语言,在某些人看来,这是一种反历史的虚构,是有着明确政治观点的作者借助历史人物进行发声并介入故事。然而,通过让"女英雄"们表明这些语言并非向他人"学得"、而是出自无需教育的内在本真性,通过将出身低微、处于儒家秩序之外的奴婢与妓女们的守节与儒家士人们的失节进行对比,左翼剧作家们正是要表明,这些"女英雄"是真正的主动者,而不是任何一种声音的"传声筒"。"女英雄"们的自发与主动也象征着底层民众的自发与主动,从而,抗击外敌、报效祖国、铲奸除恶等行动可以直接出自普通人的本能,而无需有待于政治宣传的号召。

三、自然的导引:"美"与"崇高"

在抗战时期,阿英和欧阳予倩都写作了南明题材的历史剧,其中的女性角色和故事内容颇有可对话之处。阿英曾表示,自己在观看了欧阳予倩创作的京剧《桃花扇》之后,回忆起《板桥杂记》中有葛嫩这一"较香君更具积极性人物",因此才想创作《碧血花》[2]。如果将《碧血花》与《桃花扇》对读,将会发现二者不仅在批判文人的无德无行、官员的勾结外敌和南明政府

---

[1] 魏如晦(阿英).碧血花[M].上海:上海国民书店,1940:58-59.
[2] 魏如晦(阿英).碧血花[M].上海:上海国民书店,"公演前记",1940:8.

的腐败等方面有一致性，在一些情节和人物的设置上更是不乏对话之处。在《碧血花》中，孙克咸初登场时向葛嫩娘讲述自己如何殴打蔡如蘅并使之求饶。这一情节几乎就是对《桃花扇》开头"惩奸"一场中众人围殴阮大铖情节的复述。孙克咸将自己打蔡如蘅的经历描写得声势浩大、绘声绘色，控诉蔡如蘅的罪行时义愤填膺，最后却草草收场，没有发生任何实质性效果，这也和《桃花扇》中的经历极为相似。最具意味的是，当葛嫩娘问孙克咸现在应该怎么办之时，孙克咸的回答与侯方域如出一辙。据欧阳予倩回忆，在1938年版京剧《桃花扇》的结尾，侯方域去寻找避入尼庵的李香君：

> 香君说："你来找谁？"侯说："我找你来了。现在清兵已至，大局已不堪问了。"香君说："国亡家破，找我何来！"她抓住侯的手望望他说："侯郎，我错认识你了。"[1]

在国破家亡之际，侯方域却只想沉浸于儿女私情。《碧血花》中的孙克咸也有类似反应：面对葛嫩娘关于"你打算怎么样"的提问，孙克咸表示："有什么怎么样？还不是在你葛嫩娘这儿呆下去！"[2] 不过，葛嫩娘反复劝说孙克咸，以死相逼乃至最后宣布与他一同参战，孙克咸终于答应离开南京并加入战斗。也就是说，在避免孙克咸像侯方域一样失节的过程中，葛嫩娘起到了至关重要的指引作用。

从另一个角度看，葛嫩娘鼓励孙克咸离开南京，参加军队的方法其实近于"引诱"。不过，她不仅"引诱"孙克咸这样的男性，更"引诱"广大百姓。尽管葛嫩娘身怀武艺，但《碧血花》几乎从未直接写到她的战斗风采，而是更喜欢提到她与百姓之间的融洽关系。郑芝龙表示，葛嫩娘最厉害的是"有本领使那个地方的老百姓都愿意帮他们做事，叫敌人派来的奸细，不容易在那里藏躲"[3]。事实上，强调女军人与百姓的亲密关系，是不少抗战时

---

[1] 黄旬.历史剧问题座谈（七月十四日）[J].戏剧春秋，1942，2（4）.
[2] 魏如晦（阿英）.碧血花[M].上海：上海国民书店，1940：12.
[3] 魏如晦（阿英）.碧血花[M].上海：上海国民书店，1940：55.

期历史剧中的常见做法。在欧阳予倩的桂剧《梁红玉》中，官府平日欺压百姓，因此朝廷极难征兵，而梁红玉爱护百姓，征兵"要多少有多少"。其后，韩世忠为内奸所骗，误以为金兀术已被困住，梁红玉则从"百姓们"那里得到了正确的情报。欧阳予倩的桂剧《木兰从军》也是如此。木兰在边关军队溃散之后代任元帅，其作战多次借助了对于"百姓"力量的调动。剧中强调了木兰对于百姓的爱护、百姓对于军队的慰劳，更让木兰将原本只铭刻了自己一人功劳的纪念碑改名为"中华胜利碑"，以此纪念全体将士和百姓的功劳。在这些剧作中，女性所统帅的军队呈现出共同的政治品质：团结百姓、爱护百姓。一方面，这是源自女性所象征着的博爱品质，另一方面，女性作为原本被排除在政治世界之外的群体而进入军队作战，这本身即具有团结一切被压抑力量的意义。

葛嫩娘的"引诱"不能在欲望政治学的意义上进行理解，而应该说，她代表着一种吸引力、一种对大众的本能进行指引的力量。在阿英的《碧血花》中，每一位女性其实都代表着一种类型：贪图享受但尚有良知的王微波、言辞正义但缺乏行动的李十娘、无法割舍家庭情感的胡桂红、热情而不成熟的年轻女性美娘、满口"他妈的"的粗野农民马金子。与其说这是对女性类型的描述，不如说，这是阿英在借女性人物表达常见的人性类型。抗战时期的历史剧有不少写到了女性之间的情感关系。其中常有这样的设置：两位女性曾经亲密无间、以姐妹相称，后来却走上不同的道路。夏衍的《自由魂》中有秋瑾和吴兰石，颜一烟的《秋瑾》中有秋瑾和吴芝瑛，阿英的《碧血花》中有葛嫩娘、李十娘和王微波、《杨娥传》中有杨娥和连儿。其中，女主角是行为绝对正确与磊落的"女英雄"，其他女性角色大多带有不同程度的软弱性，却并未泯灭良知。也就是说，这些其他的女性角色虽然有大大小小的缺点，但并未真正成为"敌我之分"中的"敌人"。一个典型的例子是，即便是这些人物中看似最软弱、跟随蔡如蘅一起投降清军的王微波，也被葛嫩娘称为"你是一个好人，但是你的路是走错了"[1]。

---

[1] 魏如晦（阿英）.碧血花[M].上海：上海国民书店，1940：148.

于是,"女英雄"之外那些软弱的、充满缺点的女性角色,便成为广大可争取的群众中那些虽明白基本道义、但立场并不坚定的大多数人的象征。在"女英雄"与其他带有软弱性的女性角色之间首先会爆发严重的冲突,但在"女英雄"的教育和过往姐妹情谊的打动之下,后者往往最终会产生走上正道的可能。"姐妹"之间的情感关系既为严肃的政治教育提供了温情的底色,也构成了立场转换的润滑剂。就"女英雄"之外的其他女性角色而言,它们所代表的人性类型显然是不够完善的,却由于充满感性而与普通人更为接近。受到约定俗成的"男性气质"的限制,男性一旦流露出软弱与犹疑,就会被视为不够正面的形象。然而,女性性别常被认为是富于情感的,所以,那些难以在男性角色那里获得合法表达空间的人性类型可以通过女性角色表露出来。用康德和席勒等人关于"美"与"崇高"的区分来说,这些温情而不乏软弱的女性角色,激起的是"美"的感受。

相比之下,历史剧讲述关于献身、勇敢和忠诚的历史故事,充满激动人心的口号与动员,最终所致力于达成的美学效果是"崇高"。这种"崇高"还涉及观众的接受心理,具有美学教育的意义。席勒曾区分"真正的不幸"和"人为的不幸"。前者在人们没有防备时突然袭来,容易使理性失控。后者在人们充分武装的情况下出现,因其想象性使理性得以保持独立,从而,不幸所带来的痛苦也就得以被转化为崇高的感受。他还认为,作为"人为的不幸"的"悲壮"是对人类精神的一种锻炼,经过反复练习,万一日后遇到"真正的不幸","精神也能把它当作人为的不幸来看待,把实际的痛苦化为崇高的触动——这才是人的天性的最高的飞腾"[1]。历史剧中的历史故事不能被称为"人为的不幸",却是人们所熟知的内容。因此,历史剧中的"不幸"也和"人为的不幸"一样,是在观众"充分武装"的情况下出现的。相比之下,危险动荡的战争时代则充满了在毫无防备之际突然袭来的"真正的不幸"。于是,观看历史剧也就成了内在精神的事先演练。通过学习剧中英雄人物应对不幸的方式,普通人的精神不断实现了对于感性冲动的飞跃,最终

---

[1] [德]席勒. 席勒经典美学文论[M]. 范大灿,译注. 北京:生活·读书·新知三联书店,2015:395-396.

得以从容地面对现实中"真正的不幸"。

然而，人的精神承受能力是有限的。康德指出："崇高引起的激动要比美引起的激动更为强有力，只不过没有后者的交替或者伴随，前者就会疲倦，不能长久地享受。"[1] 抗战时期的历史剧尤其喜爱写作女性角色，一个重要的原因或许就在于，女性角色承担了"崇高"主题中作为"美"的调节功能。这些剧作中极少出现大奸大恶的女性（《屈原》中的南后、晚清题材戏剧中的慈禧太后是少数例外），其中女性角色的缺陷，例如软弱、犹疑、缺乏行动力等，都属于人性的限度而非真正的"恶"。抗战时期的历史剧活跃于"孤岛"和大后方，需要面对的是构成极为复杂的观众群体。如果只表现"崇高"，这对于那些不具备较高政治觉悟之人是难以接受的。而女性角色的"美"，以及由"女英雄"之外的其他女性角色所展现的"人性限度"，正与大多数人的接受能力相符合。普通人也许难以代入葛嫩娘式的威武不屈的"崇高者"，但却可以在马金子、胡桂红、李十娘乃至王微波这些人物那里找到认同，从而在历史剧中获得一个不过高、也不太低的位置。一方面，这个位置可上可下，充满了自由选择的想象。另一方面，这个位置处于一个道德要求相对缓和的空间，从而为观剧时的"审美"活动留出了必要的余裕。观众可以相对从容地观看戏剧，而无需被严苛的道德审判吓得如坐针毡——对于"孤岛"和"大后方"的历史剧观众而言，观剧首先是一项娱乐活动。同样，这种合法表现"限度"的空间也是历史题材的优势之一。既然剧中演出的是"历史人物"，那么也就无需使其具有过于高超的政治意识，而只需具有现代政治意识的"萌芽"和"雏形"即可。这种尚处于"萌芽"和"雏形"阶段的进步思想，实际上也与抗战时代大多数人的思想状况相符合。

在"美"与"崇高"的视野下，我们可以重新理解抗战时期历史剧中对于"表扬"的强调。在阿英的《碧血花》中，王微波劝说葛嫩娘不要白白送命，她说的是：

---

[1]［德］康德，著，李秋零，主编.康德著作全集·第2卷：前批判时期著作Ⅱ（1757-1777）[M]. 北京：中国人民大学出版社，2004: 212.

皇上已经没有了，也没有人能替你表扬，替你报仇？你死了，岂不是白白地死掉吗？[1]

投降清军的王微波重视"表扬"，奇怪的是，保持了大节的郑成功之母田氏重视的似乎也是类似的外在荣誉。当她鼓励郑成功为国尽忠时，所说的是："也只有你能尽忠，才可以洗掉我们郑家的羞耻。"[2]类似的情节也出现在夏衍的《赛金花》中，赛金花认为牌坊是中国的最高荣誉，主动提出让清政府为克林德立牌坊，甚至以此说服了克林德夫人。牌坊同样与"表扬"相关。类似的情节甚至出现在郭沫若的《棠棣之花》中的聂嫈身上。聂政牺牲后因自毁容貌而无人知晓，聂嫈前往认尸的动机是希望为聂政扬名。这也涉及"表扬"的问题。甚至，在郭沫若最早计划的十幕版《棠棣之花》中，有一幕就直接题为"表扬"[3]。

"表扬"的重要性涉及"美"与"崇高"的关系。康德将无原则的道德同情称为"嗣养的德性"，将建立在原则之上的德性称为"真实的德性"。前者美且动人，后者崇高可敬。然而，对于那些不具备"真实的德性"、而道德同情（"嗣养的德性"）又不足以推动其克服自私自利和享乐欲望并从事公益行动的人而言，"荣誉感"和与之伴生的"羞耻心"起到了关键的作用。康德指出："别人对我们的价值可能拥有的意见以及他们对我们的行动的判断，是一种诱导我们做出许多牺牲的具有很大力量的动机。"[4]荣誉感并非出自内心的原则，因此康德也并不将其视为德性，而只将其称为"德性的闪光"。然而，荣誉感却成为从"美"到"崇高"的重要过渡。抗战时期历史剧中反复提及的"表扬"，正是在"荣誉感"的层面回应普通人的诉求。为了外在的"表扬"而采取某种行动，固然够不上"崇高"，但对于郑母田氏、赛金花乃至王微波所代表的大多数人而言，"表扬"所关联着的荣誉感和羞

---

[1] 魏如晦（阿英）.碧血花［M］.上海：上海国民书店，1940：147.
[2] 魏如晦（阿英）.碧血花［M］.上海：上海国民书店，1940：74.
[3] 郭沫若.棠棣之花［M］.上海：群益出版社，1946：103.
[4] ［德］康德，著，李秋零，主编.康德著作全集·第2卷：前批判时期著作Ⅱ（1957–1777）［M］.北京：中国人民大学出版社，2004：219.

耻心却已足够使人做出正确选择。然而，真正的"女英雄"如葛嫩娘，则超越了外在的"表扬"逻辑。她表示，虽然没有人"表扬"，但人应该依靠"良心"而行动：

> 我们做事，应该对得起良心！我们是明朝的人，我们要不忠于明朝，这就是不顾良心，就要遭千秋万世的骂！[1]

葛嫩娘提出了两个尽忠的理由：一个理由是不能"遭千秋万世的骂"，这是外在的"荣誉感"和"羞耻心"，另一个理由则是"良心"。"良心"一词在这里再次出现。前文已经论及，面对当权者反问婵娟和李香君从何处获得关于家国大义的认识之时，这些底层女性的回答是"良心"。"良心"在她们那里意味着尚未被污染的本真与本能。在葛嫩娘这里，"良心"的意义有了进一步的升华。"良心"不仅与本真性相关，更因其不受外在影响而改变的性质而成为了康德所重视的人类理性中不可撼动的道德准则。

于是，左翼历史剧中的"良心"显示出一种上下通达的属性，它既是本能与本真，又超越了本能与本真。在向下的层面，"良心"是基于自然属性的本能。不同于儒家士人通过学习获得的教条律令，赛金花、春姑、婵娟、李香君、郑妥娘、马金子等人的"脾气"和"良心"无需通过外在的学习，而是发自个体的自然本真。然而，无论是以上人物肆意挥洒的"脾气"，还是李十娘和胡桂红（乃至王微波）等人虽保有基本的道德感、却在行动上拖泥带水的两面性，都只能被视为政治意识的萌芽，与真正的政治理想还存在着相当大的距离。这一距离便是"良心"向上生长的空间。"良心"既是普通人政治意识的萌芽之所，也可以通达最为崇高的政治理想。

---

[1] 魏如晦（阿英）. 碧血花[M]. 上海：上海国民书店, 1940: 149.

四、结语：突破"血与花"

历史剧的特别之处在于，它提供的既是一望即可知的现实影射，又对现实做出了艺术化的美化与变形。在《桃花扇》中，李香君磕破额头流出的鲜血被杨龙友点成桃花。这一化血为花的情节正是对历史剧之美化苦难功能的寓言。1904年，周作人以"吴萍云"之名发表文章《论不宜以花字为女子之代名词》。文章认为"花"的比喻中隐含着对女性的轻视与刻板印象，呼唤一种"尝弹雨枪林、胡地玄冰之滋味"的"二十世纪之女子"[1]。他看到，20世纪的来临将以往被隔绝在深闺之中的女性拉入充满着血雨腥风的现实。"花"的世界是"美"的，真实的世界不"美"，却有着通往"崇高"的可能。在阿英的《碧血花》中，葛嫩娘将咬舌之血喷向清军统帅博洛面部。直接喷射的血液是自然、原始与无形式的，有别于《桃花扇》中的点染与修饰。在席勒那里，无形式的混乱正体现着"崇高"。然而，阿英却依然以"碧血花"之名再度为原本无形式的葛嫩娘之血赋予形式，甚至还格外写出了葛嫩娘与李十娘在紧急的战争前线不忘插花的细节。似乎，苦难书写只有经过这样的美化才能被大众接受。

不过，"血与花"的意象最终在郭沫若的《棠棣之花》中得到了突破。《棠棣之花》不仅"赤裸裸"地写到了众人的惨烈死亡，更通过剧中的歌声为死亡赋予了意义："我望你鲜红的血液，迸发成自由之花，开遍中华，开遍中华！"郭沫若所仰慕的歌德曾写作《植物的变形》，植物被浪漫主义者赋予了关于"有机生命"的想象与期待，是自由与无限的象征[2]。在这样的视野下，个人鲜血所凝之"花"才不会是扇面上无生命的装饰，而是具有"开遍中华"的伟大力量的"自由之花"。"花"所携带的苦难的美学化特征，最终在郭沫若的浪漫主义者眼光那里得到了更新。"花"之"开遍中华"的力量与其自然属性密切相关，这便再次与左翼剧人关于如何从"本能"中生长出革命动力的主题形成呼应。

---

[1] 吴萍云.论不宜以花字为女子之代名词［J］.女子世界（上海1904），1904（5）.
[2] 冯庆.抒情植物学：从卢梭、歌德到浪漫主义［J］.读书，2018（9）.

重讲鬼与神：延安的迷信文艺整改及其文化协商

杨明晨[1]

[摘要] 延安在20世纪40年代改造和复兴传统民间文艺的实践中遭遇到与现代科学/迷信话语的碰撞，无论当地曲艺还是年画，陕北这些以视听媒介为特色的民间艺术大都联结着祭祀求神的信仰礼俗和民间宗教传统，这一面向来被政府及不少文艺工作者视为"迷信"。20世纪40年代中期延安集中兴起对所谓"迷信"说书和年画的改造，传统文艺中有关请神、敬神的内容被劳动、抗战等新生活主题取代，但其中矛盾之处在于集体性、仪式性的民间文艺并不能在内容与形式上简单二分，文艺工作者在模仿和沿袭旧形式及程序时，原本的民间信仰意涵作为潜在原型重新隐现于新文艺之中。这种张力显示出现代反迷信话语在延安文艺实践中的意义协商，牵涉出民间/官方、科学/革命、传统/现代等多重意义体系的角逐和互动。

[关键词] 延安文艺　反迷信　改造说书　改造年画

延安将改造和复兴当地农村的戏曲、说书、年画等民间文艺形式作为新文艺建设的重要途径，然而陕北这些以集体性、仪式性为特征的民间艺术大都承担着请神、祭神的民间信仰功能，这成为延安政府及不少文艺工作者眼中的"迷信"。因此，延安在接近农村传统文艺过程中必然遭遇到与现代科学/迷信话语的复杂碰撞，其中既涉及现代科学观如何促使延安将破除"迷信"文艺作为文艺改造的重要内容，同时反之，也关联到延安文艺改造中交

---

[1] 杨明晨，香港中文大学哲学博士，现为北京师范大学文学院比较文学与世界文学研究所讲师。

织的新/旧经验如何重构反迷信的启蒙话语。这一过程充满民间/官方、科学/革命、传统/现代等多重意义力量的角逐和互动，其中的矛盾与张力显示出现代反迷信话语在延安文艺实践中的意义协商。本文将通过考察延安在20世纪40年代中期集中兴起的对当地所谓"迷信"年画和说书的改造活动，来对上述现象展开探讨，它们是改造迷信文艺实践中的典型案例，又分别代表着视/听两种媒介艺术形式。

一、民间视听革命与遭遇迷信问题

1937年全面抗战爆发后，中国文艺界要求"旧瓶装新酒"[1]的创作策略在以延安为中心的边区根据地得到另一种呼应和发展。与国统区文艺人士的处境不同，中共在陕北农村一带面对是与城市消费社会相区别的农村地方结构和村社秩序，强调民众性、宣传性和教育性的抗战文艺思潮在"下乡"过程中需要根据当地情况重新决定用何"旧瓶"。[2] 中华全国文艺界抗敌协会所宣扬的"文章下乡"或"文章入伍"已经很难在陕甘宁边区适用，"文章"指向以印刷阅读文化为主导的媒介形式，而中共却需要掀起调动感官经验的视听媒介革命，以满足当地以文盲为多数的农民群体，加之落后的农村缺少摄影、电影等技术化视听媒介，因而导致木刻、年画、曲艺等传统图像和声音的回归。

"旧瓶装新酒"或者说以农村民间艺术为主导的视听革命，直接指向传统文艺中"旧"的问题，文艺工作者希望既可以利用民间文艺传统又同时对

---

[1] "旧瓶装新酒"的提法主要来自通俗读物编刊社，该社在20世纪30年代初就致力于出版发售以传统通俗文学形式编写新内容的大众读物（顾颉刚等.通俗读物论文集［M］.生活书店，1938：1-4. 抗战爆发后，各界文艺人士开始集中讨论是否、如何利用旧形式以发展抗战文艺的问题，如1938年4月《七月》杂志开展以"宣传·文学·旧形式的利用"为主题的座谈会，不过会中大多作家对旧形式依然持有批评态度（宣传·文学·旧形式的利用：座谈会纪录［J］.七月，1938（1）：2-8. 同年5月，通俗读物编刊社回应、反驳《七月》座谈会的主流观点，召开"关于'旧瓶装新酒'的创作方法座谈会"，重新加强提倡"旧瓶装新酒"的口号（顾颉刚等.通俗读物论文集［M］.生活书店，1938：87-111. 随着讨论的增多，"旧瓶装新酒"的创作宗旨逐渐流行。
[2] 关于延安文艺与城市通俗文艺的不同逻辑，唐小兵，编.再解读：大众文艺与意识形态（增订版）［M］.北京：北京大学出版社，2007：导论.

之进行意义、主题以及相关表现形式的改造,这种利用与改造的矛盾始终是抗战文艺创作所面临的根本问题,更是延安整改旧文艺、发展新文艺的困惑。在中共政府与文艺工作者接触当地民间文艺时,他们普遍的一个感觉是其中存在浓厚的"迷信"色彩,涉及地方戏、说书、民间故事、民歌各种形式。例如,延安的戏剧工作者范景宇在谈及陕北的小戏、大戏时指出:"西北一带,地理荒僻,同时比较落后,因而迷信的风气十分浓厚。一些民间的艺术宝藏,也正庇荫在这种迷信的习俗之中,如一些庙会的大戏,春节的社火,同皮影子戏等,多是为了'谢神''还愿''禳灾''驱瘟'而演出的。"[1] 其中提到的"皮影子戏"是延安文艺工作者一度推崇的形式,这种小戏将精制过的半透明驴皮剪成人物和背景,再用灯光投射到银幕上观看,演出及设备非常简单又在农村普遍流行,尤为适合当时物质条件十分匮乏的延安,只是文艺工作者不得不面对当地皮影戏表演中浓郁的祭神习俗。因为当地人请皮影戏戏班演出的初衷便是为了"敬神",每次皮影戏正戏演出之前都有三折《神戏》(《天官赐福》《刘海戏金蟾》和《福禄寿三星》),此外还有各种神的还愿戏(山神、灶神、土地、牛王、马王、药王、蜂王、娘娘、财神等)。在正戏演出部分,也多见神鬼命运的题材,甚至还有专门描写地狱审判酷刑的戏,如上刀山、上推磨、剖腹、锯面等。[2] 这种请神、敬神的意义不仅仅是皮影子戏或地方戏的专有特色,其他曲艺表演如说书也存在相关现象,曾于20世纪40年代中期参与改造说书运动的林山最为详细地解释过这一问题。他发现一般老百姓请说书匠来说书基本都是为了敬神,也就是"还口愿"或说"平安书",说书匠有时还兼当算命先生。因此林山批评陕甘宁地区的传统说书与迷信结合在一起,一些边区政府工作者甚至想放弃对说书的改造而直接对此禁止。[3]

---

[1] 范景宇.流行最广的民间"小戏"牛皮影子[M]//孙晓忠,高明,编.延安乡村建设资料(三).上海:上海大学出版社,2012:209–210.
[2] 范景宇.流行最广的民间"小戏"牛皮影子[M]//孙晓忠,高明,编.延安乡村建设资料(三).上海:上海大学出版社,2012:211–212.
[3] 参见林山.改造说书[M]//迪之,主编.延安文艺丛书(第十四卷舞蹈、曲艺、杂技卷).长沙:湖南文艺出版社,1988:141.

总体来看，延安政府及文艺工作者所认为的"迷信"，主要源于农村民间文艺所关联的庙会、拜神、请愿等地方信仰习俗。事实上，这种对何为迷信的认知在20世纪初的中国就已开始确立，[1]而在1940年胡乔木发表的《反迷信提纲》一文中得到官方而系统的总结。该文是胡乔木在回应毛泽东提出边区三大害为"迷信、不识字、不讲卫生"的说法时写作而成，发表在当时延安的重要官媒《中国青年》上，胡乔木时任主编。他继承发展了20世纪40年代之前的观点，将迷信定义为对"神仙鬼怪命运灵魂等超自然、超物质"的信仰以及"凭借各种宗教的仪式和法术"。[2]按照这种观点，地方戏、说书、民间故事、民歌等各种形式的民间文艺都不可避免含有迷信色彩，因为它们的诞生和发展就多根植于当地祭祀求神的信仰礼俗，是作为相关村社仪式的一部分而非纯文艺文本。1944年边区文教会通过《关于发展群众艺术的决议》，直接以会议文件形式向所有文艺工作者提出迫切改造"宣传封建迷信的旧艺术"。[3]

然而，即使已将传统文艺中请神、祭神的风俗定义为迷信，究竟如何对所谓的迷信旧艺术进行改造，这一问题并不容易解决。对于文艺工作者来说，相较于直接在当地流行的曲目或绘画题材上修改或删减神仙显灵、请神祭神的内容，更容易操作的是借用民间艺术形式重新编写新内容，他们希冀通过排演、推广新创作的作品来与传统文艺中既存的鬼神宗教传统相竞争。但其中复杂之处在于，无论是曲艺还是绘画，它们作为村社集体信仰和习俗仪式，其"迷信"之处不仅仅在于是否表现了鬼神形象，而是在表演和程式

---

[1] 中国自清末民初确立现代"迷信"概念之始，便将"迷信"定义为与实证科学相对立的超验范畴，与"宗教"的概念相交叉，但后来越来越指向民间信仰。关于清末民初至20世纪30年代中国的"迷信"概念、观念，参看黄克武.迷信观念的起源与演变：五四科学观的再反省［J］.东亚观念史集刊，2015（9）.沈洁."反迷信"话语及其现代起源［J］.史林，2006（2）；罗检秋.清末民初宗教迷信话语的形成［J］.河北学刊，2013（5）；杨明晨.迷信作为"知识"：江绍原的迷信研究与学科话语的跨文化实践［J］.文化遗产，2019（6）.Prasenjit Duara. Rescuing History from the Nation: Questioning Narratives of Modern China［M］. Chicago and London: The University of Chicago Press, 1995；Rebecca Nedostup. Superstitious Regimes: Religion and the Politics of Chinese Modernity［M］.Cambridge, Mass.: Harvard University Asia Center, 2009；等等.
[2] 胡乔木.胡乔木文集（第三卷）［M］.北京：人民出版社，1994：274.
[3] 关于发展群众艺术的决议［N］.解放日报，1945-01-12.

中就传递出相应的民间宗教情感，延安文艺工作者以及接受改造的民间旧艺人一旦延续模仿传统文艺的形式和流程，旧有的信仰意义和情感认同便会带入新内容、新主题之中。这种新旧伦理的碰撞显示出旧文艺/新文艺、民间/政权等不同意义体系的交锋，是延安将地方传统带入现代科学和革命的观念与实践中所造就的特定历史形态，本文接下来将具体以说书和年画两种视听艺术为例展开分析。

二、从"老古班"到"新神"：韩起祥说新书

1946年，陕甘宁地区的传统说书艺人韩起祥已被推广为旧艺人成功改造的典范，这一年他由延安著名文化工作者柯蓝陪伴到延安乡下向村民说新书，然而令柯蓝惊异的是，韩起祥依然处处表现出"迷信"的习惯。他的行李包括一根配有三个铁环的铁叉，这是他预备给老百姓娃娃"过关""扣锁"以驱邪保佑之用的器物；等他们来到请韩起祥说书的主家，韩起祥也依然按照过去说书请神拜神的旧例，在黄纸上写下所请之神的名字，然后恭敬地烧纸进香，待到晚上则给村中妇女算起命来。这些习俗正是20世纪40年代中期延安在改造说书运动中所竭力破除的，而韩起祥这位说新书的模范代表却并未轻易放弃。这不仅是韩起祥一人的原因，也与村民暂时无法改掉的习惯分不开，如请说书的主家主动要求韩起祥把黄纸和香"摆起来"，而妇女们更是背着柯蓝极力坚持要韩起祥算命。

上述事迹出自柯蓝的传记文章《和韩起祥下乡》，[1]柯蓝这位延安重要的民间文艺搜集者、倡导者以及改造者第一次目睹并惊诧于韩起祥说新书的方式，而事实上，韩起祥也只是延续了他1944年接受改造以来的一贯做法。1944年延安召开边区文教大会，这次会议使文艺工作者开始集中关注当地的说书现象。[2]与其他民间曲艺表演者不同，旧说书艺人大多为盲人，他们

---

[1] 柯蓝. 柯蓝文集[M]. 石家庄：河北人民出版社，1996：574–589.
[2] 孙晓忠. 改造说书人——1944年延安的乡村文化实践[M]//罗小茗，编. 制造"国民"——1950—1970年代的日常生活于文艺实践. 上海：上海书店出版社，2011：75.

除了说书以外还常常兼职算命，这源于民间村社将眼疾患者视作可以开天眼、知天命的通灵者的传统；再加之传统说书本身也承担着请神、还愿的宗教意义，因此传统说书艺人便容易将说书与算命贯通起来。也因如此，延安将改造旧说书艺人作为破除迷信的文艺文化运动，令说书艺人放弃旧书中算命和请神的部分不仅关乎说书本身的发展，更可以触动到背后所联结的村社信仰习俗。而在诸多接受改造的旧说书艺人中，最为出名的是韩起祥。最初延安县政府要求只准说新书不准说旧书之时，仍然弹唱传统书目的韩起祥三弦也被没收了、挂签也被砸烂了，之后他开始主动联系政府干部，编说宣传边区新内容的新书。[1] 韩起祥在 1944—1945 年编演了大量新书，并且受到陕北多地群众的欢迎，他也因此被延安政府树立为旧说书艺人成功改造的典型。当时主管民间文艺工作的林山借此提出树立榜样以影响推动更多旧说书艺人。[2]

对旧艺人的表演活动进行改造而非取缔，这提高了延安文艺建设的效率，因为旧艺人更熟悉传统形式，并且较之官方工作者也更容易获得当地村民的信赖，只是他们的固有习惯传统究竟应当保留和改造到何种程度，这其中充满争议和协商的空间。柯蓝也多次对韩起祥未能改正的"迷信"习惯表示不满，他不忘时时对韩起祥进行思想教育，然而当看到韩起祥将延安新政权和新生活的主题植入请神算命的流程中时，柯蓝自己也变得犹豫起来。在韩起祥说书过程中，尽管一系列请神、上香、算命、驱邪的习俗惯例没有改变，但他却将传统的地方神灵和信仰内容置换成了中共政权及其相关政策。主家找韩起祥请神，韩起祥却将传统意义上所请的第一位土地神改为了"土地劳动大神"，他对主家说："平常有人只写土地神位就不对！有了土地，没人劳动，土地也成不了神！还是只有勤苦劳动，才有吃有穿，才日进千金。劳动是第一位大神。"[3] 其时延安正大力推行劳动生产，韩起祥将劳动政策

---

[1] 参见 胡孟祥. 韩起祥评传 [M]. 北京：中国民间文艺出版社，1989：66.
[2] 林山. 改造说书 [M] // 迪之, 主编. 延安文艺丛书（第十四卷舞蹈、曲艺、杂技卷）. 长沙：湖南文艺出版社，1988：144-146，151.
[3] 柯蓝. 柯蓝文集 [M]. 石家庄：河北人民出版社，1996：581.

"神格化"以配合宣传,"土地劳动大神"被他尊为头号大神列入地方神谱中,在此之后才上拜天王、地王、玉皇大帝等"老古班"的神灵。韩起祥对村民说,新社会不能只请"老古班",要有新社会的新神,他除了赋予抽象的劳动概念以神灵形象外,还甚至将解放军、共产党作为新神看待,在请神的牌位上写下"劳动大神,边区门神解放军,人民救星共产党"。而庄上听说书的人看着看着热闹就念起"新神"的神牌来,还拍手叫好,韩起祥就是在这样的氛围里开始弹三弦、说新书。[1]

柯蓝与韩起祥的矛盾并没有造成新/旧内容的绝对对立或先后取代,而是正如上述新社会"新神"的形成一般,达成了新旧知识的奇妙混合。两人都深知让老百姓不再烧纸敬神太难,也无法即刻禁止村中妇女坚持算命的强烈要求,柯蓝除了默许韩起祥请新社会之神外,干脆在韩去算命之前告诉他,找他算命时"劝人勤俭节约,劝人劳动生产!人家问今年时运,你就要他少出门闲聊,多在家种地生产。他就四季发财"[2]。在柯蓝看来,请神和算命都产生了有效宣传的意义,这种新旧话语体系的融合,也正如柯蓝在文章中所展现的他和韩起祥两人的关系变化一般,从开始争吵到最后两人相互影响、彼此发生改变。而这种现象也正是延安在改造旧文艺之"迷信"的过程中所常常出现的效果。

这种独特的反迷信实践出自多方面原因,首先来自中共政府与文化工作者在面对当地群众的文化认同时所做的妥协。这一过程不应简单视作政权为了确立意识形态而对民间文艺进行权力征用或收编,而是政府权力、知识分子启蒙与民间信仰几种话语知识体系之间的对话效应。尽管韩起祥在向群众说新书、算新命,但说书活动所携带的传统"地方知识"[3]和"地方感觉结

---

[1] 柯蓝.柯蓝文集[M].石家庄:河北人民出版社,1996:582.
[2] 柯蓝.柯蓝文集[M].石家庄:河北人民出版社,1996:588.
[3] 此处"地方知识"的说法借鉴自文化人类学家格尔茨(Clifford Geertz)《地方知识》(*Local Knowledge: Further Essays in Interpretive Knowledge*)一书。

构"[1]依然明显。无论是烧黄纸、上牌位本身的习惯流程，还是村民在听说书时围聚在一起的互动气氛，当地群众正是从这些他们原本熟悉的认知体系中，理解劳动生产与中共政权的意义，同时也使得政权与知识分子所希冀传达的意义变得游移和暧昧。破除迷信运动本应持有的破除神灵信仰及偶像崇拜的意涵，在此被"新神"的塑造和接受所替代。

另一方面，韩起祥在迷信/反迷信方面所展现出的矛盾意义，也根本与延安反迷信实践的战时特性有关。就在1944年发动改造说书运动的同一年，延安还直接掀起了以消除巫神为主要内容的反迷信运动，其核心是将当地不从事农业生产的巫神改造为劳动者以提高战时供给。[2] 在此意义上，延安的反迷信实践与战时紧急状态下扩大劳动生产、提高经济效率的现实要求密切相关，反迷信话语不仅仅关乎现代实证科学的思想启蒙，而是成为支持战时政治经济运作的有效表述。因此，当韩起祥多次将劳动生产政策编入拜神算命的习俗之中，这一鼓励村民劳动的方式也并不为柯蓝这样的新文化工作者所反感。实际上，除了促进现代劳动生产以外，反迷信话语还联结着其他战时政治意义（本文将在后面提到），这一切都使得宗教信仰、神灵崇拜等内容并非遭遇简单清除，延安的反迷信话语体系也呈现出意义建构的裂隙。

韩起祥不仅在说书的流程习惯上表现出新/旧、反迷信/迷信意涵的矛盾混杂，他所新编的说书故事本身也同样如此，反迷信的新主题却借用了旧说书中流行的说鬼道神的框架原型，其中的吊诡之处不言而喻。他在1944年初次找到延安县政府第三科表示希望在边区说新书时，便提出新编的剧本

---

[1] 艾兰·普瑞德（Allan Pred）将雷蒙·威廉斯（Raymond Williams）的"感觉结构"（structure of feeling）观念与人文学者所追求的"地方感"（sense of place）相结合，发明了"地方感觉结构"的概念。Allan Pred. Structuration and Place: On the Becoming of Sense of Place and Structure of Feeling [J]. The Theory of Social Behavior, 1983, Vol.13(1): 47.
[2] 关于20世纪40年代中期延安批判、改造巫神的反迷信运动，参看多田正子. 延安南区合作社简史 [M]//中国人民政治协商会议全国委员会文史资料研究委员会，编. 革命史资料（14）. 文史资料出版社，1985: 58-59；毛泽东. 文化工作中的统一战线 [M]//毛泽东选集（第三卷）. 人民出版社，1969: 912；延属分区改造另一种二流子，组织巫神参加生产，专属指示各县进行 [N]. 解放日报，1943-05-23；中国财政科学研究院，主编. 抗日战争时期陕甘宁边区财政经济史料摘编·第2编农业 [M]. 长江文艺出版社，2016: 522 等。

故事太难，于是根据旧书的架子编成第一部新书《吃洋烟二流子转变》。旧书里二流子抽洋烟的故事主要是关于还魂与转世的内容，二流子抽洋烟抽死后，阎王念他阳寿未尽便放他还阳转世。韩起祥借用这一故事来呼应当时延安改造二流子、反巫神迷信的运动，只是把其中的阎王改成了现代医生，医生给二流子吃药打针还对他进行教育，因此二流子不但身体戒烟康健，还劳动致富，由此实现了他的"再生"与"转世"。[1] 传统说书中阳寿与还魂的故事并不罕见，而在此韩起祥将掌管寿命大权的阎王换成医生，既是对传统阴阳地狱信仰的否认，又切合当时延安所宣传的现代医疗方式。在延安县干部和韩起祥看来，向村民讲述这样一个医生救命的故事，自然是希望向村民宣传现代医疗科学和劳动生产的意义，批评传统信仰中因果轮回、来生转世的生命观。然而其中的微妙之处在于，由于新旧说书共享同一结构框架，新说书中的医生形象直接成为阎王之神的原型替代，这令医生所表征的现代科学及延安新文化被赋予使人再生的"神格"地位。

事实上，不仅是韩起祥在说书中隐现着神鬼原型的幽灵，其时各种新编的说书故事常常都会出现类似形象，如新政府可以"平妖"（李季《平妖记》），八路军战士则是有神通能力的"神兵"（杨生福《狼牙山五神兵》），旧说书艺人和新文化工作者都曾参与编创。传统的神祇"还魂"在新偶像之上，旧书中被延安政府批评为迷信的传统认知与情感认同，在新的说书实践中置换为对新神的崇拜而获得存留空间，这是民间文艺传统进入延安新文艺实践中的复杂形态。

三、神灵秩序的再造：改造神像年画

延安在改造神像年画的过程中表现出与改造说书相似的特点，传统年画中所蕴含的请神、祭神的风俗情感在新年画的视觉秩序中延续，反迷信的话语及实践依然出现协商。

---

[1] 参见韩起祥.没有共产党就没有我韩起祥——谈谈我的生活和创作［M］//胡孟祥.韩起祥评传.北京：中国民间文艺出版社，1989：262.

1942年文艺座谈会以后延安形成改造旧年画、创造新年画的风潮，陕甘宁边区政府希望可以将其时开展的各种运动作为新年画绘制的主题，通过向老百姓售卖新年画而达到宣传的目的。边区新年画集中在1944年、1945年被绘制生产出来，劳动生产、拥军拥政、学习识字、讲究卫生等运动是新年画中常见的题材。[1] 由于这些事件也容易与传统民间年画中常常表现的丰收（生产）、团圆（拥军）、生子（卫生）等内容产生联系，因此很多新年画的创作较为顺利，美术工作者把边区运动表现为老百姓喜爱的红火热闹的民俗画面。不过，相较于创作新的日常民俗年画，如何改造人们在新年张贴的神像年画显得更加困难，主要原因正是其中牵涉到的绘神与"迷信"问题。神像年画以门神、灶神、财神最为多见，它们在新年张贴出来不仅为了装饰，而是伴随着扫除、迎神、祭祖等一系列信仰习俗，其中的祭神意涵在陕北农村的传统民间社会意义重大，也成为边区美术工作者在改造旧年画过程中不可回避的一大问题。[2]

　　延安美术工作者最初一度沿用传统灶王神、财神年画的神像构图，与劳动生产以至丰收、致富的主题意义相结合，1944年年末陕甘宁多个县都印制了新灶王神年画以提倡劳动。其中绥德县的年画对传统形式改动最小，主神灶爷灶婆的形象完全没变，只是将生产和抗战内容作为对联主题："上天报告生产，回来参加抗战。"[3] 不过当时更为流行的设计是把灶王主神改为穿新装的老百姓，整体构图格式、人物位置排列以及色彩风格依然保持旧制，如延安县就依此绘制还取名为"全家福"。[4] 这种沿袭传统灶王年画格式的新年画，在边区群众中引发的接受效果十分暧昧，虽然神像已经被替换，但很多人依然像请传统灶爷之神一般购买"全家福"，甚至还一并买

---

[1] 一川.关于年画［M］//孙晓忠，高明，编.延安乡村建设资料（三）.上海：上海大学出版社，2012：195-196.

[2] 关于中国年画的名称、种类、历史发展概况，参看王树村.中国年画史［M］.北京工艺美术出版社，2002；薄松年.中国年画史［M］.辽宁美术出版社，1986.

[3] 力群等.关于新的年画利用神像格式问题［M］//孙晓忠，高明，编.延安乡村建设资料（三）.上海：上海大学出版社，2012：226.

[4] 力群等.关于新的年画利用神像格式问题［M］//孙晓忠，高明，编.延安乡村建设资料（三）.上海：上海大学出版社，2012：226.

来表、香等供奉用品回家行传统拜神惯例。在合水县甚至有村民直接说出画在灶王神位置上的人物是"说啥都灵"的共产党请下的新"神神",然后虔诚地烧香供奉。[1]村民在想象中共及其新政策的过程中,并不能轻易转换他们一贯遵循的信神求拜的理解方式,而延安文艺工作者借鉴传统神像年画进行创作的艺术实践,不但不会改变村民的认知方式,反而因为新旧年画所共享一致的格式、审美风格以及阅读环境,而唤起村民的传统宗教情感。

灶王爷年画在群众中所引发的这一现象引起了不小的争论,1945年上半年《解放日报》集中刊登了相关意见。此次讨论最早由一名署名文兆的作者发起,他写信给售卖新年画的延安新华书店,对村民面对"全家福"年画的"迷信"反应表示忧虑。他认为本来边区群众敬神的习惯已有所下降,而灶王爷全家福年画会让一些落后群众继续敬神敬鬼。[2]文兆在信件中反映的问题,触及旧年画形式的利用以及如何定义新制年画的迷信性问题,当时不少美术工作者积极回应。除了余聿对"新灶王神"年画持有较宽容的态度外,[3]大部分美术工作者都不再鼓励继续利用传统灶王年画进行创作,也对"全家福"潜在引起的"迷信"效果颇为担忧,其中力群、王朝闻、古元、江丰、彦涵、祐曼六位延安最重要的木刻与年画艺术家共同署名发表的《关于新的年画利用神像格式问题》一文在很大程度上成为一种方向定调。该文不仅直接批评了绥德灶王年画,而且也不同意余聿的观点,认为"全家福"并没有帮助破除迷信的作用,反倒起了迷信的效果。在此基础上,作者们否定了传统神像年画这种"旧形式",特别认为灶君和财神最没有意义;至于传统年画中另外常见的钟馗年画与麒麟年画,也应

---

[1] 怡卢.关于年画[M]//孙晓忠,高明,编.延安乡村建设资料(三).上海:上海大学出版社,2012:232.

[2] 文兆."全家福"年画在关中引起迷信[M]//孙晓忠,高明,编.延安乡村建设资料(三).上海:上海大学出版社,2012:222-223.

[3] 余聿.关于年画利用灶爷形式问题[M]//孙晓忠,高明,编.延安乡村建设资料(三).上海:上海大学出版社,2012:224-225.

当谨慎使用而不宜过分宣扬。[1]

但有趣的是，虽然灶王神和财神的年画原型遭到压制和解构，美术工作者却默许了门神年画。力群等人尽管承认门神崇拜习俗也含有迷信的成分，却对门神年画评价较高，其关键之处在于延安近年以门神形式绘制八路军、自卫军，将现实中保家卫国的抗战宣传与守护家宅、阻挡灾祸的门神之意联系在一起。[2] 抗日军队成为门神的神格主体，这是门神崇拜在延安新文艺实践中被合法化的主要方式。如果说其他神像年画和其他艺术形式中的神灵崇拜原型，是因旧形式的延续而不可避免进入到新文艺体系中，那么民间的门神信仰传统则更是有意被延安文艺工作者所利用宣扬，以此最大限度地调动老百姓的抗日激情与政权认同。其实门神的再造与合法化不仅存在于新年画中，曲艺、歌谣等各种文艺形式中都有所表现，如前文提到的韩起祥，也是在主家摆上"边区门神解放军"的神牌（此时抗战结束，抗日军转为解放军）。但较之其他文艺形式，作为固定类别的门神年画更为稳固地联结着民间请门神、祭门神的信仰习俗，因而延安对门神的再创作还是在年画中取得更多成果。

20世纪40年代中期延安最著名的新门神年画应当是木刻版画家彦涵创作的《军民合作，抗战胜利》。该年画的主题十分明确，即号召老百姓支持八路军以共同抗日，但无论是整体画面布局还是军民二人的形象风格，皆直接改自门神年画的原型，传统门神神像置换成现代人的面庞和穿着。画面借用了中国门神年画形制中同一神像正反印刷的对称构图，左右两图的环境布局、人物动作以及最具特色的骑马挥刀形象都完全对称相同，传递着军民同人同心的意义和情感。从人物的姿态风格可以断定，彦涵化用的是传统武将门神而非钟馗等神话中的驱鬼门神。

---

[1] 力群等.关于新的年画利用神像格式问题［M］//孙晓忠，高明，编.延安乡村建设资料（三）.上海：上海大学出版社，2012：227-228.
[2] 力群等.关于新的年画利用神像格式问题［M］//孙晓忠，高明，编.延安乡村建设资料（三）.上海：上海大学出版社，2012：227-228.

彦涵《军民合作，抗战胜利》
（图片来源：《延安文艺档案·延安美术作品》，第 398 页）

不过，包括彦涵在内的鲁艺美术工作者虽然肯定了新门神的创作，但还是处在迷信/反迷信问题的矛盾中。他们不得不顾虑其时延安大力倡导破除鬼神迷信、改造迷信文艺的现实境遇，担心"门神"的说法会暗示老百姓旧有神灵的意义，于是主张用"门画"代替"门神"。[1] 只是名称的更改并不能改变老百姓贴"门画"以拜神驱灾的惯例程式，他们是在传统习俗的认同中才愿意接受新"门画"，更何况在此之前"抗战门神"的说法早在 20 世纪 30 年代末就已出现并且广泛传播，当时正是指用传统门神画形式所绘制的军人抗日新年画。全面抗战初期出于迫切的宣传情势，"抗战门神"概念所直接暗含的神灵"迷信"意味还没有为文艺工作者所敏感，并且这一说法更容易调动老百姓的认同情感，而这也更显示出此类创作以"新神"代"旧神"的操作逻辑，以及它们在发挥效用时所根本依赖的传统信仰基础。

早期最有名的"抗战门神"年画应当是左翼美术家赖少其在国统区 1938 年年底创作、1939 年年初印制发行的《抗战门神》，他当时在中华全国

---

[1] 力群等.关于新的年画利用神像格式问题［M］//孙晓忠，高明，编.延安乡村建设资料（三）.上海：上海大学出版社，2012：228.

木刻抗敌协会桂林办事处，筹办美术刊物《漫画与木刻》以宣传共产党领导的团结抗日主张，《抗战门神》正是在此背景下创作出来。[1] 赖少其的《抗战门神》借鉴了两广地区流行的佛山年画，画面中只有一位军人"门神"，背景是国民党政权的中华民国青天白日旗，表现出对当时国共合作路线的回应。1939年新春，桂林西南营政治部印制了一万多份该年画发给当地老百姓，收到了很好的反响，[2] 而"抗战门神"一词也经由1939年2月《救亡日报》的报道被确立下来，从赖少其的具体作品之名发展为对这类新门神年画形式的指涉。[3] 赖少其之后，不少美术工作者都参与到抗战门神的讨论和创作中，包括赖的老师李桦。李桦在1939年大力推崇"抗战门神"的创作，提出"应该把这种抗战门神推广到全中国去，使全中国于新年那天换上一副抗战的新气象"[4]。同年，他也和温涛合作完成了两幅抗战门神木刻，由《开明日报》印发。[5] 1940年前后，"抗战门神"年画与木刻在全国不同地区都广为出现，郑野夫、卢芒、刘建庵等左翼美术工作者都曾创作，韩尚义于1941年创作的《抗战门神》是其中较为代表性的一幅。韩的画面构图和人物形象与赖少其的创作十分相似，但赖少其年画中的国旗背景在此变为乡村田野和农民耕种的场景，原本画面下方的装饰娃娃也改为手举农具的农民，这意味着抗战宣传走向对后方劳动生产的宣扬。前方/后方、打仗/生产的意义呼应着延安的生产抗日路线，也暗含着军民合作抗日的主题意涵，在此意义上韩尚义的创作可以看作从赖少其的"军人门神"到彦涵的"军民门神"的中间过渡。

---

[1] 于在海，洪楚平. 赖少其早年的革命文艺活动［M］// 洪楚平等，编. 赖少其研究文集. 广州：岭南美术出版社，2005：133-134.
[2] 杨益群. 从赖少其的《抗战门神》想起［M］// 洪楚平等，编. 赖少其研究文集. 广州：岭南美术出版社，2005：119.
[3] 王树村. 中国民间门神艺术史话［M］. 南昌：百花文艺出版社，2008：264.
[4] 李桦. 抗战年片与抗战门神［M］// 于在海，编. 赖少其文献版画集. 合肥：安徽美术出版社，2013：147.
[5] 木运短波［J］. 抗战木刻半月刊，1939（4）：6.

赖少其：《抗战门神》
（图片来源：黄乔生主编《铭刻·中国抗日版画纪年 1931—1945》，第 230 页）

韩尚义：《抗战门神》
（图片来源：王树村《中国民间门神艺术史话》，第 269 页）

由于抗战门神/门画中的主人公变成了现代人形象，画家所替换的传统门神原型已经较难直接看出，但从目前留存下来的一些文献看，其时文艺工作者更喜欢提到关公门神的形象。如 1938 年夏衍在讨论抗战门神年画时，就提到传统的门神"大多是一些关公之类民间流传的人物作题材"，[1] 而李桦更是直接指出所谓"抗战门神"便是用领袖像、战士像替代关公像，利用人们尊敬关公、用关公镇宅的心理。[2] 前述彦涵绘制的年画中骑大马、挥大刀的人物形象也最容易令人联想到骑赤兔马、手持大刀的关公。与其他门神相似，关公也具有斩妖驱鬼、保卫家宅的意义，但关公自宋代封圣以来，就一直具有战神之意，关公显圣、显神助阵的关公信仰更容易与杀敌保国的抗战之意相联结。[3] 这种关公信仰甚至延续到民国，关公从古代朝廷的守卫者转

---

[1] 夏衍. 抗战"门神"[J]. 妇女文献，1939（1）.
[2] 李桦. 抗战年片与抗战门神[M]// 于在海，编. 赖少其文献版画集. 合肥：安徽美术出版社，2013：147.
[3] 胡小伟. 关公崇拜溯源（下册）[M]. 太原：北岳文艺出版社，2009：447-460.

变为现代民族国家及其军队的护卫神，1914年袁世凯下令在北京建造以关公为首的武将英雄祭祀庙宇[1]，即使到1927年南京中央政府成立后在全国范围开展大规模整治神祀迷信的活动，关羽庙也在此情势下被允许保留。[2]关公之神保国护军的意义以及由此不断被正统化、合法化的地位，使得关公成为表述抗战的有效资源。

关公的"符号复刻"（superscription of symbols）[3]影响了延安文艺实践中对民间关公信仰的处理态度，中共政权和民族解放的想象被牢牢坐实在关公的符号谱系和意义系统之中推向民间。延安在20世纪40年代以反迷信为主流意识形态的历史脉络中，原本将批评和改革民间庙宇祭祀作为应有之义，但新年画创作者在贬抑灶王、财神等其他地方神灵的同时却又对门神崇拜的价值体系进行合法化表述。这种不同神话符号的差别叙述，造成了反迷信话语逻辑的断裂和矛盾，也显示出抗战政治介入延安文艺实践与科学/迷信知识建构的过程。

---

[1] Prasenjit Duara. Superscribing Symbols: The Myth of Guandi, Chinese God of War [J]. The Journal of Asian Studies, 47: 4(1988): 779.
[2] 1930年国民党中央颁发《神祠存废标准》，关公庙被列入"先哲类"神祠而允许保存。参看国民党中央执行委员会秘书处奉发《神祠存废标准》致各级党部函 [M]//中国第二历史档案馆，编.中华民国史档案资料汇编·第5辑第1编·文化（一）·江苏古籍出版社，1994：499。
[3] Prasenjit Duara. Superscribing Symbols: The Myth of Guandi, Chinese God of War [J]. The Journal of Asian Studies. 1988，47(4): 779–780.

处"浪漫"而慕"古典"

——抗战时期李长之重释中国传统文化的内在理路

邹居东[1]

[摘要] 抗日战争时期，李长之在德国古典美学的烛照下对中国传统文化进行了富有创造性的阐释。为克服中国人人生观的种种弊端，李长之把目光集中在"孔孟儒学"，并认定其核心是一种"知其不可为而为之"的精神，足以担当民族生活的力量源泉。这一"孔孟儒学"被李长之解释为反功利的美学思想，它在"情感"与"理智"完美圆融的孔子处体现为最高的"古典精神"。相比之下，孟子、屈原等更重"情感"，成为"浪漫精神"之代表。传统文化的演进便是怀着"浪漫精神"的伟大思想家，对"古典精神"理想的渴慕与追寻。李长之相信在抗战及胜利后，沿着这条思想线索我们就能够接续传统文化的精髓，并迎来"中国的文艺复兴"。

[关键词] 李长之 传统文化 "孔孟儒学" "情感"与"理智" "古典精神"

在抗日战争的生死存亡之秋，国统区知识群体不约而同地将目光投向了传统文化，企图从中挖掘可资利用的理论资源与文化想象，以充实勠力抗战的精神力量。传统文化何谓？又如何为"我"所用？对此类命题的讨论成为抗战时期话语争夺的重要场域，体现着知识界对中国文化走向的不同

---

[1] 邹居东，中山大学博雅学院博士研究生。

思考与规划，彰显着阐释主体各自的政治设计和国家形态想象。批评家李长之（1910—1978）于20世纪40年代前后以《迎中国的文艺复兴》为核心的一系列思考与写作，积极地参与并构成着抗战传统文化讨论的"思想复调"。李长之通过一系列"误读"否定了五四运动的"文艺复兴"地位，[1]通过对"古典精神"这一思想形式的塑造，李长之将传统文化的发展看作"古典"与"浪漫"的持久互动，中国在抗战后会通过对传统文化之精髓"孔孟儒学"的"再生"，迎来"中国的文艺复兴"。

一、批"唯名"而唤"实在"：李长之对中国人人生观的批判性考察

20世纪30年代中前期的李长之学术兴趣集中在康德美学、批评理论与新文学评论，而抗战中李长之更着力于古典文学、古代文化领域的研究。从抗战全面爆发到1946年10月离开重庆北上，相关论著（包括未发表的成文稿）计有30余册（篇），它们虽不足以构成一个严密的论述体系，但若以《中国文化传统之认识》（载1946年出版的《迎中国的文艺复兴》一书）三篇文章为切入点，仍能觉察到作者论述的潜在线索：李长之力图从一种文化哲学的高度把握中国传统文化的本质。《中国文化传统之认识》由"儒家之根本精神""古代的审美教育"和"中国人的人生观之缺点"三篇论文组成，分别提出问题，指明克服问题的思想资源，以及给出具体的解决方案，构成了较为有机的整体性叙述。本文将发表时间稍后的"人生观"这篇放在前面论述，以便更好地展现李长之的思路进展。

在对中国人人生观进行分析和批判时，李长之有着方法论上的自觉：

---

[1] 最努力提倡五四新文化运动为"文艺复兴"者便是胡适，虽终其一生在表述多有差异，但胡适一直以"人文主义"的视角来把握五四新文化运动，特别看重其反抗权威，语言和观念的平民化、世俗化，接续文化传统等几个内涵，可参见席云舒.胡适"中国的文艺复兴"思想初探[J].文艺研究，2014（11）.胡适的论述并非广为接受，其遭到了梁漱溟、周策纵、余英时等人的质疑。李长之在《五四运动之文化的意义及其评价》（1942）中特别反对胡适以五四运动来比附"文艺复兴"。他认为前者只有"清浅的理智"，是一场移植而来的文化运动，其本质毋宁说是"启蒙运动"。

"谈一国的文化时，须就其最高成就立论，而不能专就低处看。"[1]为此他建议"综合的能力当力求提高。换一句话说，这就是需要哲学的头脑"[2]。李长之总结道：

> 话说得通俗一点，实在论或实在主义近于理想主义，唯名论或唯名主义近于现实主义……中国一般的思想都是偏唯名主义的。
>
> 我们的生活是太散文化了，太没有含蓄！……我们的精神太现实，太反哲学，太执著于单个的人……一旦遇到了危急存亡之秋，个人主义的生活方式，便是破绽全露出了。唯如上面所说，中国人这种生活，既已源远流长，根深蒂固，如今欲图改造，自非推本穷源，直中要害不可。
>
> 我以为最有效的办法，就是提倡反功利的精神，提倡热情，提倡理想，提倡牺牲……"知其不可为而为之"的精神，我们尤须从辽远的古代招回；否则便使恓恓惶惶，热情救世的孔孟二老在地下太寂寞并伤心了。[3]

在此，李长之将同时进行着的西洋哲学研究[4]中的一些理论视角直接运用在对中国人生活观念的考察之上。针对中国人生活太个人化、难以共克时艰，李长之要求在共同体生活中培育对"共相"的认同感；对于中国人太重实利、唯物，生活过于"散文化"，李长之则倡导以无功利的审美活动加以

---

[1] 李长之.李长之文集（第一卷）[M].石家庄：河北教育出版社，2006：8.李长之对于内山完造的《一个日本人的中国观》（第3版）（1936年8月由开明书店出版了尤炳圻的译本，鲁迅作序）颇为不满，认为此书专从文化的底层、从具体事物谈起，缺乏哲学的高度。

[2] 李长之.李长之文集（第一卷）[M].石家庄：河北教育出版社，2006：8.李长之对于内山完造的《一个日本人的中国观》（第3版）（1936年8月由开明书店出版了尤炳圻的译本，鲁迅作序）颇为不满，认为此书专从文化的底层、从具体事物谈起，缺乏哲学的高度，第9页。

[3] 李长之.李长之文集（第一卷）[M].石家庄：河北教育出版社，2006：8.李长之对于内山完造的《一个日本人的中国观》（第3版）（1936年8月由开明书店出版了尤炳圻的译本，鲁迅作序）颇为不满，认为此书专从文化的底层、从具体事物谈起，缺乏哲学的高度，第76—80页。

[4] 1939年年底，李长之开始撰写《西洋哲学史》并于1940年秋完稿，此书在第二篇第二章中有对唯名论和实在论的介绍。

克服。审美化的共同体生活,在先秦时代就已存在而且高度发达:

> 如果说中国有一种根本的立国精神,能够历久不变,能够浸润于全民族的生命之中,又能够表现中华民族之独特的伦理价值的话,这无疑是中国的儒家思想……其实孔子的真价值,却无宁在他那刚强,热烈,勤奋,极端积极的性格。这种性格却又有一种极其特殊的面目,即是那强有力的生命力并不是向外侵蚀的,却是反射到自身来,变成一种刚强而无害于人,热烈而并非幻想,勤奋而仍然从容,极端积极而丝毫不计成败的伟大雄厚气魄。[1]

李长之非常明确地把儒家思想作为"根本的立国精神",并将儒学的精髓锚定在孔孟之学,而被认为是"新儒家"的冯友兰此时更愿意讨论程朱理学。在《五四运动之文化的意义及其评价》一文的附录中,李长之高度肯定了冯友兰的《新理学》[2]是"接着讲"而非"照着讲",并认为《新理学》具备很强的逻辑性和体系性。不过李长之认为《新理学》有些过于理智,偏于形式和逻辑,并且不够注重文化,这就造成了"新理学"面临实际问题时的种种无奈。李长之与冯友兰的分歧正是在于对接续何种儒学传统这个关键问题的不同规划,那么,李长之是如何描述这一"孔孟儒学"的呢?

二、"处群"的审美教育:"孔孟儒学"之实质

在李长之的传统文化图景中,道家、佛学与儒学中的汉学、理学、经世致用思想的地位都不显著,儒家的精髓只在"孔孟二老",甚至于孟子也只是"收敛了的孔子",这一阐释策略大胆而特别。如同冯友兰的"新理学"

---

[1] 李长之. 李长之文集(第一卷)[M]. 石家庄:河北教育出版社,2006:58-59.
[2]《新理学》于1939年5月由长沙商务印书馆出版,是"贞元六书"(1937—1946)的第一本也是最重要的一本,被认为是冯友兰"新理学"思想的成形之作。

赋予"极高明而道中庸"以现代哲学内涵，[1]李长之也为孔子与孟子的儒学思想填充了现代的思想材料，即反功利的美学精神，这一美学精神在孔子与孟子的著述中就可以找到：

> 美育以美学为基础，因为古代有健全的美学，所以有完善的美育。
>
> 何以知道古代有健全的美学？这是因为古代有健全底美底概念，孟子说："充实之谓美"（《尽心》下），这可以说是再好也没有的美底定义。
>
> 作为中国思想正统的儒家哲学，尤其是孔孟，所贡献最大的，即是审美教育。
>
> 孔子是知道美学的真精神的。美学的精神在反功利，在忘却自己，在理想之追求。……"从心所欲，不逾矩"是所有艺术天才所遵循的律则，同时也是所有伦理家所表现的最高的实践，最美与最善，融合为一了。[2]

不难发现，这种对"孔孟儒学"的审美化解释，来自李长之熟稔的德国古典美学理论背景，后者赋予了"审美静观"以无功利而合目的的品质，这些正是李长之所特别借重的。不过李长之也意识到，"美"与"善"不可断然割裂，他说："美和善的合一，以善为一种审美的对象而欣取之，而执著之，而热爱之，这是道德家的最高境界，也是美学家的最高境界。"[3]善与美在最高的原则上，皆是欲取的对象，并使人感到愉悦。当人们了解"美学的真精神"时，也就了解"最高的实践"应是如何的了。既然美与善都令人欣取，并在"孔孟二老"那里已被充分践行，为何中国人的人生观弊端丛生呢？李长之在此将实践的问题纳入考察视野，并在孟子的论述中找到了对"共通感"的讨论：

---

[1] 此说可参见李泽厚.略论现代新儒家[M]//中国现代思想史论.北京：生活·读书·新知三联书店，2008.
[2] 李长之.李长之文集（第一卷）[M].石家庄：河北教育出版社，2006：67-69.
[3] 李长之.李长之文集（第三卷）[M].石家庄：河北教育出版社，2006：194.

他首先肯定审美能力是客观的，是一致的。孟子说："至于味，天下期于易牙，是天下之口相似也……故曰：口之于味也，有同耆焉；耳之于声也，有同听焉；目之于色也，有同美焉。"……但是，有没有不一致的时候呢？假若不一致，应该如何解释呢？孟子的答复是："饥者甘食，渴者甘饮，是未得饮食之正也，饥渴之害也。"原来在理想境，人的味觉本是一致的，只是在不正常的条件下，便入于病态，看着好像不一致了。……像在整个的性善论上所要求的那样，在味觉上，也应该要求：恢复原来的味觉！[1]

人们的审美能力是先天的与普遍的，只是由于后来外界条件不正常才使得人们的审美能力出现了不一致，乃至陷入病态。在其生活的时代，李长之所批判的中国人人生观的种种缺陷，正是由于"未得饮食之正也，饥渴之害也"。好在"口之于味也，有同耆焉"，这一"同耆"，就是李长之所服膺的"现在没有，古代有"的美育精神。为了克服中国人人生观之缺陷，就必须通过批评与教育，将"孔孟儒学"的真精神招回，进而"恢复原来的味觉"。既然涉及整体的时代征候，李长之的审美教育就不会局限于个体的进步，而是体现为一个文化群体臻于至善的历史进程：

教育是什么？凡是使人类全体或分子在精神上扩大而充实，其效力系永久而非一时者，都是教育。在这样意义之下，教育实在本质上是期待着美学的。从此可知美育不止是多种教育中之一种，而且是最重要之一种，甚至可以说是最符合教育本义之唯一的一种。……只有审美的教育可以以全代偏，以深代浅，以内代外，可以铸造新个人，可以铸造新人类，教育所涉及的是整个生活……[2]

---

[1] 李长之. 李长之文集（第三卷）[M]. 石家庄：河北教育出版社，2006：195-196.
[2] 李长之. 李长之文集（第一卷）[M]. 石家庄：河北教育出版社，2006：66-67.

上述有关审美教育的论述兼有近代德国的"教化"[1]理念与古典美学的成分，但李长之进一步地将教育等同于美育，并将其上升到文化命运、人类前景的高度。美育（教育）既然不是个体之事，它也就必须在共同体中才能得以完成。在德国古典美学的视野下，李长之将儒家的伦理观审美化，进而得以克服个体生活中的庸俗、功利和实用主义。因此儒家学说中对共同体生活的关注，便成为激发民族情感和克服"唯名论"的有力武器："孔子一生的事业在'礼'上。……无论就礼是一种理想的社会秩序说，或就礼是一种使理智与情感各得其所的，适应群的生活之心理准备说，或就礼是使群与个人减少冲突而增进愉悦的一种生活艺术说，礼是站在群的观点上而存在的。"[2]作为促进人们从"殊物"走向"共相"之锻造场域的"美育"就扮演着"礼"一般的重要角色，它召唤着先秦刚健热烈而温柔敦厚的儒学精神，教化出具有健全人格的国民。

三、重塑孔子："古典"理想的创造

仅仅对"孔孟儒学"进行审美化解释，并非李长之兴趣所在。李长之要回答的是"孔孟儒学"究竟具备何种特性而使之区别于其后的儒学与其他思想脉络；这一先秦的思想形式又如何能贯彻于传统文化的进程中，并且在抗战中为我们所利用。李长之为此引入"古典精神"的概念来区别孔、孟。作为一种文化理想，"古典精神"是人类精神生活中情感维度与理智维度的完美契合，它仅仅在孔子的身上得以体现，而如屈原、司马迁、李白、韩愈等其人格不可谓不伟大，却也只能占有理智与情感二元中的一元。《从孔子到孟轲》（1942）这篇文章与《德国的古典精神》（1942）一书形成互文关系，[3]

---

[1] "教化"（bildung）源于宗教神秘主义传统，人须实现被上帝赋予的内在禀赋。在人文主义传统中，"教化"被认为是人脱离个体的自然与物质性，在精神领域不断完善，使自身成为普遍性存在的总体过程。可参见［德］汉斯—格奥尔格·伽达默尔. 诠释学 I：真理与方法——哲学诠释学的基本特征（修订译本）[M]. 洪汉鼎，译. 商务印书馆，2010：19-33. "教化"一词的内涵为德国观念论、浪漫派与洪堡的大学教育理念所共享，李长之深受影响的近代审美教育学说也在此语境下形成。
[2] 李长之. 李长之文集（第三卷）[M]. 石家庄：河北教育出版社，2006：174-175.
[3] 李长之的《从孔子到孟轲》于 1942 年 11 月 8 日写毕，《德国的古典精神》序于 1942 年 8 月 16 日。

李长之由此着力阐发了"古典精神"这一理论命题,并推进了《中国文化传统之认识》中对孔、孟差异的分析:

> 往常我曾以为像孟子那样绝顶聪明,又那样刚健爽朗,慷慨热情的人,只因为遇到(在精神上遇到)孔子而锋芒一敛,便作为循规蹈矩的人了。现在一看,却原来另有真理的一面,即原来孔子也正是一个收敛了的孟子。从此我恍然,至圣和亚圣的称号是丝毫不错的,二人的精神在本质上是丝毫无异的。这孔孟一贯的,便是彻头彻尾,贯注了四千年的祖国文化;在这之中,洗炼了老庄思想的杂质;又熔铸了印度思想的异质的。[1]

> 在人格上,孔子比孟子丰富,走得广博。孟子则只是高峻的……孔子终有一种理智的清明处,孟子则似乎稀少了。孟子不是没有理智,不是没有机智,但缺少冷静分析的理智……用科学与艺术比,孔子的精神是较近于科学,而孟子的精神则更近于艺术……所以,一古典,一浪漫。[2]

李长之认为孟子与孔子的思想并无根本差异,只是以前者的表现形式更为激烈。实际上孔、孟的分野更引人注目。从上述引文来看李长之更倾心于孔子,这是因为孔子精神的层次性较之孟子要丰富,有孟子未有的"理智"与"清明",以至于李长之会认为孔子精神近于"科学"。李长之并非不热爱孟子,他自己的性情更近乎"刚健爽朗、慷慨热情"的孟子,然而孟子被认为缺乏"完人"人格中的"理智"成分。李长之推崇孔子,便是为自己的"古典精神"张目。以"理智"与"情感"的二分论来处理思想对象的方法,在李长之的德国文化研究中已有显露:

> 歌德所给人的是深广,席勒所给人的是高峻。人生之极峰与人生之深度,可说全都在这两个古典大师的身上发现了……总之,歌德的本质似李

---

[1] 李长之. 李长之文集(第一卷)[M]. 石家庄:河北教育出版社,2006:59.
[2] 李长之. 李长之文集(第一卷)[M]. 石家庄:河北教育出版社,2006:270-271.

白,歌德的人生理想似孟轲,而收敛处,最大体会处则似孔子。[1]

李长之认为"在人格上,孔子比孟子丰富,走得广博。孟子则只是高峻的"。实际就是以歌德与席勒的对照作为比附依据。[2]李长之对孔、孟分野之处的阐释,清晰地折射出"古典精神"论述的内在逻辑,其抗战时期的古典文学研究更是在"古典"与"浪漫"、"理智"与"情感"这两组观念的框架下进行的。李长之通过辨析孔、孟精神的差异性,成功地将孔子塑造成为"古典"人物的唯一代表,其"古典精神"占据着中国传统文化的至高点。孔子之后的儒学与其他思想传统都可以作为此种精神的诸种不尽完善的变体。"古典精神"中的美育、反功利、"完人"理想也就自然地成为中国传统文化的"精髓"所在。对孔子"古典精神"的阐发是李长之抗战时期古典文化研究中最为大胆和具有启发性的理论创见。

四、传统文化的演进:在"浪漫"中渴慕"古典"

在《孔子与屈原》的结尾处,李长之高呼"一切伟大的天才是平等的,孔子与屈原平等!"[3]但我们从文章的具体的论述中仍然能感受到双峰并峙的背后,是对屈原的"形褒实贬":"孔子的理智成分比屈原大……屈原却是始终在情感里。"[4]这仍重复了"古典"高于"浪漫"的论述逻辑:屈原的人格不如孔子丰富、广阔,自然会在现实中碰壁、苦闷而不得解脱。然而李长之的这一思路在解释传统文化演进时会面临着一个困境:只有孔子是真正"古典精神"的体现,"孔孟儒学"已不得其传,屈原受情感充沛的楚文化影响,

---

[1] 李长之.李长之文集(第十卷)[M].石家庄:河北教育出版社,2006:152,214.
[2] 歌德与席勒的区别建立在"素朴"与"感伤"的对比之上。"素朴诗"主要出现在人与自然相同一的古代;近代人与自然相割裂,因而多是"感伤的"(但歌德被席勒看作近代的"素朴的"诗人)。而李长之所服膺的"完人"理想(也即所谓"古典精神"),则是近代人文主义思潮关注的命题。二者有时间上的叠合,但理论内涵不尽相同。因此歌德不能简单地认为是李长之所言的"理智"与"情感"相结合的典范,以此作比附的孔子亦是如此。
[3] 李长之.李长之文集(第三卷)[M].石家庄:河北教育出版社,2006:192.
[4] 李长之.李长之文集(第三卷)[M].石家庄:河北教育出版社,2006:181-182.

司马迁、陶渊明和李白受惠于道家思想，韩愈虽力排佛、老却成了偏于理智的"新儒学"的思想渊源。这些不在"古典精神"烛照下，却又创造了灿烂文化成就的文学家、思想家，并非李长之能够轻易悬置并打发掉的。他们与"古典精神"的关系如何？又该如何将他们纳入到"浪漫"与"古典"持久互动的言说体系中去呢？为此还需要回到《中国人的人生观之缺点》一文。"我们的精神太现实，太反哲学，太执著于单个的人"，这是李长之对时代精神状况的总体诊断，而"提倡反功利的精神，提倡热情，提倡理想，提倡牺牲"则是克服弊病的必由之径。可以说，寻找和阐发"反功利的精神"在传统文化中的各种表现形态，是李长之在抗战中的思考与著述的核心关切与根本线索。在这一思路的牵引下，李长之特别挖掘和凸显了屈原、司马迁[1]和李白等人物的讨论身上的反功利精神、对理想的深厚热情和不挠追求，并在一定程度上把它们审美化，以此激发出这些历史人物身上的巨大精神能量，从而改造中国人的人生观念。经过这一巧妙置换，佛、老等被排斥于"孔孟儒学"精神之外的思想资源也被充分激活，原来反功利的精神在这些伟大天才身上竟是同声相求的！

对于李长之而言，一个历史人物和思想对象不仅仅在其存在的世界才具有意义，我们现代人还能够不断参与到它们的意义生成中去。具体到"古典精神"，它首先是先秦时期一个存在过的文化形态，体现为孔子的审美教育理念与"理智"和"情感"完美融合的人格境界。更重要的是，"古典精神"还被每个历史阶段所借鉴、阐发，进而参与到时代精神的建构当中去。这一对"古典精神"的论述，源自李长之对18世纪中晚期德国"古典主义"的独特理解，[2]这一"古典主义"很大程度上表现为对"希腊"的种种想象，并

---

[1] 李长之试图缩小司马迁与"孔孟儒学"的思想距离，他说司马迁与孔子的根本契合之处在于"儒家的真精神是反功利，在这点上，司马迁了解最深澈，也最有同情"。
[2] 李长之对德国"古典主义"的理解多来自玛尔霍兹（李长之曾译其《文艺史学与文艺科学》）、舒尔茨、考尔夫等学者在20—30年代的著作。这时德国学界正试图将18世纪末的德国文学从欧洲浪漫主义运动中抽离出来，甚至发明术语Klassik（古典主义）专指歌德、席勒的作品。不过这一建构因其暗藏的民族情绪而颇受质疑，如以赛亚·伯林认为席勒是"拘谨的浪漫主义者"；韦勒克认为德国"古典主义"根本上还是属于浪漫主义运动的。由于李长之并未能厘清德国"古典主义"与浪漫主义的联系与区别，而是用"古典精神"将18世纪末的德国文化打包处理，这使得他关于"古典"（情感加理智）与"浪漫"（情感）的对举更多是自己的创造。

试图在当时的条件下复活古希腊生活的诸方面。[1]李长之同一时期进行的西洋文化研究为我们提供了理解"古典精神"的有效视角:

> 希腊、周秦,古典的德国,在思想上有许多契合处。最显著的是:都是企求完人,都提高了人的地位……[2]
>
> 这种审美的、主观的、自由的、浪漫的新理想,就是所谓"新人文主义"(Neo-humanism)……只有到这时,欧洲人才算真正接触到了古典文化的神髓……从人文主义、宗教改革、启明运动,到新人文主义,都是一个巨流所奔放下来的。[3]
>
> 了解一种文化时,与其说价值在被了解者,不如说在了解者,所以温克尔曼,席勒,尼采,所了解的希腊文化并不同。但这何妨碍于这些了解者的价值?真正发现一种古代文化的完全真相也许是不可能的,只是在这发现之际,就可以表现一种发现者的人格了。就是这种发现者的人格,可以形成一运动;可以产生很大的价值。因此,了解包含一种精神上的共鸣,了解即是创造。[4]

以上材料透露了李长之处理文化演进问题的基本态度。在欧洲近代历史上曾出现了对希腊生活方式的"再生",这一潮流历经宗教改革、启明运动等,最后以"新人文主义"为高峰。但即使是温克尔曼、席勒、宏保耳特(即洪堡)等人对希腊的理解也非全然符合历史原貌,这对李长之而言并不有损"新人文主义"运动的伟大,因为后者在"了解"希腊的同时创造了灿烂的"德国古典精神",充分表现了"发现者的人格"。不难发现李长之用德国古典主义对希腊文化的"再生"作为模子,进而以"周秦"来比附"希腊"。既然我们已有媲美希腊文化的"周秦"时代,那么李长之呼唤的,就

---

[1] 有关希腊对18世纪、19世纪之交德国文化深刻影响的讨论,可参见〔英〕伊莉莎·玛丽安·巴特勒.希腊对德意志的暴政〔M〕.林国荣,译.北京:社会科学文献出版社,2017.
[2] 李长之.李长之文集(第十卷)〔M〕.石家庄:河北教育出版社,2006:152.
[3] 李长之.李长之文集(第十卷)〔M〕.石家庄:河北教育出版社,2006:61.
[4] 李长之.李长之文集(第一卷)〔M〕.石家庄:河北教育出版社,2006:12.

是在抗战及胜利后，中国文化可以发展出媲美德国"古典主义"的精神运动，这一运动在"了解"我们"周秦"文化之精髓之时，创造出足够"健朗、深厚"的文化形态（如李长之激赏的冯友兰《新理学》），以此"迎中国的文艺复兴"。正是在这一意义上，孔子为代表的儒家思想才成为"根本的立国精神，能够历久不变，能够浸润于全民族的生命之中"，因为它是每个饱含创造力量的时代不断重临的文化起点，此即抗战时期李长之重释中国传统文化的内在逻辑。

五、结语

在德国古典哲学、美学思想的视域下，李长之认为只有"孔孟儒学"得以成为抗战中激发国民共同体意识、共克时艰的思想资源。对传统文化的重新解释、西洋哲学研究，对五四运动的批评，这些思考在李长之"迎中国的文艺复兴"的思想命题下构成了一个有机整体。李长之投入巨大精力与热情到古代文化研究上，并非在逃避现实或回到某个理想时代，他的目光始终向前，期盼着中国文化在继承的基础上自我更新。李长之的重释工作组成了抗战时期传统文化热的复杂声部，它与冯友兰的"新理学"、宗白华的以"艺术"重构"中国"[1]、战国策派的文化民族主义等构成了极有张力的互动。而在方法论上，李长之对待每一种文化，都要求彻底把握、完全了解，因此就不存在"全盘西化"与文化守成的紧张对立。难能可贵的是，李长之在理论与实践操作中，找到了一种处理传统文化的可行路径："了解即是创造。"这种自觉的方法论赋予了阐释主体极大的能动性，是一笔至今仍然有效的思想财富。

---

[1] 此说可参见金浪. 以"艺术"重构"中国"：重审宗白华抗战时期美学论述的文化之维［J］. 文艺争鸣，2018（4）.

"修辞学与西方文艺思想史"篇

爱情作为修辞：彼特拉克的《秘密》与认知

钟碧莉[1]

[摘要] 在彼特拉克的拉丁语作品《秘密》中，奥古斯丁和弗朗西斯科两个角色谁更能代表作者的真实想法历来是最有争议性的问题。本文将从修辞学的角度出发，探讨彼特拉克是如何逐步把自己的爱情和生活经历修辞化、文化化，并借此揭示出作者本人是如何通过"阅读文本"来构建自己的认知体系。通过将真实的经历和体验文本化，奥古斯丁和弗朗西斯科两人得以在修辞的层面上来讨论道德和智性问题：正确的阅读不仅代表着对真理的把握，也代表着德性上的正确。最后，本文将展示，两人因阅读而导致的认知差异，实际上可融合为彼特拉克本人完整的认知地图。简而言之，他们分别从不同的认知路径展现了彼特拉克对于关键问题在沉思过程中复杂的一面。

[关键词] 彼特拉克 《秘密》 修辞

开 篇

《秘密》是彼特拉克最具有争议性的拉丁语作品之一：它以对话体的形式记载了两位角色——弗朗西斯科和奥古斯丁——在真理女神面前所展开的，长达三日的谈话。由于弗朗西斯科正是彼特拉克的本名，很多学者由此猜测，这本书是彼特拉克记录自我的产物。的确，在现存最为完整的手稿（标号为 *f. 208*），由佛罗伦萨僧侣迭达多（Tedaldo della casa）于 1378—1379 年所誊抄的版本中，《秘密》的确有一个"内标题"："我内心斗争的秘密。"

---

[1] 钟碧莉，中山大学博雅学院博士后。

(De secreto conflitu curatum mearum）[1]也即是说，这本书记录了作者内在的想法。对于《秘密》的创作和成书年，学界也有不同的意见。汉斯·巴伦和里克（Francisco Rico）认为，该书创作于1347—1353年。[2]而桑塔格塔（Marco Santagata）所推测的年份则更早点，约1342—1353年。除去意见的相异，可以看出《秘密》一书写于彼特拉克30—40岁，而这段中年时光正是诗人一生中最为忐忑动荡的时候。他刚接受了桂冠的加冕，获得了作为诗人最高的荣耀。这段时间，他辗转往返于意大利和法国之间，来回移动于城市和自己隐居之地沃克鲁兹（Vancluse）之间，为了支持里恩佐（Cola di Rienzo）的革命而不惜与长期的赞助人科隆纳家族（gli Colonna）对抗，经历了黑死病，失去至亲好友和所爱的劳拉……而《秘密》正是这个时段的产物，它记录了彼特拉克面临人生种种变故、得失时的内心状况。

这部对话体涉及了大量的道德哲学和基督教伦理的讨论，而学者的研究也基本集中探究《秘密》以下几个方面：奥古斯丁主义和斯多亚主义的联系，以及两者分别对彼特拉克的影响；奥古斯丁思想对彼特拉克的影响，以及彼特拉克如何阅读和改写奥古斯丁；彼特拉克对人文主义修辞和基督教道德之间关系的看法；人文主义修辞和哲学的关系，等等。[3]这些讨论都在不

---

[1] "Introduzione" di Enrico Fenzi, da Francesco Petrarca, Secretum. Il mio segreto [M]. a cura di Enrico Fenzi, Milano: Mursia, X edizione, 2015: 8.
[2] Hans Baron. Petrarch's Secretum: Its Making and Its Meaning [M]. Cambridge, Mass.: Harvard University Press, 1985; Francisco Rico. Vida u Obra de Petrarca [M]. Vol. 1: Lectura del "Secretum", Chapel Hill: University of North Carolina, 1974.
[3] 依次关于这几个方面的文献如下：William Bouwsma. Two faces of Renaissance Humanism: Stoicism and Augustinanism in Renaissance Thoughts [M] // A Usable Past, Essays in European Cultural History, Berkeley: University of California Press, 1990; Susanna Barsella. Boccaccio, Petrarch and Peter Damian: Two Models of Humanist Intellectual [J]. MLN, 2006, 121(1): 16–48; C. Calcaterra. Sant' Agostino nelle opera di Dante e del Petrarca [M]. Rivista di filosofia Neoscholastica 23 supplement, 1931: 422–499; Alexander Lee, Petrarch and St. Augustine. Classical Scholarship, Christian Theology and the Origins of the Renaissance in Italy [M]. Leiden: Brill, 2012; Victoria Kahn. The Figure of the Reader in Petrarch's Secretum [J]. PMLA, 1985, 100(2). 154–166; The defense of poetry in the Secretum [M] // The Cambridge Companion to Petrarch, eds. Albert Russell Ascoli and Unn Falkeid, Cambridge: Cambridge University Press, 2015: 100–110; Paul O. Kristeller. Rhetoric in Medieval and Renaissance Culture [M] // Renaissance Eloquence: Studies in the Theory and Practice of Renaissance Rhetoric. ed. Murphy, Berkeley: University of California Press, 1983: 1–20; Joachim Küpper. Philology and Theology in Petrarch [J]. MLN, 2007, 122(1). 133–147; J. A. Mazzeo. St.Augustine's Rhetoric of Silence [J]. Journal of the History Ideas, 1962, 23(2): 175–196.

同程度上聚焦于一个问题：弗朗西斯科和奥古斯丁两个角色到底代表着什么？哪个角色更能代表彼特拉克的本人？也就是，彼特拉克更倾向于中世纪的基督教教父哲学，还是古典时期的斯多亚主义，又或者是新生的人文主义？因此，卡安（Vitoria Kahn）指出，对于各种"主义"的理解实际上就是"解读"（interpretation）的问题。[1] 从阐释学的角度出发，可以看到《秘密》既是关于如何解读不同意识形态（权威）的问题，也是关于彼特拉克如何阐释、理解这些不同的"主义"的问题。本文提出，从修辞的角度入手，可以看到两个角色代表着两种不同的认知方式，两者最终构成了彼特拉克完整的"认知"状态。

阅读的可能性：修辞化的爱情经历

如何正确地阅读成为了阐释过程中的关键点。按照《秘密》中奥古斯丁的观点，唯有把道德和对上帝之爱作为向导，一个人才能正确地理解文本。文本的阅读不仅是智性的问题，更是道德的问题。奥古斯丁式的阅读是权威且唯一的，它的本体论地位免去了因为激情或欲望而误读的危险。扎克（Gur Zak）认为，虽然《秘密》中的奥古斯丁不断地告诉弗朗西斯科要如何阅读和书写，但他也知道这两种活动是危险的，容易为欲望而污染，这是奥维德对斯多亚"观照自我"的挑战。前者指出，阅读和写作并不一定能够导向道德。[2] 这个危险在奥古斯丁的《忏悔录》早有记载："当时我为狄多的死，为她的失恋自尽而流泪；而同时，这可怜的我，对那些故事使我离弃你天主而死亡，却不曾流一滴泪。"[3]《秘密》中的奥古斯丁也谴责道："如果你真从书上学到哪条是直通美德的险峻之路，那激情还能把你引到歪路上去吗？"[4] 然而，它的"一元论"同时也推倒了其他一切解读的可能性；除了上帝与德

---

[1] Vitoria Kahn. The Figure of the Reader in Petrarch's Secretum [J]. PMLA, 1985, 100(2): 155.
[2] Gur Zak. Petrarch's Humanism and the Care of the Self [M]. Cambridge: Cambridge University Press, 2010.
[3]［古罗马］奥古斯丁. 忏悔录卷一 [M]. 周士良, 译. 北京：商务印书馆, 2010: 13-16.
[4] Francesco Petrarca, Secretum. Il mio segreto [M]. a cura di Enrico Fenzi, 145.

行，弗朗西斯科不再被允许选择荣耀与爱情。因此，真正的问题在于作为读者的他是否接受这个一元论："心理的难题最终成为阐释者的难题。"[1] 因此，为了回应奥古斯丁的阅读，弗朗西斯科也必须提出自己的阅读路径，但既然阐释的对象是修辞，是文本，是组成文本的句子和词语，那么，他必须先将一切文本化、修辞化。也就是，不仅是弗朗西斯科所读的一切书籍，他的经历也要先成为"书籍"，才能完成角色的阅读、阐释任务。在《秘密》第三卷，我们将看到，劳拉／爱情被一步一步地修辞化，最终和修辞的目标——诗人的荣耀——融为一体。

奥古斯丁将"爱情"和"荣耀"两件事作为第三日的谈话重点。他称两者为束缚弗朗西斯科的"两条锁链"，并称他"除非摆脱枷锁，否则永不得自由"。（III，203）这点已经暗示了，两者在某种"平行"的位置。首先，奥古斯丁指责弗朗西斯科的爱情是一种灵魂的癫狂（le pazzie, 203），并指出他爱的方式存在着严重错误："然而可以肯定的是，即使是高尚之物也会以低贱的方式（in modo turpe）被爱慕着。"（III，205）此时，弗朗西斯科振振有词反驳道："我非常肯定我在爱的对象、爱的方式上都没有错。"（E io non ho certo peccato né nei sostantivi né negli averbi。III，207）值得注意的是，这句话的字面意思是：我无论在"名词"（sostantivo）或者"动词"（averbo）上都没犯错。因此，"peccato"指的不仅是道德上的堕落，更是指在语法上的犯错。爱情此时被当成了一种"修辞"，一个句子，而书写的人——诗人桂冠的获得者——并未犯错。对于奥古斯丁而言，错误的修辞就是灵魂的疾病（anima miserevolmente ammalata）。也即是，在两人的谈话语境中句子是书写是否正确，语法、用词是否精准，被赋予了浓重的道德含义。当奥古斯丁准备直接讨论作为爱人劳拉时，弗朗西斯科更是在一旁强调："我恳请你思量再三，这样你就该知道自己用什么话（quali parole tu debba usare）来谈论她。"（III，207）在弗朗西斯科看来，用了错误的"词语"（拉丁原文写的是 verbis）就意味着奥古斯丁将对他的爱情进行错误的道德判断。

---

[1] Vitoria Kahn. The Figure of the Reader in Petrarch's Secretum [M]. 156.

将爱和劳拉分别变成句子的动词和名词之后，彼特拉克继续将自己的爱情句子扩充为更大文本——一首诗歌。奥古斯丁指出，弗朗西斯科在想象劳拉的死亡时写下了一首挽歌："你肯定记得有一次，你沉浸在害怕失去她的恐惧中，而这份恐惧激发你写下了一首挽歌（un carme funebre），仿佛她即将死去那样。"（III, 209）弗朗西斯科马上回应道："我还记得自己所写的内容。我还记得确凿的字句！"（Ricordassi anche le parole, III, 209）而当奥古斯丁指出她未来的死亡时，弗朗西斯科仍坚持用言辞来安慰自己："我会用西塞罗笔下那位最有智慧的罗马人莱伊利乌斯（Lelio）的话（le parole di Lelio）来安慰自己：'我爱的是她的美德，而这永不死去。'我还会用他其他的话来安慰自己，因为我知道，他是在痛失深爱之人后说了这些话。"（III, 211）"parole""loqui""detto/dixisse"这些代表着言说的词反复出现在两人对爱情的讨论当中，一切讨论最终被转换为对修辞的讨论；正确的修辞（赞美、诗歌）象征着正确的爱，而错误的修辞则代表着为色欲所困的爱。在奥古斯丁看来，弗朗西斯科如此执着于错误的修辞，不仅是无知，更是傲慢："相信错误之事是因为无知，但能毫无顾忌地宣称这错误之事，肯定是因为既无知又傲慢。"（da ignoranti e da superbi, III, 215）无知是柏拉图式的智性上的错误，而傲慢则在基督教语境中源于人爱造物多于爱上帝的罪。错误的修辞方式不仅让弗朗西斯科无法真正认识古典哲学中的世界，更无法真正认识基督教语境中的上帝。

因此奥古斯丁说："你赞美了他那么多，还不如沉默。"因为在沉默中，"我尚能看清内心的你是何种模样"。（III, 215）而且，人类的语言相对于真实而言语也是远远不足的。奥古斯丁是如此讽刺弗朗西斯科的："所以，你的口才有何用处呢？它是如此贫乏而无力，既不能说出所有的事情，又无法完整表述自己能说出来的。"（II, 147）这番言辞和历史真实的奥古斯丁相符，后者也认为沉默要高于言辞。他区分了两种言（verba）：一种是人类所造的，有着语法规则的"语言"；另一种是内在的，由耶稣教给我们的语言。因为耶稣本身就是"道"（logos），是上帝的道成肉身的"言"（verbum）。[1] 在《忏悔录》中，奥古斯丁也再次强调"暂时有声响的言语"和上帝"永恒的、无声的言语'道'"之区别："二者迥乎不同，前者远不如我，甚至并不存在，因为是转瞬即逝的，而我的天主的言语是在我之上，永恒不灭的。"（《忏悔录》，XI，6）因此，从人类的语言最终将要让位于上帝之言，言说最终也转为沉默。虽然彼特拉克借助奥古斯丁的口吻道出了对修辞的怀疑，但实际上，彼特拉克对修辞的看法也并不是始终如一的。假如在《秘密》中他展示了许多对修辞和言说的质疑，那么在《熟人书信集》（*Rerum familiarum*）和《旧忆往事》（*Rerum memorandarum*）中，他分别阐释了修辞的力量："崇高的知识应配有崇高的风格。西塞罗这句话是真知灼见：'当你谈论伟大的事物时，事物就掌控了语言。因此，演讲的对象越是崇高，它的风格就越是华丽'。"[2] 修辞甚至能帮助人从善："无论从阅读众多名家作品，还是从自己的生活经验都可知修辞能够在人类生活中起多么大的作用……仅仅是听了他人言说，一个人就被激发了，突然从最堕落的生活转向了有序的生活。"[3] 然而更重要的是，彼特拉克虽然对修辞抱有怀疑，但他认为在观照自我灵魂（animi cura）这件事情上，哲学和修辞同样重要："灵魂的事情要找哲学家，语言的事情要找修辞家，但我们必须不能忽略任何一方……"（*Fam.* I, 9）

将修辞与哲学并列的这封信写于 1345 年，但当彼特拉克离开法国前往米兰定居期间，他却又改变了想法。这封推测于 1359 年[4] 寄给好友涅利（Francesco Nelli）的信写道："以前我会读一些让我愉悦的书，现在我会读些对我有益的书。"其中，他将书写圣经《诗篇》的大卫视为榜样，称其为自己的诗人和对自己最重要的榜样："我的诗人大卫"（meus poeta David）、"大

---

[1] Joseph Anthony Mazzeo. St. Augustine's Rhetoric of Silence [J]. Journal of History of Ideas, 1962, 23(2): 187.

[2] *Rerum memorandarum*. II, 31, 8, 引自 Jerrold E.Seigel. Ideals of Eloquence and Silence in Petrarch [J]. Journal of the History of Ideas, 1965, 26(2): 158–159.

[3] 作者自译于 Francesco Petrarca, *Le familiari*, traduzione e cura di Ugo Dotti, collaborazione di Felicita Audisio, tomo II, Torino: Nino Aragno Editore, 2007, Libro I, 9.

[4] 关于《熟人书信集》每封信写作的日期研究，详见 Roberta Antognini. Il Progetto autobiografico delle Familiares di Petrarca [M]. Milano: LED Edizioni Universitarie di Lettere Economia Diritto, 2008: 277.

卫对我来说的最重要的（michi maximus David）"。比起华丽的修辞风格，精致的句式，步入老年的彼特拉克变得似乎更为欣赏大卫平实的诗风。但同时不要忘记，对"愉悦的书"中那些华丽的修辞，彼特拉克在《秘密》中早有警惕。他借着奥古斯丁之口说道："来，现在鼓吹你的才智吧！还有你读的那些书，它们带给你什么益处了？你读的那些书有多少是留在你的思想里？它们有多少能在里面扎根的？它们最终结出硕果了吗？……如果你真从书上学到哪条是直通美德的险峻之路，那激情还能把你引到歪路上去吗？"（II, 145）西格尔（Jerrod E. Seigel）将彼特拉克对修辞这些矛盾和不断变化的态度称为"矛盾的纷乱"（chaos of contradictions）。但他同时也指出了，这种纷乱是源于作为人文主义者的彼特拉克"认识到完整的人性……矛盾是人性本所具有，因为……它（人性）是理智和情感的结合，被德行之爱所吸引但又无法全心全意去追求它"[1]。因此，《秘密》中无论是奥古斯丁对修辞的质疑，还是弗朗西斯科对修辞的热爱，都是彼特拉克作者本人对修辞本身所持有的态度。

经历作为一本书：《秘密》中阐释的问题

上文提到，将生活修辞化、文本化是实现阅读的前提。弗朗西斯科不仅将他的爱情看作一个句子和一篇诗歌，他甚至把整个人生经历也看作一本书。弗朗西斯科对奥古斯丁说："我得承认，你说服了我。你所说的一切就像在我的经历之书（libro della mia esperienza）中摘录下来的一样。"（III, 229）将人生际遇看作可以阅读的书本并不是弗朗西斯科所发明，而是一个中世纪流行的意象。著名神学家捷列克（Jean Jeclercq）研究了"书"在12世纪的神学象征，他首先指出"书"的意象和耶稣直接相关：耶稣是一本由其道成肉身写成的书。[2] 耶稣的肉身经历就是书中的"文字"：道成肉身、

---

[1] E. Seigel. Ideals of Eloquence and Silence in Petrarch [M]. Journal of the History of Ideas: 171.
[2] Jean Jeclercq. Aspects spirituels de la symbolique du livre au XIIe siècle [M] // L'homme devant Dieu, Mélanges offerts au Pére Henri De Lubac, Vol. II. Paris: Aubier, 1964: 63.

布道、受难和复活都写在书上，书页也已经打开。[1] 捷列克依据的是中世纪教父圣杰罗姆（St. Jerome）的说法，"良心"是可供阅读的一本书，因为《但以理书》7，10中明确写着"他坐着要行审判，案卷（拉丁文为 libri）都展开了"（judicium sedit, et libri aperti sunt）。[2] 而且，彼特拉克的前辈，但丁在《新生》中也把自己的回忆比作书 "libro de la mia memoria"。[3] 神秘主义者，西笃会僧侣圣伯纳德（1019—1153）则将经受上帝启发的良心比作打开的书（Aperitur siquidem conscientiae liber），而灵魂可以在书中读到自己悲惨的历史。[4] 彼特拉克"经历之书"的意象正是出于这位僧侣的布道词："今天让我们来读经历这本书"[5]（Hodie legimus in libro experientiae）。芬奇在《秘密》评注时写道，弗朗西斯科这本"书"实际上就是爱情的经历，但阅读这段经历有助于发现真理，以对抗真正的爱情之书——《歌集》——中的种种虚幻。[6] 然而弗朗西斯科真的从阅读过去之中发现了真理吗？

我们可以看到，对何为正确的阅读方法贯穿了整本《秘密》。在奥古斯丁看来，弗朗西斯科既不懂得阅读真正的书，也不懂得阅读自己的经历。对于《秘密》中的奥古斯丁而言，真正的阅读意味着所阅读的哲理能够深入骨髓，扎根灵魂。阅读自身经历意味着了解自身作为凡人的可朽，也即是要阅读"死亡"本身。奥古斯丁在谈话一开始就批评弗朗西斯科没有好好阅读"死亡"这个主题："自然，这些想法不能就那么轻飘飘地掠过你的脑袋，流于表面，而是要深入你的骨髓之中（dentro il midollo delle ossa）"（I, 101）；而当回忆自己的经历——阅读经历所构成的文本——时，奥古斯丁更是认

---

[1] Jean Jeclercq. Aspects spirituels de la symbolique du livre au XIIe siècle [M]. 65-66.
[2] 旧约与新约的拉丁文出处来自于 Vatican archive，网址为 http://www.vatican.va/content/vatican.html.
[3] Dante Alighieri. Vita nuova [M] // Opere Minori di Dante Alighieri, Vol. I. Vita nuova, De vulgari eloquentia, Rime, Ecloge, a cura di Giorgio Barberi Squarotti, Sergio Cecchim, Angelo Jacmuzzi, Maria Gabriella Stassi, Torino: Union Tipografico Editrice, 1983: 69.
[4] 引自 Jean Jeclercq. Aspects spirituels de la symbolique du livre au XIIe si è cle. 原出处为 St. Bernard. De conversione, 3, PL, 182, 836: "Aperitur siquidem conscientiae liber, revolvitur misera vitae series, tristis quaedam historia replicatur, illuminatur ratio, et evoluta memoria velut quibusdam eius oculis exhibetur".
[5] 引自 Gur Zak. Petrarch's Humanism and the Care of the Self, p. 111, 原出处为 Bernard of Clairvaux. Sancti Bernardi opera, 8 Vols., eds. J. Leclercq and H. M. Rochais, Rome: Editiones Cistercienses, 1957-1977, 1: 14.
[6] Note di Enrico Fenzi, da Francesco Petrarca. Secretum, p. 379.

为弗朗西斯科并未让读到的道理深入内心:"当你细细回忆起你一生的经历,回忆起你读过的那些书时,围绕着死亡的沉思确实时常萦绕你心;然而这些沉思却一直不够深入(andare a fondo),没有深到在你之中牢牢扎根(si radicano con sufficiente tenacia)。"(I,127)

相比于奥古斯丁的谆谆教诲,弗朗西斯科彻底表现得像一个不合格的读者。他虽然读过众多的书,但这些书并没有将他带上德行的道路,他对奥古斯丁忏悔道:

> 然而不知道是出于大意还是自傲,我歪向了左边,自幼时常读的书也没能够挽回我:
>
> 从这儿起,路分两支,
> 右边的路直通伟大的冥王狄斯的城堡,
> 沿着这条路我们可以到达乐土;
> 左边的路是把坏人送到
> 可诅咒的塔尔塔路斯去受惩罚的。[1]
>
> 不幸的是,我虽读了这些诗句,却因没有经历过而不能理解它们。从那以后,我便迷失在这条肮脏蜿蜒的道路上,不时折回,流泪痛哭,我再也无法找到正确的路了:一旦离开了正道,我便开始陷入混乱之中。(III,221)

而且,正如奥古斯丁所谴责的那样,他也没有让阅读深入灵魂:

弗:你知道吗,我早已仔细地阅读了这些作品的每一个章节。
奥:然而这对你起到什么作用了?

---

[1] [古罗马]维吉尔.埃涅阿斯纪[M].杨周翰,译.南京:译林出版社,1999:158-159.

弗：当我还在阅读的时候，它们的确帮了我很多。但是一旦书离手，它们对我的吸引力就随之消失了。（II，193）

一旦停止了字句的阅读，字句背后的含义也随着被遗忘。这说明了弗朗西斯科的阅读仅停留在组成文字和句子的字母之上。为了教导弗朗西斯科如何阅读，奥古斯丁告诉他阅读时应"仔细地对有用的段落做笔记"：

每次阅读的时候，若遇到好的句子，你的灵魂马上就会为之一振。此时，不要光依靠记忆的力量，你应该牢牢地把这些句子固定在你的脑海中，通过刻苦练习让自己对它们更为熟悉。由此一来，你就拥有了已经铭刻在灵魂（scritti nell'animo）中的疗法。（II，193）

捷列克指出，神学意义上的"书"乃写在"内""外"两个层次上，正如《以西结书》2，9—10中写道："我观看，见有一只手向我伸出来，手中有一书卷。他将书卷在我面前展开，内外都写着字（qui erat sciptus intus et foris）。"因此他强调，阅读《圣经》需要穿透文本内部，仅仅"看"是不够的，"还必须将看到的付诸实践，往身上背负十字架，如此那模仿着基督的良心就会变成书，书中就复刻着耶稣的语句"[1]。模仿耶稣、模仿圣徒高洁的生活，就是将书变成个人的经验。圣维克多的于歌（Hugh of St. Victor）也说过类似的方法，即阅读时应该消化文本，让其成为自己的东西（meas faciam）。[2] 所以，弗朗西斯科才哀叹道，自己虽然读书众多，却因缺乏经历而无法理解字面背后的深意（III，221）。另一方面，彼特拉克在《熟人书信集》中更是宣称，"经验是最好的老师"。（experientiam que certissima magistra rerum est, *Fam.* VI, 4）这进一步印证了弗朗西斯科的失败。因此，弗朗西斯科无论是对自己经历或者真正文本的理解，正如他自己所说的那样可以，都

---

[1] Jean Jeclercq. Aspects spirituels de la symbolique du livre au XIIe siècle［M］. 66.
[2] 引自 Gur Zak, *Petrarch's Humanism and the Care of the Self*, p. 113. 原出处为 Hugh of St. Victor, De archa Noe［M］. ed. Patricii Sicard, CCSL 176, Turnhout: Brepols, 2001: 41.

可以被风吹走（il vento si porti via, III, 211），又或者像奥古斯丁所说的那样，这些被阅读过的语句飞走了，什么都没有留下（parole che volano, non ne resta nulla, I, 127）。

但作为弗朗西斯科作为读者最致命的一点是他的"遗忘"。也即是，他无法从"回忆"中获得任何意义。"回忆"作为人类智性（intellect）的功能，在认知过程中起着"集合"的作用。奥古斯丁认为，学问或知识的获致，就是"把记忆所收藏的零乱混杂的部分，通过思考加以收集，再用注意力好似把概念引置于记忆的手头"。（《忏悔录》，X，11）因此，回忆的过程——也即是思考（cogitare）——意味着将过去已经存在的记忆碎片加以"集合"（cogere），在时间上则是一种由后往前的过程。奥古斯丁举了唱诵圣歌的例子："我要唱一支我所娴熟的歌曲，在开始前，我的期望集中于整个歌曲；开始唱后，凡我从期望抛进过去的，记忆都加以接受，因此我的活动向两面展开：对已经唱出的来讲是属于记忆，对未唱的来讲是属于期望；当前则有我的注意力，通过注意把将来引入过去。"（《忏悔录》，XI，28）倘若没有回忆的认知功能，我们将无法记住已经唱过的、消失的音符，也无法将过去和当下唱出的音符相联结，自然更无法期待接下来的音乐。同样的，对于个人的经历来说也是这样，只有站在完成皈依的制高点上，以局外人的角度重新阅读自己的回忆之书，才能知悉过往事件在人生整体的意义。对奥古斯丁而言，将自己的经历书写下来本质上就是一种"回忆"活动"外化"：书写于外在产生的是《忏悔录》这本书的字句，于内则是奥古斯丁对自己的"经历之书"进行重新阅读，追溯意义的过程。由此，在奥古斯丁看来，语言和经历是相似的：对两者的阐释活动都由回忆进行"溯往"（retrospect）。正如奥古斯丁专家宝拉（Paula Fredriksen）所指出的那样："耳朵听到的音节和词语只能在时间中展开……语言本质上就是叙述，解读——也就是意义——本质上就是一种回忆。"[1] 所有的意义只能在"溯往"的过程中才能呈现于心灵。

既然回忆在阅读人生之书中有着如此重要的位置，弗朗西斯科此时的

---

[1] Paula Fredriksen. Augustine and the Jews: A Christian Defense of Jews and Judaism [M]. New Haven and London: Yale University Press, 2010: 245.

"遗忘"便使问题变得非常尖锐：假如他连记都无法记起来，那么，他如何能够进行认知？假如他总是处于健忘的状态，他如何能够理解书本的字句，他如何能够经历中理解到这些事情最终对他个人救赎的意义？因此，遗忘意味着自我的忘记，意义的缺席："我就这么和你说吧，在这把年纪你花费如此大力气来写这些书，的确是犯了大错。你忘记了自我，还把自己全副身心献出来去书写其他人。如此，在你追求那空虚的名声时，你的人生在毫无察觉时从你指间统统流走。"（III, 265）面对个人经历的种种，弗朗西斯科无法将其"集合"起来，碎片化的经历对于他而言就像无法连成篇章的字句，任何意义的构成终究失败。和弗朗西斯科相比，奥古斯丁的角色便是尽力唤起他的记忆，把他从遗忘的状态解救出来。因此，两人对话一开始，奥古斯丁便尖锐地问道："你已经忘记自己的苦难了吗？或者你已经忘记你终将一死？"（I, 101）他的目的是首先让弗朗西斯科记起自己"身而为人"的本质。奥古斯丁认为人往往遗忘自身终将一死的结局，便费心去追求尘世的其他事物——财富、美貌、爱情、荣誉等："的确，世上有这么多事物，它们扑扇着不详的翅膀扰乱、刺激你的灵魂，让它变得健忘，以至于忘记自身有弱点，还以为自己天生异禀；它们充斥着灵魂，包围着它，以致它无暇去思考其他事情，于是它变得如此骄傲自满，沾沾自喜，以最终憎恨它的造物主！"（II, 145）继而，奥古斯丁又指出，正是遗忘阻碍弗朗西斯科对死亡进行深思——对死亡的含义进行沉思而不仅仅停留在字句表面——的原因："那你听好了：正如我不否认你的灵魂在根本上是神圣的，你也该承认，在被包裹着它的肉体污染后，它和自己高贵的本质相比，变的极为堕落。不仅仅是堕落，它还老早忘记了自己的根本和它神圣的造物主。"（I, 137）在质疑弗朗西斯科的爱情时，奥古斯丁更是想方设法让他回忆自己是如何堕入歧途的："而我惊讶的却是你的灵魂是如此的健忘。因此，我要简单地在你的回忆中唤起爱情对你的众多欺骗。"（III, 225）在前者的多番引导下，弗朗西斯科这才记起，自己堕落的那一刻便是爱上劳拉的那一刻（III, 221）。虽然奥古斯丁多次提醒和劝道，弗朗西斯科却依然处于"遗忘"状态，他不断地忘记对方曾经说过什么，或者无法记起论证："我的确快要忘记了，但我现在记了起来。"（I，107）；奥古斯丁让他不要陷入诡辩，弗朗西斯科却忘记了这个约定"你指的是哪个约定，我该换个怎样的说法？"（I，113）

此处最为讽刺的是，弗朗西斯科不仅遗忘书，甚至还遗忘奥古斯丁的言辞。也就是说，奥古斯丁的修辞对他而言是失效的：圣人一遍一遍的提醒似乎并不能将弗朗西斯科从遗忘状态中解救出来。而且，奥古斯丁对其的规劝最终似乎也没有成功：弗朗西斯科并不愿放弃尘世的荣耀："我现在把主要精力放在其他事情上。把它们赶紧做完后，我就能回到最重要的事情上。而且我也知道，就像你之前告诉我的那样，对我来说最安全的是把自己投入到死亡的思考当中，去选择那通往救赎的直路。然而，我无法控制我自身的欲望。"（III，283）奥古斯丁的修辞并不像他自己的《熟人书信集》中所写的那样，可以让一个人从恶变善。最后，奥古斯丁放弃了言说"你就这样说吧，我也无法改变你"。（III，283）

作为一个真正的读者：灵与肉的纷争

在奥古斯丁看来，无论是自己的经历之书抑或是古典作家所写的书，弗朗西斯科始终无法正确地阅读，正确地掌握修辞。弗朗西斯科所犯下的其中一个错误是基督教修辞中一个极为古老的问题：灵与肉之争。灵与肉之争的核心问题本质上就是阐释问题：如何理解旧约与新约的关系？假如两者是互相联系的，那么怎样如何理解旧约中残酷的神？真实历史上的奥古斯丁对这些问题有着非常详细的论证，主要是为了对抗摩尼教的"二元论"。首先，摩尼教假设有"善""恶"两大神的对立，他们相互斗争，相互对抗。因此，摩尼教认为"恶"和"善"一样，是有实体的，也就是具有本体论意义上的实存。善恶两方势均力敌，而人正是在两股力量中生存，好坏兼具。[1]然而，奥古斯丁则创新性地指出，"恶"实际上是"空"（void），它不过是"善"的缺席（《忏悔录》，V，10）。其次，摩尼教指出，旧约中嗜血、残忍的上帝不

---

[1] Paula Fredriksen. Augustine and the Jews: A Christian Defense of Jews and Judaism [M]. New Haven and London: Yale University Press, 2010: 110–111.

可能是耶稣之父。耶稣真正的"父"是宇宙中那位"善"的神。因此，旧约中的神也和新约的恩典无关，甚至和基督教也无关。[1] 旧约中的"神"乃是犹太人的神，而犹太人因为这"物质"的神，成为了只懂得字句和肉躯，不懂得灵和精神的错误阅读者。

最为经典的一幕便是，当耶稣对犹太人说"我是从天上降下来的生命的粮；人若吃这粮，就必永远活着。我所要赐的粮，就是我的肉"（《约翰福音》6:51）时，他们表现得极其震惊并无法理解："这个人怎能把他的肉给我们吃呢？"（《约翰福音》6:52）甚至，他们因为这句话的"吃人"含义而对耶稣恐惧："这话甚难，谁能听呢？"（《约翰福音》6:60）基督将自己说成"粮"，指的并不是肉身，而是他受难所换回的人类救赎。然而，犹太人在听到耶稣的言说时，只能从字句的意思去阐释，而不是从字句背后的精意去理解。执着于字句的他们把人子的牺牲仅仅解读为吃人的恐怖，因此他们也无法触及由圣餐所象征的救赎希望。保罗在《哥林多后书》中说道："字句是叫人死，精意是叫人活。"（3:6）那旧约是写在石板上，但新约却是"写在心版上"。（non in tabulis lapideis sed in tabulis cordis carnalibus. 3:3）

和摩尼教不同，奥古斯丁从"四重解经法"（文本的、历史的、寓言的、神意的）出发，重新连接了新旧约之间的关系。诚然，奥古斯丁和其他中世纪教父一样，认为犹太人仅从字面意思（ad litteram）的意思理解圣经中的寓言，而且他们无法"将他们的心灵之眼从造物中抬起，以洞悉那永恒之光"。[2] 然而，奥古斯丁极具创新的一点在于，他指出了即便犹太人犯了字句之错，他们依然活在上帝的天意之中：犹太人的律法，以及他们对字句、物质和肉身的执着乃是上帝的命令。更为重要的是，他们对肉身的执着预兆了耶稣即将道成肉身的事迹。因此，他们在冥冥中也成为了耶稣降世的预表。[3] 犹太人无法理解耶稣的话语是因为从时间维度而言，他们民族建在耶

---

[1] Paula Fredriksen. Augustine and the Jews: A Christian Defense of Jews and Judaism [M]. New Haven and London: Yale University Press, 2010: 111.

[2] Paula Fredriksen. Augustine and the Jews: A Christian Defense of Jews and Judaism [M]. New Haven and London: Yale University Press, 2010: 193.

[3] Paula Fredriksen. Augustine and the Jews: A Christian Defense of Jews and Judaism [M]. New Haven and London: Yale University Press, 2010: 243–245.

稣临在之前，所以他们所能得到的阐释文本的方法也只能为历史所限制。但这些限制同样在上帝天意的安排之中，并在寓言层面上有着它在人类整体救赎史上自身的意义。因此，奥古斯丁证明了，新旧约中的上帝都是同一个上帝，而旧约中的事件，连同旧约的解读者们，都成为了新约的预表（prefiguration）。而且，奥古斯丁也相信，物质和物质记号（corporalia sacramenta）也是一种言说方式，是一种"看得见的语言"，它们共同践行了上帝对人们的教育。[1] 或者正如但丁学者弗里切罗（John Freccero）在阐释但丁《神曲》中的同样问题时说道："如果没有字句，灵就是永远的逻各斯，它与历史没有切点，上帝的意图也与人无关。"[2]

这是历史真实的奥古斯丁对圣经阐释问题中灵与肉之争的态度。《秘密》中的奥古斯丁也展现了部分精神。弗朗西斯科频频被谴责只关系字句的表面（肉）而不深入思考字句的含义（灵），这点后面被极致化为他对劳拉的爱情问题上。在奥古斯丁的控诉中，读者可以看到弗朗西斯科的爱是如何一步一步地物化劳拉，最终抽去她真正的"灵"的部分。首先，他请了有名的画家为劳拉作画，以便自己随身携带。它不仅无法代表劳拉的灵魂，甚至它最大的功能——视角的呈现——也不过是劳拉容貌/肉身的复制品。令奥古斯丁更为生气的是，弗朗西斯科不仅迷恋劳拉的美貌，甚至对她的"名字"——一个由字母组成的名称——也痴迷不已：

> 奥古斯丁：你是如此迷恋"月桂"，无论她属于军功还是诗学，[3] 仅仅就因为它的名字。[4] 你写的诗句，没有一行是不提"月桂"二字的，仿佛自己就常住在那帕纳斯（Peneo）河边，或者是基拉（Cirra）山顶的祭司。[5] 最终，眼看自己无法得到军人的"月桂"，你就转而爱上诗人的月桂。（III, 227）

---

[1] Paula Fredriksen. Augustine and the Jews: A Christian Defense of Jews and Judaism [M]. New Haven and London: Yale University Press, 2010: 245-247.
[2] ［美］弗里切罗. 但丁：皈依的诗学 [M]. 朱振宇，译. 北京：华夏出版社，2014:171.
[3] 月桂树的另一个象征是荣耀。这里指军事上的功绩或者文学上的成就。
[4] 奥古斯丁所指的，弗朗西斯科的爱人名叫劳拉（Laura），和月桂树（Laurel）发音和词型几乎一致。
[5] 这两个地名均和太阳神阿波罗和达芙妮的爱情故事相关。帕纳斯是河神，达芙妮的父亲。故事中达芙妮无法忍受阿波罗狂热的追求，让父亲帕纳斯将自己变成一株月桂树。基拉是帕纳斯苏斯群山的山峰，据希腊神话说是阿波罗神殿所在地。

奥古斯丁的这番话揭示了弗朗西斯科是如何从修辞化的爱情完全陷入修辞本身，也即是从沉迷劳拉的物理外貌到沉迷她的名字。作为一名不及格的读者，弗朗西斯科不仅因为执着于劳拉的肉身而无法洞悉爱情的本质，他还将这份执着转向了完完全全空洞的名字，由五个字母组成的 L-A-U-R-A。经凭着对"劳拉"这个名字的执着，弗朗西斯科最终彻底转向了修辞——诗人桂冠：

> 假如不是那极美的名字一直伴随着你，减轻那些压在你身上的忧虑，帮你躲过海天之间重重的礁石和危险，让你顺利到达罗马和那不勒斯——在那里你最终获得了期待已久的荣耀——你早就被这样那样的困难所阻挠，甚至还可能因沮丧而放弃。若谁不认为这是巨大疯狂的明证，那么他本人肯定也是疯子。（III，229）

因此，将劳拉和荣誉紧紧相连的，不仅是和劳拉同音同词源的"月桂"象征着荣耀，还因为这是弗朗西斯科将爱情"修辞化"的最终结果。

奥古斯丁曾多次暗示了弗朗西斯科如此解读爱情是犯了对圣经诠释的大忌。例如，他说弗朗西斯科对爱情的执迷不悟是"你现在将自己关在错误的堡垒中"。（Ti chiudi in un'inespugnabile rocca di errori）"Rocca"一语双关，既指向堡垒，也指向建造堡垒的石头（rock）。也就是说，彼特拉克正如犹太人一样，执着于石板上所刻的字句。而与此同时，爱情也将彼特拉克本人石化了"我难避免，见到那美杜莎可怖之面，她可使人变成坚硬石岩"（179，12—14），"美杜莎和罪孽变我为石"。（366，111）[1]"石化"在圣经的语境中专门指犹太人因不懂基督的话而思想变得晦暗。弗里切罗指出，在希腊原文中，用来描述犹太人思想状态是此是 pōrōsis，也就是变成石头。在俗语版的拉丁文圣经中的翻译则是思想"暗昧"："Sed obtusi sunt sensus eorum"[2]；中

---

[1]［意］弗朗西斯科·彼特拉克.歌集：支离破碎的俗语诗［M］.王军，译.杭州：浙江大学出版社，2019.
[2]［美］弗里切罗.但丁：皈依的诗学［M］.朱振宇，译.北京：华夏出版社，2014：159.

译本则直接翻译成"他们的心地刚硬"。由此可见，石化的心就是思想无法理解精意的昏暗状态。弗朗西斯科被石头所困，所以他就无法真正理解爱情的本质。和思想上的石化相对，弗朗西斯科在情欲上则表现为对"肉"的执着。他不仅痴迷于人的"肉身"："你醉心于表面的皮囊，你的心之眼就无法洞悉这个道理。……如果我没弄错的话，这些就是让你感到飘飘然，不去思考自身的卑微而忘却死亡的原因。"（II，151）也痴迷于字句的肉身："对其他事情都散漫不已，却把时间都花在专研修辞和赢得喝彩上，甚至对自身的错误视而不见，我就想问问还有比这更幼稚，更愚蠢的行为吗？你正像那些沉溺于自己甜美歌声的小鸟儿，一直唱到自己死去。"（II，147）在奥古斯丁看来，无论是对人还是书，弗朗西斯科所爱的不过是表明的字句，而他这个罪行在爱恋劳拉名字时表现得最为极致。

在理解了奥古斯丁和弗朗西斯科的"阐释"之争后，问题变成了：为何两人要不断地争辩如何理解文本——书本或者经历？此时的关注点不再是彼特拉克究竟更认同于哪一方。当身为作者的彼特拉克将文本阐释问题贯穿于整整三日的对话时，我们或许可以将其理解为这是他展示自我认知的一种方式。无论他们的意见是否向左，对《秘密》中两个对话者而言阅读文本并对其中字句加以理解实际上是一种"认知"活动。当《秘密》一开篇，弗朗西斯科便在思考人如何来到并离去这个世界，当奥古斯丁在对话过程中频频提出"何为人""何为死亡""何为爱情""何为荣誉"等各种问题，并在与弗朗西斯科的争辩过程中试图塑造出对这些名词的定义时，两人都在展现自己的认知。例如，人到底是永远高贵根源的造物，还是"裹着血丝和泪水，有一点奶水就得到满足；浑身颤抖着，站都站不起来，事事得求助于人，吃穿都得来自那不懂人言的牲口；他的身躯虚弱，灵魂不安，为各种疾病所侵扰，为数不清的激情所支配……随时被死亡夺取生命，简直比蜉蝣更卑微？"（II，165）爱情到底是灵魂中最为暴烈的激情（III，225），还是能引导人的灵魂攀高的感情？到底应该怎样去"阅读"死亡？像弗朗西斯科一样彻夜未眠地沉思，还是像奥古斯丁所教导的那样，必须"需要足够长时间静下心来，聚精会神地，一个接着一个地去思考一名将死之人的身体每一个部

位的感觉",从四肢到双目、牙齿、鼻孔和舌头?(I,127)

  他们不仅展现了自己的认识方式和角度,还试图向读者展示"我们究竟如何知道自己所知之物"的过程。也就是,我们通过怎样的方式和视角来了解自己自认为的"知"。因此,《秘密》中的奥古斯丁和弗朗西斯科虽然意见时时相左,但他们恰恰展现了彼特拉克对于关键问题在沉思过程中复杂的一面。无论如何,彼特拉克从来不是一个一元中心主义者,他也不喜单纯的二元对立,这从他对修辞的不断变化的看法也可看出。对于同一种事物,彼特拉克可以反对,可以赞成。他在信中也说自己既可以是西塞罗主义者,也可以以基督教诗人为榜样。正因如此,我们可以看到,奥古斯丁和弗朗西斯科对阐释问题的争论,以及他们对不同事物的阐释,都共同地架构了作者彼特拉克的认识论体系。

霍布斯的政治修辞术

叶仁杰[1]

[摘要] 一般认为，自17世纪30年代之后，霍布斯就结束了人文主义生涯，成为了科学理性的崇尚者。本文试图说明，人文主义的影响贯穿霍布斯的思考，尤其是修辞学传统，甚至于霍布斯的政治哲学也以修辞学为重要根基。本文首先简要梳理早期霍布斯对修辞学的研究和态度，力图展现霍布斯在修辞学上身陷拉莫主义和亚里士多德主义的双重立场。本文进一步说明修辞学在霍布斯政治哲学中的关键位置，这不仅体现在霍布斯的道德和政治哲学是以激情为基础和起源，还在于立约建国本质上依赖一种人造技艺，即特殊的政治修辞技艺。

[关键词] 修辞学 人文主义 激情 修辞技艺

尽管霍布斯的形象总是在英国科学革命的锐意时代中显得格外鲜明，但不容忽视的是，无论是霍布斯的青年教育，还是其早年经历，都沉浸在都铎英国文艺复兴时代的人文主义传统之中，甚至于霍布斯的政治哲学思考就来自于其与人文主义传统的复杂关系，其中的修辞学问题成为了霍布斯核心关切之一。

如斯金纳所言，霍布斯诞生和接受教育之际，正是英国的教育界试图"将人文主义教育理论的普遍原则适用于普通文化学校的日常运转"[2]的时代，

---

[1] 叶仁杰，中国人民大学哲学院博士生，主要研究领域为西方政治哲学。
[2] Quentin Skinner. Reason and Rhetoric in the Philosophy of Hobbes [M]. Cambridge and New York: Cambridge University Press, 1997: 20.

授课的内容无外乎语法（古典语言）、修辞（雄辩术）、诗歌、历史和道德哲学五大门类。如果说掌握拉丁文和希腊文是教育的基础工作，那么修辞在彼时的人文主义者看来具有枢纽性的意义。人文主义者继承的是西塞罗的古罗马传统，认为如果没有修辞的帮助，那么所有真理与智慧都将缺乏说服力，也就无益于世，因此修辞的意义并不仅仅在于更为华丽地使用所学的语言文法，更在于能够展现智慧的适恰性，从而进一步使暧昧不清的道德原则能够适用于我们的日常和政治生活。换句话说，修辞在人文主义传统之中处于一个中介的位置，它之所以重要是因为它涉及语言乃至智慧或道德原则的施行领域。

霍布斯自小就接受了良好的人文主义教育，熟练掌握了拉丁文和希腊文，并将欧里庇得斯的《美狄亚》翻译为了拉丁诗韵文。在1608年从牛津大学毕业之后，他就如同其他人文主义者一样，马上担任了卡文迪什家族的家庭教师和秘书，着重给他学生传授语言、修辞和诗歌的课程，同时也对人文主义诸学科进行了研究。以20世纪30年代末发现欧几里得几何学为界，之前的这段时间被称为霍布斯的人文主义时期，霍布斯对修辞学的研究也正是从此开始。

一、早期霍布斯的修辞学

霍布斯在1629年翻译出版了修昔底德《伯罗奔尼撒战争史》的英译本。虽然历史是人文主义传统的门类之一，但霍布斯对历史的关注来源于其对亚里士多德主义的传统哲学的反叛，如霍布斯在导言中所说的那样："为了传授指导而离题，以及其他那些对诫令的公开传达（这些都是哲学家要做的），他（修昔底德）从来不使用；通过将善与恶的决策的方式和事件清晰地呈现在人们的眼里，叙述本身就已经在暗中指导其读者，这也许比通过诫令更有效。"[1] 虽然亚里士多德的明智（phronesis）也强调来自经验，针对的是不

---

[1] Sir William Molesworth. The English Works of Thomas Hobbes of Malmesbury [J]. Vol. VIII, ed. London: John Bohn, 1843: xxii.

同的事物，但是这种作为手段的智慧却依附于作为目的的德性，也就是一种普遍性准则，而明智的有效性却难以得到保障，这也正是霍布斯转向历史研究的一个重要动机。如施特劳斯所指出的那样，霍布斯将历史与哲学对立并高抬前者，事实上来自修辞雄辩传统的影响："通过西塞罗和卢奇安的途径，他（霍布斯）接触了修辞雄辩学派的传统；这个传统同哲学传统形成对照，并对哲学传统不无批评贬抑；它一贯主张，有必要研究历史学家的著作。"[1] 在霍布斯看来，修昔底德的著作将"两个东西包含其中，那就是真理和雄辩术，真理构成了历史的灵魂，而雄辩术则构成了历史的身体"[2]。这里的真理已经不再是古希腊哲学家意义上的永恒不变的真理，而指的是所叙述事件的可信性，这只有通过雄辩术才能够建立：通过谋篇布局（disposition）或言方法（method）对事件的叙述进行有序安排，同时风格追求文风简洁和形象化。由此可知，霍布斯之所以转向史书的翻译，很重要的原因是修辞在历史书写的实践真理中至关重要。

施特劳斯曾断言对《伯罗奔尼撒战争史》的翻译既是霍布斯人文主义时期的高峰也是终点，并因此将早期霍布斯的人文主义时期截至1629年。[3] 据奥布里（Aubrey）的描述，霍布斯在40岁的时候发现了欧几里得几何学，以此为转折点离开了人文主义传统。这使得1637年出版的《修辞学纲要》显得略有点突兀，这本书是亚里士多德《修辞学》的第一个英译本，尽管可能早在1633年霍布斯就已经给其学生口授过《修辞学》的拉丁文摘要。奥布里曾转述过霍布斯对《修辞学》的赞美，在霍布斯看来，亚里士多德的其他著作都不忍卒读，只有《修辞学》和关于动物的论述是世间罕有弥足珍贵的。但是霍布斯所接受的修辞学传统到底是亚里士多德的《修辞学》或者经院哲学的传统，还是人文主义时代的修辞学，这有待说明。

斯金纳认为这个问题并不存在，在他看来，人文主义时代的修辞学虽然

---

[1]［美］列奥·施特劳斯. 霍布斯的政治哲学［M］. 申彤，译. 南京：译林出版社，2012：97.
[2] Sir William Molesworth. The English Works of Thomas Hobbes of Malmesbury［J］. Vol. VIII, ed., London: John Bohn, 1843: xx.
[3]［美］列奥·施特劳斯. 霍布斯的政治哲学［M］. 申彤，译. 南京：译林出版社，2012：38.

复兴的是西塞罗和昆体良等人的古罗马传统,但是之所以英国人文主义者不怎么提及亚里士多德,其中一个原因是"对于十六世纪陶冶于罗马雄辩术的人文主义者来说,亚里士多德《修辞学》中的很多主张都已经成为稀松平常的东西"[1]。西塞罗和昆体良都仅仅是对亚里士多德的复述,因此亚里士多德到古罗马雄辩术传统再到人文主义修辞传统是一脉相承的,差别并不太大。但这并不足够准确,因为从巴黎而来的反对亚里士多德修辞学的拉莫主义(Ramism)已经不顾部分人文主义者的反对,渗透到16世纪英国初级教育和大学教育之中,成为人文主义的重要部分:随着剑桥大学中埃夫拉德·狄格拜(Everard Digby)和威廉姆·邓普尔(William Temple)关于拉莫主义的论争,拉莫(Ramus)的逻辑学(或言辩证法)和合作者塔伦(Talon)的修辞学广为人知。

拉莫主义者不满足于传统修辞学将修辞与逻辑相互重叠的状态,而将修辞学划分为了逻辑学和修辞学。按照西塞罗的看法,传统修辞学包括论题(inventio)、谋篇布局(dispositio)、寻词达意(elocutio)、记忆(memoria)和表达方式(pronuntiatio)。而拉莫主义者更进一步,认为修辞学中与严谨的科学论证相关联的部分应当独立出来,从而将论题和谋篇布局划分为是逻辑学的领域,而修辞学仅仅包含寻词达意和表达方式两个部分。塔伦同时也删去了记忆,使得在16世纪下半叶,记忆成为了一项独立的科学门类,彻底从修辞学中脱离了出来。

人文主义时期的霍布斯与拉莫主义有着密切的关联,甚至于霍布斯出生前四年出版又再版于1588年、署名为芬纳(Dudley Fenner)的两篇拉莫主义修辞学英译文章,最后也经由伍德(Anthony Wood),被摩尔斯沃斯爵士(Sir William Molesworth)收入霍布斯英文全集中。[2]这并非是阴差阳错的偶然,瓦尔特·昂(Walter Ong)就认为霍布斯的修辞学研究事实上深刻地受

---

[1] Quentin Skinner. Reason and Rhetoric in the Philosophy of Hobbes [M]. Cambridge and New York: Cambridge University Press, 1997: 36.

[2] Cf. The English Works of Thomas Hobbes of Malmesbury [J]. Vol. VI, ed. Sir William Molesworth, London: John Bohn, 1840. "The Art of Rhetoric." 同时可以 Cf. Walter J. Ong. Hobbes and Talon's Ramist Rhetoric in English [J]. Transactions of the Cambridge Bibliographical Society, 1951, (1)3: 260.

到了拉莫主义的逻辑学/修辞学的建制影响，霍布斯在"其内心还是一个拉莫主义者"[1]。这有以下三方面的证据。

首先，霍布斯以"纲要"或者"分析"的形式展开修辞学研究，将文献材料缩减为简单明了的风格是为了更有利于读者方便地接受和理解，这无疑遵循了拉莫主义者对简明性（simplicity）的要求；其次，霍布斯对恩梯墨玛（enthymema）的看法也受到了拉莫主义的影响。在亚里士多德那里，恩梯墨玛是与逻辑三段论相对、与说服论证并列的修辞学技艺（1354a12—15）[2]而在拉莫主义看来，恩梯墨玛与严格的科学论证相关，是一种有缺陷的科学推论，从而使得恩梯墨玛进入了逻辑学教科书。[3]同样的，霍布斯将恩梯墨玛定义为一种为了"避免冗长啰嗦，不会浪费公众事务不必要的时间"的"省略三段论"，[4]并且他强调，所有的推论都应当是三段论，"假如一个逻辑学家能够观察到简单明了的三段论与作为修辞三段论的恩梯墨玛之间的差别，那么他就是最好的修辞学家。因为所有的三段论和推论都应当属于逻辑学，无论要推论的是真理还是可能性"[5]。也就是说，如同拉莫主义者一样，霍布斯同样也将恩梯墨玛作为科学推理的缩略形式，从而次于严格的科学论证；最后，霍布斯在《伯罗奔尼撒战争史》的英译本中将谋篇布局（disposition）与方法（method）等同，并且在其《修辞学纲要》中处处强调方法的重要性，这也是来自拉莫主义。如果说亚里士多德将方法（μέθοδος）仅仅作为泛指的"探究"（1094a1），[6]那么在拉莫主义者看来，方法则意味着严格地按照知识等级的秩序来进行谋篇布局：将在智性等级上明确了的首要之物

---

[1] Walter J. Ong. Hobbes and Talon's Ramist Rhetoric in English [J]. Transactions of the Cambridge Bibliographical Society, 1951, 1(3): 269.
[2] 参见［古希腊］亚里士多德.修辞术［M］// 颜一译.亚里士多德全集（第九卷）.苗力田，主编.北京：中国人民大学出版社，2016：333.
[3] Cf. Walter J. Ong. Hobbes and Talon's Ramist Rhetoric in English [J]. Transactions of the Cambridge Bibliographical Society, 1951, 1(3): 266–267.
[4] Sir William Molesworth. The English Works of Thomas Hobbes of Malmesbury [J]. Vol. VI, ed. London: John Bohn, 1840: 425.
[5] Sir William Molesworth. The English Works of Thomas Hobbes of Malmesbury [J]. Vol. VI, ed. London: John Bohn, 1840: 424.
[6]［古希腊］亚里士多德.尼各马可伦理学［M］.廖申白，译注.北京：商务印书馆，2003：3.

（primum in cognitione）放在首要的位置，次要的放在次要的位置，从而使言辞结构成为单维的逻辑，从而形成了方法主义（Methodism）浪潮。[1]虽然霍布斯并没有将谋篇布局纳入到逻辑学的领域，但是将谋篇布局等同于方法毫无疑问具有拉莫主义色彩。

另一方面，詹姆斯·泽朋（James Zappen）则指出《修辞学纲要》的诞生语境并非是拉莫主义，而是"十七世纪头十年到二三十年代完成的反拉莫主义的反改革时代"，霍布斯站在了反改革派这边。[2]霍布斯事实上并非全盘接受拉莫主义，他仍然将人文主义传统的论题、谋篇布局、寻词达意和表达方式都纳入了纲要，并且也同样将修辞术定义为说服技艺，同时也将论题的说服力奠基于三个要素：即演讲者的言行举止、听众的激情和作为理由的证据，[3]分别对应于人文主义者眼中的说服技巧：品性（ethos）的确立、激情（pathos）的唤起和论据的发挥。[4]其中还值得注意的是两点与拉莫主义的不同之处：第一，拉莫主义将恩梯墨玛认作为一种残缺的科学推理论证方式，霍布斯虽然同意恩梯墨玛是严格三段论的次级形式，但并不认为恩梯墨玛就应该从属于逻辑学的领域。在这方面，霍布斯重新强调了亚里士多德对恩梯墨玛的定义，认为这种推论形式是从属于可能性的实践领域，而非必然性的知识。瓦尔特·昂认为这是即使赞同拉莫主义的霍布斯也无法忽视的亚里士多德的影响，然而他却含糊其辞回避了这一辨析。[5]事实上，这并非是有意的回避，因为人文主义时期的霍布斯认为，实践性知识的有效性更为重要，这无法还原为必然性的法则。第二，拉莫主义者尽管划分了逻辑学和修辞学两个学科，但是他们高抬逻辑学，而贬抑修辞学为纯粹的"文饰"，却反而

---

[1] Walter J. Ong. Peter Ramus and the Naming of Methodism: Medieval Science Through Ramist Homiletic [J]. Journal of the History of Ideas, 1953, 14(2): 239–240.
[2] James P. Zappen. Aristotelian and Ramist Rhetoric in Thomas Hobbes's Leviathan: Pathos versus Ethos and Logos [J]. Rhetorica: A Journal of the History of Rhetoric, 1983, 1(1): 78.
[3] Cf. The English Works of Thomas Hobbes of Malmesbury [J]. Vol. VI, ed. Sir William Molesworth, London: John Bohn, 1840: 424–425.
[4] Cf. Quentin Skinner. Reason and Rhetoric in the Philosophy of Hobbes [M]. Cambridge and New York: Cambridge University Press, 1997: 120–137.
[5] Cf. Walter J. Ong. Hobbes and Talon's Ramist Rhetoric in English [J]. Transactions of the Cambridge Bibliographical Society, 1951, 1(3): 268.

使得逻辑学成为了修辞学的高级范本，这也就意味着修辞学最好也应当按照理性原则来简单明了地使用，从而使得听众激情的要素在修辞学中处以较低的位置。尽管霍布斯并没有否认事实性论据的核心意义，但他却将激情重新纳入其中，这无疑又是对亚里士多德《修辞学》的继承。

霍布斯在修辞学中艰难地试图调和两种对立立场。一方面是亚里士多德主义及其影响下的人文主义传统，这是人文主义时期霍布斯思考修辞学的起点。这部分的霍布斯认为，修辞学之所以重要，是因为它与人的激情和可能性的实践知识密切相关。另一方面则是人文主义传统的另一条晚近脉络——拉莫主义，即利用简明扼要的理性原则来统摄修辞学，使得后者能够接近严格的科学推论。或许是出自偶然，这部分的霍布斯在1637年出版了隐含拉莫主义色彩的《修辞学纲要》，恰恰吻合于其20世纪30年代以来放弃人文主义学问转向科学研究的人生转折点。然而霍布斯的调和显然并非十分成功，进而延续到了他的政治哲学。

二、修辞与激情

斯金纳认为，自30年代之后，霍布斯就已经彻底远离了人文主义传统，最直接的表现就是反对修辞学。在其《法的原理》和《论公民》中，霍布斯对修辞学及其相关的人文主义积极公民（vir civilis）理想都进行了猛烈而又严肃的批评，目的是利用科学理想来取代由修辞雄辩带来的混乱，建立一种政治科学。而后的《利维坦》中，霍布斯虽然也批判了言辞混乱所带来的危害，但表达了将科学与修辞雄辩结合起来的新想法。斯金纳将霍布斯态度转变的原因理解为政治局势的促逼：1640—1660年的英国内战让霍布斯意识到修辞力量远远地压倒了理性力量，因此他意识到需要借助于修辞术才能够让人们倾听理性的声音。[1]

斯金纳将修辞学与政治的关联理解为人文主义时期积极公民的公共生

---

[1] Cf. Quentin Skinner. Reason and Rhetoric in the Philosophy of Hobbes [M]. Cambridge and New York: Cambridge University Press, 1997: 426–437.

活,这是来自古罗马的传统,公民通过演说辩论等形式参与到公共政治生活。换句话说,他眼中的修辞学仅仅是参与公共政治的策略,既可以煽动公民的激情,又能够成为理性表达的手段。然而斯金纳并没有阐明霍布斯的政治哲学与修辞学更深层的关联。

事实上,霍布斯对亚里士多德传统的人文主义修辞学的态度并没有明显变化。早在《伯罗奔尼撒战争史》的英译本中,霍布斯就表明了对民主制的修辞学的反对态度。他认为,修昔底德是最不喜欢民主制的,"他(修昔底德)多次记录下煽动家为了名誉和机智的荣誉而相互竞争和争执,他们用相互攻击的各项建议而损害了公共事务;出于不同的目的,利用演讲家们修辞力量,他们的各项决议相互矛盾;他们听取了一些谄媚谏言,采取了孤注一掷的行为,比如说渴求获取或者维持所获取的权威,以便煽动普罗大众"[1]。霍布斯对修昔底德的赞赏,更多的是以拉莫主义者的口吻,肯定了修昔底德的雄辩术是以简洁明了的方式展现了历史事件,使得后者具有可信性。与此同时,在《修辞学纲要》中对修辞学的隐晦批评也呈现了拉莫主义特色。[2]如果说拉莫主义中统摄修辞学的逻辑学明晰性依赖于几何学和形而上学,这条脉络可以直接连贯到笛卡尔《谈谈方法》中的理性主义,那么深受拉莫主义影响的霍布斯转向自然科学,并以此为基础展开其政治科学的思考是顺理成章的。

然而正如上文指出的那样,霍布斯并非是坚定不移的拉莫主义者,他还处于反改革的语境之中,他本人对亚里士多德的《修辞学》就十分推崇。施特劳斯非常强调《修辞学》对霍布斯政治哲学的关键影响:"很难再找到一部经典著作,它对霍布斯政治哲学的重要性,能跟《修辞学》相提并论。"[3]

---

[1] Sir William Molesworth. The English Works of Thomas Hobbes of Malmesbury [J]. Vol. VIII, ed., London: John Bohn, 1843: xvi–xvii.
[2] 在斯金纳看来,《修辞学纲要》就已经体现了霍布斯对人文主义的怀疑,他认为霍布斯已经在其中批评修辞学家只在乎胜利,而并不在乎真理。但是在霍布斯提及修辞学家的目的在于胜利的时候,强调的是修辞学家在乎的是实践领域的知识,而与逻辑学家关注确然无疑的真理不同。与其说是霍布斯对人文主义的怀疑,倒不如说霍布斯是以拉莫主义者的方式在说明逻辑学和修辞学的高低。Cf Sir William Molesworth. The English Works of Thomas Hobbes of Malmesbury [J]. Vol. VI, ed., London: John Bohn, 1840: 426.
[3] [美]列奥·施特劳斯.霍布斯的政治哲学[M].申彤,译.南京:译林出版社,2012:43.

亚里士多德在《修辞学》中明确地提出了因为修辞学能够帮助进行逻辑推理、研究人的品性和德性以及激情，所以"修辞术就像是辩证法和伦理学说的分支，后者可以被恰如其分地称作政治学。所以，修辞术也可以纳入政治学的框架"[1]。虽然亚里士多德的修辞学和霍布斯的道德和政治学说中的推理存在巨大的分歧，最明显的一点就在于前者诉诸民众的共识，后者则认为道德和政治并不存在任何可能的共识，[2]也就没有任何的共同福祉，但是施特劳斯却精确地指出霍布斯的道德乃至整个政治哲学的基础在于《修辞学》中对激情的论述。

尽管早期政治哲学著作乃至《利维坦》都或多或少批判修辞学，但是都借鉴甚至改写了亚里士多德《修辞学》中关于德性和激情的论述，尤其对激情的论述，贯穿《法的原理》（1640年）第一部分第九章、《利维坦》（1651年）第六章和《论人》（1658年）第十二章第四节起。[3]施特劳斯眼中的霍布斯既不是机械论者，也并非强调生命促发的生机论者，早年的人文主义经历深刻地影响了霍布斯的政治哲学："霍布斯政治哲学的基础，不是来自道德中立的动物欲望（或道德中立的人类权力追逐）与道德中立的自我保存之间的自然主义对立，而是来自根本上非正义的虚荣自负与根本上正义的暴力死亡恐惧之间的人文主义的道德的对立。"[4]在施特劳斯看来，从自然状态进入到公民状态，存在有两个基点。[5]首先是自然欲望公理，这来自人的虚荣自负，因为在自然状态中，人宣称对一切事物都具有权利，能按照自己所想的任意手段去做一切事情，这种"自由"是完全无限制的，所以全人类共有的普遍倾向就是"得其一思其二、死而后已、永无休止的权势欲"，[6]在这种

---

[1]［古希腊］亚里士多德.修辞术［M］.颜一译.亚里士多德全集（第九卷）.苗力田，编.北京：中国人民大学出版社，2016：339.
[2] Tom Sorell. Hobbes's UnAristotelian Political Rhetoric［J］. Philosophy&Rhetoric, 1990, 23(2): 203-204.
[3] 参见［美］列奥·施特劳斯.霍布斯的政治哲学［M］.申彤，译.南京：译林出版社，2012：48.
[4]［美］列奥·施特劳斯.霍布斯的政治哲学［M］.申彤，译.南京：译林出版社，2012：32-33. 略作修改.
[5] 参见［英］霍布斯.利维坦［M］.黎思复，黎廷弼，译.杨昌裕，校.北京：商务印书馆，2017：97.
[6]［英］霍布斯.利维坦［M］.黎思复，黎廷弼，译.杨昌裕，校.北京：商务印书馆，2017：72.

情况下并不存在正义的可能性。其次是自然理性公理，自然状态的人们因为自身的欲望相互斗争，处于战争状态，为了保全自身的性命，因此需要用理性的法则来对激情进行约束，相互立约建国，但是理性规范本质上也来源于激情——"智慧的这种差异的原因在于激情"，[1] 是对暴死的恐惧使得人们愿意放弃对一切事物的权利，建立契约成为公民，以此才有了正义。

只有理解了激情是霍布斯政治哲学的基础，我们才能够进一步理解何以《利维坦》又重新强调了修辞学的意义。

虽然《利维坦》中，霍布斯还是对修辞学玩弄言辞的现象进行了猛烈抨击，这主要体现在以明确的推理来对抗混乱的言辞。明确的推理是以几何学的方式，从名词明确无疑的定义出发，然而修辞学大量使用隐喻、比喻和譬喻，却不按照规定的意义用正式确定的语词，因而可以进行伪装欺骗他人。[2] 修辞学的危害来自激情的含混性，正是因为我们对事物的感受和表达都具有自身的激情色彩，所以言辞的意义是不固定的。修辞学可以乘虚而入，反过来使用例证和隐喻来美化自己的言辞，使之喜闻乐见令人倾倒，操控公众情绪与舆论，鼓动人们的权势欲。[3] 但是与早期政治哲学著作不同，霍布斯在《利维坦》的"综述与结论"自然地接受了修辞学，认为虽然在自然科学中不能调和推理能力和口才，但是在人文科学中，二者却可以十分"完满地并存"，"因为哪儿可以让人们偏执错误、矫饰错误，哪儿就更能让人倾心于真理，美化真理，只要有真理可以美化就行"[4]。而这种真理只有在修辞学的领域才能够发现，那就是对不确定本身的发现，这被泽朋称之为"以智慧的名义诉诸激情"，[5] 以此《利维坦》区分了自然科学和人文科学的政治哲学。

尽管修辞学是具有危害的，但是它相较于善恶等道德名词的含混性却危害小得多，因为"它们（比喻或隐喻）已经公开表明本身的意义是不固

---

[1]［英］霍布斯.利维坦［M］.黎思复,黎廷弼,译.杨昌裕,校.北京：商务印书馆,2017：53.
[2]［英］霍布斯.利维坦［M］.黎思复,黎廷弼,译.杨昌裕,校.北京：商务印书馆,2017：32,45,20.
[3]［英］霍布斯.利维坦［M］.黎思复,黎廷弼,译.杨昌裕,校.北京：商务印书馆,2017：53,199.
[4]［英］霍布斯.利维坦［M］.黎思复,黎廷弼,译.杨昌裕,校.北京：商务印书馆,2017：568.
[5] James P. Zappen. Aristotelian and Ramist Rhetoric in Thomas Hobbes's Leviathan: Pathos versus Ethos and Logos［J］. Rhetorica: A Journal of the History of Rhetoric, 1983, 1(1): 83.

定的"[1]。无论是拉莫主义将修辞学认作为不够严谨的科学推理论证，还是亚里士多德或反改革派将修辞学认作为可能性而非确定性的领域，二者都明确了修辞学是有缺陷的。霍布斯确实是曾试图用明确的名词定义来取代激情，然而他发现基于名词定义的推理只有可能在自然科学的领域内有效，在现实中，明确性会由于激情差异和冲突丧失，言辞终将成为了任意的行为（arbitrary actions），因此依赖于名词定义的明确性在政治领域不具有有效性。而此时公开宣称其自身缺陷的、探究人类激情分类的修辞学就有关键性作用，能够进一步去揭示言辞及其激情根源的不明确性。霍布斯指出，"要统治整个国家的人就必须从自己的内心进行了解而不是去了解这个或那个个别的人，而是要了解全人类"[2]。在这个意义上，我们能够理解何以霍布斯在《利维坦》中彻底删除了论物体的部分，而直接从论人类推演到论国家。其政治哲学真正的核心不在于自然科学的理性推理，而在于人类的自省——"认识你自己"。人文主义的修辞学之所以能够达成其效果，是因为其明确了道德原则的含混性在于激情的可操控性，并将激情的分类作为修辞学实践的指南和教授内容。霍布斯鼓励人们在人文学科去学习修辞学，正是希望人们反省意识到激情的不可靠性。由此，霍布斯自认在《利维坦》中仅仅承担一个教师的形象，而非冷峻的政治科学家。[3]

  修辞学的意义不仅在于政治哲学的基础，即以修辞学认识自身激情的不可靠性，也在于政治哲学的目的，即建立国家。施特劳斯犀利地指出霍布斯政治哲学的矛盾二元论，这在某程度上使霍布斯更接近于柏拉图的理念与现象、哲学与城邦之间的矛盾对立。《利维坦》表面上以唯物主义的一元论统摄全局，但这仅仅是摆脱精神的"实体主义"观念和"黑暗王国"的无奈之举，[4]却反而掩盖了自然与人性、理性与激情的冲突：一方面受到自然科学的鼓舞，霍布斯在《论物体》中强调了哲学的唯一对象是能够被触觉感知的

---

[1] 参见［英］霍布斯.利维坦［M］.黎思复，黎廷弼，译.杨昌裕，校.北京：商务印书馆，2017：27.
[2] 参见［英］霍布斯.利维坦［M］.黎思复，黎廷弼，译.杨昌裕，校.北京：商务印书馆，2017：3.
[3] 参见［英］霍布斯.利维坦［M］.黎思复，黎廷弼，译.杨昌裕，校.北京：商务印书馆，2017：289，571.
[4] 参见［美］列奥·施特劳斯.霍布斯的政治哲学［M］.申彤，译.南京：译林出版社，2012：203.

物体，进而在《利维坦》的"引言"中将人和国家理解为机械体，应当按照自然的理性法则进行运动；另一方面受到人文主义的深刻影响，霍布斯又将其政治哲学的根基确定为人的激情和欲望，人的"自然"本身是反理性，虽然其中蕴含着理性的种子，但理性的成长也就意味着摆脱了自然状态。为了解决这一矛盾，施特劳斯认为霍布斯的政治哲学必须优先于其自然科学的研究，人造性优先于自然规律，这体现为霍布斯的人造的"安全岛"：在其中古希腊意义上稳定可理解的自然秩序（cosmos）彻底瓦解了，取而代之的是人类通过自身的意志和科学能力所建立起来的国家秩序，人对其能够拥有完满的知识，即一种创制的知识。[1] 而这种人造的创制知识在霍布斯看来就是一种特殊的修辞技艺：这种修辞技艺不仅能够达到对激情和言辞的认识，还能够实现激情和言辞的自反，使激情和言辞向建立国家转变的理性能力转变。

泽朋认为古典主义修辞技艺在霍布斯那里就等同于他借鉴于伽利略的分析—综合法，[2] 因为霍布斯始于激情的分析，而终于科学推理的综合，但这样一来过于草率地忽视了理性与激情之间的张力。如上所言，通过修辞学，霍布斯试图让人们清楚意识到除非是在几何学的领域，不然依附于激情的言辞的含混性是无法通过明确的定义摆脱的。[3] 因此《利维坦》整本书都以两难论证（in utramque partem）的形式展开，这不仅体现在整本书的结构是以第一、二部分与第三、四部分的对照展开的，还具体地体现在为了否定启示神学和古典哲学，霍布斯大量引述圣经文本和古典主义文本，指出其中模棱两可的部分。霍布斯并非认为我们应该为其中一种理解辩护，而是认为应当寻找一个中介者来裁定，如其所说："在计算中如果发生争论时，有关双方就必须自动把一个仲裁人或裁定人的推理当成正确的推理。这人的裁决双方都

---

[1] 参见［美］施特劳斯.自然权利与历史［M］.彭刚，译.北京：生活·读书·新知三联书店，2016：175-181. 同时可参见［美］阿摩斯·冯肯斯坦.神学与科学的想象：从中世纪到17世纪［M］. 毛竹，译.北京：生活·读书·新知三联书店，2019：428-429.
[2] James P. Zappen. Aristotelian and Ramist Rhetoric in Thomas Hobbes's Leviathan: Pathos versus Ethos and Logos［J］. Rhetorica: A Journal of the History of Rhetoric, 1983, 1(1): 85.
[3] 参见［英］霍布斯.利维坦［M］.黎思复，黎廷弼，译.杨昌裕，校.北京：商务印书馆，2017：22.

要遵从，否则他们就必然会争论不休而动手打起来，或者是由于没有天生的正确推理而成为悬案。"[1] 虽然正确的推理能达到真理，但是在实践生活之中却无法寄希望于其有效性，而需要确定一个第三方作为权威来规定推理，在此时他推理的准确与否已经不重要了，权威就已经赋予了其推理的规范性。因此，两方的推理都被还原为了不确定性的言辞，只有通过第三方的言辞才能够达到确定性，这种确定性不是建立在正确基础之上的，而是建立在不确定性基础之上的权威的规范性。正如维多利亚·卡恩（Victoria Kahn）指出的那样，霍布斯"用偶然性反对自身，他声称因为我们的判断在某种绝对的意义上是任意的，所以有必要建立一种任意的绝对"[2]。最终"言词的意义是根据人们一致的协议和规定而来的"，[3] 也就是说，只有立约成立国家才能够建立这种任意的绝对。如果说立约行为是施用于激情与言辞的含混性的一种人工技艺，那么立约行为本质上就是一种特殊的修辞技艺，特殊性在于它通过含混性的两难自反建立了权威。

在这个意义上，霍布斯在"引言"中将公约等同于上帝创世时宣布的"神律"就别有深意，上帝的"神律"和创世一样都是从无到有，他不需要按照任何原则和共相，仅凭借自身的意志宣告律令，建立权威使基督徒无条件服从。而公约同样也是"从无到有"，因为在自然状态之中并不存在任何共同福祉或者普遍理性原则，只是每个人的激情，激情促使人们愿意将权利授权给一个虚构的人格（artificial persona），即主权者，从而建立国家和权威，臣民也要无条件服从主权者所颁布的法令，而并不需要说明法令的正当性。因此，这种特殊的修辞技艺的目的不在于说服，而在于服从。

卡恩进一步说明了正是因为虚拟人格的主权者本身也具有修辞学意义，才能够保证立约的有效性，使臣民无条件服从："作为人民代表的主权观念

---

[1] 参见［英］霍布斯.利维坦［M］.黎思复，黎廷弼，译.杨昌裕，校.北京：商务印书馆，2017：28.
[2] Victoria Kahn. Rhtoric, Prudence, and Skepticism in the Renaissance［M］. Ithaca and London: Cornell University Press, 1985: 160.
[3]［英］霍布斯.利维坦［M］.黎思复，黎廷弼，译.杨昌裕，校.北京：商务印书馆，2017：287.

暗指一种非摹仿的、本质上是修辞性的表征观念"，[1] 从自然状态的权利到国家主权者的权力的转化，是"比喻式"（figurative）的。杂众（multitude of men）将自己的对一切事物的权利授权给了同一个人格，这种统一性就在于代表的观念。代表并非是行为的代理（acting for），而是一种纯粹的代表（standing for）。如果主权者的代表仅仅是模仿的代理，君主的行为就等同于所有臣民行为之总和，是对臣民行为的摹仿，没有超越性压倒性的绝对独断，甚至臣民随时可以推翻君主，因为他们需要负责的只是自身的行为而已，并没有任何义务，这将使得代表观念成为一个空洞的没有效力的概念。另一方面，纯粹的代表则是完全不同的东西，这涉及修辞技艺的比喻转化。如霍布斯所说，杂众将自己的一切行为和裁断授权给了主权者，因此主权者的行为"就像是自己的行为和裁断一样"[2]。

主权者并没有自身的行为，只有无限制的权力，这体现在君主本人并不需要对自己的行为负责，臣民没有任何理由控告他是不正义的，因此君主不能通过自己的行为来放弃或者占取权力，只能施行权力。与此同时，臣民并不能反对主权者的法令，这等同于反对他们自己，主权者由此获得了超越所有人的强力，保障法令的有效性。权利和权力，二者构成了修辞性的表征关系，前者是"字面意义"，是具体的实在的权利，可以进行让渡和转移，后者则是"寓意的"，由权利的授权而来又超出了权利的范围，成为了不可转让、不可分割的君主权力。在这个意义上，主权者的绝对权力建立在修辞技艺的比喻表征的基础之上，服从法令的效力也同样来源于修辞技艺。

也正是出于同样的原因，霍布斯不仅在其古典文献的英译本中，而且在《利维坦》这本政治哲学巨著中，都采用了人文主义式"寓意画"作为卷首画，这正是诉诸于人文主义时期修辞学传统。[3] 那个由臣民的身体或者面容所组成的君主，左手持着象征教会权威的权杖，右手持着象征世俗权力的

---

[1] Victoria Kahn. Rhtoric, Prudence, and Skepticism in the Renaissance［M］. Ithaca and London: Cornell University Press, 1985: 165-166.
[2]［英］霍布斯. 利维坦［M］. 黎思复，黎廷弼，译. 杨昌裕，校. 北京：商务印书馆，2017：133.
[3] Cf. Quentin Skinner. From Humanism to Hobbes［M］. Cambridge: Cambridge University Press, 2018: 222-225.

剑，漂浮城市上空，处于大地之外，无所着力，却又包揽一切。或许这本书的书名就已经提示了我们这一点："利维坦"就是寓意的与人造的国家。

三、余论

霍布斯的修辞学和政治哲学之所以紧密地结合在一起，原因不仅仅是施特劳斯所认为的那样，修辞学是能够帮助我们认识到激情的分类以及激情是道德和政治哲学的基础，还在于霍布斯哲学中隐含的二元论倾向能够通过修辞技艺的自反性得到清除，以此霍布斯创立了特殊的政治修辞技艺：利用言辞和激情自身的偶然性来建立权威不确定的确定性，以达成绝对服从的目的。在他看来，无论是尚未来临的上帝国，还是此世的君主国，本质上都是修辞技艺的产物。这样一来，霍布斯人文主义形象的光辉将会盖过科学理性主义的霍布斯。

而这样一个人文主义的霍布斯，却是一个极尽冒犯的挑衅者。霍布斯说道，耶稣降临到世间是为了做"劝服人们"的修辞学教师，那么按照上帝国和君主国之间的平行对照，上帝和君主的对照将进一步成为耶稣与霍布斯的对照，即"言成霍布斯"。

作为"沟通思想的技艺":论边沁的功利主义修辞学

郭 峰[1]

[摘要] 边沁对同时代的一众修辞家多有抨击,也对当时英格兰盛行的狭义修辞学颇为不满,甚至有意将修辞家驱逐出功利主义的理想国。但是,颇为悖论的是,无论是从总体思想取向还是具体的写作实践上看,边沁并未也不可能完全拒绝修辞,反而恣意运用着各种修辞。要理解这一悖论,必须回到边沁有关修辞学的重要定义——"沟通思想的技艺",并在功利主义的根本事业——"最大多数的最大幸福"——中重新锚定修辞的位置。正是通过更动修辞的"全部范围"和"适用目的",边沁重新激活了修辞"能在任何一个问题上找出可能说服方式的功能",进而确立了修辞与伦理直接关联。在这个意义上,功利主义修辞技艺构成了边沁惩罚论的基础,同时也为之涂抹上了一层历久弥坚的伦理色彩。由此,被福柯看作现代纪律社会核心意象的全景敞视监狱,与其说是"残酷而精巧的铁笼",不如说是面向公众开放的都市悲情剧场;而边沁对一般监狱的构想,则是其在命名、分类、外观等各层面集中开展的修辞实践。

[关键词] 边沁 福柯 修辞学 全景敞视监狱 伦理 治理

---

[1] 郭峰,北京外国语大学外国文学研究所《外国文学》编辑部编辑。本文受到教育部人文社会科学重点研究基地项目"文化诗学视域下的21世纪西方文论思潮研究"(项目编号:16JJD750010)的资助。

一

对边沁来说，同时代的一众修辞家中，乔治·坎普贝尔（George Campbell）要远胜埃德蒙德·伯克（Edmund Burke）。后者"不真诚又浅薄，从不关心人民的福祉"[1]，而前者的《修辞哲学》（*The Philosophy of Rhetoric*）则可谓"有关修辞的最新近且最富教益的著作之一"[2]。即便如此，坎普贝尔远非边沁心目中真正的修辞家，《修辞哲学》也绝非修辞学佳作。因为《修辞哲学》中坎普贝尔对修辞的定义，虽已远超同时代的"狭义概念"，却仍把修辞（rhetoric）等同于雄辩（eloquence），并直接将一切演说的目的简化为"启发认识、愉悦想象、触动激情和影响意志"[3]四种，根本没有"提及写作实践（the practice of writing），无论是写作者自用的还是为他人所用的——无论是特殊的个体还是普遍的公众"，还"直接把演说（speech）和言谈（speaking）直接作为演讲（discourse）的同义词"[4]。

边沁对坎普贝尔的上述批评，虽只出现在《实用知识学校》（*Chrestomathia*）附录四《论命名法与分类法》的一个注释中，却一定程度上足以展现他对修辞学的总体认识。

首先，是对修辞概念的两分，正如韦恩·E.布罗克里德（Wayne E. Brockriede）指出的，"边沁区分了两种截然不同的修辞概念。其中一种，他称之为'派生的、相对现代且狭义的'，并严厉批评其肤浅矫饰、混乱不堪又虚假欺人。另一种他称之为'原生且宽泛的……从总体上'，意味着一种积极的修辞哲学"。[5]其次，是对修辞实践的两分，修辞既包括演讲

---

[1] John Bowring. Memoirs of Jeremy Bentham [M] // The Works of Jeremy Bentham, Vol. X, ed. John Bowring, Edinburgh: William Tait, 1838–1843: 267.
[2] Jeremy Bentham. Chrestomathia [M] // The Works of Jeremy Bentham, Vol. VIII, ed. John Bowring, Edinburgh: William Tait, 1838–1843: 93.
[3] George Campbell. The Philosophy of Rhetoric [M] // ed. Lloyd F. Bitzer, Carbondale: Southern Illinois UP, 2008: 1.
[4] Jeremy Bentham. Chrestomathia [M] // The Works of Jeremy Bentham, Vol. VIII, ed. John Bowring, Edinburgh: William Tait, 1838–1843: 93. 斜体为原文所加。
[5] Wayne E. Brockriede. Bentham's Philosophy of Rhetoric [J]. Speech Monographs, 1956, 23(4): 235–246: 235.

(discourse),也应涵盖写作(writing)。在边沁看来,"修辞一词,源自动词 ρεω,意思是流动",据此,"就其全部范围和任何适用的目的而言,修辞都被用来指称沟通思想的技艺(the thought-communicating art)"。[1] 再次,是对修辞用途的两分,修辞有自用和他用之别,一方面针对"特定的个体"(particular individuals),一方面针对"普遍的公众"(public at large)。

总体上,边沁对彼时盛行于英格兰的狭义修辞学抱着极大的怀疑态度,从根本上将之视作"一种旨在(偶尔通过想象的中介)摆布情感(affections)和激情(passions)的演说技艺(art of speech)"。[2] 它有诸多问题:在各类司空见惯的书本上多流于"一连串既定的概念和案例"[3],老套乏味,从根本上遮蔽了修辞与语法(Grammar)之间共享着"同一个领域"[4]的事实;肤浅矫饰,只重"演说刺激",罔顾"逻辑证据",从根本上缺乏"对公众的责任"(responsibility with regard to the public)[5];混乱不堪又虚假欺人,往往沉醉于声响效果而非论证的力量,"全都饰以众多牵强附会之辞,为的是规避诉诸任何客观标准的责任,并诱使读者把作者的情感或观点当作它本身的、而且是充足的原因接受下来",其"目的,在于蒙蔽世人,可能的话还蒙蔽自己,使之茫然不知这一非常普遍、因而大可原谅的因果同一论"[6]。

在讨论动机的重要手稿《行为的诸根源表:边注》(*A Table of the Springs of Action: Marginals*)中,边沁则直接将修辞家与诗人等而视之,认为两者有着相同的地位——"虽不统治,却很有影响",并具体分析了修辞家违背功利原则的原因:

---

[1] Jeremy Bentham. Chrestomathia [M] // The Works of Jeremy Bentham, Vol. VIII, ed. John Bowring, Edinburgh: William Tait, 1838–1843: 92.
[2] Jeremy Bentham. Chrestomathia [M] // The Works of Jeremy Bentham, Vol. VIII, ed. John Bowring, Edinburgh: William Tait, 1838–1843: 92.
[3] Jeremy Bentham. Chrestomathia [M] // The Works of Jeremy Bentham, Vol. VIII, ed. John Bowring, Edinburgh: William Tait, 1838–1843: 93.
[4] Jeremy Bentham. Chrestomathia [M] // The Works of Jeremy Bentham, Vol. VIII, ed. John Bowring, Edinburgh: William Tait, 1838–1843: 92.
[5] Jeremy Bentham. Essay on Political Tactics [M] // The Works of Jeremy Bentham, Vol. II, ed. John Bowring, Edinburgh: William Tait, 1838–1843: 326.
[6] [英]杰里米·边沁. 道德与立法原理导论[M]. 时殷弘,译. 北京:商务印书馆,2000:73.

523. 他们与功利原则并无直接利害关系。

524. 但他们愿意支持教条武断论（ipsedixitism），乐意质疑唯一真实且有用的原则。

525. 正确计算源自某种行为的痛苦和快乐，是功利主义者的职责。

526. 相反，歪曲（misrepresentation）则是修辞家的职责，也是其技艺的本质特征。当一个人以真理为限，他就是叙述者和逻辑学家，而非修辞家。

527. 歪曲要有用，就必须防止被察觉。虚假热衷的领域是数量，也最不容易被察觉。为了获得信任，伪造数量比错误地确认某一事物的存在或不存在更容易。因此，有关数量的用词若不确定，定会被察觉；不管歪曲有多精巧，终会被察觉。

528. 可以说（conceditur），修辞家的目的是调动情感，但除了造成歪曲又有何故呢？

529. 随着化学的发展，庸医（quack）大损。一如随着功利主义的推广，政治和伦理的术士（quack）也被暴露无遗。

530. 按伯克所说："我厌恶形而上学。"按我理解，因为他们把心理学中的清晰概念替换成了他擅长的领域中的那些模糊概念。[1]

在边沁眼中，一般修辞家与功利主义无直接利害关系，却热衷质疑功利主义的根本原理，擅长歪曲事实，曲意夸大，制造模糊概念，以便调动听众或读者的情感，满足一己私利——"重获掌控"[2]。与之决然相对的，是奉守真理的功利主义者，或曰"叙述者和逻辑学家"，他们"以真理为限"，与政治和伦理术士为敌，始终坚持"最大多数的最大幸福"原理，坚信能够从总体的角度测算快乐和痛苦的（总）值，"确切地估量任何影响共同体利益的

---

[1] Jeremy Bentham. Deontology together with A Table of the Springs of Action and the Article on Utilitarianism［M］. ed. Amnon Goldworth, Oxford: Oxford UP, 1983: 50.
[2] Jeremy Bentham. Deontology together with A Table of the Springs of Action and the Article on Utilitarianism［M］. ed. Amnon Goldworth, Oxford: Oxford UP, 1983: 52.

行动的总倾向"[1]，一心要"从公众的心灵中根除所有阻碍功利进程的公共和私人偏见"[2]。

如此看来，修辞家简直是功利主义者的宿敌，也是功利进程的最大阻碍之一，他们不顾逻辑和理性，擅长歪曲，刻意制造模糊概念，为获得掌控有意调动情感，非但无益于根除偏见，反而是各种公私偏见的肇始者和传播者。正是在这个特定的意义上，边沁屡屡将修辞家与功利主义者相对立[3]，将修辞学与逻辑学相对立[4]，将古典学者（classical scholar）与实用知识学者（chrestomathic scholar）相对立[5]，甚至相当激进地声称"上帝一定程度上就是一位修辞家"[6]，而功利主义就是对其的抑制。

二

问题是，边沁全然拒绝修辞学吗？或者更准确地说，功利主义有可能完全克服修辞学吗？在边沁构想的功利主义理想国中，难道修辞家（和诗人一道）被彻底排除在外了吗？

答案显然是否定的。

---

[1]［英］杰里米·边沁.道德与立法原理导论［M］.时殷弘，译.北京：商务印书馆，2000：88.
[2] Jeremy Bentham. Deontology together with A Table of the Springs of Action and the Article on Utilitarianism［M］. ed. Amnon Goldworth, Oxford: Oxford UP, 1983: 52.
[3] 在《道德与立法原理导论》一个较长的注释中，边沁悉数反驳了包括沙夫茨伯里、哈奇森、休谟、贝蒂、普莱斯、克拉克、沃拉斯顿在内的众多思想家，目之为不顾客观标准、用话语乔装真理的修辞家和发明家，对公众的危害极大。具体参见［英］杰里米边沁.道德与立法原理导论［M］.时殷弘，译.北京：商务印书馆，2000：73-76.
[4] 在 1821 年写给时任西班牙首相的托雷诺伯爵七世的《第三封信》中，边沁曾坦言："我曾经说过逻辑学是一门技艺，虽不那么令人愉快，但是在涉及最大多数的最大幸福时，它要比修辞学的绝妙技艺更有用。"信中类似的说法还有很多，如"修辞学的绝妙技艺已经获得了太多的重视，逻辑学的技艺则备受冷落"等。具体参见 Jeremy Bentham. Letters to Count Toreno［M］//The Works of Jeremy Bentham, Vol. VIII, ed. John Bowring, Edinburgh: William Tait, 1838–1843: 505–514.
[5] 边沁认为，"古典学者也许更擅长用修辞之花（Rhetorical Flowers）来装点他的演说；但是，实用知识学者，在熟悉和彻底地了解了各种各样的事物之后，将以一种更实用且更有效的方式承担起有关议会事务的总课程"。具体参见 Jeremy Bentham. Chrestomathia［M］// The Works of Jeremy Bentham, Vol. VIII, ed. John Bowring, Edinburgh: William Tait, 1838–1843: 17–18.
[6] Jeremy Bentham. Deontology together with A Table of the Springs of Action and the Article on Utilitarianism［M］. ed. Amnon Goldworth, Oxford: Oxford UP, 1983: 53.

引起边沁强烈不满的，仅仅是那种"相对现代且狭义的"修辞学，被他归入这类"修辞家"行列的，实际上是两类人：一类是古代思想家和修辞家，如柏拉图[1]、亚里士多德[2]、圣保罗[3]和西塞罗[4]；一类是同时代人，除坎普贝尔和伯克之外，未能幸免的还有众多用"修辞之花"装点言辞与写作的非功利主义者。面对古人，边沁时常表露出一种深切的智性怀疑、激进的道德忧虑和鲜明的形而上不满。面对同时代人，这种不满、忧虑和怀疑更是无所顾忌，往往转化为对人格、动机、信仰甚至言行细节的直接嘲讽和抨击，一如板井广明（Hiroaki Itai）所说，"也许，在边沁看来，他同时代人的言论，不管多么严肃，大声地坚持人民的幸福和公意，只不过是修辞而已，完全取

---

[1] 边沁写道，"在色诺芬写作《希腊史》、欧几里得在教授几何学时，苏格拉底和柏拉图却在胡说八道（talking nonsense），假装在教授道德和智慧。他们的这种道德，全在言词（words）中。他们的那种智慧，若有意义，则全在否定所有人凭经验即知的诸多事物的实存，同时肯定所有人凭经验即知其不实存的诸多东西的实存。他们和他们的各种概念与普通大众的差别有多大，他们的水平就有多差"。具体参见 Jeremy Bentham. Deontology together with A Table of the Springs of Action and the Article on Utilitarianism［M］. Oxford: Oxford UP, 1983: 135.
[2] 在面对亚里士多德时，边沁的态度略显矛盾：一方面，边沁的《论逻辑学》（*Essay on Logic*）显然受惠于亚里士多德或桑德尔森（Bishop Robert Sanderson）的亚里士多德（尤其是桑德尔森的 *Logicae Artis Compendium*）甚多；另一方面，他又认为亚里士多德在自我困惑的同时也让思想界困惑了近两千年。（参见 Jeremy Bentham. Chrestomathia［M］// The Works of Jeremy Bentham, Vol. VIII, ed. John Bowring, Edinburgh: William Tait, 1838–1843: 110.）此外，值得我们注意的是，在《实用知识学校》附录四《论命名法与分类法》的另一个注释中，边沁曾大赞著名的法国反亚里士多德主义者彼德吕斯·拉米斯（Petrus Ramus）对逻辑二分法的卓绝贡献，并对其生前的不幸遭遇表示了极大的同情，却完全忽略了拉米斯对边沁所谓"相对现代且狭义的"修辞学的确立做出的卓绝贡献——将构思（inventio）、布局（dispositio）和记忆（memoria）排除出修辞学。从这个意义上说，当边沁略带怀旧地谈论"原生且宽泛的"修辞学时，拉米斯绝非他的盟友，反而是亚里士多德及其《修辞学》与他更显亲近，这也是我们在讨论边沁时能够尝试返回亚里士多德的主要原因之一。
[3] 边沁曾伪托康耶尔·米德尔顿（Conyers Middleton）之名发表批判圣保罗的著作《不是保罗而是耶稣》（*Not Paul, But Jesus*），其中一大重点就是对保罗式修辞的攻击："在那里（指阿拉伯），他发现没有人憎恶他的人格——没有人反驳他的论断；在那里，他的修辞（eloquence）以及在其布局（judgement）指导下的构思（invention）找到了完全自由的空间"；"保罗在这种情况下会怎么做？……他不但没有向他们伸出援手，甚至没有只言片语（a syllable of his eloquence）"；等等；类似的例子还有很多，具体参见 Jeremy Bentham, Not Paul, But Jesus, ed. John J. Crandall, https://www.gutenberg.org/files/42984/42984-h/42984-h.htm.
[4] 在《全景敞视监狱与新南威尔士州》（*Panopticon versus New South Wales*）中，边沁暗称西塞罗为"著名的言语花贩"（a celebrated verbal florist），参见 Jeremy Bentham. Panopticon versus New South Wales［M］// The Works of Jeremy Bentham, Vol. IV, ed. John Bowring, Edinburgh: William Tait, 1838–1843: 211.

决于伸张者自己的主观信念"[1]。总体上，尽管对这两类人的抨击花样频出、侧重也千差万别，但边沁总是立足于同一个起点或指向同一个终点——功利主义的根本原理。从这个意义上说，边沁虽非功利主义的"始作俑者"，却是直面现实的"真的猛士"，因着构建功利主义思想大厦的迫切需要，竟有些义无反顾地承担起了持续清除修辞流毒、暴露修辞术士的艰巨工作。

当然，思想史上屡见不鲜的悖论是，任何一项意图清除修辞流毒、暴露修辞术士的工作，在很大程度上仍要借助修辞来开展。这个悖论在柏拉图那里已引人注目，在边沁这里则表现得尤其明显。仅以前面所引的原文管窥，边沁无疑深谙古典修辞学的几门功夫，在具体的"写作实践"中俨然一副老派修辞家的模样，讲求构思、经营布局、强调明晰的风格而且善于运用记忆把握词语和概念的本义甚至生造出符合思想语境的新词。无论在驳斥论敌、详申己意时，还是在劝慰友朋乃至说服读者方面，边沁都摆出一副理所当然的姿态，得心应手地运用着各种修辞手段。

因此，无论从总体取向还是具体的"写作实践"上看，在边沁这里，修辞学并未也不可能被完全排除。边沁一如既往地采用了一种二分法：修辞有古今之辨，修辞家也有好坏之分。功利主义者不会完全拒绝修辞，甚至原本就擅长运用修辞，问题的关键在于"修辞之花"植根哪里又为何绽放。如若以理性和逻辑为基础，以"最大多数的最大幸福"为目的，那修辞无疑是功利主义者用以根除偏见、广布功利原理的利器。由此看来，边沁早已为"原生且宽泛的"、作为"沟通思想的技艺"的修辞留下了充足的作用空间。

也是在这个意义上，布罗克里德在《边沁的修辞哲学》一文的最后推定了作为"功利主义教师、理论家和修辞学批评家"的边沁的任务：训练演说者运用不违反理性和证据的语言，训练听众免受毫无根据的赞美或非议之词的蛊惑，让逻辑的功利主义基础（utilitarian basis of logic）与语言的劝服力量（persuasive power of language）真正融合起来。[2]

---

[1] 参见 Hiroaki Itai. Surveillance and Metaphor of 'Tribunal' in Bentham's Utilitarianism［M］// Revue d'études benthamiennes［Online］, 16 | 2019, http://journals.openedition.org/etudes-benthamiennes/6132.
[2] Wayne E. Brockriede. Bentham's Philosophy of Rhetoric［J］. Speech Monographs, 1956, 23(4): 235-246: 246.

不过，在我们看来，仅仅像布罗克里德这样来理解，将边沁的修辞哲学局限于语言劝服的单一层面，将功利主义理论家的任务指定为针对演说者和听众的教育，在很大程度上反而让边沁退回到了其所抨击的"相对现代且狭义的"修辞学的范畴内，甚至让边沁再度面临沦为修辞术士的危险，不仅无法支撑起布罗克里德所谓的"积极的修辞哲学"，反而严重削减了边沁修辞思想的独特意义，更遮蔽了修辞在边沁功利主义思想大厦中的特殊位置。

反过来说，避免柏拉图式的悖论或"相对现代且狭义的"修辞学对边沁的侵蚀，廓清边沁修辞思想的根本意义，锚定修辞在功利主义思想大厦中的位置，就成了摆在我们面前的既迫切又困难的任务。

要尝试去完成这一任务，有很大的必要再次审视边沁对修辞的重新定义——"沟通思想的技艺"。不过，初看起来，这个定义着实平平无奇。毕竟，在边沁的写作中，"技艺"（art）一词实属常用词，似乎尚未沾染太多诗意或伦理色彩。而且，在相对常见的"分类的技艺""读写的技艺""保存证据的技艺""演说的技艺"和略显奇特的"炼金的技艺""通过占星预知未来的技艺""通过招魂预知未来的技艺"和"射击的技艺"等表达的对比下，尤其在更显严肃的"立法技艺"（the art of legislation）"康乐的技艺"（the art of well-being）和"治理技艺"（the art of government）等说法的映衬下，这个仅仅在《实用知识学校》附录注释中出现过一次的所谓"沟通思想的技艺"看起来着实没有什么不同寻常和值得深究之处。

所幸的是，在《实用知识学校》的另一个注释中，边沁围绕技艺进行了相当深入的讨论，为我们重新思考混杂在众多技艺之中的"沟通思想的技艺"提供了绝佳的契机。

这个注释就是《实用知识说明表一》的第 32 条注释[1]。

在仅一页有余的篇幅中，边沁勉力完成了几项至关重要的工作。其一

---

[1] Jeremy Bentham. Chrestomathia [M] // The Works of Jeremy Bentham, Vol. VIII, ed. John Bowring, Edinburgh: William Tait, 1838–1843: 26–27. 后来，边沁又将本注释中的大部分文字直接挪用到了《报偿的基本原理》（*The Rationale of Reward*）第三卷《适用于技艺和科学的报偿》的第一章中，具体参见 Jeremy Bentham. The Rationale of Reward [M] // The Works of Jeremy Bentham, Vol. II, ed. John Bowring, Edinburgh: William Tait, 1838–1843: 252–253.

是驱散"一直笼罩着技艺和科学（science）这两个术语的含义"的"困惑之云"，即"在思想和行为的全部领域内"根据排他性原则对技艺与科学划定的非此即彼式流俗二分。其二是明确技艺和科学的根本属性，前者指的是"操行得当（due performance）所必需的、与注意（attention）和努力（exertion）相应的实践（practice）"，后者指的是"成就造诣（attainment）所必需的、与注意力和努力相应的知识（knowledge）"。其三是确立技艺与科学（也即实践与知识）之间"密不可分的"对应关系，即"在思想和行为的全部领域内"的每一处都是由技艺与科学"共同占有的"，"没有一个地方只属于其中一者而不属于另一者。……任何一方占有之处，都是由双方共占的：实是双方联权共有（joint-tenancy）"。其四是指出诸如地质学、化学，甚至"关注人口数量和质量问题、财富问题，在其所适用的政治国家中或领土上实际存在或假定存在的政治实力问题"的统计学等技艺和科学各种新分支的涌现并未真正促进实践和知识的发展，只是不停更动技艺与科学之间的边界，最终持续侵蚀那片未经开垦的荒原——"非人为实践和非科学知识的整个领域"。其五是重申技艺与科学二分关系中前者远胜后者的"独立价值"和"高贵尊严"，因为"科学之价值全在于对技艺的用益，一如思辨之价值全在于对实践的用益"；技艺本身虽非目的（end）却离目的最近，而所有与此目的相关的科学仅是手段（means）；倘若脱离了技艺，科学的唯一用途就是取悦，其价值和意义将完全取决于它在多大程度上能避免痛苦或增益快乐。

以上略显简单的释义，足以表明"技艺"概念在边沁整体思想语境中的特殊意涵：技艺存在于思想和行为的全部领域内，具有独特的价值和尊严；它取决于注意和努力程度，也是操行得当不可或缺的；它虽是一种手段，却最接近目的本身。[1]

由此看来，在边沁这里，作为"沟通思想的技艺"的修辞，与分类、读

---

[1] 一如亚里士多德曾说，"更接近目的的手段，是更好的手段"。[古希腊] 亚里斯多德等.修辞学[M]//罗念生全集·第一卷，诗学、修辞学、喜剧论纲.罗念生，译.上海：上海人民出版社，2007：171.

写、保存证据、演说、炼金、占星、招魂、射击乃至立法、康乐和治理等散布于"思想和行为的全部领域内"的其他技艺一道,共享着相同的价值和尊严,皆是操行得当所必不可少的实践,同时也是最接近目的本身的一种手段。无论它们是具体还是抽象、奇特还是日常、宏观还是微观。

更为重要的是,因为"思想和行为的全部领域"(the whole *field of thought and action*)[1]这一表述的屡屡出现,自修辞的动词词源 ρεω 引申而来的特殊定语组合"沟通思想"的真正指向才暴露无遗:如若技艺的存在领域可以按照边沁的二分法划分为思想领域和行为领域,那么修辞直接从属于前一个领域;如若"思辨之价值全在于对实践的用益",那么操行得当所必需的修辞就直接关系到人的行为;如若伦理(ethics)是"指导人们的行为,以产生利益相关者的最大可能量的幸福"的技艺[2],那么修辞就是伦理的预备;一如引导行为的伦理可以分为针对自己的"自理技艺"和针对他人的"治理技艺"[3],修辞也被边沁分为针对"特定的个体"的自用修辞和针对"普遍的公众"的他用修辞。

在这个意义上,边沁的功利主义修辞技艺,(1)虽是教育演说者和听众的手段,却冲破了手段的局限,最大程度地接近功利主义的目的——"最大多数的最大幸福";(2)虽有赖理性逻辑和语言劝服的融合,却溢出了语言劝服的单一层面,一直深入引导行为的伦理层面;(3)虽未完全拓展为一种"积极的修辞哲学",却摆脱了"相对现代且狭义的"修辞陈规的桎梏,激活了与功利主义遥相呼应的幸福主义或功能论倾向。在最后一点上,从边沁这里,我们仿佛听到了亚里士多德的某种回响:修辞学是"一种能在任何一个问题上找出可能说服(πιθανός)方式的功能(ἔργον)"[4]。

总之,正是通过更动修辞的"全部范围"和"适用目的",边沁明确了修辞技艺在实现"最大多数的最大幸福"上至关重要且不可取代的功能。

---

[1] 斜体为原文所加。
[2] [英]杰里米·边沁.道德与立法原理导论[M].时殷弘,译.北京:商务印书馆,2000:348.
[3] 同上,第348—349页。为保持行文的连贯统一,译文稍微做了调整。
[4] [古希腊]亚里斯多德等.修辞学[M]//罗念生全集·第一卷,诗学、修辞学、喜剧论纲.罗念生,译.上海:上海人民出版社,2007:151.亚里士多德在《修辞学》中曾不止一次给出类似的定义。

三

或许亚里士多德早就洞悉了修辞与幸福之间的隐秘关系。不然他为什么要在《修辞学》的第五章突然讨论起幸福（εὐδαιμονία）？

或许正是因为"幸福和它的组成部分"对"几乎所有的人，不论是个人还是集体"[1]的吸引力？

无论如何，用更好的手段达到幸福，实是亚里士多德和边沁共同的追求。不同的是，就作为"找出可能说服方式的功能"的修辞而言，亚里士多德一如既往太过耐心地做出了何为更好手段的详细论证，边沁则相当武断地指定了修辞技艺的核心位置，并毫无保留地让其在包括惩罚在内的众多"增长社会幸福的总和"或"排除某种更大的恶"[2]的功利事业中发挥作用。

因此，为了进一步展现修辞技艺的作用方式，我们有必要返回到边沁对惩罚问题的复杂讨论，或者相对简单地，返回到边沁有关监狱的若干构想。就此，那座"残酷而精巧的铁笼"——全景敞视监狱（Panopticon）又陡然出现在我们面前。毕竟，随着1975年《规训与惩罚：监狱的诞生》的出版，边沁的全景敞视监狱构想在成型将近200年之后，早已在福柯权力理论的裹挟下涌入了我们的视野。甚至在一定程度上，全景敞视监狱一跃成了边沁最知名的概念或发明之一，萨贾德·撒法伊（Sajjad Safaei）不无戏谑地说："如今人们很难不提到边沁而不想起全景敞视监狱——可以说这是牛津大学毕业生设计过的最受关注的建筑——或者'权力''监视'和'管制'的概念。"[3]

不过，在福柯经典的微观权力分析中，边沁的全景敞视监狱早已从具体而微的空想擢升为现代纪律社会的原型结构，"一个完美的规训机构的设计

---

[1] [古希腊]亚里斯多德等.修辞学[M]//罗念生全集·第一卷，诗学、修辞学、喜剧论纲.罗念生，译.上海：上海人民出版社，2007：151. 亚里士多德在《修辞学》中曾不止一次给出类似的定义，第162页。需要指出的是，边沁对法律之目的的认识，无疑受到了意大利法学家切萨雷·贝卡利亚的直接影响。

[2] [英]杰里米·边沁.道德与立法原理导论[M].时殷弘，译.北京：商务印书馆，2000：216.

[3] Sajjad Safaei. Foucault's Bentham: Fact or Fiction? [J]. International Journal of Politics, Culture, and Society, 3 March 2020.

方案"[1]，一种充分表征权力关系及其监视—纪律机制的普遍模式。

福柯指出，全景敞视监狱独特的建筑机制同时造就了一种"向心的可见性"和一种"横向的不可见性"[2]，致使每个小囚室内的罪犯无时无刻不共处于中心瞭望塔的注视之下，又彼此完全隔绝、各成孤岛。这样一种同时针对共同体整体又分别针对个体的监视机制彰显了现代政治司法权力的基本运转逻辑。就此，全景敞视监狱往往被视作现代社会的某种缩影，全景敞视主义也随之沾染了极强的批判色彩，被频频引用、挪用甚至误用。

对福柯而言，全景敞视监狱的重要意义以及微观权力流畅运转的秘密，几乎全系于其可见性和不可见性的交错。这种独特的空间分配方式，以一种拟构的在场性实现了持续监视，进而确保了纪律的实施，由此既颠覆了古代牢狱隐匿罪恶的弊病，又继承了监禁所等拘留教养机构精密控制肉体的效果。众所周知，在长时段的"监狱诞生史"线索中，福柯重笔厚描的是惩罚形式的温和化趋势，也即惩罚逐渐由一种断裂性的、展示性的、景观性的肉体酷刑转变为一种相对连续的、潜在的、看似温和的身体监禁的多重进程、动态关系和现实效果。而边沁的全景敞视监狱构想，无疑是福柯眼中充满偶然性又至关重要的奇点——"'人类思想史'上的一个事件"[3]。

时至今日，仍有不少边沁研究者质疑甚至批判福柯对边沁全景敞视监狱构想的阐释。如安东尼·J. 德雷珀（Anthony J. Draper）在 2002 年发表的一篇文章中指出，边沁的惩罚理论尚未得到全面的检视，很可能是因为福柯的影响，通行的相关研究往往聚焦于全景敞视监狱的建筑设计，反而忽略了作为全景敞视监狱基础的惩罚原理。此外，他认为，福柯的边沁阐释虽把握住了历史转变的关键点，但有些高估了各种新机制的现实作用。[4] 在去年的一

---

[1] [法]米歇尔·福柯. 规训与惩罚：监狱的诞生[M]. 刘北成，杨远婴，译. 北京：生活·读书·新知三联书店，2012：234.

[2] [法]米歇尔·福柯. 规训与惩罚：监狱的诞生[M]. 刘北成，杨远婴，译. 北京：生活·读书·新知三联书店，2012：225.

[3] [法]米歇尔·福柯. 规训与惩罚：监狱的诞生[M]. 刘北成，杨远婴，译. 北京：生活·读书·新知三联书店，2012：242.

[4] Anthony. J. Draper. An introduction to Jeremy Bentham's Theory of Punishment, [J]. Journal of Bentham Studies, 2002(5): 1–17.

篇文章中，撒法伊走得更远，一如他的文章标题明示我们的，在他看来，福柯对边沁全景敞视监狱的阐释，在诸多方面与后者的惩罚理论和文本细节相悖，与其说是事实不如说是虚构，与其说是阐释不如说是福柯对边沁"异常执着的固恋"。[1]

在我们看来，即便诉诸边沁的惩罚基本原理甚或返回到边沁的文本细节中，类似的质疑也值得质疑：它们在探寻福柯有关全景敞视监狱的阐释与边沁惩罚论之间未尝重合的部分时，往往异常执着于非此即彼的判断，仅仅根据福柯对某些文本细节的忽视或有意忽视就完全否定其阐释的有效性和价值（如撒法伊所做的），或者仅仅根据边沁对惩罚方式的划分就断定"他对某一类惩罚形式和模式的偏好"（如德雷珀所做的），既忽视了福柯谱系学的特殊问题化方式及其"诊断当下"的批判指向，也忽视了功利主义修辞技艺在边沁惩罚论中发挥的根本作用及其"引导行为"的伦理关切。

实际上，前者是任何合格的福柯读者都不会有意忽视的，因此无需我们在此赘述。而后者长期以来尚未得到边沁研究者的关注，故此，从功利主义修辞技艺的角度出发重新审视边沁的惩罚论就显得尤为迫切。

总体上看，在讨论惩罚问题时，边沁一直心系修辞在其中的持续功能和现实效果，更从未放弃其"引导行为"的伦理关切。

在《全景敞视监狱与新南威尔士州》中，边沁着重强调了全景敞视监狱为代表的全景惩罚体系与以新南威尔士为代表的惩罚殖民体系之间的最大差别：相较于"万里之遥、远在民众视线以外"[2]的殖民地，矗立在大都市附近的全景敞视监狱是更加切近也更加真实的"惩罚景观"（scene of punishment）。建筑的空间设计"足以容纳最大数量的各色观众"，其透明性在确保监狱内部管理的同时，也保障了其对外的可见性，致使其中的每一个场面都能触发访客和观众的情感和激情。在整个全景敞视监狱中，被彼此

---

[1] Sajjad Safaei. Foucault's Bentham: Fact or Fiction? [J]. International Journal of Politics, Culture, and Society, 3 March 2020.
[2] Jeremy Bentham. Panopticon versus New South Wales [M] // The Works of Jeremy Bentham, Vol. IV, ed. John Bowring, Edinburgh: William Tait, 1838–1843: 174.

区隔又被从中心和外部同时监视的罪犯，仿若莎士比亚舞台剧上的鲜活人物，此刻他们深陷囚室之内，一举一动都被毫无顾忌地观察、打量、审视着，观者肆意推断他们的过错、动机乃至时运，同时也不断受到提醒、教育和警告。整座监狱持续上演着"一部永恒且永远有趣的大戏，在其中，可憎的人物应该按照既定的形式暴露于富有教育意义的公开耻辱（instructive ignominy）之中"，而观众则陷入其精妙的修辞之中，被持续地警示、教育、说服。在这个意义上，全景敞视监狱与其说是表征现代纪律社会原型结构的"残酷而精巧的铁笼"，不如说是面向公众开放的"都市悲情剧场"。通过对悲惨真实生活的展演来说服，既是运转在全景敞视监狱底层的修辞逻辑，也是边沁持续强调透明性（transparency）[1]、公开性（publicity）[2]的根本动力，更是实现其"引导行为"的伦理关切的必要手段。

在对一般监狱的构想中，边沁更直接地让修辞在监狱的表层持续运转，在监狱的氛围、分类、命名到外观等各个层面，让功利主义修辞技艺的功能发挥到了极致。

正如撒法伊注意到的，在边沁看来，监狱首先要维系一种恐怖的震慑氛围，因此监狱建筑的设计要"具备一种与世隔绝和约束限制的特征，不应留下任何可以出逃的希望，进而表明'这里就是罪行寓居之所'"[3]。而且，根据罪行的轻重，监狱有相应的类型，"第一类针对破产者……第二类针对有期徒刑的罪犯，第三类针对无期徒刑的罪犯"[4]。即便在命名和氛围上，三类监狱也应有相应的区分。因为"氛围和名称的不同，提供了另一种加重惩罚的最重要部分之一——表面惩罚（apparent punishment）——的手段"[5]。

---

[1] 边沁强调，"管理的透明性确实是巨大的安全保障；但即便是透明性，也需要被观看，倘若没有观看它的目光，透明性也毫无用处"。Jeremy Bentham. Panopticon; or the Inspection-House [M] // The Works of Jeremy Bentham, Vol. IV, ed. John Bowring, Edinburgh: William Tait, 1838–1843: 130.
[2] 在边沁看来，"公开性才是司法的唯一灵魂。……经由公开性，司法之庙堂才能转变为一等一的学校，在其中，最重要那些道德凭借最让人印象深刻的手段得以实施"。参见 Jeremy Bentham. Bentham's Draught for the Organization of Judicial of the National Assembly [M] // The Works of Jeremy Bentham, Vol. IV, ed. John Bowring, Edinburgh: William Tait, 1838–1843: 316–317.
[3] Jeremy Bentham. The Rationale of Punishment [M]. London: R. Heward, 1830: 113.
[4] Jeremy Bentham. The Rationale of Punishment [M]. London: R. Heward, 1830: 129.
[5] Jeremy Bentham. The Rationale of Punishment [M]. London: R. Heward, 1830: 134.

为了确保表面惩罚的效果，边沁有意让修辞在命名上发挥作用，构想了三类监狱的不同名称，将第一类监狱称作安全拘留所（House for Safe Custody），将第二类监狱称作教养所（Penitentiary House），将第三类监狱称作黑狱（Black Prison）。其中，第一个名称的说服功能最弱，不会唤起任何有关错误行为的想象；第二个名称虽明示了错误行为，同时也蕴含着罪犯洗心革面的可能；第三个名字则全然是为了激发起公众的恐惧和厌恶之情。

此外，更显有趣的是，监狱的外观也成了修辞大显身手之处：

第一类监狱的墙壁应该是白色的；第二类是灰色的；第三类是黑色的。

在后两类监狱的外面，可以看到各种各样的形象，象征着关押其中的人的所谓品性（dispositions）。一只猴子、一只狐狸和一只老虎，分别代表顽劣、狡猾和贪婪——所有罪行之源，肯定比以前矗立在疯人院（Bedlam）前的那两尊忧郁又疯狂的雕像更适合作为监狱的装饰。在监狱大铁门内的两侧，放置两具骷髅：它们偶尔会稍露轮廓，足以让人想象到最富有教益的恐怖景象。由此，监狱便表征着死亡之所，任何一个曾经去到过如此装饰过的地方的年轻人都会获得最有教益、最难磨灭的印象。[1]

这样一幅劝世寓言画般的监狱场景着实有些夸张。边沁深知，在智者眼中，这些象喻会显得荒诞可笑，但他坚信，如此构想并不违背理性，反而能够借助修辞之力最大程度地降低惩罚带来的痛苦、实现司法的根本目的。因为，"基于功利的原则……真正的惩罚应该尽可能地小，而表面惩罚应该尽可能地大"[2]。也正是考虑到修辞功能在惩罚中的重要作用，边沁才令人难解地对残酷无道的宗教审判（auto-da-fé）大加称赞。

由此看来，修辞的说服功能和现实效果，某种程度上构成了边沁惩罚论的基础，同时也为其惩罚论涂抹上了一层历久弥坚的功利主义伦理色彩。一旦忽视了这一点，猛然扎进纷繁复杂的文本细节中，就很容易陷入横看成林、无所适从的境地。

或许也正是因此，一直以来都存在着两个截然相反的边沁形象，"一个

---

[1] Jeremy Bentham. The Rationale of Punishment [M]. London: R. Heward, 1830: 133–134.
[2] Jeremy Bentham. The Rationale of Punishment [M]. London: R. Heward, 1830: 29.

是压迫个体自由的威权主义思想家，一个是保障个体自由的自由主义思想家"[1]。倘若能够从修辞技艺的隐秘位置出发重新审视边沁的写作，也许我们会得到一次重新辨认边沁形象的恰切时机，寻得一条能帮助我们深入甚至走出功利主义思想大厦的阿斯阿涅德之线。毕竟，福柯曾善意地提醒我们，"对理解我们的社会来说，边沁要远比康德和黑格尔重要"[2]。当然，还有另一种可能也在等待着我们，那就是在其中尽情漫游，随意标识甚至串联起福柯曾经穿行其间留下的思想踪迹。

---

[1] Hiroaki Itai. Surveillance and Metaphor of "Tribunal" in Bentham's Utilitarianism［J］. Revue d'études benthamiennes［Online］, 16 | 2019, http://journals.openedition.org/etudes-benthamiennes/6132.
[2] A. Brunon-Ernst, ed., Beyond Foucault: New Perspectives on Bentham's Panopticon［M］. Burlington: Ashgate, 2012: 1.

论题与拟格：昆体良《论演说术原理》（三—五卷）的诗学思想

姚云帆[1]

[摘要] 古罗马修辞学家，文论思想家昆体良在《论演说术原理》第三—五卷中，全面展开了古典修辞学原理的论述，他详细论证了修辞学的基本组成部分和主要类别，并对论题的实质，明证修辞和审议修辞的主要特点进行深入分析和研究。这些论述中包含了重要的诗学命题。昆体良利用了古希腊政治实践中的"站队"概念，将之转化为明证修辞的核心概念：论题。通过对论题概念组成部分的分析，昆体良指出了道德和情感因素对论题设置的决定性影响，强调通过陈述对象的差异，选择适当论题和论说次序在明证修辞中的重要性。这成为后世西方诗学界分析论说文体的重要理论先导。与此同时，昆体良深入论述了审议修辞和法律修辞所依赖的修辞技术，并以"人格"和"叙事"为中心，对这些技术进行了系统化的表述。昆体良强调"人格（persona）"对论述有效性的重大影响，并认为，叙事是展现演说家人格，实现演说术的说服目标的重要手段。昆体良认为，修辞语篇中的有效叙事必须满足清晰、简洁和可信这三个条件，并能塑造演说者的高尚人格，以达到良好的说服效果。

[关键词] 昆体良　修辞学　拟格　叙事　明晰性　简洁性　可信性

---

[1] 姚云帆，文学博士，华东师范大学中文系副教授。

古罗马修辞学理论家昆体良将修辞学的思想基础奠基于改善城邦道德风貌这一目标之上，延续了亚里士多德和西塞罗修辞学体系的部分看法。在其著作《论演说术原理》的开篇，他将这门学科看作一门以语言应用为对象的经验学科，试图调和修辞学训练和修辞家政治道德涵养教育之间的差距，从而产生了自己独特的文学观，对西方后世对文学作品的语文学批评，以及关注语言应用方式的形式主义文学理论，产生了一定影响。

从《论演说术原理》第三卷开始，昆体良不再探讨修辞学学科的本质，也不再涉及对未来修辞学家的哲学教育，而是直接开始教授修辞学的原理。相对于《论演说术原理》的其他部分，本书第三卷至第五卷的内容，属于古典修辞学的专业内容，并未专门论及诗学问题。但是，这部分论述却对后世西方诗学理论的两个重大领域有着重要贡献。首先，由于修辞学是讨论说服技术的学科，所以，昆体良从第三卷到第四卷详细讨论了修辞论证的基本组成部分，后者转化为后世议论文的主要构成要件，对古希腊罗马诗学思想的重要空白：议论文体的创作规律，进行了重要补充。其次，昆体良对详细探讨了叙事问题，尽管亚里士多德的诗学理论中已经涉及了叙事问题，但是，昆体良继承了西塞罗和共和末期的伪西塞罗作品《致赫伦尼乌斯论演说术》的看法，将叙事当成说服技术的重要组成部分来探讨，不再关心叙事过程的组织方式，也放弃了讨论叙事时间与客观时间等围绕叙事文本客体而展开的问题。而是从叙事过程的修辞效果出发，探讨怎样的叙事结构能够打动说服对象，从而开辟了叙事理论的一个全新论域，这一论域甚至到 20 世纪都影响了韦恩·布斯（Wayne Booth）为代表的"芝加哥学派"的修辞理论研究。[1]

一、重构"论题"概念：
昆体良明证修辞论中的诗学思想

因此，我们认为，即便昆体良在这三卷并未进行文学和诗学问题的阐

---

[1] Wayne C. Booth. The Rhetoric of Fiction [M]. Chicago: University of Chicago Press, 1983: 11.

释，他仍然在论证和叙事两个方面，提出了对后世西方诗学思想具有重要价值的论题。而这些问题的提出，则与昆体良对演说论证的看法，有着密切的关系。昆体良认为，修辞学论证围绕一类现象而展开，这个现象被他命名为话题（status），在loeb版拉英对照《论演说术原理》中，该词被翻译为"论题（issue）"，但是，话题（status）所具备的文化含义并不是"论题"一词可以概括。按照当代意大利哲学家阿甘本的看法，话题的古希腊语 στάσις 这个词的拉丁文转写的原意就是"站立"或"树立"，后引申为多种含义：有时候，στάσις 这个词被解释"姿态、姿势"，又有些时候，这个词被翻译为"承担、承受"，例如"承担雇人的工资"。但是，στάσις 这个词更多的用法则体现在古希腊社会的政治生活中，通常，这个词被翻译为"立场"。值得注意之处在于，与现代政治生活中我们所谓的"政治立场"不同，这个词的语气更强，不简单指某个人的政治态度，而且暗示，这个态度的引导下，对立两方会有一场你死我活的斗争。[1] 而中国革命史中的常用词："站队"，倒颇为形象地将这个词在古希腊政治语境中的作用呈现了出来。在古希腊社会中，一旦城邦的统治者有所质疑，或是对重大施政方向产生争执，参政的家族成员就会分成对立的两个部分，互相争吵，甚至诉诸武力。[2] 罗洛认为，无论是赫西俄德、梭伦，还是后来的修昔底德，都把"一治一乱"中的"乱"看作城邦动荡的征兆。可是，罗洛同时指出，在雅典民主制时代，"党争"却是城邦制度得以重建不可或缺的一个环节。通过"站队"，城邦里因为不同意见而"站队"的人分成两派，而在特定的时刻，当他们意识到城邦分裂的危害时，两派人会重新通过缔结条约，承认双方在城邦中的公民权利，并重新交换兄弟盟誓，将分裂的城邦重新统一起来。[3]

因此，昆体良之所以使用话题这一词，是将政治哲学概念类比式地应用到修辞学概念中，从而强调修辞学中的话语交锋，并非单纯为获得系统性知

---

[1] 参阅权威希英字典LSJ（*Scot-Johns Dictionary*）的对上述义项的复杂辨析，http://stephanus.tlg.uci.edu/lsj/#eid=99088&context=lsj&action=from-search.
[2] Nicole Loraux. The Divided City: On Memory and Forgetting of Ancient Athens［M］. New York: Zone Books, 2006: 197-214.
[3] Nicole Loraux. The Divided City: On Memory and Forgetting of Ancient Athens［M］. New York: Zone Books, 2006: 197-214.

识的哲学论证，而是围绕特定主题进行某种具有政治—伦理性质的辩驳。在这种辩驳活动中，任何一方的失败不仅意味着，他必须接受胜利方的立场，还意味着他必须"愿赌服输"，承受失败所导致的制裁。正是在这一前提下，昆体良规定了修辞学中"话题"概念的含义。

首先，昆体良认为，话题必须包含两部分：一个问题和对这一问题的回答。例如："他是不是杀了人？"以及其回答："他确实杀人了，但是，他杀人是因为正当防卫。"在形式上，这样一种问答序列，已经完成了一个话题。但是，并不是所有的话题都是演说术的话题，演说术所要求的话题包含两个因素：1.提问者必须提出问题。2.回答者对这一问题的回答必须激发提问者进一步的反驳。例如，如果甲提问："他是不是杀人了？"乙回答："是的，他杀人了。"如果此人杀人的行为属实，这样一组问答就形不成双方立场的差异，因为乙只是给出了问题的答案，并没有反驳甲方的立场。只有"他杀人了，但他是正当防卫"，或是"他杀人，别开玩笑了，他连杀鸡都不敢"这样的回答才能激起甲方的进一步反驳。[1]

因此，在昆体良看来，所有带有说服企图的演说辞就是围绕一个或数个话题展开的对话，只是在具体演说过程中，演说家往往凭借自己的能力假想对话者可能提出的问题，来阻止自己预备的答案，这些答案越是严密围绕话题展开，就越具有说服力。但是，基本上，围绕单一话题所展开的说服和论辩过程，往往难以展开，而且不够严密。在复杂的论辩过程中，尤其是法律辩论中，多个话题的出场，已经成为必然。

通过参考亚里士多德的《范畴篇》《论题篇》，和西塞罗的《论题篇》，昆体良划分了九类话题，他认为，所有的修辞说服论证都是上述九类范畴的组合基础上进行的。它们是：

> 1. 人格：涉及对灵魂（animo）、身体（corpore）以及相关一切的询问，我发现，人格与关系和质量联系在一起询问比较合适。

---

[1] Marcus Qunitlian. The Orator's Education, Vol. 2［M］. Cambridge: Harvard University Press, 2001: 60.

2. 时间次序：希腊人称之为 Chronos，往往在问这个问题时，会涉及这个话题：如果母亲欠债为奴时生下了儿子，儿子是不是享有自由人的权利。

3. 场所：在就如下问题进行诉讼时，会涉及场所："在神庙能不能杀死僭主"或者"是否人被判处流放时候，还躲在家里"。

4. 时机：古希腊人称之为 kairos，特指特定的时间点，例如："冬天"或"夏天"。

5. 行动：相关的问题往往是"你是有意做某件事，还是无意做下这件事"之类。

6. 数量：这是质量的一个属，往往与如下问题有关："城邦欠特拉西洛斯三十份奖励，因为他推翻了三十僭主。"

7. 原因：在任何相信做某事是根本上出于正义的理由，而不是拒绝承认这一理由时，人们就会围绕这样一个话题进行讨论。

8. 方式：古希腊人称之为 Tropos，特指某事没有按照规定的方式去做时，所产生的话题。

9. 动机：行动的机缘，这个话题太过明显，以至于不需要举例说明。[1]

应该说，昆体良的话题学说，为西方论证修辞的撰写，提供了清晰易行的核心要素。上述九个话题完全从亚里士多德的《范畴篇》演化而来。但是，昆体良对亚里士多德的范畴学说进行了适当的化用，他改变了《范畴篇》以事物的本性为中心的描述方式，而是以"人格"这个概念为论证修辞的核心概念，这就在贯彻亚里士多德修辞学和辩证法分别的同时，巧妙地将哲学论证的范畴转化为伦理—社会论证的有效概念，既确保了修辞学知识的系统化，又能有效地结合社会、政治和法律情境，让演说家合乎规范地撰写演说辞。这样的学说对后世西方的散文写作，尤其是议论文体散文写作的程式化，起到了极为深刻的影响。

---

[1] Marcus Qunitlian. The Orator's Education, Vol. 2［M］. Cambridge: Harvard University Press, 2001: 60-62.

如果说，昆体良的话题学说，搭建了他讲演辞创作理论的骨架，他对演说辞门类的论述，则成为这一理论的血肉。仅仅按照各种话题，来组织修辞演说，固然能让讲演辞的论证明晰有序，却仍然无法获得真正的说服效果。昆体良深知，修辞学与哲学不同，前者诉诸于人们对社会规范的认同，引导说服对象的情感变化，从而达到有效说服的目的，后者则以对真理的证明来赢得他人的认同。如果要达到这一目标，就必须按照发表演说时的情境，对演说辞加以适当的组织，才能产生理想的说服效果。昆体良对演说辞的归类，并无多少创见，他基本遵循了西塞罗的看法，按照演说辞发表的场合，将之分为明证修辞、审议修辞和法律修辞三类。其中，明证修辞用来单纯表达演说者对特定事物的价值判断，往往适用于礼仪场合，如宗教赞颂、事物判断等场合；审议修辞主要涉及政治讨论过程中的研讨和驳论。而法律修辞的程式很接近审议修辞，但是，在撰写这一类修辞中，对证据效果的研讨，比语言运用效果的研讨，占据了更为重要的地位。上述三种修辞的主要部分在于构思（inventio），被分为开篇（exordium）、叙事（narrationem）、辨题（divisionem）、立论（confirmationem）、驳论（confutationem）、补论（digresssus）、结论（conclusionem）这些部分而在上述三种修辞类型中，明证修辞和审议修辞与后世西方的诗学思想有着莫大的关联。而昆体良在探讨上述两种演说术的写作时，确实提出了一些具有特色的诗学观点。

昆体良首先讨论了明证修辞的写作策略。他认为，相对于审议和法律修辞，明证修辞在描述论述对象的过程中，较少控诉和辩驳色彩，而专注于对这一论述对象的赞美或贬低。因此，他指出，只要按照一定的次序，选择有效描述你想赞美或贬低对象的性质的相关话题，就能成功地完成明证修辞的创作。

但是，昆体良认为，对话题的选择却并非不受限制。首先，对论述时的主观价值判断而言，赞美和否定必须采取不同的论述方式。其次，面对陈述对象的差异，表述者必须选择不同的陈述次序。最后，面对不同的听众，表述者必须考虑到对方所在城邦的道德风貌，以及对方的年龄层次，才能选定较好的论述策略。

昆体良的创见体现在对陈述对象和听众问题的思考上。他指出，如果以赞美的态度论述修辞陈述的对象，可以分如下几类赞美方式：1.对诸神的赞美；2.对人物的赞美；3.对城市、公共工程和其他场所的赞美；与此相反，昆体良似乎不重视贬斥方式进行的明证修辞，但仍然规定了这类修辞的创作原则，而这些原则，也成为现代西方文学议论文体中的重要分支，驳论文的基础。[1]

我们不妨从昆体良对赞美修辞创作原则的论述，来把握其明证修辞创作论。昆体良首先论述了对诸神的赞美，相对于普通人来说，古希腊罗马诸神虽然也拥有丰富多样的人格，却和人不同，他们的活动范围不受场所的限制，生命也不受时间的限制。因此，对诸神的赞美只能涉及三方面的话题，人格、数量和神与人的关系。因此，昆体良指出，必须首先将诸神的"力量展现出来（vis ostendatur），如朱庇特管一切，马尔斯管战争，涅普顿管海洋，而对属人的技术，也是这样，密涅瓦是艺术之神，墨丘利是文字之神，阿波罗是医疗之神，喀尔克是丰收之神，巴库斯是酒神"[2]。接下来，如果不能说出神演化的历史，就必须谈论神迹在人类历史中传承的痕迹。最后，昆体良指出，必须谈到神被人尊敬的原因，"有些神因为不朽而受人尊敬，而有些神因为他的德性而受人尊敬"。随后，昆体良指出，赞美尊敬诸神，最后的目标是达到政治秩序的稳定，他将劝解人们敬神类比于让人们尊敬皇帝（pietas principiis），这种尊敬导致人们对时代政治和社会道德的信任，相信有着某种超凡的力量在保佑这个时代。[3]

从昆体良对赞美诸神问题的相关评论，我们可以发现，他主要围绕两点来完成这种赞美修辞：首先，他认为，赞美者必须说清楚诸神的性质，而且，必须澄清这些性质对每个人生活的影响，即所谓"力量"；其次，赞美诸神必须找到他们在历史上有益于人们的证据，或者人们不顺服神所产生的

---

[1] Marcus Qunitlian. The Orator's Education, Vol. 2 [M]. Cambridge: Harvard University Press, 2001: 103-107.
[2] Marcus Qunitlian. The Orator's Education, Vol. 2 [M]. Cambridge: Harvard University Press, 2001: 105-106.
[3] Marcus Qunitlian. The Orator's Education, Vol. 2 [M]. Cambridge: Harvard University Press, 2001: 106.

不良后果，否则就达不到效果。因此，昆体良只需要围绕对神这一陈述对象的人格、场所和数量这三类话题进行有序的描述就可以了。

但是，对人的赞美修辞则完全不同，相对于神，人受到有限时间的主宰，其值得赞美的行为必须在一定的时间次序和时机中进行。因此，昆体良认为，最好按照时间次序，全面赞美一个人的行为，才能起到让人信服的作用。通过昆体良的论述，我们发现，这样一个赞美的时间次序包含了四个时间段：1. 出生前；2. 整个一生；3. 死的那一刻；4. 死以后发生的事情。[1] 现代作家深受平等伦理的影响，往往对主人公的出身采取"先抑后扬"的叙事策略，主人公的出身越恶劣，其行为的高贵，或是后来的成长就越鲜明，越有戏剧性。但是，昆体良身处古代等级制社会，在这一社会中，人的德性往往如亚里士多德所述，和其社会地位和生存中的偶然境遇有关，而不像后世康德所述，是被超越性的伦理规范所评价和定义的。具体而言，高贵的出身虽然并不意味着高贵的道德，却是这种道德先兆和基础。因此，昆体良特别强调，赞美一个人，必须赞美他的高贵家世和出生前的"好兆头"，这些兆头既可以是自然祥瑞，也可以是神谕。[2] 这对赞美一个人的高贵有着极好的帮助。而在其出身之后，昆体良认为，可以从两方面来赞美一个人：一方面，详细描述这个人各方面的属性和特质：例如相貌的英俊，心灵的美好；另一方面，则记录这个人重要的行为，从这些行为中体现这个人在各方面的德性。值得注意之处在于，昆体良认为，在描述某人的伟大行为时，必须很好处理这个人主动意志和运气之间的关系。他指出，很多人赞美某人的好运，说他是神的宠儿，固然是赞美别人的方法，但是，这一方法却削弱了他的高尚人格对行动的主导，从而削弱了赞美修辞的影响力，让人们觉得他只不过是凭借运气才获得了这么高的成就。[3] 昆体良觉得，正确的赞美方法，应该将重点放在赞美对象怎样凭借自己的能力，利用命运造就的机会上，就更能凸显他的能力和人格魅力。最后，昆体良强调，如果交代一下人死后，他对

---

[1] Marcus Qunitlian. The Orator's Education, Vol. 2［M］. Cambridge: Harvard University Press, 2001: 107.
[2] Marcus Qunitlian. The Orator's Education, Vol. 2［M］. Cambridge: Harvard University Press, 2001: 107.
[3] Marcus Qunitlian. The Orator's Education, Vol. 2［M］. Cambridge: Harvard University Press, 2001: 109.

后世产生的持久良好影响，对一个人的赞美就更为完整，产生的说服力就更为有效。

因此，以人为赞美对象的演说辞强调通过时间完整展现人的善好行动，从而彰显个人优长完善的人格特征，进而达到让听众相信这些赞誉的效果。实际上，相对于对神的赞美以描述属性和与人关系为核心，来阻止演讲辞的写作；对人的赞美则从描述转化为了一种叙事，但是，与亚里士多德《诗学》中以"行动（ergon）"为中心，展开史诗和悲剧的叙事不同，[1] 昆体良这种以修辞说服为目的的叙事落脚点并不在行动本身，而重在通过事件中的人物行动，展示被赞美对象的人格特质。在这种叙事中，人物的行动不再具有时间范围的单一性和情节上的统一性，而是一种多侧面、多角度的人格展现，但是，所展现的人格特质却不能在道德上自相矛盾，并且最好进行分门别类的归纳。如若不然，各种行为和各种人格特质所造成的冲突，不仅无法让听众留下对他人的好印象，反而会导致赞美行为的失败。

而与赞美为目的的演说辞相反，昆体良将以贬低为目的演说辞看作所有赞美技术的反向应用。昆体良认为，贬低对方的出身，斥责对方行为的反复无常，进而贬斥对方死后造成的影响，是这类演说辞最大的特点。换句话说，在昆体良心中，无论是赞美还是贬低，以人为论述对象的明证修辞，都是一种通过叙述其行为，来呈现其人格，并对这一人格进行道德评价的陈述。有效地实施这种陈述包含以下特点：1. 必须按照时间次序将其出身、一生行为和对后世影响进行陈述，并对这些要素所体现的道德品质进行评价；2. 所陈述的个人行为和道德品质之间不能相互冲突，必须整合到陈述所涉及的对象所具备的统一人格之中。[2]

但是，昆体良指出，仅把握了赞颂和贬低陈述的上述两个要诀，只能造成上述讲演辞本身的完善，还不足以真正产生有效的演说效果。真正让明证修辞产生应有效果的关键性因素，在于听众。而听众是否能同意演说

---

[1] Aristotle. On Poetics [D]. Trans. Seth Bernadette and Michel Davis, South Bend, Ind.: Saint Augustine's Press, 2002: 1–2.
[2] Marcus Qunitlian. The Orator's Education, Vol. 2 [M]. Cambridge: Harvard University Press, 2001: 107.

家的称赞和贬低，则取决于他所在的共同体所共有道德风貌。例如，斯巴达人喜欢勇敢质朴的人，如果你和他们赞美某人知识渊博、举止文雅，那么他们会觉得这人性情软弱；老一辈罗马人崇尚简朴，如果你和他们赞美某人对食物和娱乐的见解独到，他们会觉得这人奢侈，而且道德败坏。[1]对此，昆体良给出的建议是，针对不同的听众，突出他们能接受的优点或者缺点。但是，昆体良不认同一些演说家直接用好名词替代实际上并不存在的德性，例如，用"勇敢"代替"鲁莽"，用"慷慨"代替"挥霍"，用"节俭"代替"吝啬"，因为，如果赞美的德性与事实不符，反而会损害演说家的人格魅力和信誉。[2]

总而言之，在明证修辞的构思中，昆体良强调将对客观行为的描述，道德人格的塑造和对说服对象所处道德氛围的考虑融为一体的修辞策略。这一修辞策略最终的目标，是塑造一个真实可信，又有着鲜明道德风貌的人物。这一目标对后世西方诗学理论的潜在影响不可估量，在昆体良之前，以亚里士多德《诗学》为模范的叙事文学理论中，往往以"行动"为思考的中心，在罗马时代，尤其是以昆体良为代表的修辞学构思论中，以"人"为中心的文学叙述理论才开始得到系统性的建立。后世对"类型人物""典型人物"的论述，其源头并非古希腊时期肇端的诗学传统，而是开启于拉丁语修辞学传统。澄清这一点，对我们理解西方诗学思想和修辞学思想的潜在融合，以及这种融合的深远影响，具有重要的学术价值。

二、以拟格为中心的叙事：
昆体良审议修辞论中的诗学思想

昆体良认为，明证修辞表明了演说家对论述对象道德价值的主观判断，可以引发进一步的争执。只有在这一争执的基础上，进行控诉和驳论，才会引发审议修辞和法律修辞。相对于明证修辞，审议修辞和法律修辞的构思方

---

[1] Marcus Qunitlian. The Orator's Education, Vol. 2 [M]. Cambridge: Harvard University Press, 2001: 112.
[2] Marcus Qunitlian. The Orator's Education, Vol. 2 [M]. Cambridge: Harvard University Press, 2001: 113.

式和结构特征比较固定，只是后者更强调对论证证据有效性的分析。因此，昆体良对论证修辞构思过程中所隐含的诗学命题的阐发，重点体现在审议修辞构思的过程中。实际上，正如上文所述，整个审议和法律修辞的构成要件，从开端到补论，是当代议论文体构思的稳定模板，从这一角度看，昆体良已经发展出一套系统和纯属的论证诗学理论。但是，由于论证修辞的写作并不单纯是文学形式的问题，而是和古代逻辑学，尤其是亚里士多德的三段论逻辑有着密切关联，我们无法将其诗学成分和逻辑学成分进行有效抽离。但是，在论述审议修辞构思的过程中，昆体良所论及的两个概念，对西方后世的诗学思想有着非常大的影响。这两个概念就是拟格和叙事。

拟格（proposopia）是在昆体良修辞思想中得到强化的重要概念，在西塞罗的修辞学体系中，人格概念的重要性已经得以凸显，但尚未占据核心的地位。但是，在昆体良看来，人格成为说服论证最终获得有效性的保障，对于说服者情感的控制和诉诸社会道德习惯进行说服的努力，最终转化为对人格的塑造。而这种人格的塑造，不仅指对指涉对象人格形象的勾画，而且必须通过语言的特殊运用，塑造或者暗示陈述者的人格形象。因为，正是这一人格形象的优劣和可信度，直接决定了被说服者是否能够接受演说家的描述。

因此，拟格成为所有修辞构思中所必须具有的要素。昆体良指出：

> 所有的指控者必须仔细构想，他想以一个怎样合适的人格进行陈述。因为他们极少以倡议者的身份表述自己的想法，而是总以儿子、父亲、有钱人、坏脾气的人、好相处的人、小气鬼、迷信的人、胆小鬼和讽刺者。连喜剧演员也没法像他们一样，在讲演中扮演如此多的角色。[1]

昆体良的这段表述说明，如果要有效地说服别人，就必须利用自己的口才，塑造自己合适的人格形象，掩盖自己本有的人格形象。只有用这种方式，才能让自己的语言所陈述的事件，表达的论证，乃至通过上述表达论证

---

[1] Marcus Qunitlian. The Orator's Education, Vol. 2［M］. Cambridge: Harvard University Press, 2001: 140.

对特定对象的人格评价，才会具有可信性和说服力。这种表述和20世纪英国分析哲学家奥斯丁所开启的"操演性"（performativity）概念，有着异曲同工之妙。[1]而昆体良也确实用喜剧演员的表演，来类比演说家的拟格。因此，昆体良的拟格论，实际上是后世语言操演理论的远祖。

相对于"拟格"概念，昆体良对叙事概念的介绍更为详尽。这不仅是因为，自西塞罗演说术体系奠定以来，叙事概念已经成为修辞学构思理论的重要组成部分；而且是因为，相对于诗学传统中的叙事理论，修辞学传统中的叙事学说更为复杂，有的前辈修辞学理论家甚至认为，叙事并非修辞学构思的重要组成部分，[2]这使得昆体良必须花一定的篇幅，为叙事在修辞学构思中的适用范围和呈现方式，进行适当的解释和澄清。

按照亚里士多德《诗学》的看法，文学作品对行动和事件的呈现方式有两种：1.作者以旁观者的身份描述一个行为的过程；2.作者化身为作品中的人物，来呈现这样一个行为的过程。[3]但是，修辞学叙事的目标，并非仅仅用语言对一个行动的再现，而是通过对行动的呈现，呈现演说者对事件和人物的主观价值判断。但是，不通过叙事，演说家的主观价值态度，也能得到表明。因此，昆体良指出，叙事在演说修辞的构思中不是必要的。他指出，在三种情况下，演说术构思不需要在叙事中费太多心思：1.没有需要摆出来的事实；2.在审议修辞和法律修辞中，事实已经被众人所知，不需要再详细陈述；3.在法律修辞中，控诉方或者法官已经知道了事实，就不必陈述一遍。[4]

但是，昆体良并不认为，叙述由此就失去了作用。相反，在法律修辞和审议修辞中，叙述的作用十分重大。昆体良区分了两种对事实情况的叙述，一种是对事实本身的叙述，另一种是与这一事实相关事件的叙述。例如"你杀了人"，这往往是法庭中人都知道的事情，不需要叙述。但是，如果叙述

---

[1] 参阅 Austin, John Langshaw. How to Do Things with Words［J］. Analysis 23. 23(1962): 58–64.
[2] Marcus Qunitlian. The Orator's Education, Vol. 2［M］. Cambridge: Harvard University Press, 2001: 220.
[3] Aristotle. On Poetics［D］. Trans. Seth Bernadette and Michel Davis, South Bend, Ind.: Saint Augustine's Press, 2002: 1–2.
[4] Marcus Qunitlian. The Orator's Education, Vol. 2［M］. Cambridge: Harvard University Press, 2001: 220.

此人的人生经历，被杀者对他的多年迫害，在忍无可忍之后，他的正当防卫，导致了他的误杀行为。此人的杀人罪就变成误杀，甚至会被改判无罪。[1]

认识到叙事在修辞构思中的作用之后，昆体良进一步探讨，修辞应该被放在整个演说辞的什么位置。昆体良认为，通常而言，叙事应该放在演说辞的开头之后。原因在于，演说辞的开头往往一开始就表明了演说者对事件所涉及的特定人物所进行的赞美或者贬斥，叙事往往成为上述态度的补充或者证明。但是，在真实的演说辞中，叙事的位置往往不这么固定。昆体良举了西塞罗的两个例子来说明这一点。在为米罗（Milo）辩护的时候，西塞罗在开场致词结束之后，并没有直接引入叙事，而是提出了三个假设：1. 如果不能为杀人者辩护；2. 如果米罗在元老院宣判前就被指控有罪；3. 如果庞培，以及他影响下的那些人，出兵包围了法庭，法官因为他们是米罗的敌人而产生了恐惧。[2] 上述假设，实际上是西塞罗辩护讲演辞开头的延伸，并为西塞罗为米罗辩护的叙事的前提进行了陈述。而为瓦伦努斯（Valenrus）辩护时，西塞罗将与自己对立的许多观点陈述一遍之后，再开始进行叙事，试图用事实来证明反对者诽谤的荒谬。因此，昆体良认为，在整个演说辞中，叙事的位置取决于演说者想在什么时候应用事实支持自己的论点，或是反驳对方的论点，只有紧跟已经提出的价值判断，演说叙事的倾向性才能被听众所理解。因此，叙事作为论点和价值判断的后续部分而列出，成为了昆体良对叙事在修辞篇章中的位置所具有的主要看法。

在论述了叙事在整个演说辞中的作用和位置之后。昆体良转而论述叙事本身的特点。现代叙事学重视对叙事话语本身的层次、结构和组成要素的研究，昆体良的叙事研究服从于修辞学的目的，更重视叙事效果的研究。其原因在于，叙事效果是整个讲演辞说服效果的组成部分。昆体良认为，叙事具有如下四个特性，就可以产生完美的叙事效果。

---

[1] Marcus Qunitlian. The Orator's Education, Vol. 2 [M]. Cambridge: Harvard University Press, 2001: 222.
[2] Marcus Qunitlian. The Orator's Education, Vol. 2 [M]. Cambridge: Harvard University Press, 2001: 230.

第一个特性是明晰性。[1]昆体良认为，在进行说服的过程中采用叙事手法，就必须在较短的时间中将事情的发生和发展原原本本交代清楚，否则，丧失了对事件本身的了解，听众也不会被演说家说服。昆体良认为，明晰性包含了两个层次的内容，首先，用词的精准明晰。他建议演说家不要用含义不清楚的词，这样才能保证叙述想要表达的信息，能够很清楚地传达到听众心中[2]；其次，叙事完整性所依赖的关键信息：1. 人物（人格）；2. 时间；3. 地点；4. 所涉及的主题，不能有遗漏，且必须清晰地传达给听众；5. 尽量用口语，用最简单的话把事情叙述出来，这样，即使是受到最低教育的听众，也能明白演说家想要说什么。[3]

仅仅做到明晰，尚不能保障完善的叙事效果。昆体良进一步指出，除了明晰性，叙事必须做到简洁。[4]现当代叙事文学的实践中，叙事方式的多样和繁复，成为文学作品优越性的标准之一。但是，昆体良重视修辞学的说服效果，冗长而复杂的叙述往往让听众无法记住事情的来龙去脉，更不能抓住演说家用故事所想表达的主观态度。因此，简洁成为昆体良心目中完美叙事必须具有的第二个特征。

昆体良认为，要做到简洁，讲演辞中的叙事必须满足如下三个要求：首先，重点讲事件中听众想要听，且会对此做出判断的要素，略讲或不讲其他要素；其次，剔除与想讲的故事主干无关的要素；最后，删除即便在故事主干内，但会吸引听众或者法官去关心，却与我叙事想实现的效用没有关系的部分。昆体良举了一个例子，来说明在演说中达成简洁的要求，有人对乘船这件事情这么表述："我到了港口，看到了船，问了航线的价格，讲好了价钱，我就上了甲板，船就开了。"用简洁的话来叙述，这段话直接可以被说成："我在港口坐船出航。"这就完全可以把所有的信息传递给听众了。

但是，昆体良并不认为，"用最少的话说最多的信息"就是简洁。相反，

---

[1] Marcus Qunitlian. The Orator's Education, Vol. 2 [M]. Cambridge: Harvard University Press, 2001: 236–239.
[2] Marcus Qunitlian. The Orator's Education, Vol. 2 [M]. Cambridge: Harvard University Press, 2001: 237.
[3] Marcus Qunitlian. The Orator's Education, Vol. 2 [M]. Cambridge: Harvard University Press, 2001: 239.
[4] Marcus Qunitlian. The Orator's Education, Vol. 2 [M]. Cambridge: Harvard University Press, 2001: 240.

他指出，简洁是在不放过重要信息的前提下，才能成立的叙述的本质。因此，他指出，不是在叙述中简单交代必要信息就是简洁了；相反，在交代这些必要信息的基础上，必须强调一些叙述中的要点，甚至用简单的话进行复述，以便让不太懂的听众完全听懂。只有在简明和易懂之间保持平衡，又不流于繁复的叙事，才是叙事的简洁性。

随后，昆体良更进一步，他指出，单纯的明晰和简洁只是有效传达叙事信息的要素，要让叙事真正对听众的态度产生影响，就必须让叙事具有可信性（credibilis）。"信"（pistes/credo）"是古希腊罗马修辞学思想中一以贯之的核心概念，被包括昆体良在内的修辞学家看作修辞说服试图产生的最终效果。昆体良认为，叙事并非一种让别人相信的证据，但是，叙事能够让听众在心目中不自觉地把自己在生活中的经历和所听的故事进行对比，从而不自觉地判断所述故事开始、发生和结果之间的联系是不是符合他们的人生经验。因此，在昆体良心目中，叙事成为了一种准证据，如果故事讲得不合听众心目中的"常理"，自然就会被看作"不可信"的故事，从而导致对叙事效应的损害。

那么，怎样才能完成可信的叙事呢？昆体良指出了四个要素：1.首先，说话者必须自己在心里模拟一遍，自己讲的故事能不能让自己相信，并被自己所打动；2.其次，如果在事情发生前，给出做这件事情合理的动机；3.实施这件事情的人的人格必须和这件事情相符合；4.仔细描述相关的细节：例如时间、地点，等等。[1]

从上述四要素看，在昆体良心目中，事件的可信性依赖于听众心目中对人格和行动之间关系的固有印象，例如，好人不可能做坏事，社会地位高的人行事体现的品德也就高，等等。如果熟悉特定听众群体对这一关系的固有感知倾向，叙事的可信性就可以得到保障。在此基础上，昆体良似乎认为，有着具体发生事件和地点的事件，没有超出人的经验感知和历史记忆，容易被人当成是可信的。这样对叙事可信性的论述实际上是20世纪小说修辞

---

[1] Marcus Qunitlian. The Orator's Education, Vol. 2 [M]. Cambridge: Harvard University Press, 2001: 240; 246.

学理论中"不可靠叙述"命题的远祖。但是，昆体良的初衷与布斯（Wayne Booth）和费伦（James Phelan）等当代叙事修辞学研究者的关注点有所不同。后一类小说研究者承认不可靠叙述的存在，并将文学作品虚拟作者的态度和不可靠叙述之间的张力，看作文学作品魅力的体现。昆体良的目标则是消灭"不可靠叙述"，将修辞者的主观态度通过叙事过程展现出来，并彻底让听众信服，让修辞学主导下的叙事成为一种完全的"可靠叙述"。

最后，昆体良指出，为了让叙事更为深入人心，除了确保叙事的可信性之外，还要保证叙事的庄严（magnificientiam）和生动（evidentiam）。[1]值得注意之处在于，我们不能以当代人的角度，将庄严和生动仅仅看作一种语言风格。实际上，在昆体良那里，庄重并不是单纯的语言风格，而是指用词的正式和稳定；而生动指的是用词的准确，使听者觉得好像身临其境。昆体良认为，演说辞的风格有多种，但是，庄严和生动并非仅仅是一种风格，而是从属于演说叙述的本质特征。他从听觉和视觉两方面来阐述自己的论点：庄严是听觉的强化，用词的标准和凝练转化为听觉上的有力感受，使听众不得不认真对待叙述者的诚意；生动是一种从听觉转化为视觉的尝试，通过词语的精准和生动，让听众感觉自己听到的故事，就像亲眼见到一样，这一从听觉到视觉的转化，造成了叙事的身临其境之感，更增加了听众的信服度。

相对于对叙事效果的强调，昆体良对叙事形式和叙事本体的研究较少涉及。但是，他对叙事次序的研究，却开启后世对叙事时间更为深入的研究。在亚里士多德的《诗学》，对叙事顺序和时间的关系已经有所展开，其中，最为著名的是亚里士多德对《伊利亚特》中的中段叙述法的阐发和讨论。但是，昆体良从修辞学的角度，重新探讨了叙事次序和时间的关系。首先，在昆体良看来，按照时间顺序来叙述行为和事件，当然是最为稳妥完整的叙述方式，这不仅是最容易将事件毫无遗漏展现的方法，而且能够全面反映被叙述人物的人格。但是，为了突出某些行动和事迹，昆体良认为，可以不按照事件顺序进行叙述，并把那些被刻意强调的事件提前到整个叙述的最

---

[1] Marcus Qunitlian. The Orator's Education, Vol. 2 [M]. Cambridge: Harvard University Press, 2001: 250.

前面，加以强调。不仅如此，他甚至认为，只要能产生有效的叙事效果，不断改换事件发生的地点也是可以的。因此，我们可以发现，后世西方古典主义"三一律"不仅与《诗学》对时间地点统一性的理解大相径庭，更不能主宰古典时期除了韵文叙事诗之外，许多散文叙事文学在时间顺序和空间配置上都相当自由，而昆体良的叙事理论更加佐证了这一点。某种程度上说，在昆体良的叙事次序理论中，后世对"真实时间"和"叙事时间"的区分，以及"叙事场景""叙事角度"等概念，都产生了萌芽。

昆体良还进一步指出，叙事必须和议论相结合，这就形成了后世议论文体中"夹叙夹议"理论的起源，并成为小说叙事学中叙事评论的萌芽。实际上，虽然昆体良的叙事学理论是一门以说服效果为最终指向的实用叙事理论，却为后世的文学叙事学许多命题的远祖。而利用当代叙事理论对勘和反思昆体良的叙事思想，对西方叙事思想史和诗学思想史的演化路径，具有重要的反思价值。

总而言之，在《论演说术原理》的第三卷至第五卷中，昆体良在论述修辞学的基本规律时，提出了许多对后世诗学思想产生重大影响的概念和命题。其中，叙事和拟格思想对后世诗学的发展影响极为深远。而更为重要之处在于，昆体良围绕上述一系列命题和概念，实际上提出了系统的议论文写作范式，成为后世散文诗学，尤其是议论文诗学的远祖。

青年园地篇

另一种来自俄国的声音

——"离散者"奥尔金及其《俄国文学指要》在中国[1]

翟 猛[2]

[摘要] 美籍俄裔学者 M. J. 奥尔金著《俄国文学指要》在 20 世纪 20 年代为沈雁冰、郑振铎等新文学家所重,并部分汉译,成为中国知识界了解"十月革命"前后俄国文学的重要资料,助力了中国左翼文学的发展。作为"离散者"的奥尔金与苏俄保持着持续而复杂的关系,他对俄苏革命与社会所做的观察与研究也受到了当时中国先进知识分子的关注,成为他们认识苏俄的一个独特的知识来源。奥尔金复杂的身份与文化背景,使得这一知识的跨国译介与传播过程更显特殊。

[关键词] 奥尔金 俄苏文学 汉译文学

1917 年"十月革命"之后,俄国的社会情形与文学活动受到中国先进知识分子的高度关注,他们从新闻报道、游记、演说等多种途径获取有关俄国的知识。至 20 世纪二三十年代之交,"出版界掀起了一股红色出版潮",[3] 有关苏俄文学理论的著作被大量汉译,促进了中国左翼文学的发展。这些著作的作者主要分为两类,一类是苏俄理论家,例如卢那察尔斯基、普列汉

---

[1] 本文为 2020 年度教育部人文社会科学研究青年基金项目"《青年进步》(1917—1932)与新文化思潮关系研究"(项目编号:20YJC751044)阶段性成果。
[2] 翟猛,文学博士,天津师范大学文学院讲师。
[3] 李今. 二十世纪中国翻译文学史·三四十年代·俄苏卷[M]. 天津:百花文艺出版社,2009:81.

诺夫、托洛茨基等；另一类则是日本学者，如昇曙梦、藏原惟人、尾濑敬止等。这些文学理论著作基本都属于马克思主义文艺理论，都强调文学的阶级性，以及文学与无产阶级革命之间的紧密关联。然而实际上，在"十月革命"发生后不久，美籍俄裔学者 M. J. 奥尔金关于俄国文学与革命的著作就已经受到了沈雁冰、郑振铎等人的关注，成为他们了解俄苏文学与革命的一个重要知识来源。与上述两类作者相比，一方面，奥尔金美籍俄裔知识分子的"离散者"身份较为特殊；另一方面，他虽然是俄苏革命的热烈支持者，但在讨论俄国文学时却能抽身于喧嚣的阶级革命之外，并未过度强调俄国文学的政治意识形态特征，而尤为关注俄国文学与19世纪末20世纪初期俄国社会的密切关系。这为20世纪二三十年代的中国知识分子提供了一种稍稍异于阶级化文学理论之外的俄国文学史叙述，同时也为他们认识俄苏社会与文学提供了一个相对客观的视角。

一、奥尔金是谁

美籍俄裔犹太作家、记者、社会活动家莫伊萨耶·约瑟夫·奥尔金（Moissaye Joseph Olgin，1878—1939）的原名为 Moyshe Yoysef Novomiski，M. J. Olgin 为其笔名。1878年，奥尔金出生于沙皇俄国（现乌克兰基辅）的一个犹太人家庭；1900年进入基辅大学学习，并开始参与地下革命运动；1907年至1909年在德国海德堡大学学习；1910年回到俄国成为了革命与工人运动刊物的作家与编辑；1913年曾在奥地利维也纳暂居；一战爆发后，身在德国的奥尔金无法回到俄国，转而前往美国；1917年出版畅销书《俄国革命的灵魂》（*The Soul of the Russian Revolution*）；1918年凭借这本对俄国问题的研究著作而在哥伦比亚大学获得博士学位；[1]1919年开始在纽约新学院大学（the New School for Social Research）教授俄国史；1920年前往德国和苏俄旅行；1932年起，奥尔金成为苏联《真理报》（*Pravda*）的特约通讯记

---

[1] Robert J. Kerner. Bibliography of American Doctoral Dissertations on Slavonic Studies, 1914–1924 [J]. The Slavonic Review, 1925, 3(9): 747.

者。同时，他还为美国的意第绪语报纸《犹太前进日报》（*Forverts* 或 *The Jewish Daily Forward*）等刊物撰稿。奥尔金熟练掌握英语、俄语、德语、法语、波兰语、希伯来语、意第绪语等，曾出版《俄国文学指要》（*Guide to Russian Literature, 1820—1917*, New York: Harcourt, Brace and Howe, 1920）、《为什么是共产主义》（*Why Communism? Plain Talks on Vital Problems*, New York: Workers Library Publisher, 1932）、《马克西姆·高尔基：作家与革命者》（*Maxim Gorky: Writer and Revolutionist*, New York: International Publisher, 1933）等英文著作，并用英文翻译了恩格斯和列宁的多本著作。此外，奥尔金还创作有大量意第绪语（Yiddish）著作。奥尔金对俄国"十月革命"和苏联采取支持态度，他是坚定的斯大林主义者，反对托洛茨基主义。奥尔金对马克思主义有较深入研究，曾撰写名为《俄国马克思主义的起源》（*The Origins of Marxism in Russia*）的论文。1922年，奥尔金还参与创办了美国左翼报纸《明日自由》（*Morgen Freiheit*），以意第绪语发行，并一直担任该报编辑至1939年去世。

除此之外，奥尔金在社会活动领域也非常活跃。他是美国犹太文化协会（The Jewish Culture Association in America）最活跃的成员之一，也是积极的工人运动者和社会主义运动家，同时还是美国共产党（前身为美国工人党）成员，并曾代表该政党多次参加美国国会选举，却无果而终。奥尔金大力支持美国国内的工人运动，尤其是少数族裔工人运动。他曾指出，"人类不应因种族不同而分裂，而只应该被区分为压迫者与被压迫者。黑人劳工的权利与同样遭受压迫的白人农民、工人的权利密不可分"[1]。值得一提的是，奥尔金也十分关注和支持中国革命。1933年1月18日，奥尔金在纽约参加了"中国人民之友"（Friends of the Chinese People）组织的一次集会，声援中国人民的抗日战争以及争取民族独立解放的抗争运动。[2]

---

[1] Anthony Dawahare. Nationalism, Marxism, and African American Literature between the Wars: A New Pandora's Box［M］. Jackson: University Press of Mississippi, 2003: 78.
[2] Josephine Fowler. Japanese and Chinese Immigrant Activists: Organizing in American and International Communist Movements, 1919–1933［M］. New Brunswick: Rutgers University Press, 2007: 165–166.

二、《俄国文学指要》的汉译与接受

奥尔金在1920年出版的《俄国文学指要》中对1820年至1917年间的俄国文学进行了全面介绍，并对包括普希金、果戈理、高尔基、契诃夫、列夫·托尔斯泰等在内的数十位作家逐一点评，是"十月革命"后较早出版的总结此前一百年俄国文学发展史的英文专著，具有十分广泛且深远的影响力，至今仍以不同形式再版。[1]《俄国文学指要》全书包括"前言"（Preface）、"民族文学的成长"（The Growth of A National Literature）、"现代主义者"（The "Modernists"）、"新潮流"（The Recent Tide）、"附录"（Appendix），共五个部分。全书所要回答的一个基本问题，即读者"应该读哪些书才能了解俄国人的性格与生活？"[2]因此，奥尔金在选取作家时特别强调其作品对底层俄国人日常生活的表现，以及对俄国经济、社会、政治生活的细致观察。在他看来，相比于欧洲其他国家的作家，俄国作家最能表现本国人的精神斗争与日常生活。也因此，19世纪至20世纪的俄国文学，不仅具有艺术价值，同时也是了解俄国社会的可靠资料。具体到对作家的评价，奥尔金强调，一个作家值得被研究，原因在于其作品的原创性、艺术个性以及与俄国现实的紧密联系。[3]这样一种高度关注文学与民族国家、文学与现实、文学与精神斗争的文学观念，正契合了20世纪二三十年代的中国左翼文学思潮。

早在1920年，《俄国文学指要》甫一出版便受到了沈雁冰（茅盾）的关注。沈雁冰的译文《安得列夫》刊于1920年《东方杂志》第17卷第10期，内容源自奥尔金著作的第三部分"新潮流"（The Recent Tide）。[4]但是，对比原文可知，沈雁冰并没有严格按照原文进行翻译，而是对原文段落的顺序进

---

[1] 除各类电子版外，近年仍有纸质版发行，如美国Palala出版社2018年版。
[2] Moissaye J. Olgin. Guide to Russian Literature, 1820-1917 [J]. New York: Harcourt, Brace and Howe, 1920: vi.
[3] Moissaye J. Olgin. Guide to Russian Literature, 1820-1917 [J]. New York: Harcourt, Brace and Howe, 1920: viii.
[4] 雁冰. 安得列夫 [J]. 东方杂志, 1920, 17 (10): 60-68. 原文见 Moissaye J. Olgin. Guide to Russian Literature, 1820-1917 [J]. New York: Harcourt, Brace and Howe, 1920: 230-239.

行了调整,并节略了部分内容。奥尔金在原著中先对俄国作家安特莱夫(L. N. Andreyev,1871—1919,又译为"安得列夫"或"安德烈耶夫")的文学思想进行了总结论述,之后再逐一介绍了安特莱夫的二十部作品,其中包括《深渊》(*The Abyss*,1902)、《雾中》(*In the Fog*,1902)、《总督大人》(*The Governor*,1906)等,却唯独不见深受鲁迅重视的《红笑》。[1] 与原著不同,沈雁冰将对安特莱夫几部作品的简要介绍穿插到了对安氏文学思想的论述之中,使得全文篇幅大为缩减。安特莱夫对沈雁冰日后的小说创作有重要影响。研究者吴茂生(Ng Mau-sang)指出,在某种程度上,沈雁冰从安特莱夫的小说中吸收了一些"戏剧技巧"(dramatic techniques)并运用到自己的小说创作实践中。例如,茅盾从安特莱夫那里习得将自己小说的悲剧性设定在话语层面,而非人物的行动层面,也非人物内在力量的人格化层面,亦非小说情节逐步发展至某个预先设定的终点。[2] 吴茂生认为茅盾吸收这种小说创作技法并无益处,反而会让小说人物趋于抽象而缺乏现实感。例如,《幻灭》中静女士的思想转变就未免太过突然。实际上,奥尔金也指出,安特莱夫是最早把"图示化"(schematization)引入到俄国文学的作家。因此,他的小说人物往往脱离现实、抽象化,甚至其小说的悲剧性往往停留于想象层面。[3] 不过,奥尔金对安特莱夫的这一批评意见,并没有被沈雁冰翻译出来。这清楚地反映出,沈雁冰并不认同奥尔金的这一看法。然而,无论如何,沈雁冰都十分欣赏奥尔金这篇文章,在译文的尾注中,他赞道,"这篇原文把安得列夫的著作介绍得又简又备,据我看,实在是篇妙文"。

在沈雁冰之后,郑振铎主编的《时事新报·学灯》在1921年9月12日和15日连载了《"近代主义派"的俄国文学概观》,译者是"灵"。该文是对奥尔金原著"现代主义者"(The Modernists)部分的"概论"(General

---

[1] 鲁迅曾翻译过《红笑》,未能译完。参见鲁迅.关于红笑[M]//鲁迅全集(第七卷).北京:人民文学出版社,2005:125. 关于《红笑》与鲁迅留日时期思想的关联性,见董炳月.鲁迅留日时代的俄国投影——思想与文学观念的形成轨迹[J].鲁迅研究月刊,2009(4).

[2] Ng Mau-sang. The Russian Hero in Modern Chinese Fiction [M] New York: State University of New York Press, 1988: 178.

[3] Moissaye J. Olgin. Guide to Russian Literature, 1820-1917 [J]. New York: Harcourt, Brace and Howe, 1920: 233.

Survey）的翻译。此外，奥尔金的这本《俄国文学指要》也受到了远在美国半工半读的张闻天的关注。1923年6月，《少年中国》第4卷第4期刊登了张闻天的文章《科路伦科评传（为〈盲音乐家〉的译稿而作）》。此文为评论俄国作家科路伦科（Vladimir Korolenko，1853—1921，现译柯罗连科）的中篇小说《盲音乐家》（1886）而作，兼论科氏的文学思想。张闻天在文末说明"论科路伦科的文字甚少，杂志上虽有一二段，但都不详细"。所幸，他在加州大学的图书馆中找到了奥尔金的《俄国文学指南》一书，与其他材料相配合才写就此文。

不仅如此，郁达夫与郑振铎在各自的著作中都曾提到过奥尔金的这本《俄国文学指要》。1926年，郁达夫的《小说论》由上海光华书局出版，在该书的第二章"现代的小说渊源"中郁达夫纵论欧洲各国小说，并认为"世界各国的小说，影响在中国最大的，是俄国的小说"。[1] 他在本章开列的参考书中，所开列的唯一一本俄国文学研究著作，就是奥尔金《俄国文学指要》的英文版，即 *M. J. Olgin: A Guide to Russian Literature*。[2] 显然，该书对郁达夫撰写《小说论》的俄国文学部分至关重要。1927年，郑振铎在《文学大纲》（四）中的第三十七章"十九世纪的俄国文学"正文后所列举的"参考书目"中也有奥尔金的《俄国文学指要》。不过，郑振铎将其译为《俄国文学指南》。从他所标注的图书信息可知，郑振铎所读的是奥尔金著作的初版本。[3]

如上所述，沈雁冰、郑振铎、郁达夫、张闻天等新文学作家，或翻译，或阅读，都从奥尔金的著作中受益匪浅。可以说，奥尔金的《俄国文学指要》对这一时期新文学作家建构自己的俄国文学观产生了重要影响。

相比沈雁冰等人的零星译介，1927年至1928年间，《青年进步》所刊载的《俄国文学指要》译文的体量更大，内容更为全面。[4] 该刊物素有刊登外

---

[1] 郁达夫. 小说论［M］. 上海：光华书局，1926：30.
[2] 郁达夫. 小说论［M］. 上海：光华书局，1926：31.
[3] 郑振铎. 文学大纲（四）［M］. 上海：商务印书馆，1927：374.
[4]《青年进步》于1917年在上海创刊，1932年停刊，主编为范丽海（1865—1939），该刊是中华基督教青年会全国协会的官方刊物，月刊，每期发行量在5000册以上，以城市知识青年为主要读者群。

国文学作品的传统，曾刊载过多篇托尔斯泰的小说汉译本，而奥尔金的著作则是《青年进步》所刊最重要的俄国文学研究著作。其中，第 105 期（1927年9月）刊登的部分由何子恒译，[1] 此后第 109 期（1928 年 1 月）、第 113 期（1928 年 5 月）和第 116 期（1928 年 10 月）连载的部分由朱枕梅译。[2]

译者何子恒在译文前添加了较详细的说明，阐述了自己对俄国文学的基本看法和翻译奥尔金著作的目的。他认为，"俄国的文学是革命精神最丰富的文学"，俄国革命之所以会发生与俄国文学有很大关系。何子恒认为，俄国文学家或俄国知识阶级一向关注平民的生活，"俄国的文学从大体上说，是现实的人生的同情被压迫者的革命文学"。他翻译奥尔金的著作主要有两个目的：其一，为了让中国读者了解俄国文学家或知识阶级对被压迫者的同情，以致造成全俄民众心理发生变化，最终导致革命的发生，由此可见知识阶级对于革命可以发挥重要力量；其二，中国缺乏革命文学，这是知识阶级的责任。此处的"革命文学"主要是指批判现实主义题材作品。需要指出的是，原作者奥尔金在书中并没有使用"革命文学"或 Revolutionary Literature 这样的概念，而且，《青年进步》所刊载的何子恒译文来自原书的第一部分，原题为"民族文学的成长"（The Growth of A National Literature），而非专门论述革命文学的章节。

对比原书可知，何子恒和朱枕梅合力节译了奥尔金原书的前两部分，即"民族文学的成长"与"现代主义者"。其中，严格来说，何子恒的译文并非对奥尔金著作第一部分"民族文学的成长"的全译，而是节译加意译。奥尔金在原著第一部分对 32 位俄国作家及其主要作品进行了逐一介绍和评价，

---

[1] 何子恒（1897—2007），原名何思恒，字子恒，别名道生，浙江杭县人，其兄为学者何思敬（何畏，1896—1968），其弟为报人何思诚（何西亚，1899—1984）。何子恒从 1923 年开始为报刊撰稿，曾任上海《时事新报》编辑、《民国日报》副刊《现代青年》主编、《申报》特约评论员、《大美晚报》和英商上海《泰晤士报》翻译，曾创办英文研究社教授英文，并在我国第一次采用国际音标和录音的教学法。何子恒翻译出版了中国第一部《希腊哲学史》（上海光华书局，1926 年），编有《日美问题》（商务印书馆，1938 年）等。（蒋豫生.塘栖续事 [M].北京：中国轻工业出版社，2014.）
[2] 朱枕梅（1897—1976），字梅吉，别署孔章，上海金山人，毕业于上海第三师范学校，曾在《民国日报》《时事新报》等报纸发表文章，1924 年加入国民党，1925 年夏任上海《时事新报》编辑、主笔，后一直在报界活跃。曾任南京《中央日报》编辑，云南《民国日报》总编辑等职务。

并有一个"概论"（General Survey）。何子恒并没有完整翻译奥尔金的"概论"，而是稍作整体介绍后快速地进入对具体作家的介绍。何子恒选译了奥尔金讨论普希金（A. S. Pushkin）、格里薄哀杜夫（A. S. Griboyedov，现译格里鲍耶陀夫）、李门托夫（M. J. Lermontov，现译莱蒙托夫）、倍林斯基（V. G. Byelinsky，现译别林斯基）、歌郭里（N. V. Gogol，现译果戈理）、阿史特洛夫斯基（A. N. Ostrovsky，现译奥斯特洛夫斯基）、周尼希夫斯基（N. G. Chernyshevsky，现译车尔尼雪夫斯基）、皮萨里夫（D. I. Pisarev，现译皮萨列夫）的章节，而且省略了原著对很多作品所做的具体分析。实际上，按照原书顺序，从普希金到皮萨里夫，奥尔金共介绍了 11 位俄国作家，而何子恒只选译了其中 8 位，省略了奥尔金对柯尔特佐夫（A. V. Koltzov）、阿克萨科夫（S. T. Aksakov）、列舍特尼科夫（F. M. Reshetnikov）的评论。何子恒并未说明这种取舍的原因，或许是考虑到这三位作家在中国的知名度较小的缘故。因为，从作品来说，后三位作家与其余 8 位作家的创作主题并没有本质的区别，他们都对下层民众的生活给予了高度的同情和关注，都属于批判现实主义题材。

朱枕梅接续了何子恒的翻译。在第 109 期刊登的朱译第一部分，翻译了奥尔金有关杜格尼夫（I. S. Turgenev，现译屠格涅夫）、嘉尔洵（V. L. Garshin，现译迦尔洵）、福斯恩兴（A. A. Foeth-Shenshin）、沙罗尧甫（Vladimir Solovyov，现译索洛维约夫）、乌斯奔斯基（G. I. Uspensky，现译乌斯宾斯基）、米基哈罗夫斯基（N. K. Mikhaylovsky，现译米哈伊洛夫斯基）、契克夫（A. P. Chekhov，现译契诃夫），共 7 位作家的论述。省略了涅克拉索夫（N. A. Nekrasov）、冈察洛夫（I. A. Gontcharov）、拉特孙（S. J. Nadson）、丘特切夫（F. I. Tyutchev）、阿列克谢·托尔斯泰伯爵（Count Alexey Tolstoy）、陀思妥耶夫斯基（F. M. Dostoyevsky）、托尔斯泰（L. N. Tolstoy）、尼古拉·列斯克夫（N. S. Lyeskov）、谢德林（M. E. Saltykov-Shchedrin）、雅库波维奇（P. Yakubovitch）、马明·西比利亚克（D. N. Mamin-Sibiryak）、鲍伯里金（P. D. Boborykin）、米哈伊洛夫斯基（N. G. Garin-Mikhaylovsky）、柯罗连科（V. G. Korolenko），共 14 位作家。至此，奥尔金原书的第一部分译完。

第 113 期所刊朱枕梅译文是对原书第二部分"现代主义者"的翻译。译文主要包括"概论"（General Survey）和有关白而蒙（K. D. Balmont，现译康斯坦丁·巴尔蒙特）、马来异考夫斯基（K. D. Merezhkovsky，现译德米特里·梅列日可夫斯基）两位作家的论述，忽略了勃留索夫（V. Bryusov）。第 116 期刊朱枕梅译文第三部分，接续上文，翻译了奥尔金论梭洛古勃（F. Sologub）、华林斯基（A. Volynsky，现译沃林斯基）、勃洛克（A. Block）、衣凡诺夫（V. Ivanov，现译伊万诺夫）、白以里（Andrey Bely，现译安德烈·别雷）。

何子恒与朱枕梅节译的《俄国文学指要》刊出时，恰逢"革命文学论争"时期。文坛上（特别是左翼文学内部）关于革命文学的概念内涵、文学形式、创作方法等问题并不清楚。虽然奥尔金在《俄国文学指要》中论述的并非中国左翼阵营所亟需的革命文学，而是俄国批判现实主义作品，但是正如前述何子恒所说明的，奥尔金的《俄国文学指要》仍然可以为当时追求革命文学的作家们提供有力的借鉴参考。值得一提的是，这样一种有助于左翼文学发展的著作汉译本，却是由一份基督教背景刊物《青年进步》所刊出的，足见当时左翼思潮的文化影响力之广，渗透力之强。

有趣的是，何子恒的大哥何畏（何思敬，1896—1968）也曾翻译过奥尔金的《俄国文学指南》。学者何思敬早年留学于日本东京大学，与郭沫若、郁达夫、成仿吾等人交好，1921 年加入创造社，并以"何畏"的笔名在创造社刊物上发表文章。《创造季刊》第 1 卷第 4 期（1922 年 2 月）刊登了何畏的译文《俄罗斯文学便览》，标注"原著 Moissaye J. Olgin"。实际上，该文是何畏翻译自奥尔金《俄国文学指南》的第一部分"国民文学的成长"的"概论"（General Survey）。与何子恒相比，何畏的翻译水平高出一截，更为准确可靠。成仿吾在何畏译文后添加了两段说明，写道"原文简洁明快，俄罗斯文学的真髓，可以一读了然，何君的译文译甚忠实，一读此篇，就可以使我们兴起的地方一定不少，所以我急于把他登出"。而且，成仿吾还对奥尔金的原著进行了简要介绍，评价很高，"一种作品的真价，我们可以由他们本国人口里听出来，只此一端，已非别的俄国文学史所可企及"，由此期望何畏能尽快将全文译出。

三、奥尔金其他著作的译介

据笔者目前掌握的资料，奥尔金著作的汉译始于1918年。由学者汪彭年、汪馥炎等人创办的《戊午》杂志[1]在第1卷第2期刊登了奥尔金的文章《俄国新政府首领屈禄子吉之小史》（邵锳译）。[2]文章标明原作者是"美国亚细亚杂志 欧金 Moissaye J. Olgin"，所谓"屈禄子吉"即托洛茨基。译文为文言，介绍托洛茨基的生平，并对托氏的人格多有赞许，"氏之政策之价值若何，姑且不论，惟其人之志，始终不移，而行为正直光明，此则吾人所感断言者也"。原文是奥尔金为托洛茨基文集《我们的革命》（*Our Revolution*）所写的《列奥·托洛茨基生平简表》（*Leon Trotzky: Biographical Notes*），译者采用意译的方式译成。[3]

1936年第4卷第14期《新中华》刊登了张易的译文《高尔基的生活及其著作》（M. J. Olgin 作）。经核对原文，该文并非译自奥尔金在《俄国文学指要》中对高尔基的介绍，而是译自奥尔金的另一本书《马克西姆·高尔基：作家与革命者》（*Maxim Gorky: Writer and Revolutionist*）[4]。但是，该期《新中华》出版于1936年7月25日，此前不久，高尔基已经于1936年6月18日去世。因此，作者在译文的结尾添上了一句"不幸这颗巨星现在却坠陨了"，以为悼念。

奥尔金的文学作品也被中国文学界关注。《群鸥》第1卷第1期（1936年12月9日）刊登了渥丹的译文《春天里》，标明"犹太 Olgin 作"[5]；《大

---

[1]《戊午》，英文名为 *The Steed*，意为"坐骑、战马"，1918年5月创刊于上海，编辑者为戊午杂志社，主编为汪彭年，撰稿人有汪馥炎、邵锳、德彰、江夏生等。
[2] 邵锳，江苏常熟人，1920年毕业于上海圣约翰大学，曾任《万航周报》（1916）编辑，曾在《万航周报》《约翰生》（*St. John's Echo*，1899—1937）等杂志发表文章。参见《约翰年刊》（1920年2月）所刊邵锳毕业照及简介。另，曾有研究者错将邵锳指为女性（参见叶新.民国学人口中的简·奥斯汀[N].中华读书报，2014-11-19）。
[3] Leon Trotzky. Our Revolution: Essays on Working-Class and International Revolution, 1904-1917[J]. Trans. Moissaye J. Olgin, New York: Henry Holt and Company, 1918: 3–27.
[4] Moissaye J. Olgin. Maxim Gorky: Writer and Revolutionist[M]. New York: International Publishers, 1933.
[5]《群鸥》，月刊，1936年12月9日创刊，由群鸥月刊社编辑，主要编者有沈藕舍、李静、王雨萍等，是一份左翼文学刊物。

公报》（1937 年 1 月 10 日）刊登了作家姚雪垠（1910—1999）翻译的《春天里》，也标明"犹太 Olgin 作"。对比两份译文的内容可以判定是同一作品的两个译本。与其说《春天里》是小说，不如说它是抒情杂文。该文写道，在"五·一"节的时候，监狱中发生了纪念活动，囚犯们不惧敌人的淫威，挂出红旗，大声歌唱，并高喊口号"五一节万岁！"需要指出的是，《群鸥》创刊号上也刊登了姚雪垠的作品，因此，姚雪垠接触到奥尔金的《春天里》或许与渥丹的译文有关。此外，《中国青年》1926 年第 6 卷第 4 期刊登了署名"纯生"的译文《玛秀拉——新俄的少女》（M. J. Olgin 作）；《知识世界》1935 年第 2 卷第 7 期刊登了署名"石甫"的译文《在汽车王国里》（M. Olgin），注明译自"Za Industrizatsin"；《知识世界》1935 年第 2 卷第 11 期刊登了石甫翻译的奥尔金的另一篇文章《被忘记的人们》，注明"译自苏联 Izvestia 美国通讯"。需要说明的是，《玛秀拉——新俄的少女》是一篇散文，通过"我"对玛秀拉的观察和采访，形塑了一个苏联无产阶级知识女青年的清新形象；后两篇文章都是介绍美国社会的情况。其中，*Izvestia* 即苏联《消息报》，可以推断《被忘记的人们》与《在汽车王国里》是奥尔金作为通讯作者向《消息报》的供稿。

奥尔金的著作还曾以其他形式在中国传播。在 20 世纪 20 年代初期，奥尔金的著作已经进入了中国大学的图书馆，得以有机会与青年学生、教师相遇。1921 年 12 月 26 日，《北京大学日刊》（*The University Daily*）上刊出一则"图书部典书启事"，催促借书人归还奥尔金的 *The Soul of Russian Revolution* 一书。经查，北京大学图书馆所藏的版本是奥尔金著作 1917 年的初版本。而且，该书为李大钊担任北京大学图书馆主任时所购买。[1] 或许，李大钊已经注意到了奥尔金这位身份特殊的俄国问题专家的著作。1921 年 12 月，上海的英文报纸《大陆报》（*The China Press*）也曾以英文刊登了奥尔金的文章《俄国革命的现状》（*The Russian Revolution Today*），介绍俄国国内的情况。

---

[1] 邹新明，陈建龙. 从北京大学图书馆《1919—1920 年西文图书登录簿》看李大钊对马克思主义的引进与传播［J］. 大学图书馆学报，2019，37（5）.

四、"离散者"知识的跨境传播

综上所述，出生于俄国却远居美国纽约的"离散者"奥尔金的相关著作已经成为当时中国知识分子了解俄国文学、革命与社会现实的一个重要知识来源。[1] 奥尔金独特的人生经历与文化背景，让他的作品成为一战后美国（乃至整个英语世界）知识界了解俄国19世纪至20世纪初期文学史，乃至了解俄国革命的重要窗口。沈雁冰、郑振铎等中国知识分子纷纷阅读并译介奥尔金的《俄国文学指要》，整体上都属于20世纪二三十年代中国现代文学史上俄国文学热潮的一部分。同时，作为"离散者"的奥尔金在美国撰写的俄国文学史研究专著，经由中国译者的汉译与读者见面，并为1928年前后中国左翼文学思潮推波助澜，这既是20世纪世界文学知识跨境传播的一个典型事件，也尝试开辟了中国文学接受俄国文学与文论资源的一条特殊路径。

令人稍感遗憾的是，在20世纪二三十年代，中国译者们对奥尔金的生平资料掌握尚属有限，对其特殊的犹太裔身份以及他与俄国革命之间复杂的历史关联也并未多做介绍。但是，奥尔金本人对苏联抱有深厚的感情，他也被美国左翼人士认为是沟通两国的重要桥梁。在20世纪二三十年代，奥尔金等俄裔美籍左翼人士曾多次访问苏联，返美后通过报刊等媒介积极介绍苏联的社会情形。接替奥尔金成为《明日自由》编辑的佩萨克·诺威克（Pesach Novick，1891—1989）在评价奥尔金时曾说道："苏联是奥尔金的出生地，他在那里度过了青少年时期，也正是在苏联，奥尔金经历了第一次暴风雨般的斗争。美国是他选择的家园……他深切地了解并且热爱这两个国家，因此他是两国之间合适的中间人。"[2]

---

[1] 此处的"离散"（diaspora）主要指奥尔金寓居异域，又与俄国（或苏联）保持密切联系，而不涉及他的犹太族群认同等问题。
[2] Daniel Soyer. American Jews Visit the Soviet Union in the 1920s and 1930s [J]. Jewish Social Studies, 2000, 6(3): 131-132.

"儒术"与"奴术"

——鲁迅《儒术》与胡适《说儒》思想之论析

李诗男[1]

[摘要] 鲁迅带有学术性的政论文《儒术》与胡适怀藏政见的学术论文《说儒》均完成于1934年。他们敏锐地感知到了时代的脉搏，在文章中自觉或不自觉地将"儒家传统"与"亡国奴"进行道德层面上的关联思考。前者主要从"政治道德"层面将儒家文化诋为奴隶道德；后者则力图学术性还原儒家文化发轫时期，作为亡国奴的"政治位格"，以考察其伦理底色。他们的思考在一定程度上分别继承了章太炎对儒家文化的两种现代性反思模式，即政治批判与学术梳理。前者本质上是一种主体意义上"自我批判"的延伸，而后者则从现代学术建构的角度将儒家文化进行了"客体化"和"对象化"的提纯。

[关键词] 儒家传统　亡国奴　政治　学术

"五四"已过百年，对"五四"的反思也将迈入新纪元。这场以救亡与启蒙为背景，以高扬西方现代文明、摧陷传统文化及其伦理价值体系为核心旨趣的绝大事件，仍然支配着当今国人文化生活的基本脉络。要理解当下中国所面对的文教格局、伦理生活中的困境体验，就必须回溯至百年前那次对自我文明根基的重审与重构。而作为"五四"的两大标志性人物，鲁迅与胡

---

[1] 李诗男，香港大学博士，现任南京大学海外教育学院助理研究员。研究方向为中国近现代文学及思想、文艺理论。

适对于传统文化所作的批判性思考无疑最为重要，影响力也最持久。对此，本文无意在大量前贤论著的基础上铺陈二人对传统文化的认识[1]；仅试图比较他们写作于同一时间点、有着近似题旨的《儒术》与《说儒》，以点带面地呈现他们在反思文明传统方面重要的路径分歧。

时间倒回1934年，时值华北事变爆发的前夕，华夏大地风雨飘摇。现代中国最著名的两位知识精英似乎同时嗅得了危机的预兆。是年6月，北平《文史》月刊刊登了鲁迅一篇意味深长的学术性杂文《儒术》；稍早之前的5月，胡适则完成了他"平生论学文当中特别优美而富于想象力"[2]的宏文《说儒》，发表于中研院的《史语所集刊》上。这两篇几乎完成于同一时间、同样讨论儒家传统的文章，巧合地出现了有趣的相同点：他们都将"儒家"与"亡国奴"进行了关联思考。不难感知，在鲁迅的信手征引与胡适的玄思举证背后，都渗透了深切的时代关怀；此中既有对自我的反省批判、对传统伦理及其现代转向的忧思惕戒，也有关于未来政治、学术的变革诉求。细察之下，便能够体悟"新""旧"传统演变之际知识分子的焦灼与苦虑。

一、儒术：异代之际的儒生品行

诚然，批判儒家、批判中国传统文化的文字，在《鲁迅全集》中触目皆是，《儒术》文风不是最犀利的，相形之下并不显眼。但或许受到独特时代氛围的感染，此文别有一番深婉的旨趣，短小却略显阐缓的写作，令人顿生"亡国之音哀以思"的悲慨。

《儒术》一文的悲慨，源于鲁迅读史之后，对古代儒士人格的失望。儒

---

[1] 鲁迅与胡适对于儒家传统的看法，学者会时常论及。关于鲁迅，学者多从其反传统面向切入，梳理他对文明本体与国民性的批判。钱理群《心灵的探寻》、李欧梵《铁屋中的呐喊》、汪晖《反抗绝望》、田刚《鲁迅与中国士人传统》等著作都有涉及。而关于胡适，不少著作注意到他个人思想中具有一定的理学底色，如贾祖麟《胡适之评传》、杨国良《胡适的精神之旅》等。罗志田《再造文明之梦：胡适传》、宋剑华《胡适与中国文化转型》则关注胡适思想对于新旧文化转型的意义。尤小立《胡适之〈说儒〉内外：学术史和思想史的研究》直面《说儒》这一胡适最重要的学术篇章，梳理了文本自身的学理脉络，和隐藏在文本之中、面对时代议题所激发出的现实关怀。
[2] 陈来. 说说儒——古今原儒说及其研究反省［M］. 原道（第2辑）北京：团结出版社，1995：319.

者娴习圣贤之书，当有道德操守，可史书所载却并非如此。文中他先是讽刺了"大儒"元好问在金朝危亡之际为叛将歌功颂德、并北上请元世祖忽必烈为"儒教大宗师"的名节污点；后又引入了一则史事：宋末元军包围合肥之时，昔日的"儒户"子弟曾毫无廉耻地出城为征服者"唱赞道引"，逢迎新主。对此失格之举，原叙述者竟站在元统治者的立场赞扬"儒者之泽深且远"；而去古已远的鲁迅则不吝以辛辣的笔法批判亡国异代之际儒生的"奴颜媚骨"，认为"这是'中国人才'们献教、卖经以来，'儒户'所食的佳果"。最后，鲁迅引述了《颜氏家训·勉学》中的一段文字，那是他在当年5月20日的无线电广播中听到的一段话。正是这段话，触发其写作《儒术》一文：

> 有学艺者，触地而安。自荒乱已来，诸见俘虏，虽百世小人，知读《论语》《孝经》者，尚为人师；虽千载冠冕，不晓书记者，莫不耕田养马。以此观之，安可不自勉耶？若能常保数百卷书，千载终不为小人也。……谚曰："积财千万，不如薄伎在身。"伎之易习而可贵者，无过读书也。[1]

这段看似励学实则极为功利的文字，借由现代设备播放出来，晚年鲁迅似乎感受到了"古""今"之间悬隔千载却又不绝如缕的联系，从中听出了无限悲慨。他讽刺的笔触自然浸染了感时忧国的愁绪：

> 这说得很透彻：易习之伎，莫如读书，但知读《论语》《孝经》，则虽被俘虏，犹能为人师，居一切别的俘虏之上……现在忽由播音，以"训"听众，莫非选讲者已大有感于方来，遂绸缪于未雨么？"儒者之泽深且远"，即小见大，我们由此可以明白"儒术"，知道"儒效"了。[2]

---

[1] 颜之推.颜氏家训集解（第3卷）[M].北京：中华书局，1993：148，157.
[2] 鲁迅.且介亭杂文·儒术[M]//鲁迅全集（第6卷）.北京：人民文学出版社，2005：34.

所谓"儒术""儒效",便是"奴术""奴效"了。其中"大有感于方来,遂绸缪于未雨"正可见出鲁迅所忧。历史不断重演,中国重临危殆,此时统治者以播音训导听众的,又是在教人民如何做好"亡国奴"。[1]其实,"几乎读过十三经"[2],及长却"绝望于孔夫子和他的之徒"[3]的鲁迅,早已在心中将"儒术"与"奴术"关联在了一起。在他眼中,"儒术"本质上不过是一种在政治威压面前选择臣服与自欺的奴隶道德,而深受儒家文化支配的中国历史进程,亦不过是"暂时做稳了奴隶"与"想做奴隶而不得"的"治乱循环"。[4]这种甘于受虐乃至自虐的奴隶道德似乎满是自欺欺人的虚伪,恰如鲁迅论"君子远庖厨"时所言,是"嘴里吃得着肉,心里还保持着不忍人之心,又有了仁义道德的名目,不但骗人,还骗了自己,真所谓心安理得,实惠无穷"[5]。如果在凌辱面前选择臣服与自欺,便是千百年来人们所信守的伦理价值,那"儒术""儒效"理应令国人感到无比悲哀了。

同时也应当注意,鲁迅对儒家传统的批判不但带有强烈的情绪,且有着清晰的政治诉求,即挣脱名教枷锁,通过终结"老调子"来迎接输入性的文化革新机遇。在1927年的《在香港青年会讲》一文中,鲁迅认为中国历史从未摆脱"革新失败—唱尊儒的老调子—亡国"的政治怪圈,并总结道:"中国的文化,都是侍奉主子的文化,是用很多的人的痛苦换来的。无论中国人,外国人,凡是称赞中国文化的,都只是以主子自居的一部分……保存旧文化,是要中国人永远做侍奉主子的材料,苦下去,苦下去。"[6]"侍奉主子的文化"主要指的是"儒家文化"。在鲁迅看来,儒家千百年来对知识精英

---

[1] 从这里,可以侧面把握鲁迅对颜之推及其《家训》的看法。在谈论1933年著名的"扑空事件"时,他对屡作贰臣的颜氏已有论断,认为其历事三朝,服事胡人,却"谈古典,论文章,儒士似的",是"亡国奴房"贪生怕死的无耻行径。鲁迅.准风月谈·扑空[M]//鲁迅全集(第5卷).江苏凤凰文艺出版社,2020:248.
[2] 鲁迅.华盖集·十四年的"读经"[M]//鲁迅全集(第3卷).北京:人民文学出版社,2005:138.
[3] 鲁迅.且介亭杂文二集·在现代中国的孔夫子[M]//鲁迅全集(第6卷).北京:人民文学出版社,2005:326.
[4] 鲁迅.坟·灯下漫笔[M]//鲁迅全集(第1卷).北京:人民文学出版社,2005:225.
[5] 鲁迅.准风月谈·王道诗话[M]//鲁迅全集(第5卷).北京:人民文学出版社,2005:51.
[6] 鲁迅.集外集拾遗·老调子已经唱完——二月十九日在香港青年会讲[M]//鲁迅全集(第7卷).北京:人民文学出版社,2005:326.

的道德教养,恰恰驯化出国人欠缺强力健硕的卑贱品格,这种毒素潜藏在我们的"国民性"之中。对鲁迅影响至深的尼采在《善恶的彼岸》中曾将温和谦恭贬低为"奴隶道德":

> 奴隶的目光对于有权势者的美德是忌惮的……在这里,同情、亲切的乐于助人的手、温暖的心、耐心、勤勉、谦恭、友善获得了尊敬——因为,在这里这些是有用的品性,几乎是承受此在压力的唯一手段。[1]

显然,"温柔敦厚"与昂扬高蹈、充溢着贵族精神与权力意志的"主人道德"是相对的。鲁迅对儒家道德的指控,也许并未全然承袭尼采的批判思路,却鲜明地继承了尼采思想中独有的对于普遍善恶观念的颠覆性。温柔谦恭的君子教养,不过是儒家为统治阶层针对被统治者构思出的一套奴役之术。翻开儒家典籍,尽是些堂皇的道德教化言辞和令人麻痹致幻的"王道政治"想象;而阅读史籍看看儒家的"治绩",却只有压抑痛苦的灵魂,与卑私怯懦、颓靡虚伪的所谓"国民性"。故而鲁迅奉劝大家不要"读经",因为"看不见读经之徒的良心怎样",那些读经的"聪明人"生活在"这曾经文明过而后来奉迎过蒙古人满洲人大驾了的国度里……读一点就可以知道,怎样敷衍,偷生,献媚,弄权,自私,然而能够假借大义,窃取美名"[2];而"读史,就愈可以觉悟中国改革之不可缓了,虽是国民性,要改革也得改革"[3]。

"侍奉主子"的"老调子"已经唱完,在残酷的现代世界政治丛林中,"安弱守雌,笃于旧习,固无以争存于天下"[4],正如鲁迅引尼采《扎拉图斯特拉如是说》中所言:"求古源尽者将求方来之泉,将求新源。嗟我昆弟,新生之作,新泉之涌于渊深,其非远矣。"[5]尼采之于欧洲柏拉图主义影响下的

---

[1] [德]尼采.善恶的彼岸[M].赵千帆,译.北京:商务印书馆,2015:265.
[2] 鲁迅.十四年的"读经"[M]//鲁迅全集(第3卷).北京:人民文学出版社,2005:138.
[3] 鲁迅.华盖集·这个与那个[M]//鲁迅全集(第3卷).北京:人民文学出版社,2005:149.
[4] 鲁迅.文化偏至论[M]//鲁迅全集(第1卷).北京:人民文学出版社,2005:57.
[5] 鲁迅.文化偏至论[M]//鲁迅全集(第1卷).北京:人民文学出版社,2005:65.

基督精神有如撒旦，鲁迅似乎也愿做掘墓儒家文化的摩罗。他在《摩罗诗力说》中有过一段"改文从质"式的论述："尼佉（Fr·Nietzsche）不恶野人，谓中有新力，言亦确凿不可移。盖文明之朕，固孕于蛮荒，野人狉獉其形，而隐曜即伏于内。文明如华，蛮野如蕾，文明如实，蛮野如华，上征在是，希望亦在是。惟文化已止之古民不然：发展既央，隳败随起，况久席古宗祖之光荣，尝首出周围之下国，暮气之作，每不自知，自用而愚，污如死海。其煌煌居历史之首，而终匿形于卷末者，殆以此欤？"[1] 即使这文明传统曾经伟大过，面对惨痛无比、暮气沉沉的时局，国人也有必要从一种对文明优越感的过度陷溺中自拯出来，"尊个性而张精神"，挣脱那些令"灵明日以亏蚀，旨趣流于平庸"的文教礼法和道德虚文，恢宏主体的能动意志以使"奴隶之邦"进于真正意义上的"人国"[2]。

可以说，相比于早期洋溢着理想主义色彩的《文化偏至论》《摩罗诗力说》，晚年的《儒术》一文着实凝萃了鲁迅乱世当中的哀思与真诚的变革诉求，故不难感知这文字之下浓烈的主观感情。而同一时期，胡适在更有影响力的学术鸿篇《说儒》中，却似乎呈现出一番对儒家传统进行"学理反思"的面貌。在这学术"客观性"的包裹之下，我们同样不难进入胡适的心灵世界。

二、说儒：亡国柔儒的学理诠释

对自己这篇一新耳目的论文，胡适曾不无自得地说过："《说儒》将提出中国古代学术文化史的一个新鲜的看法，我自信这个看法，将来大概可以渐渐得着史学家的承认。虽然眼前还有不少怀疑的评论。"[3] 可见在他本人看来，

---

[1] 鲁迅.文化偏至论[M]//鲁迅全集（第1卷）.北京：人民文学出版社，2005：66.
[2] 增田涉在《鲁迅的印象》一书中认为鲁迅对"民族的奴隶地位的自觉，是跟他的'人'的自觉相联结的"。[日]增田涉.鲁迅的印象[M].钟敬文，译.长沙：湖南人民出版社，1980：52-53. 另正如唐弢所考察的，鲁迅对尼采的热忱虽一以贯之，对尼采思想的看法却也前后有别。唐弢.唐弢文集（第7卷）[M].北京：社会科学文献出版社，1995：516-529.
[3] 胡适.胡适全集（第四卷）[M].合肥：安徽教育出版社，2003：1. 关于《说儒》前后出现的分析批评，大致有冯友兰《原儒墨》、郭沫若《驳说儒》、钱穆《驳胡适之说儒》、李源澄《评胡适说儒》、贺次君《说儒质疑》、杨向奎《读说儒》等看法与驳论。

《说儒》一文有着超出时代的创见。那么，这种"建设性"究竟限于"学理"之域，或尚有更高的意旨？

答案显而易见，《说儒》本就不是一篇纯粹的学术论文[1]，试由文中激越之处领略胡适的意图。此文的首个议题便是"儒"的起源，胡适开辟鸿蒙般地认为："儒"起于殷周异代之际，旧朝奴虏中的教士，他们通过遵循"亡国遗民的柔逊的人生观"，反成为了新朝的师儒。其中他引用《尚书》中记载周人调教殷商奴虏的《多士》篇，并列举西方文明中类似的史实作类比感叹道：

> 这是何等严厉的告诫奴隶的训词！这种奴隶的生活是可以想见的了……殷商的知识分子……在那新得政的西周民族之下，过的生活虽然是惨痛的奴虏生活，然而有一件事是殷民族的团结力的中心，也就是他们后来终久征服那战胜者的武器——那就是殷人的宗教。[2]

不难测知，这段"主奴辩证法"式的论述颇有溢出学术之外的痕迹。其中的现实指向或许就是20世纪30年代的中国。殷人军事上亡国后，通过守护他们名之为"儒"的所谓"宗教"，恪守柔逊的奴隶道德，静待"王者"的兴起，终令主、奴"攻守异势"。千百年后的今天，中国人民是否仍然可以通过"文化立教"的方式再次"从奴隶里爬出来"，"终究征服那战胜者"？

对早期源于"亡国奴"的"柔儒"作风，胡适嗤之以鼻："他们那种长袍大帽的酸样子，又都是彬彬知礼的亡国遗民，习惯了'犯而不校'的不抵抗主义，所以得着了'儒'的浑名。"紧接着他极富想象力地区分出老子式的、主于柔道的"老儒"，与孔子式的、带有刚健精神的"新儒"，并肯定孔子"把那亡国遗民的柔顺取容的殷儒抬高到那弘毅进取的新儒"，这种"新

---

[1] 尤小立详考了胡适写作《说儒》时所面临的惨痛时局和复杂心理，见尤小立.胡适之《说儒》内外学术史和思想史的研究[M].北京：北京大学出版社，2018：304-335.
[2] 胡适.说儒[M]//胡适全集（第四卷）.合肥：安徽教育出版社，2003：15-16.

运动的新精神"不再是老子的柔道所能包涵的。[1]然而在胡适看来，他对以孔子为代表的"新儒"仍有不满。《说儒》一文的"曲终奏雅"十分有趣，他将儒者类比于"犹太'文士'（Scribes）和'法利赛人'（Pharisees）"，二者被耶稣诋为"熟于典礼条文，而没有真挚的宗教情感"。同样在胡适看来，儒者对自己的职业"丧葬之礼"，也缺乏真挚的宗教情感，"儒教"像是被"阉割"了的宗教，所谓对鬼神"祭如在""未能事人，焉能事鬼"的暧昧态度，依违于知识上"超宗教"的理智与职业上的"宗教性"之间，这既缺乏宗教引领民众时必要的炽热激情，又不能全然理智地体察把握这个世界，以实现对民众的启蒙，故而不过成为了一种温吞无力的催眠和麻痹。[2]在蒙昧的奴隶时代，民众真正需要的"王者"，应是一位耶稣式的"民众的'弥赛亚'"，儒家的不彻底性使其很难出现伟大的宗教领袖。相较而言，"尊天信鬼"的墨家思想更适宜用来领导奴隶起义：

> 这个五百年应运而兴的中国"弥赛亚"（按：指儒家）的使命是要做中国的"文士"阶级的领导者，而不能直接做那多数民众的宗教领袖……民众还得等候几十年，方才有个伟大的宗教领袖出现。那就是墨子。[3]

此处的墨子从先秦名学系统中具有科学理性和逻辑精神的哲人，一变而为从奴隶堆里爬出来领导起义的"救世主"。在胡适看来，"儒""墨"皆起于奴隶阶层，前者的不彻底性使其限于精英内部的教育培养；后者则具备

---

[1] 胡适.说儒[M]//胡适全集（第四卷）.合肥：安徽教育出版社，2003：82-83。胡适早年其实受老子"柔道""不争"哲学的熏染极深。如《中国哲学史大纲》中他对老子"不争而争"的思想颇有领悟："老子时的小国，如宋，如郑，处列强之间，全靠柔道取胜。故老子提出这个不争主义，要人知道柔弱能胜刚强；要人知道'夫唯不争，故天下莫与之争。'他教人莫要'为天下先'，又教人'报怨以德'。他要小国下大国，大国下小国。他说暂时吃亏忍辱，并不害事。要知'物或损之而益，或益之而损'。"欧阳哲生.探寻胡适的精神世界[M].台北：秀威咨询出版社，2011：170.
[2] 胡适.说儒[M]//胡适全集（第四卷）.合肥：安徽教育出版社，2003：87.
[3] 胡适.说儒[M]//胡适全集（第四卷）.合肥：安徽教育出版社，2003：88-89.

足够的宗教能量和严密的组织结构，可以引导民众觉醒和奴隶起义。[1]故考虑到他对"宗教"与"奴道"的关联性思考，对"儒""墨"两家抑彼扬此的鲜明态度，我们有理由将视野移出学术之外，进而怀疑他所要"救"的"世"，也许正是当年的中国。

　　《说儒》的"建设性"不仅体现于学术，且有着明显的政治诉求，当中所提出的更大的问题是：是日位居"奴隶地位"的中国人民，如何才能翻身做主。通过这番学术思考，胡适给出了他的建设方案：立"宗教"。可以说，胡适对"立教"的思考曾经历过曲折的变化发展过程，"宗教"一词的定义在他那里也显得有些独特。胡适自幼年起便在心中埋下了"无神论"的种子，故其所谓"宗教"非仅神学意义上的狭义宗教，更多的是指一套足可对广大民众形成感召力的信仰价值体系，但凡能塑造民众信仰心的，在胡适眼中也便具有了宗教性。在1928年的《名教》一文中，胡适认为儒、释、道三教式微，中国看似"是个没有宗教的国家"，实际上"却还有我们的宗教……提起此教，大大有名，他就叫做'名教'"[2]。这里的"名教"便很难说是一般意义上的宗教，不过是带有神秘性，能生产"迷信"而已。到了1933年演说"儒教的使命"时，胡适便提出了关于建立时代"新教"的独特观点：

> 儒教……已经死了。他是自杀死的……想要抛弃自己一切逾分的特权，想要抛弃后人加到那个开创者们的经典上去的一切伪说和改窜……一个现代的宗教的最后一个大使命就是把宗教的意义和范围扩大、伸长……一切宗教开头，都是道德和社会的教化的大体系，归结却都变成了信条和仪式的奴性的守护者……凡是要把人教得更良善、更聪智、更有道德的，都有宗教和精神的价值；更都应当认清楚科学、艺术、社会

---

[1] 据钱穆考证，"墨"与"奴"的联系非常紧密，墨子之"墨"并非其姓，而是"黥面"之刑的称呼，"墨刑"正用于身犯重罪的"奴隶"身上，"墨家乃以奴隶之道唱于一世，以与儒术相抗行也"。见钱穆先秦诸子系年 [M]. 九州出版社, 2011: 93.
[2] 胡适. 名教 [M] // 胡适全集（第三卷）. 合肥：安徽教育出版社, 2003: 61.

生活都是我们新时代、新宗教的新工具，而且正是可以代替那旧时代的种种咒语、仪式忏悔、寺院、教堂的。[1]

这番演讲与《说儒》的发表时间较为接近。《说儒》所力图还原的，似乎便是作为"宗教开头"的"道德和社会的教化的大体系"的"儒"；而去除伪饰繁文，重返作为"宗教原点"的纯粹教化，似乎是"现代儒教"最好的归宿。不难感知，在胡适眼中，时下中国所需要的宗教，并非传统意义上的有神论宗教，而是科学、艺术的现代宗教，即通过科学、艺术和社会生活本身来重建民众的信仰，锻塑凝聚力。这种看法虽然显得笼统，但以"现代宗教"团结水深火热中的"奴隶"，或许正是胡适幽微难测的关怀所在，亦是其长期关注墨子思想的原因，毕竟在他眼中，只有墨子兼具科学精神与宗教情感，充分挖掘墨学思想，或许能找到一条拯救奴隶于水火的救世之途。

如果以尼采思想为尺度将鲁迅与胡适作一对比，不难发现二者的区别。在《论道德的谱系》中，尼采曾大力批判犹太精神，他将救世主耶稣称为"最阴险可怕、最难以抗拒的诱惑"，认为他是以一种"迂回"的方式带领奴隶去实现"有远见的、隐蔽的、缓慢的和严密策划的报复"[2]。鲁迅孜孜于改造国民性的话题，试图以刚健无匹的"主人道德"直接提撕民众麻木不仁的心性状态，这种思想对于长期占据主导的儒家文化而言无疑具有革命意义；相较而言，胡适则似乎更相信"奴隶必胜，主人必败"，即试图对儒家传统进行某种现代改良，使之成为当代中国"奴隶"们"终究征服那战胜者的武器"。即此而言，胡适不论再怎么鄙弃"寄生虫"一般的奴隶状态，都似乎不得不站在了尼采所批判的犹太精神一边了，即那种通过迂回和隐忍来达到复仇目的的奴隶道德一边。但同时也必须注意到，胡适立教救亡论带有鲜明的启蒙色彩，面对眼下时局，他试图在理性启蒙和宗教感召之间找到一条中道，使蒙昧的、居于奴隶地位的中国人民能沐浴到科学与艺术精神的光芒。

---

[1] 胡适.儒教的使命[M]//胡适全集(第八卷).合肥：安徽教育出版社，2003：75-78.
[2] 尼采.论道德的谱系[M].周红，译.北京：生活·读书·新知三联书店，1992：19-20.

三、政、学之间：章太炎的两个儒家

至此，在鲁迅带有学术性的政论文《儒术》与胡适怀藏政见的学术论文《说儒》中，原本"七窍混沌"的儒家显出了两个清晰的"现代面向"，一是在"政治"上被批判贬损为"奴术"的儒家传统，一是被从"学理"上被解释梳理成"奴术"的儒家传统；鲁迅"政治"上的"批判""反抗"有赖于"学理"落实，胡适"学术"上的"梳理""建设"又回应了某种"政治"诉求，故不难感知"政""学"两端在其中的牵引作用。而在笔者看来，儒家传统呈现出的这两个现代面向，与章太炎在现代中国政、学关系构建之初时的示范作用有很大关系。

陈平原讨论中国现代学术建立时，敏锐地将焦点放在章太炎对政、学关系的认识上。[1] 如章氏一以贯之的观点"学以求是，不以致用"所示，现代学术的建立表现为对学术自身的"内在标准"，即"求是"原则的发现上，学术由此在观念上被"提纯"，其中滤除掉的"杂质"便是"致用"的"政治"因素。政治的归政治，学术的归学术，章太炎所试图实现的是二者的区分关系；沿此而来，现代学术的隐含路径，便是一种"纯粹化""客观化"的发展方向。衡之思想史，此一进程无疑有着重大意义，但就中国"政""学"发展的历史实际而言，这个"面向未来"的"纯学术"议题在当时便难以实现。章太炎本人同样终生陷入"政""学"的纠缠中，这种状态尤可征之于他的两部巨著《訄书》与《国故论衡》。其中，《訄书·订孔》篇与《国故论衡·原儒》篇所呈示的两种反思"儒家传统"的路径，对理解鲁迅与胡适的看法尤有意义。

《訄书》者，"逑鞠迫言"之书也，是章太炎的时文政论集。1904年，章氏在其《訄书》重印本中加入了《订孔》篇，从过去的"尊儒"一变而为"非儒"。此文发端便移译日人远藤隆吉《支那哲学史》云：

---

[1] 陈平原.中国现代学术之建立：以章太炎、胡适之为中心［M］.北京：北京大学出版社，1998：28-154.

> 远藤隆吉曰："孔子之出于支那,实支那之祸本也。……处于人表,至岩高,后生自以瞻望弗及,神葆其言,革一义,若有刑戮,则守旧自此始。故更八十世而无进取者,咎亡于孔氏。祸本成,其胙尽矣。"[1]

据王汎森考证,章氏的翻译与原意相去甚远,远藤氏对孔子推崇备至,而章太炎却有意扭曲其意图,以达到"订孔"目的。[2] 文中将中国文化"守旧"归咎于孔子,孔学盛名之下其实难副。章氏接续晚清古文经学传统,"深恶长素欲立孔教"[3],可以说他所谓的"订孔"与鲁迅对儒家带有策略性的抨击方式其实颇为接近,即通过将孔子去圣还原为"古之良史"[4],来打倒今文家心目中的"素王"与"教主"。在章太炎看来,儒学"宗教化"的"老调子"同样已经唱完,中华文明必须在深度的革命震荡中才能获得自我拯救,"抑自周、孔以逮今兹,载祀数千,政俗迭变,凡诸法式,岂可施于挽近","人事百端,变易未艾,或非或是,积久渐明,岂可定一尊于先圣"。[5] 在这种变革意图的指引下,他在《论诸子学》(又名《诸子学略说》)等演讲中更是将批判的矛头引向了儒术的"政治道德"层面,大肆抨击"儒家之病,在以富贵利禄为心","用儒家之道德"必然"艰苦卓厉者绝无,而冒没奔竞者皆是"[6],所谓儒者实"湛心荣利"之徒,道德理想皆可弃之不顾;孔子自己亦不过依人作嫁,志气卑琐,更教导弟子主动给帝王当奴才,"不敢觊觎帝位,及到最下一级,便是委吏乘田,也将就去做了",因此,"孔教最大的污点,是使人不脱富贵利禄的思想"。

不难发现,章氏对儒家文化培养奴隶道德的指控,对儒术中内含"劣根性"的发掘,于鲁迅无疑有着深远影响。在鲁迅的心中,太炎先生是一位

---

[1] 章太炎.订孔[M]//章太炎全集 訄书重订本.上海:上海人民出版社,2014:132.
[2] 王汎森.章太炎的思想(1868—1919)及其对儒学传统的冲击[M].台北:时报文化出版社,1985:179-181.
[3] 王汎森.章太炎的思想(1868—1919)及其对儒学传统的冲击[M].台北:时报文化出版社,1985:183.
[4] 章太炎.订孔[M]//章太炎全集 訄书重订本.上海:上海人民出版社,2014:133.
[5] 章太炎.与人论朴学报书[M]//章太炎全集 太炎文录初编.上海:上海人民出版社,2014:155.
[6] 章太炎.论诸子学[M]//章太炎全集 演讲集.上海:上海人民出版社,2015:52-53.

"有学问的革命家",即视其为有"学术"反思能力的"政治家",《訄书》对于鲁迅是一部"读不断,当然也看不懂"[1]的著作。显然,鲁迅诋"儒术"为"奴术",即是集矢于"政治道德"的层面,这一看法延续了章太炎订孔非儒的基本思路。然值得思考的是,在批判奴隶道德的过程中,"传统"看似是外在于己的、被批判的"对象",实则鲁迅从未将儒家传统真正的"对象化"。试观鲁迅《魏晋风度及文章与药及酒之关系》中对嵇、阮狂狷之行的剖析:

> 嵇阮的罪名,一向说他们毁坏礼教……表面上毁坏礼教者,实则倒是承认礼教,太相信礼教。因为魏晋时所谓崇奉礼教,是用以自利……老实人以为如此利用,亵渎了礼教,不平之极,无计可施,激而变成不谈礼教,不信礼教,甚至于反对礼教。但其实不过是态度,至于他们的本心,恐怕倒是相信礼教,当作宝贝,比曹操司马懿们要迂执得多。[2]

鲁迅关注魏晋风度源于太炎,其旨趣在于贬抑正统,揄扬异端,而魏晋名士于他而言当有自况之意。如果将这段话视作其"夫子自道",那他的"非汤武而薄周孔"岂不与古人一样"实则倒是承认礼教,太相信礼教"?鲁迅的"国民性"批判源于自我的灵魂剖析,如他自己所言"我的确时时解剖别人,然而更多的是更无情面地解剖我自己","我常疑心这和读了古书很有些关系,因为我觉得古人写在书上的可恶思想,我的心里也常有","我常常诅咒我的这思想,也希望不再见于后来的青年"[3]。古之"儒士"以至今之"知识分子"是左右民族发展的精英,如果这群人依违奴态,没有挺立的脊梁,那民族便无望了。所以每当他说到"我们"的国家民族、"我们"的政治文化之时,常动情而致激。在此意义上,鲁迅对于"儒术"的批判,首先

---

[1] 鲁迅.且介亭杂文末编·关于太炎先生二三事[M]//鲁迅全集(第6卷).北京:人民文学出版社,2005:565.
[2] 鲁迅.而已集·魏晋风度及文章与药及酒之关系[M]//鲁迅全集(第3卷).北京:人民文学出版社,2005:535.
[3] 鲁迅.坟·写在《坟》后面[M]//鲁迅全集(第1卷).北京:人民文学出版社,2005:300-302.

是一场自我的"灵魂革命",先将自己纳入要批判的大传统之中,故恰有古列士忍辱负重的精神根柢,只是表现方式极端而苦痛。

如果说《儒术》的关注点在"政治道德"层面,那么,胡适的《说儒》则试图力避价值判断以还原儒家在历史上的"政治位格"。这种思考的达成同样深受章太炎的影响。[1] 在《订孔》篇出现之前,章氏作《狱中自记》曾表白心曲,认为"上天以国粹付余",自己不能抱残守缺,使"支那闳硕壮美之学,而遂斩其统绪,国故民纪,绝于余手",必须"官其财物,恢明而光大之"。[2] 而这种意图更完整的表达,则见于《国故论衡·原学》:

> 世之言学,有仪刑他国者,有因仍旧贯得之者……通达之国,中国、印度、希腊,皆能自恢扜者也。其余因旧而益短拙,故走他国以求仪刑……夫赡于己者,无轻效人……然世人大共傈弃,以不类远西为耻,余以不类方更为荣,非耻之分也。[3]

《国故论衡》是中国现代学术的开山之作,而"国故"一词的出现恰好表明,现代学术的建立与将本民族的文化传统作"对象化"处理的认识有关。在此意义上,章太炎对传统的政学关系其实作出了深刻的现代化调整:一方面他希望颠覆"学以致用"的传统政、学关系逻辑,从学术自身的所谓"内在原则"出发完成中国学术的现代化,在此意义上,"我们"的传统必须变得"单纯"一些,被"客体化"或"对象化"为国故;而另一方面,他又希望这种已被"对象化"的国故能够再次"致用",即服务于某种国族政治意义上的"革命性"或"建设性",例如在"有所自得"并发扬光大的基础上去与"远西"学术一较长短,即"用国粹激动种性,增进爱国的热肠"。缘此,章太炎对中国学术"有所自得"的"建设",可称得上是一种"重建"

---

[1] 参见尤小立.胡适之《说儒》内外学术史和思想史的研究[M].北京:北京大学出版社,2018:55-73,358-370.
[2] 章太炎.癸卯狱中自记[M]//章太炎全集 太炎文录初编.上海:上海人民出版社,2014:145.
[3] 章太炎.章太炎全集国故论衡先校本.校订本[M].上海:上海人民出版社,2017:105-108.

了。他先是将带有鲜明"致用"倾向的儒家经典"历史化""客体化",屡次申说"经即最古之历史也"[1],"经者古史,史即新经"。如此一来,经典对于国人而言便不当再有"恒久之至道,不刊之鸿教"的文明本体意义,成为了"国故"。接着他又试图以这"家人旧契"般的"国故"发挥致用的妙效,"读史致用之道有二,上焉者察见社会之变迁,以得其运用之妙;次则牢记事实,如读家人旧契,产业多寡,了如指掌"[2],只有如此方能实现"制度变迁,推其沿革;学术异化,求其本师;风俗殊尚,寻其作始"[3]。

明确了这一思路,我们不难发现胡适《说儒》在政学关系维度上对于章太炎的继承性。胡适对《国故论衡》推崇备至,屡次称其为"精心结构而有系统的著作"[4]"古文学的上等作品"[5]。从精神上来看,胡适学术中对"国故"一词的传承显而易见。同样,《原儒》对《说儒》一文的影响亦自不待言。《说儒》发端即云:

> 太炎先生这篇文章(按:指《原儒》)在当时真有开山之功,因为他是第一个人提出"题号由古今异"的一个历史见解……太炎先生的大贡献在于使我们知道"儒"字的意义经过了一种历史的变化,从一个广义的,包括一切方术之士的"儒",后来竟缩小到那"祖述尧舜,宪章文武,宗师仲尼"的狭义的"儒"。[6]

与章太炎的思路相类似,胡适先是对儒家传统进行了一番"历史化"的思考,相对"客观"地还原了"亡国柔儒"的"政治位格";然而,他看似将传统彻底作为学术的"对象"了,却仍不免由此显出现实的政治关怀,试图通过对思想史进行学术梳理来为当下民族国家的政治走向提供思路与方

---

[1] 章太炎.国学之进步[M]//汤志钧编.章太炎年谱长编.北京:中华书局,1979:686.
[2] 章太炎.论读史之利益[M]//章太炎全集 演讲集.上海:上海人民出版社,2015:602.
[3] 章太炎.征信论下[M]//章太炎全集 太炎文录初编.上海:上海人民出版社,2014:52.
[4] 胡适.胡适日记1922年4月23日[M]//胡适全集(第二十九卷).合肥:安徽教育出版社,2003:597-598.
[5] 胡适.五十年来中国之文学[M]//胡适全集(第二卷).合肥:安徽教育出版社,2003:297.
[6] 胡适.说儒[M]//胡适全集(第四卷).合肥:安徽教育出版社,2003:3-4.

案，这便是所谓的"再造文明"。当胡适最终将"学术建设"转化为"政治建设"，将论文中的历史语境带入政治现状，进而以"奴隶地位"等同于人民的处境，以"儒"类比为当代知识精英之时，带领大众的"启蒙"任务，"非谈平等，则不能去奴隶心"[1]的"立教"使命，也自然落到他的肩上。同时，他建立"启蒙大宗教"的心愿，也建基于现代逻辑意义的"政""学"关系之上，现代政治与学术试图互相区隔却难以彼此割舍的关系，正是中国"革命"与"启蒙"变奏曲中值得重视的思考维度。

回到本文最初的话题，不论是鲁迅、胡适，甚或章太炎，都将"儒术"与"奴术"进行过于激进而简化的关联性思考。儒家传统深刻塑造了中华民族的主体文化，显然并非"奴术"二字所能概括，而对于儒家文化影响下产生的某些异质性的民族性格，或是在历史发展过程中所形成的陈规陋习，我们也应当合乎历史理性地、辩证地加以审视。然而，在近代中国剧烈动荡、深度变革的狂澜之中，知识精英们激烈的态度却是可以被理解的，因为这源自他们灵魂中真实的痛苦与深沉的家国忧虑。不论鲁迅从主体意义上的"自我批判"所延伸出的政治道德与文明批判，抑或胡适之急于将文明主体"客体化""对象化"，进而又希望这种新学术形态能迅速回应时代政治议题，当中都有着鲜明的儒家文化印记。即此而言，"以天下为己任"的儒家士大夫传统，或许正是通过这种方式影响了近代中国革命与启蒙的历史进程。

---

[1] 章太炎.建立宗教论［M］//章太炎全集 太炎文录初编.上海：上海人民出版社，2014：440.

论梁宗岱的诗歌翻译观念[1]

张文晨 熊 辉[2]

[摘要] 梁宗岱不仅是出色的诗歌翻译家,而且在翻译理论上提出了很多富有创见的观点。在译诗的语言方面,梁宗岱反对用口语和白话去翻译外国诗歌,维护文言的诗性特征;在译诗的句法方面,梁宗岱主张翻译诗行应该流畅自然,为保持原作的风格而采用直译的方式;在翻译诗歌的形式方面,梁宗岱主张译诗应该具有节奏感和音乐性,从而形成了译诗文体观念的系统性和完整性。

[关键词] 梁宗岱 诗歌翻译 文体观念 文体形式

梁宗岱是中国现代文学史上著名的诗人和诗论家,其对法国象征主义的中国化起到了不可或缺的推进作用。但他同时也是一位翻译家,朱自清先生在谈中国现代翻译诗歌时对梁宗岱作出了这样的评价:"不过最努力于译诗的,还得推梁宗岱先生。他曾将他译的诗汇印成集,用《一切的峰顶》为名,这里面英法德等国的名作都有一些。"[3] 梁宗岱的诗歌创作和诗歌翻译均

---

[1] 本文为国家社科基金项目"中国新诗的'以译代作'现象研究"(项目编号:18BZW171)的研究成果。
[2] 张文晨,西南大学中国新诗研究所博士研究生,主要从事翻译文学研究;熊辉,教授,博士生导师。
[3] 朱自清.译诗[M]//朱自清文集7学术论著卷Ⅳ——新诗杂话.台北:开今文化事业有限公司,1994:101.

受到了人们极高的肯定,如果说他的诗论被学术界冷落甚至是忽视的话,[1]那他的译诗理论更是成了研究的盲点。梁宗岱的译诗观念主要散发在他的诗论文章中,专门谈译诗的有《一切的峰顶·序》《杂感》《译事琐话》三篇,集中探讨梁宗岱译诗的文章近年来虽然逐渐增多,[2]但大多集中在翻译过程和翻译质量方面,专门论及梁宗岱译诗观念的成果并不多见。

---

[1] 比如姜涛在《论梁宗岱的诗学建构及批评方式》中说:"在中国现代文学研究中,(梁宗岱——引者)这位极富特色的理论批评家并没有被充分关注。"(《清华大学学报(哲学社会科学版)》1995年第4期);陈太胜在《梁宗岱的中国象征主义诗学建构与文化认同》中说:"梁宗岱是没有得到应有重视的堪与朱光潜、宗白华、李长之、李健吾等相并列的中国现代文艺理论家。"(见黄建华等,选编.宗岱的世界·评说[M].广州:广东人民出版社,2003:201.)

[2] 研究梁宗岱翻译的文章主要有:钱兆明.评莎氏商籁诗的两个译本[J].外国文学,1981(7);俞士忱.梁译《浮士德》出版志感[N],香港《大公报》,1987-03-17;徐剑.神形兼备各自高——梁宗岱文学翻译述评[J].中国翻译,1998(6);余光中.锈锁难开的金钥匙——序梁宗岱译《莎士比亚十四行诗》[M]//余光中谈诗歌.南昌:江西高校出版社,2003;刘志侠.梁宗岱的完美主义诗译[J].博览群书,2007(4);吕睿.论梁宗岱的翻译对其诗歌创作的影响[D].重庆:西南大学,2008;刘志侠,卢岚.梁宗岱欧游时期的译作[J].新文学史料,2009(1);方汉泉,洪斌.梁宗岱译《莎士比亚十四行诗》:基于其诗论和译论的再创之作[J].广东外语外贸大学学报,2009(5);钟宝丹.对比视角:莎士比亚十四行诗梁宗岱本风格研究[D].上海:上海外国语大学,2010;张晓波,郭莎莎."纯诗"与"信、顺"——梁宗岱和梁实秋译《十四行诗》对比[J].长春理工大学学报,2012(12);王斯秧.梁宗岱的"契合"诗歌翻译观[J].外语学界,2013;赵明.梁宗岱诗歌翻译的译介学阐释[J].宜宾学院学报,2013(5);彭建华.梁宗岱对波德莱尔的翻译与批评[J].法语学习,2014(4);宋扬.梁宗岱"以质取胜"的英文翻译风格研究[J].兰台世界,2014(28);戴心仪.梁宗岱译里尔克《军旗手顾爱与死之歌》的对比翻译批评[D].北京:北京外国语大学,2016;仲伟合,陈庆.梁宗岱的翻译观[J].中国比较文学,2016(1);俞海韵.梁宗岱诗歌翻译"再创作"研究[D].上海:华东师范大学,2016;宸宝.梁宗岱:中国翻译史上的丰碑[N].江西日报,2016-11-11;王南颖.诗与真的世界——梁宗岱的诗歌翻译探微[J].学园,2016(32);陈太胜.在不朽的诗里与时同长——为《梁宗岱译集》出版而作[N].人民日报,2016-11-15;黄茞.一生追求完美主义的翻译[N].文汇报,2016-12-16;黄茞,钦文,张伟劼.梁宗岱的文学翻译及其精神遗产[N].中华读书报,2016-12-21;刘志侠.一本书的命运——梁宗岱《法译陶潜诗选》的东还[J].书城,2017(1);陈庆,仲伟合.梁宗岱法译《陶潜诗选》的绘画性[J].外语教学,2017(1);陈巍.践行独特的诗歌翻译美学原则——梁宗岱译歌德《浮士德》中的译者主体性问题[N].文艺报,2017-01-11;李剑锋.陶渊明诗作的法文译介与梁宗岱对陶诗的接受[J].新疆大学学报,2017(4);董子凌.在译者主体性视角下探讨梁宗岱的德语诗歌汉译[J].文学教育(下),2019(4);周永涛.梁宗岱留学欧洲时期的翻译和创作探微[J].中国翻译,2019(3);周永涛.墙里开花墙外香——梁宗岱自译诗歌《晚祷(二)》探析[J].广东外语外贸大学学报,2019(5);程家惠.译者行为反思——以梁宗岱的《"芦笛风"》序曲英译为例[J].译苑新谭,2020(2).

一

梁宗岱的译诗在语言上保留着文言的痕迹,他反对将外国诗歌翻译成口语化的新诗,这一译诗语言观念源自他对文言和白话诗性特质的独特认识。

梁宗岱20世纪20—30年代的译诗在语言上使用了大量的文言词藻,以至于人们后来评价他的译诗时给予肯定最多的是其渗透出来的精神,而非有别于流行的现代汉语之形式。梁宗岱的译诗和译介文章给中国诗坛输送了现代主义文学的创作精神,推动了中国新诗的现代化。梁宗岱对中国新诗现代化的建构,很大程度上是通过译介外国诗人及其作品来影响新诗人的创作而得以实现的,卞之琳先生在纪念文章中回忆说:"我在中学时代,还没有学会读一点法文以前,先后通过李金发、王独清、穆木天、冯乃超以至于赓虞的转手——大为走样的仿作与李金发率多完全失真的翻译——接触到一点作为西方现代主义文学先驱的法国象征派诗……甚少给我真正翻新的印象,直到从《小说月报》上读了梁宗岱翻译的梵乐希[瓦雷里]《水仙辞》以及介绍瓦雷里的文章才感到耳目一新。我对瓦雷里这首早期作的内容和梁译太多的文言词藻(虽然远非李金发往往文白都欠通的语言所可企及)也并不倾倒,对梁阐释瓦雷里以至里尔克的创作精神却大受启迪。"[1]卞之琳对译介法国象征主义诗歌的诸多译者在语言上都提出了批评,认为李金发等人的译诗语言是在"作践中国语言的纯正规范",显得十分"平庸乏味",而梁宗岱的译诗则包含着"太多的文言词藻"。试以梁译《水仙辞》的第二节为例:

> 无边的静倾听着我,我向希望倾听。
> 泉声忽然转了,它和我絮语黄昏;
> 我听见银草在圣洁的影里潜生。
> 宿幻的霁月又高擎她黝古的明镜

---

[1] 卞之琳.人事固多乖——纪念梁宗岱[M]//黄建华.宗岱的世界·评说.广州:广东人民出版社,2003:5.

照澈那黯淡无光的清泉的幽隐。[1]

我们今天回过头来用发展了近一个世纪的现代汉语打量梁宗岱的这首译诗，分明会感觉到生硬和拗口，很多单音节词的使用更是造成了阅读时急促的停顿，比如"无边的静""圣洁的影"等便是该译诗的语言瑕疵。尽管如此，梁宗岱翻译的《水仙辞》在总体上还是"优雅传神，迷倒了很多青少年读者"，[2] 这显然与他一贯主张诗歌翻译要侧重传达原作精神有关。

梁宗岱反对新文学初期胡适等人将文学语言等同于"现代中国话"的主张，由此他也反对用绝对白话化的日常语言去翻译外国诗歌。在梁宗岱看来，任何国家的语言都可以分为文言和白话两大类，而常用的白话在词汇上比文言要少得多，现代文学语言如果要采用白话作媒介，要使白话能"完全胜任文学表现底工具，要充分应付那包罗了变幻多端的人生，纷纭万象的宇宙的文学底意境和情绪，非经过一番探检，洗炼，补充和改善不可"[3]。如果新文学继续使用白话口语而不加以文学向度上的提升，那新文学创作只会出现"简单和浅薄"的结果："要不是我们底文学内容太简单了，太浅薄了，便是这文学内容将因而趋于简单和浅薄。"[4] 由此我们不难理解为什么梁宗岱的译诗语言含有文言词汇，也正是从这个角度出发，他认为胡适用以宣称白话诗新纪元的译诗《关不住了》，由于采用了口语化的白话而显得"幼稚粗劣"，就此他不无讽刺地说：五四时期的"文学革命家底西洋文学知识是那么薄弱因而所举出的榜样是那么幼稚和粗劣——譬如，一壁翻译一个无聊的美国女诗人底什么《关不住了》，一壁攻击我们底杜甫底《秋兴》八首，前者底幼稚粗劣正等于后者底深刻与典丽——而文学革命居然有马到成功之概者，一部分固由于对方将领之无能，一部分实在可以说基于这误解"[5]。此

---

[1] 梁宗岱译诗集［M］.长沙：湖南人民出版社，1983：54.
[2] 卢岚.心灵长青——怀念梁宗岱老师［M］//黄建华.宗岱的世界·评说.广州：广东人民出版社，2003：50.
[3] 梁宗岱.文坛往那里去——"用什么话"问题［M］//诗与真·诗与真二集.北京：外国文学出版社，1984：56.
[4] 梁宗岱.文坛往那里去——"用什么话"问题［M］//诗与真·诗与真二集.北京：外国文学出版社，1984：56.
[5] 梁宗岱.文坛往那里去——"用什么话"问题［M］//诗与真·诗与真二集.北京：外国文学出版社，1984：54.

处所谓的"误解"即胡适提出的"文学底工具应该用真正的现代中国话"。后来，在《新诗底纷岐路口》一文中，梁宗岱再次阐明了新诗语言的弊端和古诗语言的优点："虽然新诗底工具，和旧诗底正相反，极富于新鲜和活力，它底贫乏和粗糙之不宜于表达精微委婉的诗思却不亚于后者底腐滥和空洞。"[1] 既然文学的语言是区别于日常白话的，而且文言适宜表现"精微委婉的诗思"，那么翻译外国诗歌在语体上就理应拒绝白话文而适量地使用文言。

梁宗岱的文学语言观念决定了他译诗的语言观念，也决定了他译诗的语体风格——翻译外国诗歌不宜直接采用口语化的白话，却可适当地采用文言。因而卞之琳对梁译《水仙辞》有"太多的文言词藻"的判断要么是出于敏锐的语体感受，要么是深谙梁译背后的语言观念。

二

梁宗岱主张译诗在形式上应当有所约束，句法上可以采用西方的跨句；主张为了维护原文至善至美的语句而采用直译，但同时应保持译诗语句的自然流畅。

在译诗的句法上，梁宗岱鼓励译者"自制许多规律"，通过磨炼达到自由创作的目的。首先，梁宗岱认为译诗在句法上可以学习外国诗歌的跨句。瓦雷里曾说过的一句话让梁宗岱印象深刻："制作底时候，最好为你自己设立某种条件，这条件是足以使你每次搁笔后，无论作品底成败，都自觉更坚强，更自信和更能自立的。"[2] 诗歌创作和诗歌翻译理应考虑诗句的整齐、押韵、节奏等形式因素，梁宗岱因此"很赞成努力新诗的人，尽可以自制许多规律；把诗行截得整整齐齐也好，把脚韵列得象（像）意大利或莎士比亚式底十四行诗也好；如果你愿意，还可以采用法文诗底阴阳韵底办法"。[3] 当然，译诗的诗句在借鉴这些"规律"的时候一定要充分考虑中国语言的音乐性特

---

[1] 梁宗岱. 新诗底纷岐路口［M］// 诗与真·诗与真二集. 北京：外国文学出版社，1984：169.
[2] 梁宗岱. 论诗［M］// 诗与真·诗与真二集. 北京：外国文学出版社，1984：36.
[3] 梁宗岱. 论诗［M］// 诗与真·诗与真二集. 北京：外国文学出版社，1984：36.

征,因为不同的文字其音乐性是有差异的。比如中国诗歌语言的音乐性因素就包括停顿、韵律、平仄或清浊,而且这些音乐性因素在诗句中的运用与诗行的整齐与否没有太大的关系,因此"中国诗律没有跨句,中国诗里的跨句亦绝无仅有"。梁宗岱对西洋诗的跨句持肯定态度,"跨句之长短多寡与作者底气质(le souffle)及作品底内容有密切的关系的……我们终觉得这是中国旧诗体底唯一缺点,亦是新诗所当采取于西洋诗律的一条"[1]。叶维廉先生在《中国诗学》中讲道"中国旧诗没有跨句(enjampment);每一行的意义都是完整的",[2]即便胡适写出的新诗也是这样。但是到了郭沫若的笔下,诗行就变得异常自由和灵活,郭沫若的"主情说"让他的诗句灵动而跳跃,诗的分行不再是根据意义的完整性,而是为着节奏或情感表达的需要。

尽管梁宗岱多次强调诗歌翻译应该注重原作的精神和风格,落实到具体的翻译实践上,他却"大体以直译为主",同时保证翻译的诗行应当自然流畅。译诗集《一切的峰顶》除了少数几首诗之外,大部分诗"不独一行一行地译,并且一字一字地译,最近译的有时连节奏和用韵也极力摹仿原作——大抵越近依傍原作也越甚"[3]。不仅如此,梁宗岱的翻译"对于原文的句法、段式、回行、行中的停与顿、韵脚,等等,莫不殷勤追随"[4]。为什么梁宗岱会使用直译这种他自认为笨拙的翻译方式呢?是为了让译诗具有外国诗歌的风貌,抑或是给中国新诗输入新鲜的表达方式?这涉及梁宗岱对诗歌语言艺术的深切领悟,涉及他对原作者遣词造句之苦心的理解,毕竟诗歌高度凝练的语言和非同寻常的字句组合是其形式艺术的集中体现。原诗的每一个用词和每一行诗都经过了诗人长期间的推敲,译者不应该随意对之加以改变。以下这句话可以帮助我们理解梁宗岱采用直译的原因:"我有一种暗昧的信仰,其实可以说迷信:以为原作的字句和次序,就是说,经过大诗人选定的字句和次序是至善至美的。如果译者能够找到适当对照的字眼和成语,除了少数

---

[1] 梁宗岱.论诗[M]//诗与真·诗与真二集.北京:外国文学出版社,1984:37-39.
[2] [美]叶维廉.中国现代诗的语言问题[M]//中国诗学.北京:人民文学出版社,2006:330.
[3] 梁宗岱.《一切的顶峰》序[M]//梁宗岱译诗集.长沙:湖南人民出版社,1983:205.
[4] 余光中.锈锁难开的金钥匙——序梁宗岱译《莎士比亚十四行诗》[M]//余光中谈诗歌.南昌:江西高校出版社,2003:191-192.

文法上地道的构造，几乎可以原封不动地移植过来。"[1]

梁宗岱主张的直译不同于翻译学上所谓的直译，也与鲁迅等人采用直译之目的存在差异，后者多采用原文的语言句法，给读者造成很大的阅读障碍。鲁迅坚持使用"信而不顺"的语言去翻译外国文学，认为这样的译本"不但在输入新的内容，也在输入新的表现法"[2]。鲁迅对中国旧有语言文字在表达上的弊端的指认，使人想起了胡适、傅斯年等人相似的观点。[3] 因此，鲁迅认为"宁信而不顺"的翻译可以医治中国语言的疾病，他说："要医这病，我以为只好陆续吃一点苦，装进异样的句法去，古的，外省外府的，外国的，后来便可以据为己有。"[4] 梁宗岱的直译并不等于硬译，其目的不像鲁迅的直译要给贫乏的中国文字输入新鲜的词语和句法，而是在保证译文流畅自然的基础上，尽量再现原作诗句的表达风格，其直译兼顾了原文和译文的双重审美特征。难怪余光中先生在谈及梁宗岱的译诗语句时说："一般的译诗在语言的风格上，如果译者强入而弱出，就会失之西化；另一方面，如果译者弱入而强出，又会失之简化，其结果是处处迁就中文，难于彰显原文的特色。梁宗岱在这方面颇能掌握分寸，还相当平衡。"[5] 比起真正的直译来讲，梁宗岱的译诗在语言上显得自然清新，他反对把诗歌翻译成晦涩难解的文字。当他看了成仿吾翻译华兹华斯的《孤寂的高原刈稻者》后就批评了译本语句的生涩："我读成氏所译的（《孤寂的高原刈稻者》——引者加），不独生

---

[1] 梁宗岱.《一切的顶峰》序 [M] // 梁宗岱译诗集.长沙：湖南人民出版社，1983：205.
[2] 鲁迅.鲁迅和瞿秋白关于翻译的通信 [M] // 罗新璋，编.翻译论集.北京：商务印书馆，1984：276.
[3] 傅斯年曾说："现在我们使用白话做文，第一件感觉苦痛的事情，就是我们的国语，异常质直，异常干枯……我们不特觉得现在使用的白话异常干枯，并且觉着他异常的贫——就是字太少了。"怎样做白话文 [M] // 胡适，选编.中国新文学大系·建设理论集.上海：良友图书印刷公司印行，1935：223—224.）他指出了白话的两大弱点：缺乏表现力，语言词汇有限。胡适认为"中国语言文字孤立几千年，不曾有和他种高等语言文字相比较的机会"是导致中国语言文法和句法"贫弱"的根本原因，因此翻译可以增加中国语言和外国语言接触的机会，从而促进中国语言的发展。（《国语与国语文法》[M] // 胡适，选编.中国新文学大系·建设理论集.上海：良友图书印刷公司印行，1935：230.）
[4] 鲁迅.鲁迅和瞿秋白关于翻译的通信 [M] // 罗新璋，编.翻译论集.北京：商务印书馆，1984：276.
[5] 余光中.锈锁难开的金钥匙——序梁宗岱译《莎士比亚十四行诗》[M] // 余光中谈诗歌.南昌：江西高校出版社，2003：190-191.

涩不自然，就意义上也很有使我诧异，觉得有些费解的！"[1]不管是出于对原诗"至善至美"的字句的维护也好，还是出于对中国新诗字句的改造和创新也罢，梁宗岱的译诗在客观上具有的文体特征也会影响到他本人或国内其他诗人的诗歌创作。

有评论家认为：能够在尊重原诗语言和形式艺术的基础上传达出原诗的精神意蕴，这一译风"只有杰出的诗歌翻译家才能做到。五四运动以来，除梁氏外，仅有朱湘、戴望舒、卞之琳等少数几个能达到这个水准。正是因此，梁氏的寥寥几十首译作，对诗歌翻译工作者来说，具有极高的借鉴价值"[2]。这是对梁宗岱译诗语言句法的最好肯定。

三

梁宗岱的译诗形式延续了他在诗论中强调诗歌形式对于情感抒发的重要作用之观点，因此他的译诗在形式上具有格律诗体的整齐和较强的音乐性。这些形式特征是译诗再现原作精神风貌的有力保证，也为中国新诗输入了新体，为中国新诗的形式建构起到了积极的推动作用。

梁宗岱比较注重诗歌形式的翻译，这很符合他一贯的诗歌形式主张。梁宗岱在法国留学期间结识了后期象征主义诗派的重要诗人瓦雷里，他在翻译《水仙辞》的序言中详细介绍了瓦雷里的生平和诗歌理念，对瓦氏采用严谨的古典诗律来创造新的曲调表示出极大的理解和认同："梵乐希是遵守那最谨严最束缚的古典诗律的；其实就说他比马拉美守旧，亦无不可。因为他底老师虽采取旧诗底格律，同时却要创造一种新的文字——这尝试是遭了一部分的失败的。他则连文字也是最纯粹最古典的法文……他不特能把旧囊盛新酒，竟直把旧的格律创造新的曲调，连旧囊也刷得簇新了。"[3]在1931年给徐志摩的信中，梁宗岱就诗歌的形式做过这样的论述："我从前是极端反对

---

[1] 梁宗岱. 杂感 [J]. 文学, 84, 1923-8-20.
[2] 璧华.《梁宗岱选集》前言 [M] // 黄建华. 宗岱的世界·评说. 广州：广东人民出版社, 2003: 315.
[3] 梁宗岱. 保罗·梵乐希先生 [M] // 诗与真·诗与真二集. 北京：外国文学出版社, 1984: 23-24.

打破了旧镣铐又自制新镣铐的,现在却两样了。我想,镣铐也是一桩好事(其实行文底规律与语法又何尝不是镣铐),尤其是你自己情愿带上,只要你能在镣铐内自由活动。"[1] 同一时期,梁宗岱写下了关乎中国新诗命运的文章《新诗底纷岐路口》,在这篇文章中,他进一步强调了形式之于诗歌的重要性,认为诗歌如果不受诗歌韵律和形式因素的束缚,"我们也失掉一切可以帮助我们把捉和传造我们底情调和意境的凭藉;虽然新诗底工具,和旧诗底正相反,极富于新鲜和活力,它底贫乏和粗糙之不宜于表达精微委婉的诗思却不亚于后者底腐滥和空洞"[2]。接着他进一步强调说:"形式是一切文艺品永生的原理,只有形式能够保存精神底经营,因为只有形式能够抵抗时间底侵蚀……正如无声的呼息必定要流过狭隘的箫管才能够奏出和谐的音乐,空灵的诗思亦只有凭附在最完美最坚固的形体才能达到最大的丰满和最高的强烈。"[3] 正是有了这样的诗歌形式观念,梁宗岱的译诗形式大都讲求格律和整体的匀称,以他翻译的《莎士比亚十四行诗》第一首的前四行为例:

> 对天生的尤物我们要求蕃盛,
> 以便美的玫瑰永远不会枯死,
> 但开透的花朵既要及时凋零,
> 就应把记忆交给娇嫩的后嗣;[4]

该诗完全具备了十四行诗的形式要素,不仅实现了诗歌形式的整齐,而且也基本保持了 ABAB 的韵式。梁宗岱翻译的《莎士比亚十四行诗》"行文典雅、文笔流畅,既求忠于原文又求形式对称,译得好时不仅意到,而且形到情到韵到……人常说格律诗难写,我看按原格律译格律诗更难。凭莎氏之才气写一百五十四首商籁诗尚且有几首走了点样(有论者谓此莎氏故意之

---

[1] 梁宗岱.论诗[M]//诗与真·诗与真二集.北京:外国文学出版社,1984:35-36.
[2] 梁宗岱.新诗底纷岐路口[M]//诗与真·诗与真二集.北京:外国文学出版社,1984:169.
[3] 梁宗岱.新诗底纷岐路口[M]//诗与真·诗与真二集.北京:外国文学出版社,1984:170-171.
[4] 梁宗岱译诗集[M].长沙:湖南人民出版社,1983:93.

笔），梁宗岱竟用同一格律译其全诗，其中一半形式和涵义都兼顾得可以，这就不能不令人钦佩了"[1]。梁宗岱的译诗在形式上比莎士比亚的原诗更从一而终地保持了十四行诗的格律，足以见出他对译诗形式的考究。

音乐性是诗歌文体形式的重要元素，诗歌翻译面临的最大挑战就是对原诗音乐性的合理处置。音乐性这种"凡属语言本身的固有属性的东西（区别于他种语言）往往都不可译"[2]。尤其对讲求音乐性的诗歌而言其韵律几乎不能在译本中再现。但是西方的诗歌"如法国象征派诗歌、美国意象派诗歌和俄国未来派诗歌都在诗的听觉形式上追求韵律的多样化、散文化、自由化"，[3]而梁宗岱选译的恰恰是极富音乐性的诗篇。他先后翻译了瓦雷里（Valéry）、歌德（Johann Wolfgang von Goethe）、布莱克（William Black）、雪莱（Percy Bysshe Shelley）、雨果（Victor Hugo）、波德莱尔（Charles Baudelaire）、尼采（Friedrich Wilhelm Nietzsche）、魏尔伦（Paul-Marie Veriaine）、里尔克（Rainer Maria Rilke）、泰戈尔（Rabindranath Tagore）、莎士比亚（William Shakespeare）等音乐性强的象征主义诗歌或格律体诗。梁宗岱自己也承认瓦雷里等人的诗歌具有很强的音乐性："梵乐希底诗，我们可以说，已达到音乐，那最纯粹，也许是最高的艺术底境界了。"[4]因此，韵律便成了梁宗岱十分推崇的而在翻译中难以再现的译诗难题。余光中认为要翻译莎士比亚的十四行诗必须克服三重困难：格律、韵脚和节奏，"大致说来，梁译颇能掌握原文的格律……至于韵脚，梁宗岱有时押得不够准、稳、自然；不过不算严重……大致而言，梁宗岱的译笔兼顾了畅达与风雅，看得出所入颇深，所出也颇纯，在莎翁商籁的中译上，自有其正面的贡献"[5]，除了十四行诗之外，梁宗岱翻译的其他诗歌也都具有音乐性特征，"九叶诗派"的重要诗人陈敬容在谈到1983年湖南人民出版社出版的《梁宗岱译诗集》时，评价梁

---

[1] 钱兆明．评莎氏商籁诗的两个译本［J］．外国文学，1981（7）．
[2] 辜正坤．世界名诗鉴赏词典［M］．北京：北京大学出版社，1990：29．
[3] 王珂．百年新诗诗体建设研究［M］．上海：上海三联书店，2004：171．
[4] 梁宗岱．保罗·梵乐希先生［M］//诗与真·诗与真二集．北京：外国文学出版社，1984：20．
[5] 余光中．锈锁难开的金钥匙——序梁宗岱译《莎士比亚十四行诗》［M］//余光中谈诗歌．南昌：江西高校出版社，2003：191-192．

宗岱"早已是我国当年为数不多的优秀翻译家之一,集内选译的作品,在译笔的谨严与传神,及语言、节奏、音韵的考究和精当等方面,当年是很少人能以企及的"[1]。

梁宗岱的译诗形式造诣颇高,但相对于形式而言,在翻译中传达原作的神韵更为重要。任何出色的诗歌翻译家都会高屋建瓴地去把握原诗的情感和精神,在翻译过程中有意忽视甚至部分曲解语言的意思,从而将一首看似平淡的诗歌翻译得极具精神内涵和艺术价值。梁宗岱认为译者必须与原诗在情感上产生共鸣之后才能用语言技巧和艺术风格去再现原诗的神韵,最好的译诗好比是两颗伟大的灵魂遥隔着时间和国界携手合作的结果,他曾在《译事琐话》中说:"我自认为自己的翻译态度是严肃的。我认为,翻译是再创作,作品首先必须在译者心中引起深沉隽永的共鸣,译者和作者的心灵达到融洽无间,然后方能谈得上用精湛的语言技巧去再现作品的风采。"[2]为此,梁宗岱的译诗"没有一首不是他反复吟咏,百读不厌的每位大诗人的登峰造极之作,就是说,他自己深信能够体会个中奥义,领略个中韵味的"[3]。戴镏龄先生在《忆梁宗岱先生》一文中这样评价过梁宗岱:"他译诗全神贯注,往往灵机触发,别有妙悟,不徒在字面上做考证功夫,至于专事辞藻的润色,音律的讲究,他虽认为不可少,但他所更用心的是表达原作的精神和风格。因此在他人认为结构上颇为简单的诗行,他有时觉得含蓄幽微,寄意深远,在汉译中不可草率处理。"[4]由于对原诗精神意蕴的重视,梁宗岱译诗并不仅仅将注意力停留在翻译对象的语言和形式上,也不介意翻译那些在别人看来结构简单的诗歌,哪怕是一首短小的诗歌也会被他翻译得诗意盎然。梁宗岱在给徐志摩的通信中批评了梁实秋小诗"没有艺术底价值"的言论,他以初期郭沫若、刘延陵、徐志摩、冰心及宗白华的新诗为例,并且还以古代诗歌和外国为例来说明短小的诗歌"给我们心灵的震荡却不减于悲多汶一曲交响

---

[1] 陈敬容.重读《诗与真·诗与真二集》[J].读书,1985(12).
[2] 梁宗岱.译事琐话[M]//黄建华,主编.宗岱的世界·诗文.广州:广东人民出版社,2003:395.
[3] 梁宗岱.《一切的顶峰》序[M]//梁宗岱译诗集.长沙:湖南人民出版社,1983:204-205.
[4] 戴镏龄.忆梁宗岱先生[M]//黄建华.宗岱的世界·评说.广州:广东人民出版社,2003:27.

乐。何以故？因为它是一颗伟大的，充满了音乐的灵魂在最充溢的刹那间偶然的呼气"[1]。梁宗岱在诗歌翻译过程中对原作精神和风格的偏爱还可以从他翻译陶渊明的作品中得到证实，法国象征主义诗人瓦雷里在给陶渊明诗歌的法文译本写序时，正面评价了梁宗岱的翻译："毫无疑问，诗人的艺术内涵在翻译中几乎尽失；但我相信梁宗岱先生的文学意识，它曾使我如此惊奇和心醉，我相信他从原作里，为我们提取出语言之间巨大差距所能容许提取的东西。"[2]瓦雷里此处所说的在翻译中"容许提取的东西"就是诗歌的精神和神韵，他认为梁宗岱的译诗在不同的语言之间最大限度地传递出了这些相似的东西，由是赞美了梁宗岱的译诗。

除了在翻译实践上注重诗歌的形式之外，梁宗岱认为翻译外国诗歌可以为中国新诗输入新鲜的文体形式。翻译外国诗歌是中国新诗形式建构的路径之一，译诗对中国新诗的形式建设具有模板或启示的功能，而且可以通过翻译来试验新诗体。朱自清先生在《新诗的出路》中认为翻译外国诗歌对中国诗人而言"可以试验种种诗体，旧的新的，因的创的；句法，音节，结构，意境，都给人新鲜的印象（在外国也许已陈旧了）。不懂外国文的人固可有所参考或仿效，懂外国文的人也还可以有所参考或仿效；因为好的翻译是有它独立的生命的。译诗在近代是不断有人在干……要能行远持久，才有作用可见。这是革新我们的诗的一条大路"[3]。在朱自清看来，译诗是一件非常伟大的事业，可以帮助很多不懂外文的人了解外国诗歌，也可以使那些写诗但同样不懂外国文的人借鉴外国诗歌翻译体进行创作，从而在句法、音节、结构或意境等诸多方面增富中国新诗的诗体内容。朱自清呼吁有更多的人投入到翻译外国诗歌的"大业"中来，毕竟"直接借助于外国文，那一定只有极少数人，而且一定是迂缓的，仿佛羊肠小径一样，这还是需要有天才的人；需要精通中外国文，而且愿意贡献大部分甚至全部分生命于这件大业的

---

[1] 梁宗岱.论诗[M]//诗与真·诗与真集.北京：外国文学出版社，1984：34.
[2] [法]瓦雷里.法译《陶潜诗选》序[M]//卢岚译，黄建华.宗岱的世界·评说.广州：广东人民出版社，2003：347.
[3] 朱自清.新诗的出路[M]//新诗杂话.台北：开今文化事业有限公司，1994：223.

人"[1]。唯其如此，中国新诗界才会有更多的形式营养，才可能创造出更多的新诗体或发现更多的诗体元素。借助翻译来建设中国新诗形式的观点并非朱自清独创，从最初胡适以译诗《关不住了》来宣布新诗成立的"新纪元"到刘半农的借助翻译增多诗体，梁宗岱在《新诗底纷歧路口》中也认为翻译是增进中国新诗诗体形式的"一大推动力"，虽然翻译外国诗歌"有些人觉得容易又有些人觉得无关大体，我们却以为，如果翻译的人不率尔操觚，是辅助我们前进的一大推动力。试看英国诗是欧洲近代诗史中最光荣的一页，可是英国现行的诗体几乎没有一个不是从外国——法国或意大利——移植过去的。翻译，一个不独传达原作底神韵并且在可能内按照原作底韵律和格调的翻译，正是移植外国诗体的一个最可靠的办法"[2]。表明了翻译外国诗歌是中国新诗文体建构过程中非常重要和关键的环节，不仅可以为中国新诗提供形式经验，而且可以帮助中国新诗"增多诗体"。在梁宗岱看来，译诗在文体形式上应该保留原作的韵律和格调，虽然在翻译实践中很难做到，但毕竟是他对译诗形式的一个追求目标，也是对译诗文体形式设定的一个理想标准，为译诗与原诗形式的一致性提供了参照标准。

梁宗岱中学时候就开始阅读英语诗歌，其创作受到了他所阅读的英语诗歌的影响。"培正中学是由美国人办的，校中藏书丰富，宗岱便贪婪地阅读各种古今中外名著。由于他英文水平进步很快，两年后便能直接看英文本，特别喜读屈原、李白、惠特曼、泰戈尔、歌德、拜伦、雪莱的诗歌。刚升上三年级时，他如饥似渴地攻读美国诗人郎佛罗译的但丁的《神曲》，其热忱连英文教员和他的美国朋友也惊诧不已。"[3]对外国诗歌的浓厚兴趣使他后来得以有语言能力和理解能力去致力于外国诗歌的翻译和介绍，他的译诗得到了学术界一致的好评。1937年上海商务印书馆出版了梁宗岱的译诗集《一切的峰顶》，"收入所译歌德、勃莱克、雪莱、雨果、波特莱尔等诗人的名篇，其中如歌德的《流浪者之夜歌》《对月》《迷娘曲》等，被公认为名作佳译，

---

[1] 朱自清.新诗的出路［M］//新诗杂话.台北：开今文化事业有限公司，1994：223.
[2] 梁宗岱.新诗底纷歧路口［M］//诗与真·诗与真二集.北京：外国文学出版社，1984：172.
[3] 张瑞龙.诗人梁宗岱［J］.新文学史料，1982（3）.

传诵一时,成为译诗界自马君武译拜伦《哀希腊》之后的又一盛事"[1]。也正是对外国诗歌的喜爱和对译诗事业的投入,梁宗岱的诗歌创作受到了其译诗文体的影响,比如周良沛评价他的十四行诗"不仅不能说它是象征主义的,倒颇有古典的典雅,抒情的方式颇接近读者熟悉的莎士比亚、勃朗宁夫人的十四行译文"[2]。

《译介学》注重展开翻译文学"对文学交流、影响、接受、传播等问题的考察和分析",[3] 故而除本文探讨的译诗文体观念之外,围绕梁宗岱翻译诗歌的研究还有很多未尽的领域等待着我们去开掘。

---

[1] 彭燕郊.《梁宗岱批评文集》序 [M] // 李振声,编.梁宗岱批评文集.珠海:珠海出版社,1998:2.
[2] 周良沛.《中国新诗库·梁宗岱卷》序(节选)[M] // 黄建华.宗岱的世界·评说.广州:广东人民出版社,2003:308.
[3] 谢天振.译介学 [M].上海:上海外语教育出版社,1999:11.

地方性：传播中的声音世界

——论抗战时期徐旭生通俗文艺实践的价值意义

石天强[1]

[摘要] 徐旭生是抗战时期较早对民间文艺文本进行详细解读的学者，他以"地方性"概念为核心，梳理民间文艺、通俗文艺还有新文艺之间的复杂关系。"地方性"不仅成为民间文艺的基本特征，也是通俗文艺未能完全吸取、新文艺不具备的特征。但徐旭生未能抓住民间文艺传播中的说—听特征，反而将其纳入到了写—读系统中的通俗文艺和新文艺的秩序中，并在艺术特征、传播主体和艺术功能等问题上产生了混乱。当然，这无损于徐旭生在通俗文艺宣传中所作出的不俗贡献。

[关键词] 地方性　声音　写—读　说—听

徐旭生（1888—1976）名炳昶，旭生是他的字，笔名虚生，现代著名史学家。他早年留学法国巴黎大学学哲学，归国后于1921年起任教于北京大学哲学系，1931年就职北平师范大学校长，一年后辞职专事史学研究。徐旭生从20世纪20年代后期开始倾心史学。研究者多会注意到他在1927年，与瑞典人斯文·赫定博士，一起带团前往西北进行学术考察的经历，还有他由此留下的一部西北边疆调查报告《徐旭生西游日记》；还会注意到他抗

---

[1] 石天强，文学博士，北京航空航天大学人文社会科学学院副教授。

战期间，于昆明完成的一部史前史专著《中国古史的传说时代》。[1]而对他在20世纪30年代从事通俗文艺宣传的经历，往往有所忽略。早在1925年徐旭生在北京创办报刊《猛进》时，就曾探讨过对底层民众的启蒙教育问题。1933年，他接受了顾颉刚的邀请，加入了通俗读物编刊社；1936年就任《民众周报》的负责人。抗战全面爆发后至1940年，徐旭生奔走于陕西、河南、湖北、云南等地，积极投身于通俗文艺的宣传与实践工作，撰写了多篇讨论通俗文艺的论文，甚至尝试创作通俗话剧。本文即以此一时期徐旭生的通俗文艺观念与实践为研究对象，探讨其价值意义。

写—读秩序中的地方声音

通俗文艺的地方性问题，是中国被强制性地纳入全球资本主义政治经济体制之后，就遭遇的问题，它首先就表现为想象的民族共同语和现实的地方方言之间的矛盾关系。在共同语还是一种超现实语文的条件下，现代纸媒介强大的传播机制，已经让知识分子的白话书面语文取代了传统文言，在现代消费主义盛行的都市政治文化中，扮演起虚拟的共同语角色了——当然，它是特定阶层的共同语。由于缺少全民性的支撑，这种书面语在现代历史中一直面临着传播与接受的危机，抗战的爆发则加剧了它的危机感，并暴露了它的超现实性——这种书面白话语文无法作为统一的声音，直面大量不识字的普通民众，并进而凸显了现代印刷媒介和地方声音媒介之间的矛盾关系。在抗战宣传的现实要求下，声音媒介的传播价值得到了张扬，其标志之一就是对方言的高度认可，并在现实的驱动下，颠倒了方言和民族共同语的基本价值关系。这个被颠倒了的语文关系，在具体的关于通俗文艺的思考中，就转换为一种空间上的地方性问题。

对于此，许多从事一线文化宣传的工作人员都有着更为直接的体验。即如徐旭生，在1937年年底曾回到河南南阳从事抗战宣传工作，在当地演绎

---

[1] 徐旭生.徐旭生西游日记（全三册）[M].北平：大北印书局，1930；徐炳昶.中国古史的传说时代[M].重庆：中国文化服务社出版，1943.

通俗读物编刊社编制的通俗文艺作品时，就遭遇了书面语文与地方性方言的融合问题，"我们的宣传人员，用我们通俗读物编刊社所编的唱本，向民间去演唱，归结成绩很坏，不发生什么效力。他们开始感觉到地方性的重要，用好几天的工夫，把普通话同本地话不同的地方，一切全改成本地话。第二次演唱的结果，人民异常地感动，异常地欢迎"[1]。通俗文艺一直被认为是写给底层民众的作品，但它的书面语文表现形式，在接受上暗示的是一种受过中等以上教育的、知识分子的"普通话"声音系统，它与河南南阳地区的方言构成了一种差异化的语音结构，并遭到了地方方音的排斥。徐旭生由此总结说，尽管编刊社的作品名之为"通俗文艺"，但在地方性语音系统的对照之下，偏偏显示出它的不通俗性，"按说，我们南阳一带的土语同普通话相差不远，只要常常出门，走过一点路程的人，就很容易明白，可是我们要同他们说话，就得经过这样的翻译"[2]。因此，通俗文艺必须再一次进行语音转换，才能获得一种想象的通俗性。即如实际的传播对象而言，参与通俗文艺宣传和接受活动的，在南阳地方还是以学生群体为主。[3] 这一事实恰恰说明，写出来的"通俗文艺"，它的书面语文的表现形式，就已经将底层民众排斥在其改良过的声音系统之外了。徐旭生的这个经历，曾被他视为通俗文艺传播成功的范例，反复提及。他由此得到的经验是，如何将用书面语文写就的通俗文艺，其潜在的标准化声音系统，转换为地方性方音系统，是通俗文艺面临的首要问题。但徐旭生显然没有意识到，这一声音转换的现实，恰恰说明由知识分子写出来的通俗文艺并不是真实的底层民众的文艺，它的书面语文的声音系统就已经划定了它与底层民众的距离；声音的转换，只是缓解了

---

[1] 虚生.通俗文艺的三个必要条件——地方性，简单性，统一性[J].抗到底，1938（17）：2.
[2] 虚生.通俗文艺的三个必要条件——地方性，简单性，统一性[J].抗到底，1938（17）：2.
[3] 阎东超曾撰文回忆说，1937年11月，徐旭生回到南阳，参加当地宛南平津同学会的活动，同学会在宛南中学礼堂举办话剧、歌咏会演晚会，徐旭生不仅亲临现场，还极力建议演出要深入浅出，要通俗化。他在南阳中学面对学生演讲，介绍抗战，鼓舞青年。1938年元旦又在复兴中学视察游击战术训练班。由此可见徐旭生在南阳活动时面对的主要群体，也由此可见通俗文艺在南阳地区的主要接受对象。见阎东超.抗战初期徐旭生先生在南阳[M]//河南文史资料（第十四辑），中国人民政治协商会议河南省委员会文史资料研究委员会编辑出版发行，1985.阎东超，河南南阳人，1911年出生，济南齐鲁大学国文系肄业，1949年解放后在中国人民银行中南行及湖北分行工作。

这一潜在的危机，模糊了二者的界限。

在具体的文化实践中，地方与方言之间建立起了内在的逻辑关系，而方言也就成为地方性之为地方性的表现，它与书面语文中隐含的"普通话"声音系统形成了复杂的关系。徐旭生所说的语文声音的转换问题，其解决的方式大致有二：一是聘请地方人员加入创作，对书面语进行方音的调整；二是聘请当地的地方艺人，在艺术形式上让通俗文艺更符合地方性文艺惯例。其中的核心问题，还是声音的重构问题，即以方言为基准，重构书面语的声音系统。这种方式，成为徐旭生所理解的文艺的地方性和统一性关系的基本方式。即通过将通俗文艺的书面语文本，加以合理的声音改造，以赋予文本不同的声音形式，从而解决文本的跨地域传播问题。这一解决方法的实质还是写—读文本和说—听文本的对峙问题，单一的语文文本与多重声音系统的转换问题。与传统时期的文言文一样，是文本的语文书面形式，而不是它的声音形式，成为不同地方声音的黏合剂。自19世纪末期开启的标准语声音统一问题，在这一文本传播的现实需求面前，遭遇到了空前的挑战。

1939年1月，在《抗到底》第20期上，徐旭生发表了《论通俗文艺与"地方性"》一文，试图探讨通俗文艺的艺术性问题。但徐旭生此文第一个值得注意的问题，却是在具体的论述过程中，将通俗文艺置换成了民间文艺，并以民间文艺的独创性，去印证通俗文艺的合法性与合理性。之所以如此，是因为"须知没有'地方性'的文艺，决不能成为'通俗文艺'，决不能与'民间文艺'争衡取而代之，决不能接近民众受其爱好，使新文艺成为民众的精神食粮而提高国民文化，也决不能普遍深入的渗透民间，使民族化的内容完成了统一的姿态而发挥抗战力量"[1]。通过此种形式，通俗文艺试图取代民间文艺，并借助民间文艺的地方性，确立其存在的基础。其次，即如所讨论的民间文艺，也不是作为声音的民间文艺，而是作为被文字记录下来的民间文艺文本。在徐旭生的论述中，听的文艺转化为读的文艺；听的文艺的声音色彩，尤其是其中鲜明的地方性色彩，在文本中自动被转化为一种标准化

---

[1] 虚生.论通俗文艺与"地方性"[J].抗到底,1939(20):6.

的声音形式。也只有在这一声音形式中,"阅读"出来的民间文艺的艺术特征才会凸显出来,合于文化知识阶层的文本含义和审美价值才可能被发现出来——这一重新发现的意义和审美系统未见得符合底层民众的艺术想象和审美期待,却只能在被转换为书面文本的文字中,通过现代期刊的传播,获得合法化的价值意义,并以此反证通俗文艺的合法性。由此,民间文艺中的说—听声音文本,被成功纳入到了写—读秩序中,以文本细读的方式,被重新赋予了意义。

在此,地方性依然扮演着微妙的角色。地方性的外在标记方音,在文字文本中,被淡化了,变身为一种为知识阶层在无意识中认可的普通话发音。而普通话发音,恰恰又是通俗文艺的基本声音形态,是剔除了地方性声音特征的。徐旭生在论述中,特意说到的普通话声音转换问题,表现为一种"语汇"的问题。其中的"语"首先是口语。因此,这一被文本化了的民间声音文艺,就隐含着两个矛盾:一是书面语和口语的矛盾,二是普通话声音和方言的矛盾。而通俗文艺必须要经过这二重的声音改造,才可能为地方民众接受。

这一奇妙的逻辑,实际是贯穿于对民间文艺发掘解读的过程之中的,也是贯穿于通俗文艺的传播历程之中的。被发掘的不是作为声音的艺术及其审美价值,而是作为文本的文字的意义和特征。这一错位的解读,当然不是对民间文艺的解放,也不可能是对底层民众的肯定。事实是,只有在对底层民众精神文化的否定中,对底层民众生活现实和精神的遗忘中,通俗文艺的合法性和普遍性,才可能被建立出来,才会获得一种语文传播的普遍性。显然,这一内在的逻辑矛盾,徐旭生并没有意识到——他也不可能意识到。徐旭生不仅解读了这一文本化的民间艺术,赋予了这些文本以特定的价值内涵,还更为深刻地表现了这种逻辑悖谬。

声音的艺术逻辑

地方性声音合法性的一个重要证明,就是通俗文艺的艺术问题,这也是通俗文艺的内在的结构性矛盾。通俗与艺术之间的冲突几乎被视为是不可调和的，而其中问题的实质就是：通俗文艺的接受对象——底层民众，被先验性地想象为只能接受粗鄙低俗的艺术形式；地方的声音，也因为这一所谓的低俗艺术形式的传播，而具有了粗鄙低俗的特征，并反过来强化了通俗文艺低俗的内在性。这种先验化的内在的低俗性，又成功地遮蔽了底层民众文艺接受的现实困境，它以精神文化贫瘠的形式遮蔽了其文艺接受的问题首先是一个经济问题。底层民众因其所遭受的经济盘剥，不得不在一种反文艺的文艺形式中、反审美的审美愉悦中，获得一种精神上的满足。事实上，如果不能同时解决底层民众所面临的经济问题，通俗文艺必然会蜕变为统治者的强制性文化工具，而丧失其文化召唤的价值合理性。

徐旭生极大地肯定了文艺地方性的价值意义。在《论通俗文艺与"地方性"》一文的开篇，徐旭生就写道，"要知道通俗文艺为什么非具备'地方性'不可，我们应当先看看民间的现实情况，究竟民间有没有文艺？如果有，民间文艺又是什么样子？"[1] 这段文字的其微妙之处就表现在，徐旭生自然而然地将通俗文艺与民间文艺进行了逻辑置换，即将以声音传播的民间文艺等同于文字形态的通俗文艺，并通过将民间文艺书面化，取消了两者之间的传播差异，以此制造出了两种文艺形式的无差别性。这是徐旭生赋予民间文艺以极高艺术价值的逻辑前提。也是以此种方式，作为"听"的民间文艺被转换成了作为"读"的通俗文艺，它以现代都市中传播的书面白话语文的形式，获得了与现代意义上的散文、小说、诗歌同等地位的传播价值。文本的文字形式，而不是声音形式，自然而然地成为我们关注的对象。也只有如此，民间文艺中特定的审美趣味和价值内涵，才得以在语言逻辑思辨中展现出来。而以声音为基本接受形式的底层民众趣味，则在这种意义和审美发掘中，被遗忘了。而通俗文艺的所谓艺术创造性，就是以此为根基被发现出来的。

徐旭生首先极力肯定了民间文艺的艺术创造性，就表现在文艺主体与

---

[1] 虚生. 论通俗文艺与"地方性"[J]. 抗到底, 1939 (20): 2.

日常生活的积极结合上,从而将对非凡人物的刻画转化为平民生活的声音传达。在谈到河南戏《包文正陈州放粮》时,徐旭生说那里面包公和皇帝的对话,其实就是长工和地主的对话;而包文正一句"皇上给我的盘缠少,王朝马汉不带了。我自己扛起大褥套,陈州放粮走一遭",这就是长工外出替地主讨账的作风。历史上非凡人物的形象转化为身边长工的形象,之所以如此,是因为"民间文艺中的主人公多数是平民,自然他们把他(她)描写成日常所见的人物那样。假使他不是平民,那在民间艺人的口里,也会把他'平民化'起来……"[1]这种平民化的描写方式,正是民间文艺地方性特征的现实基础。而民间文艺的艺术性,就体现在平民形象的塑造上,以及由此产生的民间情调上。值得玩味的是,这文艺本来是存在于民间艺人的方言里的,现在呈现出来的却是普通话的声调的。

其次,这种艺术创造性还在平民感情声音的表现,是借助于对日常俗物的细微刻画和借物抒情的方式上。徐旭生复举秦腔《三回头》为例,说吕老儿因女婿是个浪荡子,强迫他写了休书,带女儿回家。女儿恋恋不舍,但不直写其不舍,而说女儿惦记着家里的衣箱没锁,面缸有没有面,回头还要骂眼泪汪汪的丈夫一场。这其实就是平民化的一唱三叹和借物抒情,却体现在柴米油盐的日常俗物上。所以徐旭生认为,农村人的艺术的确是"俗",但这"俗"是来自对现实生活的直接感悟,这种"俗"就直接体现在它不会死守着剧本书写下来的固定化的文字,而让艺术语言始终服务于现实遭遇到的各种具体的生活情境。这是一种创造性,却是深深地根植于生活与生命本身的创造性。这种对民间文艺创造性的认知,实际上间接承认了民间文艺平民主体的能动性、创造性。地方性由此不仅成为艺术创作特殊性的现实根源,也成为平民获得主体性的基础。"民间文艺有最浓厚的地方色彩,这一点我们称之为'地方性'。在内容方面,它充分地反映着民间生活,所以极富于本地风光与民间情调。"[2]但不得不补充的一点是,在徐旭生的论述中,这些抹平了声音差异的不同地方性文艺文本,以无差异的语文形式,在纸页上呈

---

[1] 虚生.论通俗文艺与"地方性"[J].抗到底,1939(20):3.
[2] 虚生.论通俗文艺与"地方性"[J].抗到底,1939(20):2.

现了出来。它的审美和艺术创造性，不是首先表现为一种声音创造，而是一种书面语创造。因此，对此一创造主体的肯定，只是一种书面语文层面的肯定；而民间文艺传播过程中，那种独特的声音形式，以及在面临不同语境时，声音变换所带来的独特韵味，即徐旭生所说的不遵循固定的文本格式而产生的声音变化，在书面语文的逻辑中流失掉了。这也让存在于书面语文中的民间文艺主体，成为了被剔除掉声音感性形式的主体，它不是完整的，它只是书面语文的一种逻辑想象，是民间文艺文本化之后的结果。

民间文艺一旦为文字记录并书写下来，这个被记录的文本就会获得相对的独立性，并与民间的声音文本构成一种差异性关系。在书面语文文本的展开中，地方性声音的突出方式，是通过一系列地方性语汇表现出来，而所谓地方性语汇的突出，就是文字模拟地方性声音的功能：

> 又如北平话，现在已经成为标准国语了，大量的新式文艺都已经或正在运用着标准国语来写，可是要知道民间文艺中的北平话是什么样子，请听平音大鼓的《大西厢》：
> 二八的悄佳人她懒梳妆，崔莺莺得了不大点儿的病，躺在了牙床。……哎，小丫鬟我挽挽袖子，系上了围裙，下趟厨房。我是给姑娘做上一碗甜汁汁儿，辣酥酥儿，酸不及儿，又不咸，又不淡，八宝一碗油酥菜，端在了秀房，我的姑娘你尝尝。……我命你到西厢给我聘请那位张郎。说是咱们娘儿们请他，一不呀望他打饥荒，二不跟他借上一票当，借他的纸墨笔砚开剂药方。……他要是来呀，跟他搭着伴儿走，他要是不来跟他闹遭殃。[1]

这段平音大鼓《大西厢》的引文中，徐旭生说，其中的"不大点儿的""酸不及儿""打饥荒""闹遭殃"都是北平地区的土语。也是在书面语文模拟方言声音的言语形式中，比如明显的句尾词尾语音"汁儿""酥儿"

---

[1] 虚生.论通俗文艺与"地方性"[J].抗到底，1939（20）：4.

等，文字的记音功能凸显了出来；而且只有这个音，才是方言之为方言的根本，并由此塑造出整句话作为方言的模拟音，而不是简单的书面语的书写状态。即便如此，这种书面语记录方言的形式，所可保留的依然只是北平语音的调，却丧失了平音大鼓的腔，这个腔就是瞿秋白在大众语批判中所说的"音腔"。这个音腔是活的，就是它必须在具体个体的声音形式中，才会被感知到。一个不了解北平语音的人，所能感知的只能是这种书面语文记下的音调，却无法感知那个音腔。失去了音腔，也就失去了活的声音本身；而民间文艺的精髓，恰恰就在这活的音腔上。

但是，这段文字的确可以从文本细读的角度，品味其中的平民艺术色彩，它的确可以和王实甫《西厢记》的传统士人文本形成明显的互文关系，当然这种关系也更为复杂。比如，官府闺秀崔莺莺年不过十八，不可能说出"咱们娘儿们"这种俗话，也不会让红娘赖着张君瑞，和他"搭伴儿走""闹遭殃"。至于红娘亲下厨房给莺莺做菜的故事，显然更不像是一个官府闺秀的贴身丫鬟做出来的事情。但从民间文艺的角度看，它恰恰是民间文艺将人物故事平民化地方化的结果。因此，这故事中的北平崔莺莺，她与河南陕西山西的崔莺莺肯定会在具体的情节上表现不同；她有一口北平本地的口音，与河南、陕西、山西口音的崔莺莺，共同组成一个平民崔莺莺的形象谱系，并与传统士人文本中的崔莺莺，在审美趣味价值理想上，形成彼此互相对立交错的关系。徐旭生这段论述的意义就在于，他意识到了书面语文中所隐含的标准语音，和北平土话之间的声音差异，是不同艺术形式差异的直接表征；而书面语文对方言声音的模拟，就不只是一种声音的呈现，还是一种审美和艺术趣味的传达。

声音错位："他们"的世界

从创作和传播的角度看，通俗文艺是1930年前后，具有现代民主资产阶级意识的知识分子，创作或编辑出来的一种文艺形式，它面对的是一个长期处于无名状态，却又在现实中进入历史叙述，并在事实上叙述了历史的群体：农民、工人、车夫、职员、中小学教员、小商人、歌女、流民……其中又以农民为主。他们的生存空间被想象为"民间"；他们的艺术娱乐形式，在学术研究上被命名为"民间文艺"。[1] 这一特定的生产与传播状态决定了通俗文艺来自民间又悖离于民间的二重性。所谓来自民间，即通俗文艺是自觉地依托了民间文艺的言语习俗、文体形式、审美价值、声音传播，进行创作的一种书写文艺。所谓悖离于民间，则体现在它的创作主体是具有现代知识结构的知识分子，它的传播过程借助了现代资本的力量；它所传播的价值，不是底层民众的价值观念，而是现代国家意识、民族意识，还有科学自由平等的启蒙主义价值观念。更为重要的是，通俗文艺不像民间文艺一样，主要靠声音传播，而是靠文字传播，并由此形成了与民间文艺的传播和接受差异。因此，在精神实质上，通俗文艺是一种现代艺术形式，尽管它包装了一层地方性色彩的外衣。对于这种区别，徐旭生是有着明确的意识的，也是在此，可以看到徐旭生对通俗文艺的认知错位。

这种错位首先就表现在对通俗文艺创作主体的定位上。1938 年后，徐旭生发表了多篇讨论通俗文艺的文章。和许多关注通俗文艺的理论家和作家一样，徐旭生是从写—读的关系，而不是说—听的关系，去思考通俗文艺的。因此所谓通俗文艺的创造，就是一种类型化的书面语的创造，并表现为对各种民间文体的口语模拟形式。在谈到作者应该如何写好通俗文艺时，徐旭生以为"除了坚决地参加他们艰苦的生活，没有其他简捷的途径"[2]。徐旭生在此前先是批评了文艺作者脱离于民众的现实状态——或闭门造车、凭空想象；或住进乡间，虽有所体察，但依然不能与民众产生同情；或来自乡村，但离乡日久，已产生隔阂，且有轻视的态度。这样的作者，既已经在情感、生活、观念等各个层面上远离民众，又如何能在词汇、句法、情调、观念上，写出让民众接受的文字呢？徐旭生对此提出的建议则是，"加入他们的圈中，真实参加他们的生活，了解他们的苦痛，体会到他们的内心，把这

---

[1] 这一文艺样式，在 19 世纪后期开始发展起来的现代都市中，又可以名为"市井文艺"。本文将"市井文艺"这一民众艺术形式也纳入到"民间文艺"的范畴中。
[2] 虚生.我们对于旧瓶装新酒的意见[J].抗到底，1938（13.14）：7.

些真真实实的东西描写出来，暴露出来，他们不惟可以一见了解，并且可以深切的感动，这是极有效的宣传文件，这也是顶伟大的文艺作品"[1]。

徐旭生这段论述的积极价值，在清楚地说明了优秀的通俗文艺产生的基础，是作者必须生活于民众中，才有可能写出反映民众心声的作品。进而言之，徐旭生肯定了被叙述的民众与知识分子的作者之间的平等关系，作者所创作的通俗文艺的价值，是由民众决定的，而不只取决于他的个人能力和技巧。也是在此，徐旭生的平民主义价值观得以彰显。但徐旭生的思考也表现出了明显的局限性。首先就是作者和民众的关系。在徐旭生的论述中，"作者"始终是与"他们"存在着壁垒的，即使作者已经加入了"他们"的生活，与"他们"打成一片，但依然是在描写"他们"的生活和世界。作者和"他们"之间依然有条无法跨越的红线在，依然并不能认同自己就是"他们"中的一员。这体现出了作者的写作和"他们"的声音之间的差异。更为根本性的是，通俗文艺文本的语文状态，是被"描写""暴露"出来的"他们"的世界，这与"他们"自己的声音世界是不完全一致的，前者是基于写—读逻辑关系中的语文传播，后者是基于说—听关系中的声音传播。这种语态和传播接受错位，决定了写—读系统中的通俗文艺的接受者，不可能是那些大量不识字或初识字的底层民众，而是具有一定读写能力的读者；这个潜在的读者，也暗示了徐旭生笔下的通俗文艺与它所期待的底层接受者——"他们"——之间的距离。

其次是通俗文艺社会价值的错位。通俗文艺艺术性之被肯定的前提，在徐旭生看来是它的"宣传"价值，即它社会动员的文化功能。通俗文艺的这个定位，间接折射了民间文艺在20世纪30年代文艺体系中的地位。民间文艺并不是因为其独特的艺术性，尤其是作为底层民众的文艺，而获得了独立的价值意义；相反，它必须以自我否定的形式，被书面化为"通俗文艺"，方可在新文艺的价值系统中获得认可。因此，民众的声音在通俗文艺的书写系统中，并不是得到了张扬，而是被剔除了其声音性，以文字的形式，呈现

---

[1] 虚生.我们对于旧瓶装新酒的意见［J］.抗到底，1939（13、14）：6.

出来的。这直接导致了通俗文艺的价值混乱——通俗文艺对平民价值的极力伸张，恰恰是以对民间文艺否定的形式实现的。通俗文艺成立的逻辑前提，是写—读文艺系统中的宣传功能，这就同时决定了它和五四新文艺之间的等级关系。对于此，徐旭生曾举例说，"我们觉得大鼓书与欧洲的叙事诗相似，因为从前没有像样的文学家用这一种体裁，所以它现在还没有登大雅之堂。如果有文学家在这片未开的园地里面努力，一定可以有很好的收获"[1]。这段讨论大鼓书文字的微妙之处在于，大鼓书被无意识地置于欧美文艺秩序——与叙事诗相类——之中，并以此获得其合法性叙述的权利，而欧洲叙事诗也为大鼓书登上大雅之堂提供了必要的文化支撑。大鼓书作为一种民间艺术体裁，其艺术价值并不来自其作为声音的文艺本身，是底层民众价值的表达。只有当大鼓书成为叙事诗一样的文体之后，大鼓书的意义才会在对自我的否定中，获得认可。这种认可还不是对作为说—听系统中的民间文艺的肯定，而是对作为写—读系统中的通俗文艺的肯定。如此，通俗文艺的宣传价值，才能以肯定的形式，发挥其文化功效。

这么讲并不是否定大鼓书这类民间艺术形式的宣传功能，尤其是在抗日战争的具体语境中，大鼓书等民间艺术形式面对底层民众，首先应突出的当然是其宣传价值。此中的问题是，宣传价值是作为民间文艺的唯一价值提出来的；而且是以写—读系统中的通俗文艺的形式提出来的。大鼓书、民间小调、快板儿等艺术形式，在历史的流传中肯定是良莠不齐的，其中少不了各种腐朽没落的观念价值，这正如许多有识之士已经指出的。但民间艺术中内在的积极价值也不能因此被彻底否定，如徐旭生所分析的，它是底层民众日常生活的正确反映，是其价值观念的直接表达。如果看不到这些艺术形式中内在的艺术价值，也就不可能发现其中蕴含的革命性力量。这也是徐旭生反复论证通俗文艺艺术性的积极价值所在。也是在这一点上，徐旭生对民间艺术文本的肯定，走在了很多人的前面，哪怕这是他在写—读系统中所进行的分析，哪怕这分析是剥离了民间文艺的声音特征，并使这分析成为对"他

---

[1] 虚生. 我们对于旧瓶装新酒的意见［J］. 抗到底, 1939（13、14）: 5.

们"世界的分析。

徐旭生并非没有意识到声音在民间文艺中的重要价值。在抗战第三年发表的《再论通俗文艺与"地方性"》一文中，徐旭生说："新文艺之不能和下层民众接近，还不止是内容上的问题（即是否能反映民间生活），主要的还是因了形式方面的不通俗：（不能唱，没人唱，听不懂）。换句话说，就是新文艺没有具备了像'民间文艺'那样的'地方性'。不但新文艺是如此，就是'旧瓶装新酒'的通俗文艺，也还没有完全做到这样通俗的地步。"[1]徐旭生首先说明，新文艺的艺术形式，戏剧、小说、诗歌、散文等无法成为底层民众的接受对象，即如现在的白话文，民间并没有"听白话文"的娱乐形式。而其原因，就是这些新的文艺形式"不能唱，没人唱，听不懂"。白话文也好，小说也罢，都是写—读系统中的文字艺术，它们自然与说—听系统中的民间文艺不兼容。白话文当然不是用来"说"和"听"的。这就是传播和接受的差异，是新文艺与民众的距离。但是民间文艺因其历史的因袭，必须现代化为通俗文艺，才有存在的价值；创作通俗文艺的意义就是要"争衡取而代之"——说—听系统的艺术形式，必然让位于写—读系统的通俗文艺，实现这一切的关键，在徐旭生看来，还是"地方性"——即对以地方为根基的民间艺术形式的吸收扬弃。

这一必将取代民间文艺的通俗文艺形式，徐旭生对其充满了信心，"那时候的'通俗文艺'，我们虽然不能预言它将要成为什么样子，但能说它一定不是现在这种样子。它将是大众化的内容通俗化的形式，融合一体的国民文学"[2]。这一全新的"国民文学"应该是存在于写—读系统中的，是民间文学被扬弃的结果。历史部分地印证了徐旭生的预言，当然也是以对徐旭生观念扬弃的形式印证的。

---

[1] 虚生.再论通俗文艺与"地方性"[J].中苏文化第三卷，1939（4）：3.
[2] 虚生.再论通俗文艺与"地方性"[J].中苏文化第三卷，1939（4）：27.

"美"之何"是"

——从希腊语汇出发重新考读柏拉图《大希庇亚篇》

林 早[1]

[摘要] 针对当前因文本漏译和语词翻译带来的对柏拉图《大希庇亚篇》美学性质的质疑，论文从希腊语汇出发重新考读《大希庇亚篇》。就"美"作为《大希庇亚篇》的主题而言，被朱光潜先生漏译的开场对话可被视为全篇导言，其作用是将"美"从"美善兼备"的关联形态中分离出来成为独立论题。从这一论题进入对话主体部分，柏拉图思辨的不是"美"是"什么"，而是"美"之何"是"。在《大希庇亚篇》中，柏拉图虽未就"美本身"是"什么"给出明确定义，但对话开启了从"美的"感性表象到"美本身"之"是"的美学论域。在此学理意义上，论文重申柏拉图《大希庇亚篇》对哲学美学研究的奠基意义。

[关键词] 柏拉图 大希庇亚篇 美

"美本身之问"源自柏拉图早期对话《大希庇亚篇》。在这篇对话中，苏格拉底向自己、智者希庇亚以及读者抛出了这样一个问题："你怎么知道什么事物是美的，什么事物是丑的？说吧，你能告诉我美是什么吗？"[2] 鉴于柏拉图是历史上第一位明确提出并阐释"美"本质范畴的第一人，柏拉图因

---

[1] 林早，哲学博士，贵州大学哲学与社会发展学院教授。
[2] [古希腊] 柏拉图. 大希庇亚篇 [M] // 柏拉图全集（增订版，下卷）. 王晓朝，译. 北京：人民出版社，2018：404.

此被确认为"哲学美学的创立者"。[1]然而，在我们认同以柏拉图"美本身之问"作为美学体系性建构的逻辑起点，由此确认西方哲学美学传统的同时，我们却不可回避《大希庇亚篇》中存在的"非美学"色彩。过去这种"非美学"的色彩在国内柏拉图美学的传播与阐发中有意无意地被忽略或遮蔽了。就此，最明显的例子来自朱光潜先生对《大希庇亚篇》（朱光潜译为《大希比阿斯篇》）的漏译。自1954年至今，朱先生翻译的《柏拉图文艺对话集》可说是国内美学界最通行的柏拉图美学读本。朱先生对《大希庇亚篇》"专以美为主题的""西方第一篇有系统的讨论美的著作"[2]的美学定性是国内美学界的主流观点。但朱先生当年在翻译《大希庇亚篇》时基于对该篇目专门谈美学问题的判断，选择"删去开头的无关本题的一段"[3]，即《大希庇亚篇》开场苏格拉底与希庇亚的对话（281a—286c），以使这篇对话更切其主题"论美"[4]。长期以来，朱先生针对《大希庇亚篇》所作的这一删减并未引起国内美学界的特别重视。

近年来，随着国内柏拉图政治哲学研究的发展，对《大希庇亚篇》进行非美学界定的一些研究成果进入了我们的视野，如美国学者托马斯·潘戈尔（Thomas L. Pangle）将该篇目收入其主编的《政治哲学之根：被遗忘的十篇苏格拉底对话》（*The Roots of Political Philosophy: Ten Forgotten Socratic Dialogues*, 1987）；国内研究和翻译柏拉图《大希庇亚篇》（王江涛译为《希琵阿斯前篇》）的青年学者王江涛在其编译的《苏格拉底与希琵阿斯》（2015）、专著《美事艰难：柏拉图〈希琵阿斯前篇〉义疏》（2018）及相关论文中提出："如果非要说柏拉图那里有一种美学，那么，这一定不是鲍姆嘉通意义上的'审美学'（aesthetics），而是真正的'关于美的学问'

---

[1] Stephen Davies, Kathleen Marie Higgins, Robert Hopkins, Robert Stecker, and David E. Cooper (ed.). A Companion to Aesthetics (Second edition)［M］. West Sussex: Wiley-Blackwell, 2009: 472.
[2] 朱光潜. 题解［M］// 柏拉图文艺对话集. 北京：人民文学出版社，1997：327，329.
[3] 朱光潜. 译后记［M］// 柏拉图文艺对话集. 北京：人民文学出版社，1997：364.
[4] 公元1世纪前后，亚历山大里亚学者塞拉绪罗（Thrasyllus）编定柏拉图全集时将《大希庇亚篇》主题定为"论美"。

（kalology）"[1]，并以对"苏格拉底问题"的政治哲学阐释为语境将《大希庇亚篇》中的"美的学问"明确判定为"在本质上属于政治哲学"。[2]鉴于《大希庇亚篇》在柏拉图哲学美学中的重要性，以及柏拉图哲学美学对西方美学的奠基性，重新考读这篇对话，澄清柏拉图对"美"的思辨，于我们反思和再认识哲学美学的传统是十分必要的。

从 καλός 到 τὸ καλόν

辨析和反思柏拉图的"美本身之问"首先从语言开始。在《大希庇亚篇》的希腊文本中与中文"美是什么"对应的希腊文是 τί ἐστι τὸ καλόν。需要特别指出的是，τὸ καλόν 这个"美"的古希腊范畴可说是由柏拉图创造的。与汉语不同，古希腊语是高度曲折变化的语言，每个词都有不同的形态（如性、数、格等）。καλόν 是古希腊形容词 καλός 中性变格。古希腊形容词 καλός 有三个变格，分别是阳性 καλός、阴性 καλή、中性 καλόν，用于修饰阳性、阴性、中性的美的对象。柏拉图运用了古希腊语中形容词作名词的规则，挑选出美的中性形容词 καλόν，加上中性定冠词 τὸ，就构成了抽象中性名词"美"τὸ καλόν。然而，柏拉图之所以要创造一个"美"的名词，却又并不是因为古希腊语中没有名词的"美"。就此，理解柏拉图创词的原因对于理解柏拉图"美本身之问"的意义非常关键。

在古希腊语中，希腊文原有的"美"的名词是 κάλλος。名词 κάλλος 在古希腊语中主要指美丽的人、美丽的制品等现象实体之美。明了古希腊通用的名词"美"κάλλος 的词义，也就无须奇怪在《大希庇亚篇》中面对苏格拉底的提问，希庇亚自信满满地贡献出的第一个答案何以会是 παρθένος καλὴ καλός，即"美丽的少女就是美"[3]。在此，希庇亚用美的阴性形容词 καλή 修

---

[1] 王江涛."美学"作为一种政治哲学——柏拉图《希琵阿斯前篇》开场绎读[J].海南大学学报（人文社会科学版），2015（5）.
[2] 王江涛.美事艰难：柏拉图《希琵阿斯前篇》义疏[M].上海：上海人民出版社，2018：4.
[3] ［古希腊］柏拉图.大希庇亚篇[M]//柏拉图全集（增订版，下卷）.王晓朝，译.北京：人民出版社，2018：406.

饰少女 παρθένος，其基本思路是美的事物（κάλλος）即美（τὸ καλός）。就此而言，柏拉图在"美本身之问"中对古希腊名词 κάλλος 的弃用，以及用中性定贯词 τὸ 对形容词 καλός 进行转化和抽象显现了典型的柏拉图式语言逻辑的形而上学特征。这也即是历史上《大希庇亚篇》虽然一度被怀疑为伪作，但依然受到欧美柏拉图研究学者们重视的一个重要原因。美国柏拉图研究的权威学者尼古拉斯·P. 怀特（Nicholas P. White）在撰写《柏拉图的形而上学认识论》时就多次引《大希庇亚篇》来论证柏拉图哲学认识论。在怀特看来，柏拉图在《欧绪弗洛篇》《大希庇亚篇》《普罗泰戈拉篇》《美诺篇》《国家篇》等对话中呈现出了一种哲学性的追问模式，即柏拉图的思维逻辑往往是"最初的问题是某种东西是否是 F（形容词），但问题很快就变成了什么是 F-ness（名词）？"[1]

由形容词 καλός 到名词 τὸ καλόν，这种由形容词指向的现象关怀上升到抽象名词指向的本质把握，探究定义的语言思维形式正是"美本身之问"被确认为西方哲学美学奠基之问的认识论根据。然而当我们返回古希腊语境来考察形容词 καλός 可对应的现象时，柏拉图之问的美学性却似乎变得有些可疑了。

古希腊形容词 καλός 主要在四个方面被使用：1. 外观方面的美丽、漂亮、适宜（beautiful、fair）；2. 物质功用方面的优良（fine、good）；3. 伦理方面的高贵、高尚、有美德（noble、virtue）；4. 祭仪方面的吉祥（sacrifices、auspicious）。严格来说，上述四种含义只有 1 从属于现代美学范畴。至于含义 2、3、4 却似是需要与美学维度相区别的实用的、伦理的、宗教的维度。然而 καλός 的这四种含义在《大希庇亚篇》中却无疑都作为对"美是什么"的回答出现了：美是"美丽的少女""美丽的竖琴""美的陶罐"；美"无非就是黄金"；美是"财富、健康、希腊人的荣誉、长寿、风光地埋葬他的父母、自己死后也能由子女为他举行隆重的葬礼"；美是"适宜就是美"，"无

---

[1]［美］尼古拉斯·P. 怀特. 柏拉图的形而上学认识论［M］//［美］理查德·克劳特，编. 剑桥柏拉图研究指南. 王大庆，译. 北京：北京师范大学出版社，2018：328.

论什么东西只要有用,就是美的";"美就是有益","美就是善的原因"。[1]

然而,耐人寻味的是上述καλός的四种主要词义指向却似乎不包含《大希庇亚篇》中苏格拉底提出的最后一次定义"美"的尝试,即"美就是通过视觉和听觉而来的快感"[2]。这里,柏拉图用来表示美的快感的希腊词是ἡδύ。在希腊文中ἡδύ虽可作为前缀表达心灵的美好,如ἡδυ-γνώμων(有可爱心灵的),但更多是用于表达各种感官的愉悦,如ἡδύ-βόας(声音悦耳的)、ἡδύ-ποτος(香甜可口的)、ἡδύ-παθής(愉快享乐的)等。就ἡδύ主要指向感性快感,尤其是视听快感而言,ἡδύ与希腊文αἴσθησις(视、听方面的感觉;知觉、印象)、αισθητικός(可感觉的、可感知的)相关联。两千年后的1735年,德国人鲍姆嘉通(Alexander Gottlieb Baumgarten)正是根据希腊文αἴσθησις在《诗的哲学默想录》(*Meditationes philosophicae de nounullis ad poema pertinentibus*)中造出了Aesthetica一词,为美学学科命名。ἡδύ是《大希庇亚篇》诸多定义"美"的词汇中关联着"美学"命名,亦即美学学科定性的一个词。柏拉图把这个乍看与καλός似乎缺乏明显词义关联的词放到了对话的最后一个定义中,这不是一种随意之举。事实上,ἡδύ与καλός在希腊语义中也并非真是毫无相关。καλός的同源前缀,用来构成复合词前缀的κάλλι有"用来增加事物的美"之意,与ἡδύ作前缀时的表意功能相近。例如,κάλλι-βόας可用于形容声音悦耳的,有美妙声音的,与ἡδύ-βόας意思相同。

从καλός的词义,以及从《大希庇亚篇》中出现的这些关于τὸ καλόν的回答来看,围绕τὸ καλόν的种种定义尝试不仅关乎美,也关乎好(善),还关乎愉悦。据此,我们似乎有理由判断柏拉图在尝试定义τὸ καλόν时,其意谓的"美"并非现代美学意义上的与物理之真、伦理之善相分离、相独立的审美之"美",而是指向关涉了人生在世所欲所求的几乎全部的"美善兼备"之"美"。

---

[1][古希腊]柏拉图.大希庇亚篇[M]//柏拉图全集(增订版,下卷).王晓朝,译.北京:人民出版社,2018: 406, 407, 408, 411, 414, 416, 418.
[2][古希腊]柏拉图.大希庇亚篇[M]//柏拉图全集(增订版,下卷).王晓朝,译.北京:人民出版社,2018: 420.

从"美善兼备"到"美"

如果说19世纪英国古典学者、神学家、柏拉图译者本杰明·乔依特（Benjamin Jowett）用英文 the Beautiful 来对译希腊文 τὸ καλόν 适以表明柏拉图"美本身之问"的哲学语言逻辑，[1] 那在当今英语学界公认的柏拉图权威英译本《柏拉图全集》（*Plato Complete Works*，1997）中，约翰·M. 库珀（John M. Cooper）选择用 the fine 来对译希腊文 τὸ καλόν 则更为贴近希腊语 καλός 所辐射的"美好"之"美"的所有关切。这一关切也表现在库柏选择用负面内涵宽泛的 foul 来对译希腊文 καλός 的反义词 αἰσχρός。与 beautiful 侧重表示有吸引力的、外观的美相较，英文单词 fine 的含义可谓极大丰富，几乎可用于形容一切与美善相关的人事物。就词语本身具有的内涵看，fine 可涵盖 καλός 的一切所指：外观的、实用的、伦理的、宗教的、感觉的。然而，用 fine 来翻译 καλός 也并非十全十。首先，英文 fine 的词义过于宽泛，其外延大于希腊文 καλός。其次，英文 fine 在哲学语境中的使用往往是侧重伦理学的。用 fine 来对译柏拉图"美本身之问"的消极结果是《大希庇亚篇》中的"美是什么"的哲学美学性极可能被消解掉。例如牛津大学基督圣体学院研究员克里斯托弗·泰勒（C. C. W. Taylor）在其撰写的哲学普及读物《众说苏格拉底》（*Socrates: A Very Short Introduction*，1998）中，就将《大希庇亚篇》中苏格拉底提出的"美是什么"译为"what fineness is"。泰勒的苏格拉底研究属于哲学伦理学范畴。这在一定程度上就影响到了该书的中文翻译。该书的中文译者欧阳谦教授在中文译本中将泰勒用来对译 τὸ καλόν 的英文 fineness 译为了"高尚"。[2] 据此，至少在该文本所依托的问题语境中，柏拉图"美本身之问"的美学性荡然无存，取而代之的是一个哲学伦理学问题，即"高尚是什么"。上述关于将"美是什么"转换为"高尚是什么"的例子

---

[1] 乔依特翻译的《大希庇亚篇》（*Greater Hippias*）未收入5卷本的《柏拉图对话集》（*The Dialogues of Plato*，1871）中，但可见于维基文库（wikisouce）。
[2] [英] C. C. W. Taylor. 众说苏格拉底[M]. 欧阳谦，译. 北京：外语教学与研究出版社，2007：55，177.

提示我们考察柏拉图"美本身之问"时问题语境的重要性。

与朱光潜对《大希庇亚篇》开场对话的忽视、漏译不同,从政治哲学角度解读《大希庇亚篇》的学者们都非常重视《大希庇亚篇》的开场对话。美国学者斯威特(David R. Sweet)将该段对话视为《大希庇亚篇》的导言:"他们谈的话题是'美',但这个主题实际上在相当长的一段导言(281a—286c)之后才明确地出现。"[1] 正如斯威特注意到的,这段"导言"中与"美学"明显关联的内容极少,仅有两处:一处是在讨论古人与今人智慧时,举了雕塑家的例子;一处是对希庇亚讲故事能力的肯定。而就对话内容的整体而言,苏格拉底与希庇亚的对话似乎都是围绕着"城邦事务"这个中心展开。鉴于古希腊意义上的政治事务即是城邦事务——政治(πολιτικός)与城邦(πόλις)同源,似乎就很可以推论说《大希庇亚篇》是以对"政治事务"的讨论展开的,顺此逻辑地将其后出现的"美本身之问"阐释为"美的事业(το ἐπιτήδευμα καλόν)之问"——"从事哲学思考是美的事业,追求政治事功亦是美的事业,问题在于哪一种事业更美",[2] 并就此消解《大希庇亚篇》的美学性,将其定性为柏拉图政治哲学对话。然而假如视朱光潜先生漏译占《大希庇亚篇》全篇五分之一的开场对话是一种基于美学立场的"削足适履",那么以对《大希庇亚篇》开场对话的政治哲学解读为逻辑主线来阐释全篇五分之四与政治事务无关的"美"的讨论,又是否是基于政治哲学立场的"创造性误读"呢?

审慎的判断需以柏拉图文本为据。美国学者赫伯尔(Robert G. Hoerber)在从逻辑与修辞的维度考察柏拉图《大希庇亚篇》时,特别提出并论证了柏拉图独特的呈现辩证逻辑的戏剧技巧"ABA 编织术"(ABA intertwining)。[3] 我们可以清楚地看到开场对话(《大希庇亚篇》,281a—286c)正是一个 ABA 的结构:

---

[1] [美] 大卫·R. 斯威特.《大希庇阿斯》导论 [M] //[美] 托马斯·潘戈尔, 编. 政治哲学之根: 被遗忘的十篇苏格拉底对话. 韩潮等, 译. 北京: 商务印书馆, 2019: 366.
[2] 王江涛. 美事艰难: 柏拉图《希琵阿斯前篇》义疏 [M]. 上海: 上海人民出版社, 2018: 149.
[3] Robert G. Hoerber. Plato's Greater Hippias [J]. Phronesis, 1964, 9(2): 143-155.

A（281a）：苏格拉底抛出"美智兼备"的问题。

对话开场，苏格拉底首先登场，向希庇亚打招呼：

Ἱππίας ὁ καλός τε καί σοφός（281a）

这段开场白译为中文是"希庇亚，美（καλός）智（σοφός）兼备者"。如果我们认同斯威特将开篇对话（281a—286c）视为全篇导言，那么依循重视逻辑起点的哲学思维，兼顾柏拉图微言大义的戏剧修辞，《大希庇亚篇》首个表达观点的句式"美智兼备"就可被视为《大希庇亚篇》导言中的导语。美国哲学家伯纳德特（Seth Benardete）认为柏拉图用这句话作为全篇首句意味着《大希庇亚篇》的写作是"从智慧问题过渡到美的问题"，"引导我们把美和智慧联系起来，即使当两者之间的关联没有显明之时"。[1] 伯纳德特作出这样的阐释的依据大抵是因为苏格拉底与希庇亚在接下来的对话中首先探讨的是古人与今人的智慧问题，其后才转入了美的问题。如果完全依据文本叙事的时间逻辑来看，伯纳德特的判断是合理的。但如果就"美"与"智慧"在全篇对话中呈现的关系逻辑来看，我们却不妨作出如下解读：

苏格拉底开场首句的"καλός καί σοφός"是对古希腊俗语"καλός καί ἀγαθός"的模仿和改造。古希腊俗语 καλός καί ἀγαθός 的字面义是美的（καλός）和善的（ἀγαθός），即美善兼备。该俗语通常用于形容集美好仪表、出众智慧、高尚道德、高贵出身为一体的古希腊精英。该俗语表达的是古希腊文化对完美的人的理解。柏拉图在首句中对这个俗语的模仿与改造可以从两个维度予以理解：其一，就"美智兼备"用于形容希庇亚而言，该语词的使用可视为对"美善兼备"的戏仿。随着对话的展开，希庇亚所暴露出的不美和无知印证着这种戏仿；其二，就"美"与"智慧"作为本篇对话的题眼而言，有鉴于古希腊观念中"美的"（καλός）很多时候同时就是"善的"（ἀγαθός），"美智兼备"对古希腊俗语"美善兼备"的改造用"智慧"（σοφός）替换了"善"，即表示该篇对话要讨论的是独立于"善"的"美"，以及"美"与"智慧"之间的联系。这即意味着柏拉图意欲将"美"从

---

[1] Seth Benardete. The Being of the Beautiful: Plato's Theaetetus, Sophist, and Statesman［M］. Chicago: The University of Chicago Press, 1984: xxi.

"美""善"普遍关联的语境中独立出来成为一个的知识性问题。

B（281b—285b）：对话在埃利斯与拉栖代蒙、私务与公务、古人智慧与今人智慧、法律与技艺等二元矛盾中揭示出以希庇亚为代表的以"技艺"为"智慧"的智者缺乏真正的善德。具体内容为：

b1 来自埃利斯与去往拉栖代蒙（281a—b）。希庇亚出场首先即自夸为埃利斯公共事务的代言人，他号称自己"担当城邦（埃利斯）的使节"、是"最能判断和报告其他城邦各种消息的公民"、受命于"造访不同的城邦"。同时，希庇亚又特别强调说，在所有城邦中"去得最多的地方是拉栖代蒙，那里要处理的事情最多，也最重要"[1]。但在开场对话的中段，在苏格拉底的问询下，承担着埃利斯重要公务的希庇亚承认在他认为最重要的、去得最多的拉栖代蒙，他却偏偏被禁止从事重要的公务，即公民的道德和法律教育。两个城邦的两种态度暗示出不同城邦法律的对立。同时，来自埃利斯的希庇亚不受重视却又频频造访拉栖代蒙，暴露出的是他"征服"拉栖代蒙的野心。

b2 私务与公务（281c）。希庇亚"美善兼备"的人生之"完美"被苏格拉底具体阐释为希庇亚公私兼备，即"对个人来说，你的才华使你年轻时就能挣大钱，而你也能给人们提供更大的利益"，以及"在公共事务中，你能为你的国家建功立业，这是避免人们的轻视和赢得公众尊敬的正道"[2]。希庇亚认同了苏格拉底的说法，但在其后的对话中，希庇亚将"公务"与"私务"方面的"成功"皆归于自己的金钱收获，这说明他其实不分"公""私"，缺乏为城邦公共事务服务的真正美德。

b3 当代有智慧的人与古代有智慧的人（281c—283b）。作为彼时当代智者的希庇亚认为古代人物庇塔库斯、彼亚斯、阿那克萨戈拉等人远离城邦政治是无能的表现，因为"他们缺乏能力，无法把他们的智慧运用于生活的两

---

[1]［古希腊］柏拉图.大希庇亚篇［M］//柏拉图全集（增订版，下卷）.王晓朝，译.北京：人民出版社，2018：397.
[2]［古希腊］柏拉图.大希庇亚篇［M］//柏拉图全集（增订版，下卷）.王晓朝，译.北京：人民出版社，2018：397-398.

个领域,即公共领域和私人领域"。而导致这种"无能""无知"最重要的原因在希庇亚看来是"对这种生意的真正魅力一无所知"。其后,苏格拉底将以希庇亚为代表的当代智者的"有能""有知"总结为"现在人们普遍认为聪明人必须为自己打算,衡量智慧与否的标准则是挣钱的能力"。[1] 用挣钱多少来衡量智慧多少,我们不难看出希庇亚式的"智慧"是以"智"为"技艺",并以此"技艺"为私欲服务。这种"智慧""技艺"显然与道德意义上的"善"分道扬镳。

b4 技艺与法律(283b—285b)。苏格拉底在澄清了希庇亚式的"智慧"实际上不过是赚钱的"技艺"之后,转而通过引希庇亚来讨论何以其教育在拉栖代蒙是被禁止的,从而进一步强调出希庇亚式的"智慧""技艺"与"美德""善"的对立。在自诩擅长道德教育的希庇亚看来,拉栖代蒙之所以拒绝他在城邦中通过教育挣钱仅是由于拉栖代蒙有严格的传统和法律。但同时,希庇亚却又认同拉栖代蒙的法律是良好的。这种认识上的矛盾暴露出希庇亚对法律和美德的无知。希庇亚认同苏格拉底所说的"在有着良好法律的国家里,美德具有最高的荣耀"。但希庇亚认识不到这其中的逻辑乃是由于立法的根据在于"善",因此法律才会在本质上是有益的。基于此,苏格拉底通过"当那些想要成为立法家的人忽略了善的时候,他们也就忽略了法律和合法性"[2],暗示在法律的善的本质上,凭自以为是的"智慧"技艺来教育公民赚取金钱的希庇亚其实是"不懂行"的人,是违法者。

由 B 段可知,自诩擅长美德教育的希庇亚不具备教导"善"的资格。

A1(285c—286c):不具备教导"善"的资格的希庇亚因"美的"演说"技艺"受认可。基于希庇亚获得了教导"美"的资格,苏格拉底开始追问"美是什么"。

苏格拉底留意到不被允许在拉栖代蒙从事教育事业的希庇亚凭借演讲

---

[1] [古希腊]柏拉图.大希庇亚篇[M]//柏拉图全集(增订版,下卷).王晓朝,译.北京:人民出版社,2018:398-400.
[2] [古希腊]柏拉图.大希庇亚篇[M]//柏拉图全集(增订版,下卷).王晓朝,译.北京:人民出版社,2018:401-402.

在拉栖代蒙依然可受到热烈欢迎。这意味着希庇亚施行的"教育"虽然于法律代表的"善"是分道扬镳的，但却有着另外的价值。拉栖代蒙人喜欢听希庇亚讲好听的故事——"英雄和人的谱系""古代城邦建立的故事""古代传说"。[1] 苏格拉底留意到，尽管希庇亚讲的故事与真正的知识——天文学、几何学，甚至与修辞学知识无关，但却可赢得拉栖代蒙人的快乐和掌声。正是凭借着这样的声势，希庇亚被邀请到拉栖代蒙发表关于人生的美好追求的演讲，教导人们什么是人生的美好追求（καλά ἐπιτήδευματα）。在前述分析中，苏格拉底引导我们认识到希庇亚式的"智慧"实质上是靠"技艺"挣钱。但我们并不十分清楚这种具体的"技艺"到底是什么？直到在苏格拉底刨根究底地追问下，我们看到为希庇亚赢来成功的"技艺"是"美的"演说术。

但问题是希庇亚教导的"美的"人生追求是真正的"美"吗？懂得这些"美的"技艺的希庇亚是对"美"有真正知识的人吗？经过开场对话的戏剧铺垫，对话由此鲜明地进入到《大希庇亚篇》的主题"论美"。

"美"的思辨

众所周知，柏拉图《大希庇亚篇》是一篇提出了"美是什么"，却最终没有定论的对话。就"美"的思辨的展开而言，参与这篇对话的角色表面上是苏格拉底与希庇亚两人，但其实是三方：苏格拉底、虚构的批评家苏格拉底[2]以及希庇亚。其中，虚构的批评家苏格拉底可被视为苏格拉底的反思人格。许多研究在解读《大希庇亚篇》中定义"美"的尝试时，主要将焦点放在希庇亚定义"美"的三次尝试，以及苏格拉底定义"美"的三次尝试上，并通过阐发这些"定义"的逻辑缺陷来印证对话尾声苏格拉底意味深长的感

---

[1]［古希腊］柏拉图. 大希庇亚篇［M］// 柏拉图全集（增订版，下卷）. 王晓朝，译. 北京：人民出版社，2018：403.
[2] 加拿大学者格鲁贝（G. M. A. Grube）在其《大希庇亚篇》研究中，将《会饮篇》中狄奥提玛、《法篇》中无神论者、《克力托篇》中国家与法律的人格化与《大希庇亚篇》中以第三人称出现的苏格拉底等人物设计视为柏拉图的戏剧技巧："假想的言说者。"（imaginary speaker）格鲁贝认为这一不在场却可影响对话的虚构人物的功能是代替苏格拉底表达反对观点。参见 G. M. A. Grube. On the Authenticity of the Hippias Major［J］.The Classical Quarterly, 1926, 20（3/4）：134–148.

叹："美的事物是难懂的。"[1] 这类研究容易引人误会柏拉图始终没有清楚界定"美本身"。但其实，至少在"范畴"意义上，《大希庇亚篇》对"美"（τò καλόν）有着相当清晰的界定。对话中界定"美""范畴"的人就是提出"美本身"之问的虚构的批评家，亦即苏格拉底的反思人格。

我们先来看一下苏格拉底在对话中是如何界说这一"范畴"的：

> 一切事物之所以如此，乃是由于拥有真正存在的东西……那么，一切美的事物之所以美乃是因为拥有美吗？……美是真正存在的吗？

> 绝对的美，其他一切事物都因此而井然有序，在拥有了外形的时候显得美好。

> 美本身把美的性质赋予一切事物——石头、木头、人、神，一切行为和一切学问……美的东西确实始终是美的，对任何人都是美的。[2]

通过上述穿插在对话中对"美本身""范畴"进行的界定，我们不妨总结下虚构的批评家苏格拉底在"范畴"的意义上为"美本身"做出的抽象规定：

（1）实存性：美本身是真实存在的。
（2）绝对性：美本身是绝对的。
（3）本源性：美本身是事物"是"美的原因。

将上述规定从对话文本中抽象出来，很容易使人联想到黑格尔所谓的旧式形而上学命题，如用"上帝有存在""上帝是永恒"来回答"上帝是什么"。参照这种命题逻辑，"美本身是真实存在的""美本身是绝对的""美

---

[1] ［古希腊］柏拉图. 大希庇亚篇 [M] // 柏拉图全集（增订版，下卷）. 王晓朝，译. 北京：人民出版社，2018：429.
[2] ［古希腊］柏拉图. 大希庇亚篇 [M] // 柏拉图全集（增订版，下卷）. 王晓朝，译. 北京：人民出版社，2018：405-406, 408, 412.

本身是一切美的事物的原因"亦可被视为对"美是什么"的定义。但提出"美本身"问题的人虽然坚持以上述抽象规定为"美本身"定义的必要条件，却又显然不满足于抽象的形而上学定义。不接受用这样的抽象规定来"定义""美本身"意味着柏拉图认为这些都还不"是"。

"是"的希腊文是 εἰμί，有"在"（to be/exist）、"活着"（live）、"发生"（happen）、"成为事实"（be the case）的意思，被后世语法家归类为连接主语和谓语的"系动词"。"系动词"范畴来自拉丁语 copulo，表示"××连接在一起"。在 τί ἐστι τὸ καλόν（美是什么）这个问句中，ἐστι（εἰμί 的单数中性现在时）即指向与 τὸ καλόν（美本身）之"在""活着""发生""成为事实""连接在一起"之"是"。相较"真实存在的""绝对的""一切美的事物的原因"的抽象逻辑之"是"，将"在""活着""发生""成为事实""连接在一起"的"是"根本上指向"美本身"如何"是其所是"的辩证过程。

《大希庇亚篇》中苏格拉底提出却不满足用形而上学的抽象规定定义美，这暗示有两种"美"的定义方式，而柏拉图寻求的显然是辩证法的定义方式，亦即从美的表象开始，凭借反思将美的（καλός）感性表象转变成对美的抽象观念，最后的目标是达到思想概念的"美"（τὸ καλόν）。就《大希庇亚篇》中的对话本质上是"美"的辩证法而言，对话中依次出现的六组定义均不同程度地表现了"美"之所"是"的辩证逻辑过程。

其中，就希庇亚提议的三组"美本身"定义而言，从"美丽的少女"之"美"到"黄金"成就的"美"，到其"美"的认识的上限"美满人生"之"美"，"美本身"是被限于现象物质世界中来认识的。希庇亚对"美"的定义表明他只懂得形而下生活中那些显得美的事物。这样的"美"仅仅在庸俗的生活世界中"在""活着""发生""成为事实"。于是正如苏格拉底揭示的，希庇亚定义的"美"根本上是一些既美又丑的东西，很容易从"是"变成"不是"。

而苏格拉底提出的三组"美本身"定义则意在探寻从形而下生活世界到形而上本体世界之间"美"之所"是"的三个可能性维度：

（1）形式显现之"是"。苏格拉底提出"适宜就是美"可视为对希庇亚"美"定义的一种提升。这种"提升"显现为将"美本身"从具体现象事物之"在"抽象为现象显现的原则。就"适宜"作为"美本身""是"美和"显得"美的形式关系上看，苏格拉底认可真正"是"美的事物要"显得"不美是不可能的。但这个"美本身"在实现上有一个巨大的障碍，即人的无知。对"美本身"的"无知"使得人们容易耽于"显得"美的形式关系，从而有将"不是"看作"是"的风险。对世人之"无知"的悲观带来了柏拉图对形式美之"是"的极度不信任。

（2）功用价值之"是"。在否定以现象显现原则为"美本身"之"是"后，苏格拉底在"美"的价值之"是"的意义上提出了"美是有用"。这一"定义"可说是对由无知带来的耽于外表美的美的认识的拨乱反正。就"美本身"是美的事物的成因来看，"美本身"即是使"美"得以实现的力量，而"凡有力量实现的就是有用的"。[1] 但就"美是有用"而言，由于人们对什么才是真正"有用"的认知不同——希庇亚认为最有用的是权力，苏格拉底认为最有用的是智慧，因此这一定义依然有用"不是"替换"是"的风险。为修正这一思路，苏格拉底为"有用"加上了"善"的价值限定，将美定义为"有益"。但这是一个可能颠覆全篇对话的定义，因为它将对"美"的独立思辨带回了"美善不分"的老路，消解了"美"的"在"与"成为"。

（3）感性判断之"是"。苏格拉底最后提议将"美"定义为"通过视觉和听觉而来的快感。"作为《大希庇亚篇》中出现的最后一个定义，这可谓全篇最特殊的一个对"美"的定义。这不仅是由于前述提及的"快感 ἡδύ"与"美的 καλός"在内涵上的关联相较其他定义曲折，也由于该定义是所有定义中唯一一个明确将"感性"（感官的/心理的）与"美本身"联系在一起显现"是"的定义。苏格拉底在这个定义中似乎捕捉到了"美"区别于"善"的特质，即快感。然而从"感性"出发来寻找"美"，苏格拉底遇到了两个困难。首先是如何将作为快感的"美"从杂多的快感，尤其是不美的快感中区分出来。其次，就"美本身"在"在"的意义上是"一"而言，苏

---

[1] [古希腊]柏拉图.大希庇亚篇[M]//柏拉图全集（增订版，下卷）.王晓朝，译.北京：人民出版社，2018：417.

格拉底遇到了逻辑上的困难，即将"视觉"和"听觉"合起来为"一"，它们其实是"二"；将"视觉"和"听觉"分开各自为"一"，它们合起来却只能是"二"。如此一来，"美"本身如果要在视听快感中实现所"是"，满足"一"的"在"，则逻辑上会推导出"这个说法使得两种快乐一道是美的，但各自不是美的"。[1] 就"在"的层次而言，感性形态的"在"本质上是各个孤立的"多"。由各个孤立的"多"推导不出绝对之"一"。由此，苏格拉底否定了以感性条件来规定"美本身"的想法，不得已再次折返价值原则，将"美"定义为"有益的"的"快乐"之"是"。苏格拉底再次回到了"美善不分"的无知。

詹文杰在《柏拉图知识论研究》中深入探讨了柏拉图哲学知识论不同于当代知识论的复杂状貌，并在此基础上概括出柏拉图意谓的"知识"的几个基本观点："知识要求领会到'真'（alētheis）或者'是者/实在'（to on）"；"知识要求给出说理或说明（logos）的能力"；"知识要求稳固性和确定性，并且不会被说服而放弃"；"理想的知识是难以达到和极其稀有的"。[2] 据此，我们不难见出以"美"为核心论题的《大希庇亚篇》的哲学美学知识属性，即该篇旨意在探寻"美"的"真"或者"是者/实在"，提出对"美"的"说理"，显现拒绝说服的修辞的"美"的知识的稳固性和确定性，最后以希腊格言"Χαλεπά τά καλά 美的事物是难懂的"为结语，承认美的理想的知识是难以获得的。

虽然由于美的理想的知识是难以获得的，《大希庇亚篇》最后未就"美是什么"给出明确的回答，但柏拉图于此启示了从"美的"（καλός）感性表象到"美"本质（τὸ καλόν）之"是"（εἰμί）的三个重要认识论域：形式显现的论域、功用价值的论域、感性判断的论域。其中，除与"善"关联的"美"的功用价值论域多被置于相关学科的交叉研究外，就西方古典美学谱

---

[1] ［古希腊］柏拉图. 大希庇亚篇［M］// 柏拉图全集（增订版，下卷）. 王晓朝，译. 北京：人民出版社，2018：427.
[2] 詹文杰. 柏拉图知识论研究［M］. 北京：北京大学出版社，2020：30，37，49，51.

系而言，主要沿着柏拉图形式显现的"美"之所"是"方向继续追寻"美"的有亚里士多德的"形式"、新柏拉图主义与基督教神学的"秩序"、"比例"、"完整"、"光"、文艺复兴时期画论表现不可见形式于可见形式的"透视法"、诗学的"三一律"等，这一方向最后在以"美就是理念的感性显现"[1]为核心命题的黑格尔美学中达到"形式显现"之"是"的辩证顶峰。而主要沿着柏拉图感性判断的"美"之所"是"方向尝试捕捉"美"的有亚里士多德以悲剧快感为代表的对美感的探讨、中世纪神学哲学的"灵魂的内感"（interior sensus animi）、英国经验主义"趣味""内在感官"等审美经验理论、以感性认识为核心将美学命名为 Aesthetica 的鲍姆嘉通美学等，最后这一方向在康德对审美判断力的研究中达到了"感性判断"之"是"的认识论顶点。历史地看，为学界所熟知的"美学"正是在柏拉图启示的论域中逐渐建构而出的。虽然就柏拉图整体哲学面貌而言，柏拉图对"美"范畴的使用常常关联于"善"，从而使得研究者们不能，也似乎没有必要从中孤立出一个学科界限分明的柏拉图美学。但就柏拉图《大希庇亚篇》中"美本身之问"开拓了独立的"美本身"之"是"的哲学思辨道路而言，《大希庇亚篇》作为西方哲学美学的奠基之作是毋庸置疑的。

---

[1]［德］黑格尔.美学（第一卷）[M].朱光潜，译.北京：商务印书馆，1997：142.

埃兹拉·庞德《诗章》中的光学与生物隐喻

王年军[1]

[摘要] 庞德关于"光"的设想把新柏拉图主义"光"的哲学和中国古代表意文字的"明""顯"等与光有关的意象并置,并从中引申出晶体——玉——水虫——蝴蝶的意象序列;动植物、矿物的几何结构与诗歌"精确"的织体、人类的智能,在庞德看来都是分有了神圣之"光"的结果。在这种"光"的论述背后有古典的以太学说,近代科学以马可尼和麦克斯韦为代表的电磁学、中国古代气论等多方面的支撑。

[关键词] 埃兹拉·庞德 《诗章》 科学话语 生物隐喻 比较诗学

《诗章》中的光学隐喻是理解其词语,有机体(微生物、植物、动物和人类),社会/政府和物理世界之间几何同构关系的入口。"光"是《诗章》的核心意象,庞德对"光"的书写也构成《诗章》的自然科学基础之一。"去建造光"(To build light),庞德把这句格言追溯到毕达哥拉斯派哲学家卢卡努斯(Marcus Annaeus Lucanus),并在来自《礼记·大学》的表意文字"日日新"中找到对应。这两句话带有很强的述行性,后期《诗章》频繁引用(第87、91、94章等),可能庞德意识到自己也是"光"的建造者。归纳起来,"光"在庞德的使用中至少有三个层面的含义:自然的(natural)、精神的(spiritual)、天堂——神学意义的(celestial)——且庞德对这种多重释义有充分的自觉。他所推崇的但丁在《致斯加拉大亲王书》中指出,《神曲》

---

[1] 王年军,北京大学中国语言文学系2019级博士研究生,研究方向为比较诗学、中外电影史论与大众文化。

有字面（literal）、寓言（allegorical）、神学（anagogical）、伦理（ethical）四种释义。这四种释义亦可用较为变通的方式应用到《诗章》中。利昂·苏莱特的著作主要侧重庞德的"光"学中的神秘层面。[1] 但在庞德的作品中，"光"还指涉植物的向光性、神性、人类的艺术冲动、爱和善政。《诗章》中的光明崇拜有多个来源，波斯的拜日教（密特拉教）、古埃及日神崇拜、古希腊的亥伯龙神（Hyperion）崇拜和阿波罗神崇拜、新柏拉图主义的光崇拜、中国象形文字和儒家经典中"明""日""顯"等表意字符……"万物都是光"（All things are light; all things that are lights）[2]，《诗章》把埃里金纳视为"光的哲学家"的一员，把这个本属于格罗斯泰特（Robert Grosseteste）的短语归给前者。[3]

一、《诗章》中的"光"与"顯"、水晶体、卢磁（luz）

　　《诗章》（*The Cantos*）是20世纪最复杂、最抗拒阐释的作品之一，借用巴兹尔·邦廷（Basil Bunting，1900—1985）一首诗中的说法："那是阿尔卑斯山。关于它有什么可说的？／它说不通。致命的冰川，悬崖裂隙攀升／乱糟糟的巨石和杂草，牧场和巨石，岩屑／你可以听到，或许，快乐而轻松的叠句。"（《写在庞德〈诗章〉的扉页上》）[4]《诗章》从1904年开始构思，1916年着手动笔，直到埃兹拉·庞德去世的1972年还没有完成。这部倾其一生的作品内置了众多的碎片、"闪光的细节"和让人一见即知的谬误，正因为

---

[1] Leon Surette. The Birth of Modernism: Ezra Pound, T.S. Eliot, W.B. Yeats, and the Occult [M]. Montreal: McGill-Queen's University Press, 1993.
[2] Ezra Pound. The Cantos of Ezra Pound [M]. New York: New Directions Publishing Corporation, 1975: 429-571.
[3] 罗伯特·格罗斯泰特（1175—1253年），是英国政治家、经院哲学家、神学家、科学家。他不仅仅是一位伟大的牧师，还是他那个时代英国第一位数学家和物理学家。在思想领域，他预见到了罗杰·培根后来提出的一些引人注目的观点。
[4] Basil Bunting. The Poems of Basil [M]. Bunting, London: Faber & Faber, 2016. 原诗名为 *On The Fly-Leaf Of Pound's Cantos*，由笔者翻译。

如此，对庞德的研究仍然聚集着巨大的动能。和对 T. S. 艾略特、叶芝等 20 世纪顶尖大诗人的谈论相比，谈论庞德意味着在某种程度上拒绝建制，因为他的作品、气质和文本张力使他的思想很难被庸俗化。一个世纪以来，庞德的作品不仅是英语世界诗歌的范本，而且亦曾影响了张枣、欧阳江河等一代中国作家。今天，文学正面临媒介革命、技术革命的挑战和激发，讨论庞德适逢其时。因为《诗章》已经有计划地考虑到了文学在这些问题面前的回应方式，其中，《诗章》的光学和生物隐喻，就是一个隐秘的参数。

《诗章》中的光学隐喻是理解其词语，有机体（微生物、植物、动物和人类），社会/政府和物理世界之间几何同构关系的入口。"光"是《诗章》的核心意象，庞德对"光"的书写也构成《诗章》的自然科学基础之一。"去建造光"（To build light），庞德把这句格言追溯到毕达哥拉斯派哲学家卢卡努斯（Marcus Annaeus Lucanus），并在来自《礼记·大学》的表意文字"日日新"中找到对应。这两句话带有很强的述行性，后期《诗章》亦频繁引用（第 87、91、94 章等），可能庞德意识到自己也是"光"的建造者。归纳起来，"光"在庞德的使用中至少有三个层面的含义：自然的（natural）、精神的（spiritual）、天堂—神学意义的（celestial）——且庞德对这种多重释义有充分的自觉。他所推崇的但丁在《致斯加拉大亲王书》中指出，《神曲》有字面（literal）、寓言（allegorical）、神学（anagogical）、伦理（ethical）四种释义。这四种释义亦可用较为变通的方式应用到《诗章》中。在庞德的作品中，"光"还指涉植物的向光性、神性、人类的艺术冲动、爱和善政。《诗章》中的光明崇拜有多个来源，波斯的拜日教（密特拉教）、古埃及日神崇拜、古希腊的亥伯龙神（Hyperion）崇拜和阿波罗神崇拜、新柏拉图主义的光崇拜、中国象形文字和儒家经典中"明""日""顯"等表意字符……"万物都是光"（All things are light; all things that are are lights）[1]，《诗章》把埃里金纳视为"光的哲学家"的一员，把这个本属于格罗斯泰

---

[1] Ezra Pound. The Cantos of Ezra Pound [M]. New York: New Directions Publishing Corporation, 1975: 429–571.

特（Robert Grosseteste）的短语归给前者。[1]关于《诗章》中"光"的复杂含义及背景知识，相关的英文研究已经不少，马丁·凯曼的《庞德的现代主义：诗歌的科学》(The Modernism of Ezra Pound: The Science of Poetry)、伊恩·贝尔（Ian Bell）的《作为科学家的评论家：庞德的现代主义诗学》(Critic as Scientist: The Modernist Poetics of Ezra Pound) 丹尼尔·奥尔布赖特（Daniel Albright）的《量子诗学：叶芝，庞德，艾略特与现代主义的科学》(Quantum Poetics: Yeats, Pound, Eliot, and the science of modernism) 都有零星涉及。尤其是《量子诗学：叶芝，庞德，艾略特与现代主义的科学》，从光的波浪模型（the wave model）和粒子模型（the particle model）的对立解读叶芝、艾略特和庞德等现代主义诗歌的"基本粒子"（elementary particals）或"诗素"（poememe），从而在文学与同期的实验科学之间建立了新的映射关系。利昂·苏莱特（Leon Surette）的《埃琉西斯之光：庞德〈诗章〉研究》(A Light from Eleusis: A Study of Ezra Pound's "Cantos") 则主要侧重庞德的"光"学中的神秘层面。[2]中文中对相关议题的研究则相对稀薄，本文致力于在关于"光"及相关的生物隐喻层面，就几个关键概念进行基本的辨析。

在繁体汉字"顯"中，庞德看到了"絲"，并由此联想到丝绸、女性的劳作，进而与诗人的创造力"协韵"（rhyme，是庞德研究专家卡罗尔·F. 泰瑞尔使用的一个术语，跟中文常见对应译法"押韵"之意有所偏离）——"顯"是光的本体（the body of light）从天堂之境下降，并在人间呈现的过程。另外，表意文字"明"，即日和月的叠加——也被用于表示自然的全过程（total process，"过程"也即"道"），寓意光的发射、接受、反射及智慧的表露，在《比萨诗章》中多次被引用。毕达哥拉斯对于数、比例、和谐、自相似现象的认识构成了《诗章》重要的隐喻簇，也是《诗章》作为整体的

---

[1] 罗伯特·格罗斯泰特（1175—1253年），是英国政治家、经院哲学家、神学家、科学家。他不仅仅是一位伟大的牧师，还是他那个时代英国第一位数学家和物理学家。在思想领域，他预见到了罗杰·培根后来提出的一些引人注目的观点。
[2] Leon Surette. The Birth of Modernism: Ezra Pound, T.S. Eliot, W.B. Yeats, and the Occult [M]. Montreal: McGill-Queen's University Press, 1993.

自我隐喻。"'Section', the proportions"[1]，庞德认为，毕达哥拉斯的黄金分割律，不仅决定了艺术品的好坏，还是经济、社会问题的重要原则。

光的具形——水晶体（the crystal body）是宇宙中最终神性的显现，此外，还有玻璃、水、水银、晶体、冰（雪）、天青石（sapphire），尤其是玉，取其在中国儒家文化中的含义"君子如玉"。

第94章：

超出城市的秩序
　　　　　爱（l'AMOR）
……
"谁会把眼睛误当作心"
在普拉纳（prana）之上，光，
　　　　　经过光，水晶
在水晶之上，是玉！
三叶草经久不衰，
　　　　　玄武岩随时间破碎
"它们是一样的叶子吗？"[2]

诗人把"玉"作为至高的存在，甚至高于普拉纳（prana）、光、水晶。第106章，"尧和舜经由玉统治/女神在她之内变成水晶"（Yao and Shun ruled by Jade / That the goddess turn crystal within her）。第116章，庞德承认自己的"失败"：

---

[1] Ezra Pound. The Cantos of Ezra Pound [M]. New York: New Directions Publishing Corporation, 1975: 573.
[2] 本文关于《诗章》的引文，除《比萨诗章》来自黄运特译本外，其他诗篇都来自笔者试译，原文参考纽约新方向出版社1975年版《诗章》（Ezra Pound. The Cantos of Ezra Pound [M]. New York: New Directions Publishing Corporation, 1975），以下不再标明。

> 我带来了巨大的水晶球；
> 　　谁能举起它？
> 你能进入光的大橡实吗？
> 　　但是美不是疯狂
> 尽管我的错误和灾难围绕着我。
> 我不是半神，
> 我无法使它连贯。

神性在《诗章》中具象化为光的下降，并在人类身上通过其行动和实践显示其智慧。黑暗并非光明的对立，只是光明的缺失。[1]在《诗章》反复出现的宗教隐喻中，表意文字"智"（下方）的太阳元素暗示着"光线下降"。眼睛是心灵与神性交互作用的器官："你的眼睛像泰山上的云"（your eyes are like the clouds over Taishan），"太阳是一只金眼睛"（the sun as a golden eye），"他看到了/在眼睛的绿色深渊/水晶波纹共同编织，朝向伟大的/愈合"（he saw it,/ in the green deep of an eye /Crystal waves weaving together toward the gt/ / healing）。[2]庞德在诗中延续了约翰·海登（John Heydon）对艺术类型的划分：（1）造型艺术/Monument（plastic art）；（2）记录艺术/Documenta（verbal art）；（3）现象艺术/Phenomenon（art of nature）。[3]第三类"现象艺术"，或自然艺术，是指自然事物中符合比例、具有数学般明晰结构的那些，被认为是最高的艺术，亦是神性的直接显现；前两种艺术是对第三种艺术的摹仿和

---

[1]《诗章》第80章，引用莎士比亚《第十二夜》：世间并无黑暗，只有愚昧（There is no darkness but ignorance）……梁实秋译本为"除愚黯外无所谓黑暗"，见威廉·莎士比亚. 莎士比亚全集［M］. 梁实秋，译. 北京：中国广播电视出版社，2001: 157. 庞德权威阐释者泰瑞尔认为这个表述是埃兹拉·庞德"一元论和光哲学的核心"。见《埃兹拉·庞德〈诗章〉指南》（Carroll F. Terrell, Ezra Pound. A Companion to the Cantos of Ezra Pound［M］. Berkeley; Orono: University of Maine at Orono, 1980: 435.

[2] Ezra Pound. The Cantos of Ezra Pound［M］. New York: New Directions Publishing Corporation, 1975: 530, 531, 611.

[3] 约翰·海登（1629—约1667）是英国新柏拉图主义神秘哲学家、蔷薇十字会会员、占星家和律师。海登在《凿岩机诗章》中多次被提及，大致与阿波罗尼奥斯、奥塞勒斯（Ocellus）等神秘哲学家一起，往往是在"智能作为光的显现"的主题中出现。

同构。橡树无休止地承载着橡树叶的精确图案，由自然界的智慧指引，无须人类的帮助，这成为《诗章》的主题之一，如

> "我们只有"，孟子说，"自然（phenomenon）"
> 自然中的造型（monument）就是签名（signatures）
> 　不需要词语的传统（verbal tradition），
> 橡树叶从来不飞掠树叶 约翰·海登
> ……
> 　这不仅仅是认识论，
> 穆罕默德 人会继续存在——自然地——不会转变
> 如果你把神女从天堂移走[1]

还有"我设想圣希拉里看着一片橡树的树叶"（I suppose St Hilary looked at an oak-leaf，第622、647页），庞德把植物的生长模式应用到《诗章》的结构和章法布置上。初看我们会想到济慈："如果诗来得不像树上长叶子那么自然，那么还不如没有的好。"[2] 但庞德所想表达的比这种诗歌—有机体的类比要复杂。第80章两次提到卢磁（luz），一根假想存在于人体的骨头。[3] 英国诗人托马斯·洛弗尔·贝多斯（Thomas Lovell Beddoes）认为人身上的卢磁是生命的精髓，像一粒种子可以再次长出一种草本植物一样，人体也有一颗种子状的骨头，叫作"Hebrews Luz"，这种骨头被埋在地下三千年之后仍然能被唤醒，孕育出人类。另据犹太教义，"os coccygis"是人体内唯一一种在死后抵抗分解的骨骼，形如榛子，在最后审判中，人的物理的身体靠

---

[1] 神女（Houris），伊斯兰教中在天堂迎候尘世信徒的神。
[2] [英] 珀西·比希·雪莱，塞缪尔·泰勒·柯勒律治，威廉·华兹华斯. 十九世纪英国诗人论诗 [M]. 刘若端，译. 北京：人民文学出版社，1984：177.
[3] 卢磁（luz）与光（lux）在《诗章》中是两个不同的词汇，关于卢磁（luz）的词义及具体概念辨析，可参考卡罗尔·弗·泰瑞尔《埃兹拉·庞德的〈诗章〉指南》（A Companion to the Cantos of Ezra Pound）的相关研究。Carroll F. Terrell, Ezra Pound. A Companion to the Cantos of Ezra Pound [M]. Berkeley; Orono: University of Maine at Orono, 1980: 433.

它复活。泰瑞尔认为，这是一种中世纪的、末世论色彩的克隆。[1] 第 87 章，庞德在松树中看到类似的现象。他在其他地方又多次将其隐喻为"从樱桃核中长出樱桃树"／"使樱桃核转化为樱桃的智能；鼬鼠吃芸香，而燕子吃白屈菜"，类似的表述很多，见于第 48、51、113 章等。人身上的卢磁和橡树、樱桃树的种子隐喻，表达了同样的意思，"这种由一粒种子成长为一棵大树的完形力量"（The power in nature by which the seed realize itself，泰瑞尔），被庞德视为神性智能的象征。

关于"智能"（intelligence），泰瑞尔还有一个设想："由于在任何语言中都没有一个词能够涵盖庞德的意思，他就采用了这个词。如果他活到知道 DNA 的非凡编码结构，他会被设计感和过程中生命的神秘深度所淹没。"[2] 同时，庞德在表意文字"敬"中找到了这种完形力量的对应物。"敬"，是对使草籽长成草苗、使樱桃核长成樱桃树的智能的尊重。又见《诗章》第 85 章："尊重植物的力量"（To respect the vegetal powers），我们可以联想到前引"三叶草经久不衰……"（《诗章》原文第 582、634 页），庞德坚信，绿色世界的生命力超过地球上的任何其他结构或创造。

二、《诗章》生物隐喻中的"运动的种子" "機"与"叶序"

这种微小事物／事物的微小部分所包含的完形力量，经庞德的综合，在《诗章》中抽象为一个拉丁词：semina motuum，或运动的种子，也是树木内在的生长冲动。我们可以简单化地理解为，semina motuum 是事物之中类似于 DNA 的驱动其成长、完善的智能因素。第 88 章，庞德把 semina 与表意

---

[1] Carroll F. Terrell, Ezra Pound. A Companion to the Cantos of Ezra Pound [M]. Berkeley; Orono: University of Maine at Orono, 1980: 433, 445.

[2] Carroll F. Terrell, Ezra Pound. A Companion to the Cantos of Ezra Pound [M]. Berkeley; Orono: University of Maine at Orono, 1980: 721. 当然，对于庞德的这些感性论述，也有批评意见，如桑塔亚纳认为，"庞德关于'樱桃核中潜在的长出樱桃树的智能'的想法，实际上，虽然有一些要表达的东西——但这将是'无意识'的智力"。（见泰瑞尔《埃兹拉·庞德〈诗章〉指南》（*A Companion to the Cantos of Ezra Pound*）

文字"機"（机／几）联系起来。"機"在中文中表示变化、运动、宇宙的起源、移动的力量，这个表意文字亦出现在庞德翻译的《大学》（Ta Hisio）的一段文字中。他说："一个人道的家庭能使整个国家人性化；一个没有礼仪的家庭能使整个国家陷入困境；一个贪婪和乖张的人会把国家推向混乱。这就是运动的种子（semina motuum）。"[1] 其实，"機"／"幾"与semina motuum的协韵，并非仅庞德一人想到。对于《庄子·至乐》第十八"种有幾，得水则为䱩……万物皆出于機，皆入于機"，陈鼓应注释说："种有幾"有三种解释，"（一）物种的变化有多少……（二）'几'作'机'……（三）物种中有一种极微小的生物叫做'几'"，像生物胞胎之形。陈鼓应采用了第三义；结尾"人又反入于機"等的三个"機"字有两种解释，"（一）作天机，自然讲……（二）作'几'"。[2] "機"的现代解释，从胡适开始，已有诸多分歧。李约瑟大致认同胡适的说法，即文中的"機"是类似于原子或基质的东西，整段话就是从原子到普通物质再到低等生物和人的自然发生学说。[3] 不过，基于活力论的诗学思维，庞德可能更接近于把"機"理解为物种中一种极微小的生物或胚胎，这种胚胎之于有机界的生物，就像橡树的种子之于橡树、卢磁（luz）之于人体一样。

不过，庞德对"機"的解释，暗含了关于人、政府与宇宙之间有机联系的儒家式观点，它是自然哲学与伦理思想的综合，《诗章》其他地方也多次重复这一思路。第89章引用表意文字"一人"，说明："一个国家的荣耀和宁静可能源于一个人的卓越。正如一个在美德上卓越的人把一个民主政府转变成一个由最优秀的人组成的政府，所以一个人领导的政府，如果它为社

---

[1] Carroll F. Terrell, Ezra Pound. A Companion to the Cantos of Ezra Pound [M]. Berkeley; Orono: University of Maine at Orono, 1980: 537, 676; Ezra Pound. The Cantos of Ezra Pound [M]. New York: New Directions Publishing Corporation, 1975: 500, 603, 606, 746.
[2] 陈鼓应. 庄子今注今译 [M]. 北京：商务印书馆，2007：533-536.
[3] 李约瑟："（庄子）……并且被进一步认为生物（如《淮南子》所表明的）是由地球中的矿石和金属不断变化而引起的缓慢生长和孕育。上面把这样一种转化概念应用到我们现在称之为无机界的作法，也见于欧洲思想中。但中国出现得非常早，并且为庄子的生物学概念和借积极的干预（即炼丹术）来加速这些转变的企图之间提供了联系。"参见 [英] 李约瑟. 李约瑟文集：李约瑟博士有关中国科学技术史的论文和演讲集 [M]. 潘吉星，陈养正，译. 沈阳：辽宁科学技术出版社，1986：810.

会福利提供全方位的服务，就是大众政府（popular government）"[1]这句话其实来自儒家学者张君劢（Carson Zhang）对庞德的一次拜访，当时，后者在圣伊丽莎白医院。庞德对他说，四位儒家学者共同努力可以拯救中国。张回答："四个人？不，一个就够了。"后来"一人"这个主题在尧—舜—禹序列那里得到重复（例如："and CHUN, YAO having one root of conduct"，"YAO'S worry to find a successor / 一人"）。[2]在庞德看来，杰出人物——尧、舜、禹就是人类中的 semina，即能够使人类整体获得活力的智能因素。

庞德把 semina 的敞开过程与光联系起来。这具体表现在"叶序"（phyllotaxis）的概念里，"金色的光，在有脉络的叶序中"。（106 章）叶序，是决定茎上叶子排列的生物学规律，在庞德的诗中，指植物的茎或树枝以数学精度间隔开，其周围的叶子的排列方式被设计成可以最大限度地吸收阳光和能量的状态，这种设计被视为神性塑造一切过程的又一证据。

庞德关于叶序和胫骨的探讨受到英国博物学家达西·汤普森（D'Arcy Wentworth Thompson）及其著作《生长和形态》（*On Growth and Form*，1917）的影响。汤普森在著作中指出，我们认为是进化和智能因素导致的生物形态特征，很多是由物理因素比如地球的大气压强、重力、几何构造上的经济和稳定趋向决定的。他用数学和物理概念解释生物现象，阐述了蜂巢的六边形巢室和蜗牛壳上的弧线、向日葵种子的螺旋形状遵循着怎样的数学原理，并向人们展示，如果向骨头施压，钙分子会重新排列以达到最高效的组织结构。[3]尽管达西·汤普森的许多论点已经被后来的分子生物学和进化生物学所扬弃，在他自身时代也并未占据主流，但其关于分形的观点和外力作用导

---

[1] Carroll F. Terrell, Ezra Pound. A Companion to the Cantos of Ezra Pound［M］. Berkeley; Orono: University of Maine at Orono, 1980; Ezra Pound. The Cantos of Ezra Pound［M］. New York: New Directions Publishing Corporation, 1975: 600.

[2] Carroll F. Terrell, Ezra Pound. A Companion to the Cantos of Ezra Pound［M］. Berkeley; Orono: University of Maine at Orono, 1980: 587; Ezra Pound. The Cantos of Ezra Pound［M］. New York: New Directions Publishing Corporation, 1975: 278, 644. 至于庞德对"一人"的强调，或其与新儒家学者的对话是否与他二战时期在意大利的某些言论和行动存在潜在的连续性，是一个复杂的问题，此文暂时搁置不论。

[3] 参见［英］达西·汤普森. 生长和形态［M］. 袁丽琴，译. 上海：上海科学技术出版社，2003: 125.

致生物在细胞和形体方面以最经济的方式组织自身的观点,吸引了庞德的注意和认可。从庞德观察到的自然界创造形式的优雅、几何般的构造和绝对经济,我们可以联想到庞德在意象主义时期就提出的对文学精确性的要求,"不能有套语、用烂了的话,千篇一律的老生常谈。避开这些毛病的唯一方法是精确,这是对所写的东西高度精神集中专注的一种产物"。(《艾兹拉·庞德致哈莉特·芒罗的信》)[1] 此外,还可以联系到柯勒律治以来"一首诗就是一个准自然的有机体"的观念,庞德认为,诗歌也分享了叶序和胫骨"优雅、几何般的构造和绝对经济"。在柯勒律治所继承的新柏拉图主义者心灵中"光的种子"的比喻里,可以看到庞德称引的"光在植物中表达的智能"及其在人类身上对应物的早期版本。M. H. 艾布拉姆斯认为:"它不是把心灵表现为物体或手工制品,而是表现为有生命的植物,比方的概念就是这植物的生长。柯尔律治经常地、直言不讳地用生命和生长的观念来对抗心灵机械主义。在《政治家的笔记》的一个重要段落中,柯尔律治发现,植物在生长和同化外来成分(它的光合作用促成了这些成分)的过程中所表现的能力,是人的最高能力的'对应物和象征'。他看着鲜花簇拥的草地上一株植物说,'我的敬畏油然而生了,仿佛在我眼前的是一种理性般的力量——就是这种力,只是尊严稍欠些,因而它是建立在万物之真谛中的一种象征力量。'"[2] 不过,在"光"的意象方面,艾布拉姆斯所解读的浪漫主义"灯"的隐喻,主要是指诗人内心之光的外在流溢,在庞德这里,则诗人内心之光仅是神性在尘世的显现之一种。

三、相关隐喻背后的伦理与文化"协韵"

回到庞德的比喻系统这里,同卢磁(luz)在橡实和樱桃核中找到类比一样,叶序也在动物的胫骨等自然现象中找到"协韵":骨骼结构表达了承载

---

[1] [英] 彼得·琼斯.意象派诗选 [M].裘小龙,译.重庆:重庆大学出版社,2015:320.
[2] [美] M. H. 艾布拉姆斯.镜与灯:浪漫主义文论及批评传统 [M].郦稚牛等,译.北京:北京大学出版社,1989:98-99.

重量、尺寸和形状的最佳经济性，其极致表现在韦伯斯特、伏尔泰和莱布尼兹等伟大思想家的头脑结构中：

> 因此，韦伯斯特，伏尔泰和莱布尼兹都是
> 通过叶序创作的
> 在叶纹中

韦伯斯特：伏尔泰和莱布尼兹，也是庞德认可的"一人"。泰瑞尔说："上帝在这个世界上的行为在一个极点被樱桃核中的智慧所揭示，而在另一个极点，通过人的头脑和人对美的感知而被揭示。"[1]植物、人和动物的智能皆是神性在尘世的显现。在人身上，一方面是骨骼的几何构造、眼球的设计，另一方面是人对大自然精美造型的感悟能力。蜜蜂、蝴蝶、水虫、飞蚊，因其体型轻盈、反应灵敏、身体图案精细，成为灵魂超脱肉体、精神自由嬉戏的象征，在《诗章》中得到很大篇幅的刻画。如第48章写蝶蛹蜕变为蝴蝶的过程。这个主题在《比萨诗章》中得到细致化和深化，也是《诗章》的中心思想之一。庞德曾看到并惊讶于某种会飞的昆虫的交配过程，这个过程戏剧性地证实了古尔蒙曾精确地作出的描述，自然界的精确性与文学的精确性发生重合，二者都是神圣智慧的自然流露。

水虫（water-bug），是庞德多年来一直在构想并不断丰富的一个意象，与毕达哥拉斯的光意象有关，就像光通过以太和空气传递一样，光的阴影也通过密度更大的介质形成；水在石头上产生一种美丽的图案，这种图案反过来与"钢铁灰尘中的玫瑰"（Roses from the Steel Dust）协韵（Hast 'ou seen the rose In the steel dust，第74章）。[2]天、君王和普通人之间的相互作用与光线的下降、水的折射过程和水虫的影子之间有一种类比，石头上的特殊花朵也

---

[1] Carroll F. Terrell, Ezra Pound. A Companion to the Cantos of Ezra Pound［M］. Berkeley; Orono: University of Maine at Orono, 1980: 721.
[2] 休·肯纳（曾拜访庞德，后成为其最重要研究者之一）的《埃兹拉·庞德的诗歌》亦曾被庞德建议取"钢铁灰尘中的玫瑰"的标题。Hugh Kenner. The Poetry of Ezra Pound［M］. London: Faber and Faber, 1951.

可以说是神性投影的物质结果。

下面是第 74 章结尾，全诗最美的段落之一：

> 仪式 海登被污染了 阿波罗尼乌斯未受污染
> 　　所有与"四"有关的造物
> 　　　"我的生命值得你的木筏"
> 有人说没有一条路可以通往幸福
> 　　燕子吃白屈菜
> 在我眼前进入自然之以太
> 水虫的手套
> 　　　花瓣打在下面的岩石上
> 水蛇把天青石的图案照在石池上
> 　　　NUTT 包罗万象

"水虫的手套/花瓣打在下面的岩石上"（The water-bug's mittens /petal the rock beneath）在《诗章》中多次化用（原文可以把花瓣/petal 解作动词，则更富"意象主义"炼字之妙），类似的表述另见 87 章、100 章补遗等。庞德用"mittens"而不是"gloves"作为水虫肢体的比喻，在中文里，二者都译为"手套"，因为没有对应"连着手指的手套"和"分开手指的手套"的专有名词，所以很难反映庞德为达成精微意象而选择具体词汇的审慎。有一本小书《水虫的手套》（*The Water-bug's Mittens: Ezra Pound——What We Can Use*，作者 James Dickey），专门讲解庞德的"水虫"意象。"一个人与其在一生中写浩翰的著作，还不如在一生中呈现一个意象"（《意象主义者的几个"不"》），庞德的"水虫"意象证实了他对"长期意象"的要求。笔者初步统计，《诗章》中对"水虫"的描述累计不下十数处。如果庞德读到"潭中鱼可百许头，皆若空游无所依，日光下澈，影布石上。怡然不动，俶尔远逝，往来翕忽。似与游者相乐"（柳宗元《小石潭记》），或"庭下如积水空明，水中藻、荇交横，盖竹柏影也"（苏轼《记承天寺夜游》），一定会欣喜不已。

另外,《诗章》第 48、80、99、104 章关于野猫(wild cat)、豹(leopard)的诗,也暗示动物是自然中神圣存在的表现形式。没有显著的例子证明庞德受到叔本华或(尤其是)尼采的影响,其关于"生命力"的思想显然与其在巴黎时对伯格森学说的接触有关,而在对基督教禁欲主义的谴责和对伊壁鸠鲁的追溯等诸多方面,庞德都是尼采的继承者。[1] 另外一些如今已经成为次要且在学科中边缘化的来源似乎与《诗章》有关:如罗伯特·梅多斯《情色之子:作为人类性科学奇迹的宝库》,雷米·德·古林农在《爱的自然哲学》,汤普森的《生长与形态》等。人类学家弗罗贝尼乌斯的灵魂转化思想也对庞德产生了持久、决定性的影响(《诗章》第 74、81、102 章等)[2],还有,尽管对其态度含混——弗洛伊德的一些学说。泰瑞尔注释说:"马克思和弗洛伊德不需要任何注释……如果一个人阅读了庞德这些年来对弗洛伊德的所有评论,他会得出结论,他与弗洛伊德的争论比他与弗洛伊德主义者的争论要少,同样地,他与基督和佛陀的争论,比与基督徒和佛教徒的争论要少得多。"[3] 庞德认为,人是能够被教化的,人类心灵中有趋向光明(至善、知识)的萌芽,"人类天生有走正道的资质"(Men are born with a fund of rightness you will /find good man in any small village)[4],庞德多次直接引用孟子的"四端"学说(THE FOUR TUAN,是指儒家称应有的四种德行,即:恻隐之心,仁之端也;羞恶之心,义之端也;辞让之心,礼之端也;是非之心,智之端也。对应于英语中的 love,duty,property,wisdom),并发现它与毕达哥拉斯四大元素(tetrarchy)学说的协韵,以此作为《利奥波德诗章》《中国史诗

---

[1] "基督教既不是阿波罗,也不是狄俄尼索斯;它否定一切美学价值——也就是《悲剧的诞生》一书中承认的惟一的价值,从最深刻的意义上说,基督教就是虚无主义,而在狄俄尼索斯的象征中却达到了最大限度的肯定。"从中可以看出庞德对宗教的观点和尼采很接近。见[德]弗里德里希·尼采[M]//瞧!这个人:尼采自传.黄敬甫,李柳明译,北京:团结出版社.2006:77.
[2] Carroll F. Terrell, Ezra Pound. A Companion to the Cantos of Ezra Pound [M]. Berkeley; Orono: University of Maine at Orono, 1980: 451; Ezra Pound. The Cantos of Ezra Pound [M]. New York: New Directions Publishing Corporation, 1975.
[3] Carroll F. Terrell, Ezra Pound. A Companion to the Cantos of Ezra Pound [M]. Berkeley; Orono: University of Maine at Orono, 1980: 551.
[4] Ezra Pound. The Cantos of Ezra Pound [M]. New York: New Directions Publishing Corporation, 1975: 338.

章》《亚当斯诗章》的结构原则，加上前文提及对表意文字"機"的引申，使孟子的学说增加了自然科学方面的亲缘性。

四、结语

通过对上述涉及《诗章》的几个关键概念"顯"、水晶体、卢磁（luz）、semina motuum、"機"与"叶序"等的辨析，我们发现，"光"学与生物隐喻在《诗章》中的地位不是对科学术语、科学观念的某种碎片化的拼贴，而是一种可以通过精密的类比原则与文学观念、文学方法产生叠奏关系的基本构造。我们可以在现代派文学的诸多作家那里看到对科学术语的使用，比如 T. S. 艾略特跟非个人化（Impersonality）和客观对应物（Objective correlative）有关的诗人作为催化剂的理论，认为诗人在诗歌创作中的作用类似于白金丝，本身不会有任何质/量的改变，但作为触媒，让周围的物质产生剧烈的化合反应。此外还有托马斯·曼在《魔山》中借主人公之口对人体医学透视的长段思考；而威廉斯·卡洛斯·威廉姆斯，作为一个医生，也把对事物精确的、解剖刀式的描绘作为自己的本行……或者中国诗人郭沫若诗歌中的"X 光"。但是，这些诗人在"光"与相关的生物隐喻（及诗与科学的关系）方面，都没有庞德那么彻底，他们或者仅仅是偶尔借鉴科学"比喻"来说明问题，或者只是思考了科学这个成问题的对象，或者是内化了某些科学原则。但是，庞德认为，一种精妙的词语排列的艺术，既是经济学的，也是光学的和生物学的，在诸多框架的多重决定下，现代诗成为跟亨利·伯格森、爱因斯坦同时代的人类智能形式的一种分支。

《魔山》中的景观体验

黄兰花[1]

[摘要] 在小说《魔山》中，托马斯·曼呈现了不同类型的景观形态。这些不同的景观，既是故事发生的场所，又具有象征意义。作者笔下的自然景观、生活景观和文化景观蕴含着三种不同的精神取向和文化内涵，超越了它们单纯作为景观本身的意义。托马斯·曼通过赋予景观不同的内涵和象征意味，在"沉思性的"和"阐释性的"景观意识之外，建构了"反思性的"景观意识，以主体的景观体验探讨现代人的生存处境和精神状态，以景观为起点对现代性进行反思和批判。

[关键词] 托马斯·曼 《魔山》 景观体验

《魔山》中的"景观体验"是一个重要问题。托马斯·曼本人曾强调，《魔山》描写了"最震撼、最原始的自然景观"[2]。其中包括自然景观，比如高山、峡谷、海滨、巉岩峭壁、积雪、天空、瀑布、枞树、矮松、云杉、风铃草、雪雀等；生活景观，比如疗养院、花园、街道、集市、餐厅、走廊、阳台等；人文景观，比如墓地、电影院、阅览室、文娱室、教堂、X光检查室等。严格说来，生活景观也属人文景观，但在《魔山》中，两者具有明显区别。这些不同的景观，既是故事发生的场所，又具有象征意义。景观描写的并非只是一种现实的自然景观，还与文化、政治、权力等诸多因素密

---

[1] 黄兰花，文学博士，任教于中国传媒大学人文学院，研究方向为德语文学、德国思想史。
[2] [德] 托马斯·曼. 作为精神生活方式的吕贝克[M]//托马斯·曼散文. 黄燎宇等, 译. 北京：人民文学出版社, 2014：86.

切相关。因为"景观"是"由包括自然和文化的显著联系形式而构成的一个地区"[1]，它"像语言或者绘画一样具有物质性，嵌入到文化传统和交流之中，成为一种象征体系，能够激发或者重塑意义与价值，并且作为一种表达媒介，它像货币一样具有符号功能，在价值交换体系中充当一种特殊的商品，发挥独特的符号象征功能"。[2]20世纪的风景研究发生了两次重大转变："第一次（与现代主义有关）试图主要以风景绘画的历史为基础阅读风景的历史，并把该历史描述成一次走向视觉领域净化的循序渐进的运动；第二次（与后现代主义有关）倾向于把绘画和纯粹的'形式视觉性'的作用去中心化，转向一种符号学和阐释学的办法，把风景看成是心理或意识形态主题的一个寓言。"第一次转变是沉思性的，"目的是要挖掘言语、叙述和历史的元素，呈现一个旨在表现超验意识的意象"。而第二次转变则是阐释性的，这一次"试图把风景解码成许多决定性的符号"[3]。托马斯·曼曾声称，《魔山》中的作为风景描写和泥土气息的大自然，具有独特的内涵，"它们描写人，探讨人性，它们的兴趣几乎全部集中到人性，它们聚焦人性"[4]。若按此说法，《魔山》的景观书写属于"阐释性"的，其把景观当作人性的一种隐喻或象征。接下来，我们将选取小说中典型的景观形态来分析其不同内涵。

一、高山与雪野：让人迷失自我与发现自我的自然景观

利奥塔说："背景离乡是产生风景的条件。"[5]随着汉斯乘火车从汉堡向达沃斯进发，魔山壮阔的自然景观逐渐展现。终年积雪的山峰和陡峭险峻的群

---

[1] ［英］R. J. 约翰斯顿，主编. 人文地理学词典［M］. 柴彦威等，译. 北京：商务印书馆，2004：367-368.
[2] W. J. T. Mitchell. Landscape and Power［M］. Chicago: University of Chicago Press, 1994: 14.
[3] 以上皆见 ［英］W. J. T. 米切尔，编. 风景与权力［M］. 杨丽，万信琼，译. 南京：译林出版社，2014：1.
[4] ［德］托马斯·曼. 作为精神生活方式的吕贝克［M］//托马斯·曼散文. 黄燎宇等，译. 北京：人民文学出版社，2014：86.
[5] ［法］让-弗朗索瓦·利奥塔. 非人——时间漫谈［M］. 罗国祥，译. 北京：商务印书馆，2000：197-198.

山是这里最突出的地貌景观。与山下鸟语花香、四季分明的自然空间不同，高山因为地处高远，植被稀少，最常见的只有枞树、矮松、云杉等耐寒耐旱的树木。枞树、云杉高大挺拔，多分布在高海拔地区，适应干燥寒冷的气候。而山上的气候也让人无法捉摸，忽而绚丽的夏日景象，忽而暴雪肆虐。茫茫的树林、皑皑的白雪、岩石嶙峋的高山，变幻莫测的气候，呈现在我们眼前的是一个空旷寒冷的冰雪世界。

高山，在西方文化传统中，具有独特意涵，并随时间推移而变化。在人类历史早期，人类对高山充满敬畏之情，把它看作天与地相融合之处，认为那是中央之点，世界的中轴，蕴含神圣力量。到中世纪，人们始对大自然进行美学鉴赏，通过对大自然的描写表达个人体验。不过，这些时候高山形象均面目丑陋。如问世于1657年《英国诗坛》（*English Parnassus*）里先后用了五六十个形容词描写高山，但大部分表达负面意义，如粗野、贫瘠、苦寒、不宜居住等。对高山如此认识到18世纪中期才有所改观。高山的雄伟壮丽激发出浪漫主义诗人头脑中的灵感，经其赞颂，高山拥有了壮丽的美感。18世纪末，随着旅行变得容易，越来越多的人出于娱乐或科学研究的目的登临高山，[1]高山的神秘面纱逐渐揭开。19世纪中后期，人们开始关注高山清新的空气、干燥的土壤和矿物质的泉水，认为其有利于修复生命体。自此，"山岳的形象发生了颠覆性的转变，再也不是让勇武过人之辈感到颤栗的所在，而是能让身体状态不佳的人得到滋养的温柔乡"[2]。大批的疗养院、旅馆和各样的旅游设施随之修建，高山成了休憩的乐园和游览的胜地。

达沃斯高地对病人们来说也只是一处疗养的温柔之乡，他们根本无心去欣赏或体验壮丽的高山和雪野。首先，恶劣的自然环境阻碍了与外部的交往，暴风雪肆虐的日子里，他们能做的就是躲进温暖舒适的室内，饱食终日，醉生梦死；其次，山上的景致尽管变幻莫测，但也无非是永远覆盖白雪的高山、单调乏味的枞树云杉，常居于此的人们早已习以为常，他们更关心

---

[1] 著名的植物学家兼地质学家约翰·雅克布·朔伊切尔（Johann Jakob Scheuchzer），在1702年至1711年间曾9次穿越阿尔卑斯山脉，进行冰川移动规律的研究以及高度与气压关系的实验。
[2]［美］段义孚.恋地情结［M］.志丞，刘苏，译.北京：商务印书馆，2018：103-109.

的是发明什么样的娱乐活动打发无聊；再次，疗养院笼罩疾病与死亡的阴郁气氛，皑皑的白雪和岩石嶙峋的山峦使之加剧。疗养院外荒凉苦寒的冬日景致使人气馁，不仅不能抚慰他们的恐惧和孤独，更增添其失落和无家可归的感觉。

初到达沃斯的汉斯，一开始对这种生活方式感到新奇，很快也融入其中，并游刃有余。他从访客变成患者，滞留在高山，表面看来是因为他肺部的病灶和医生的恶劣医德，实质上是他迷恋山上安逸而怪诞的生活方式，着迷于山上粗犷而野性的氛围。病友们关于死亡、疾病、政治、文化以及自然的高谈阔论让他热切希望寻找一处安静的地方"沉思遐想"，积雪的荒山最合适不过。因为，山上的自然景观不是田园景色，而是充满野性的自然，"表现为登峰造极的、蛮荒的、人迹罕至的壮观景象"。[1]对这位文质彬彬的、在城市长大，带有城市气质的市民之子来说，这样的自然景观具有一种让人敬畏和恐惧的崇高美，更为重要的是，他认为冬天的大自然"是披露他内心复杂思想的适当舞台，同时对一个有责任为Homo Dei（神子之人）的状况进行省察却又茫然不知所措的人，也是一个合适的居留之所"。他带着对自然的敬畏，进入一个悄无声息的原始世界，进入一个既危险恐怖，又崇高超脱的世界。在雪地里，面对巨大的自然力量，他勇敢挺进，展现临死不屈的人类精神；与此同时，他对塞塔姆布里尼和纳夫塔长久以来关于健康与疾病、自然与精神以及生命与死亡等观念的争论作了清算，认为这些概念并非截然对立，而是相互融合相互依赖。重新审视他们的观点后，汉斯决定远离他们，走一条自己的道路；至为关键的是，他顿悟出"一个人为了善良与爱情，决不能让死亡主宰自己的思想"[2]，不再忌惮和害怕肉体的恐惧和死亡的诱惑。此处高山的风景不仅仅是故事的背景，更是呈现汉斯确立自己身份，认识自我的主要舞台。

高山和雪野潜藏的美感，既美好又可怕。一方面，单调乏味的积雪荒

---

[1] [德] 托马斯·曼. 作为精神生活方式的吕贝克[M]//托马斯·曼散文. 黄燎宇等，译. 北京：人民文学出版社，2014：86.
[2] 以上见[德] 托马斯·曼. 魔山[M]. 钱鸿嘉，译. 上海：上海译文出版社，2007：482–483，502.

山，一成不变的冰雪世界，让人们情感厌倦、神经麻木，气馁丧气，使他们在混沌模糊的时空中，醉生梦死，浑浑噩噩，迷失了自我；另一方面，崇高壮丽的高山雪野，提供了让精神净化和重生的场所。"迷失自我"和"发现"自我成为广袤无垠的自然景观的同一主题。

二、餐厅和阳台：作为精神生活方式的生活景观

在《魔山》中，餐厅是一处极其重要的生活景观。作者通过餐厅这一生活空间，表现人物关系、塑造人物形象，餐厅成为展现其笔下人物身份和命运的"话语场"。

《魔山》有两个餐厅空间。一是平原上的餐厅，位于汉斯祖父那栋建于20世纪的"具有北方古典风格的房屋"里。那里"光线明亮、用灰泥粉饰过"，"餐室有三扇窗，窗上挂着深红色的窗帘，凭窗可以眺望后花园"。餐厅的红缎沙发上面还挂着祖父身着传统市政议员服饰的画像。这幅画像既表征着祖父作为市政参事的职业，也展现了"威风凛凛的、富于冒险精神的共和政体的遗风"。祖父时常在餐厅里给汉斯展示代表家族历史的洗礼盆，让汉斯感觉到宗教的感情和死亡的气息。

平原上的餐厅豪华、庄严宁静、保守，有一股阴沉沉的迟暮之感。在此汉斯很早就体验到既流动又停滞的时间感，它既连接着消逝的过去，又与行进的现在接连，产生一种不断重复的时间体验；他还认识到死亡的双重性："死，一方面固然是神圣的、富于灵性的和哀伤动人的，也就是说属于精神世界的事，但另一方面又完全不同，而且恰恰相反：它纯粹是肉体的，物质的，根本不能称它是动人的、富于灵性的或神圣的，甚至也称不上是哀伤的。"[1] 汉斯在平原的时间体验和对死亡的理解，让他很快融入疗养院的生活。

另一个餐厅空间是疗养院里的餐厅。相较于平原上的餐厅，它更热闹、更豪华，也负载更多内涵。这是一间"明亮而拱顶低的厅堂"，里面摆了七

---

[1] 以上见［德］托马斯·曼.魔山［M］.钱鸿嘉，译.上海：上海译文出版社，2007：18，22，24.

张桌子,每张桌子可坐十人,饭点时候,这里人声鼎沸,碗碟铿锵作响。餐厅装点得十分时髦,挂着好几盏黄铜质地的枝形吊灯,高雅而舒适。从餐厅的布置和功能来看,它体现了以下几重象征意义。

首先,餐厅是疗养院日常规范的表征。兴起于19世纪的疗养院是一种介于医院与旅馆的中间机构,设有一套入住病人必须遵从并融入其中的规则。《魔山》中的餐厅就是疗养院院规的典型体现:其一,疗养院里一天固定用餐五次,时间一到,就餐的鸣锣声响起,人们就到餐厅用餐;其二,每张餐桌的首席位置都留给疗养院的主治医生。医生的诊断决定着病人们的去留及住院时间,是疗养院的管理者和把控者,代表疗养院的权威,因此即便他不来就餐,每张餐桌的首席位置也必须空着;其三,每张餐桌有着严格的等级划分,这里有上等俄罗斯餐桌,还有下等俄罗斯餐桌,且每张餐桌的食客固定,轻易不与他人交往。从餐厅的这些规则来看,一方面,餐厅是疗养院权力机制的再现,病人们并不享有真正的自由;另一方面,表面上餐厅热闹非凡,像一个大家庭,事实上彼此互不了解,每个人都只在自己的世界里。

其次,餐厅是虚无生活的缩影。疗养院是疾病和死亡的世界,原以为会给人阴森恐怖之感,但在餐厅里:"人们都兴高采烈,并无愁闷之感,脸孔黑黝黝的青年男女低声哼着调儿走进餐厅,"大家谈笑风生、兴致勃勃地吃喝,热情洋溢地分享自己的娱乐活动。他们大块朵颐,有如一群饕餮之徒。一天五次用餐,一到时间他们就蜂拥而至,继续大吃大喝,他们还巧立名目增加各种宴会,"仿佛从未离席过似的,"[1] 形象地阐释着什么叫"饱食终日"。循环反复的用餐场景,让人体验不到时间的流逝,而是空间的停滞,仿佛生活的全部意义就在餐桌上,且永远在餐桌上。这是一种空洞而虚无的生活形态,人们纵情吃喝,其奢靡生活与空虚状态体现了末日的情绪与精神。

再次,餐厅是展现人物身份和命运的"话语场"。汉斯首次进入餐厅时,

---

[1] 以上见[德]托马斯·曼.魔山[M].钱鸿嘉,译.上海:上海译文出版社,2007:38,41,70.

看到"一位年约三十岁的妇女,她正在看一本书,嘴里哼着什么调子,左手的中指老是轻轻地敲着台布"。看到有人进来,她立即转身,不愿面对来人。这个吃饭时总拿书的妇女入院时还是一个姑娘,以后一直没在外界生活过。一个怪诞的病人形象以及她的命运跃然纸上。这样的例子俯仰即拾:没教养的斯塔尔夫人、万念俱灰的博士、装腔作势的女教师、时刻准备自绝于世的阿尔宾先生……通过餐厅这个生活空间,作者展现了各种病态的众生相,既有沉默寡言的颓废病患,也有夸夸其谈的享乐主义者,既有热情的交谈者,也有沉默寡言的看客;同时还通过餐厅的交流,勾勒人物关系,比如,约阿希姆看到洒了橘子香水的俄罗斯姑娘玛莎就会脸红,暗示其隐藏的秘密;而汉斯因肖夏太太每次迟到时砰砰的关门声而开始迷恋她,后来随着爱恋的加深,更加肆无忌惮地向其暗送秋波。餐厅里餐桌的摆放、各人就坐的位置、行为举止,这些空间关系也是人物之间的关系。餐厅成为展现人物形象和人物关系的舞台。

如果说餐厅是疗养院形而下的日常生活的表征,那么疗养院中的阳台则是形而上的生活景观。20世纪初对肺结核的治疗依赖有利的气候条件,如高地气候、无风的地带和新鲜空气。这种治疗观念对卫生和通风要求高,影响当时房屋建筑形式,如对阳台的修筑。[1]《魔山》呈现了这一治疗风尚。达沃斯疗养院有"阳台卧疗法",每个病人一天"卧疗"两次。病人自嘲:"我们的生活是仰卧式的……我们都是'仰卧家'。"[2]

《魔山》中的阳台,不仅是施行肺结核治疗方案的场所,还是一种与外部世界联系的方式,一个理想的观看空间。汉斯常透过阳台去欣赏开阔而迷人的自然景观,也通过阳台观察病友们散步、聊天。从本质上讲,阳台作为房间的一部分,与家宅空间中其他部分无差。不过,阳台的独特之处在于既连接居室内部空间,又是外部空间的组成部分。疗养院是一个封闭空间,若无阳台,各个病房就彻底封闭。但阳台打破了这种封闭性,一端是病房,另

---

[1] Vera Pohland. Das Sanatorium als literarischer Ort [M]. Frankfurt am Main, Bern, New York: Peter Lang, 1984: 32–39.
[2] [德]托马斯·曼.魔山[M].钱鸿嘉,译.上海:上海译文出版社,2007:69.

一端连接高山雪野,是广阔无边的大自然。由此,阳台将人与自然连接起来。汉斯在阳台上观看星空、雪野、高山,把他从疗养院舒适安逸的生活抽离出来,遁入对大自然与人的思索,其内心世界与大自然、宇宙广阔的世界在阳台上交织,使得精神得到净化与升华。

阳台还是阅读与冥想的空间。为打发无聊,疗养院中的病人会在阳台读书。一般人喜欢看轻松消遣的图书,"书里阐述发挥的无非是肉欲与淫乐之道,用异教徒式的腔调阐述纵情作乐的诀窍",比如《引诱的艺术》。[1] 对他们而言,阳台依然是享受的温床。而对汉斯来说,阳台却是精神修炼场所。他也在阳台上读书,但不是为消遣,而是探究生命的秘密,所读书目涉及生物学、病理学、药学、解剖学,后期他还在阳台上研究植物,做实验。除此之外,阳台还是沉思遐想的理想空间,他在这里反思疾病、死亡、生命等形而上的问题。詹姆逊认为,汉斯的阳台一如柏拉图的岩洞,他在阳台上"发现月光在黑夜中投射出的影子,就像模仿的事物,存在于魔山自身的表达之中——所有这一切都应该内化为主人公的思想感情",而且,"由休息的身体通过无声的能量和有声的阅读"重新建构了康德意义上的"头顶的星空"。[2] 通过阳台,汉斯体验到的不是风景,而是永恒、虚无和死亡等形而上的体验。

餐厅和阳台原只是普通的生活景观,但在《魔山》中,它们的意义并非静止,而是人物精神生活形式的表征。作者借餐厅这个普通的日常生活空间展现一战前欧洲人濒临精神和伦理深渊而遁入虚无的生存处境和精神状态,在这里餐厅代表平原上暮气沉沉的市民生活以及山上空洞虚无的生活形态,象征一种物质生活;而阳台则提供另一种生活方式,一种冥想的精神生活方式,是在困顿和虚无中寻求救赎与自由的尝试。餐厅和阳台超越其作为生活景观的意义,成了一种精神生活方式的存在方式。

---

[1][德]托马斯·曼.魔山[M].钱鸿嘉,译.上海:上海译文出版社,2007:269.
[2][美]詹姆逊.论现代主义文学[M].苏仲乐,陈广兴,王逢振,译.北京:中国人民大学出版社,2010:91-92.略有改动.

三、墓地和教堂：永恒与神圣的文化景观

《魔山》中反复出现的还有墓地景观。西方文化中，墓地一直是与城邦、社会或村落等基地有关的文化景观。18世纪末以前，墓地通常安置在城市中心，紧邻教堂。这种安置在教堂的神圣空间内的墓地，随着现代文明的发展，移到城市边界和郊区。墓地的迁移，其神圣而不朽的中心地位也逐渐丧失，成了"另一种空间"。[1]而教堂更是一种基督教的信仰和标志。不过，我们并非要追溯墓地和教堂的嬗变史或者建筑历史，而旨在阐明它们在《魔山》中的作用和意义。

建筑空间具有展示和教化的作用，[2]墓地和教堂都是生活中独特的建筑景观，具有唤起某些感觉、感受和潜意识的构件。比如，教堂的十字架象征着蒙难、赎罪和拯救；雕刻的墓碑则代表着庄严肃穆。这些象征性符号可传递价值观念和文化理念。《魔山》中的墓地和教堂也具有如此作用。小说首次出现墓地和教堂的描写是在祖父向汉斯讲述洗礼盆家族史时，其阴沉沉的声音，让汉斯"想起墓穴和消逝了的岁月"，"仿佛呼吸到凯德林教堂或米迦勒地下教堂中霉湿阴冷的空气，也似乎闻到那种地方的气息，在那儿，人们脱下帽儿，俯着身子，踮起脚尖一摇一摆地走着，神态显得毕恭毕敬；他也仿佛感受到能传出回声的幽僻处所那种与世隔绝、万籁俱寂的气息"[3]。在这幅祖孙图里，宗教的神秘感和死亡的阴郁气息交织。这种混杂的感觉加上祖父古老沉郁的声调，让汉斯有一种独特的时间体验。这种既流动又持续，还连续不断重现的时间感，连接起过去和现在，生发庄严宁静的宗教气氛，让他对死亡以及死亡的形象抱有欣赏和敬畏的心态。在他看来，死亡具有双重面貌，既是神圣的，又是肉体的。汉斯通过墓地和教堂看到时间的"流动"，这是种空间化的时间体验。作为建筑景观的墓地和教堂，持续对这种时间感

---

[1] [法]米歇尔·福柯.不同空间的正文与上下文[M]//陈志梧，译，见后现代性与地理学的政治.包亚明，主编.上海：上海教育出版社，2001：25.
[2] [美]段义孚.空间与地方：经验的视角[M].王志标，译.北京：中国人民大学出版社，2017：94.
[3] [德]托马斯·曼.魔山[M].钱鸿嘉，译.上海：上海译文出版社，2007：20.

施加影响，在汉斯上到达沃斯疗养院后，将他的内心引向一种深刻的"永恒感"（a sense of timelessness）。[1]

如果说平原的墓地空间体验只是让汉斯感觉到死亡的气息，那么在魔山上的墓地空间意象则让他深刻认识死亡和腐朽的生命。上山第二天，表兄就向他介绍村里的墓园。汉斯对坟墓更直观的体验在 X 光检查室。X 光检查是现代医疗的基本设备，如今早已司空见惯。但在当时的疗养院却是一件新鲜事物。[2] 书中写道："用爱克司光对人体加以鉴定，是新时代的一大胜利。"X 光检查为医学带来新突破，也激起人们的恐惧和顾虑。原因在于，通过 X 光看到的骨骼和经络，让人联想到骷髅或死亡。汉斯观看表兄检查时认为看到了"约阿希姆的坟墓形态和尸骨"；轮到自己时更震撼：他看到了"自己的坟墓"及"自己身体日后的腐化过程，现在他能活动自如的皮肉，将来会分解、消失，化成一团虚无飘缈的轻雾。"坟墓的意象在此接连出现两次，除了让汉斯直观人死之后腐败衰烂的过程。更重要的在于，他意识到，人终有一死，自己总有一天也会死去，加深其对死亡的恐惧和虔敬。自此他开始学习病理学、解剖学、药学等知识，深入探索生命与死亡。

除了教化作用，墓地和教堂还是灵魂栖息之所。小说第五章，汉斯和表兄领着病入膏肓的卡伦到墓园散步。这次墓园之旅发人深省。墓地坐落在半山腰，"这里既不看到人影，也听不到谁在说话。这里肃静无哗，仿佛与世隔绝，而且静得出奇，静得令人有一种神秘感。在某处灌木丛中，站着一个石雕小天使或爱神丘比特像，它那小小的头上斜戴着一顶雪帽，手指放在嘴唇边，很像是这块地方的守护神，也可说是沉默之神"[3]。这次墓地之行有两个重大意义：其一，墓地强化了疗养院腐败和死亡的氛围和基调；其二，墓地肃静的沉静感，让人感觉到一种永恒的宁静感，深化了汉斯在魔山上体验

---

[1] Hugo G. Walter. Space and Time on the Magic Mountain: studies in nineteenth and early twentieth century European Literature［M］. New York; Washington, D.C/Baltimore: Peter Lang, 1999: 111.

[2] X 射线又称"伦琴射线"，1895 年才由威廉·康拉德·伦琴（Wilhelm Conrad Röntgen）发现。医学检查和治疗很快因为有 X 射线的帮助，获得了巨大的突破。Vera Pohland. Das Sanatorium als literarischer Ort, Frankfurt am Main, Bern, New York: Peter Lang, 1984: 19–21.

[3] 以上见［德］托马斯·曼. 魔山［M］. 钱鸿嘉, 译. 上海：上海译文出版社, 2007: 211, 214, 215, 317.

到的"永恒感"。[1]

此外，墓地还是主人公们精神的寄托。对发起墓地之旅的汉斯来说，墓地加深其对死亡的敬畏感，为后文雪野中的精神蜕变做了铺垫。此后汉斯出于对疗养院的反抗及自己精神的需要，向濒死的病友送去临终关怀，见识各种光怪陆离的死亡。他对自己看望病友的行为非常满意，认为"自己的所作所为混合着基督教的殉道色彩"，"是那么虔诚，那么温情，那么值得赞美"。[2] 这不仅让他从无所事事中找到一些意义，还让他逐渐摆脱死亡的诱惑。而对病重的卡伦来说，墓地既是她死后的安身之所，也是她生前精神的寄托。她自知死后没有人会将她运回家，这片公墓将收留她。因此，在墓地，她神情超然地望着自己将来的归宿，忧郁地笑了，这块死后的栖息之所，比汉斯表兄弟的同情更安慰。

《魔山》中对教堂的描写虽然着墨不多，但教堂的意象贯穿始终。汉斯多次强调，自己愿成为一名神职人员；而汉斯的精神导师纳夫塔则是一名犹太裔耶稣会教士，在小说中与汉斯另一位精神导师展开思想论战。论战的一方塞塔姆布里尼代表启蒙运动的人文主义者，宣扬自由、科学和进步的观念，反对教会；另一方纳夫塔则是非理性主义的代表，坚持宗教裁判，热恋死亡和充满暴力的情欲。前者认为，精神是生活的力量，精神能给人类带来好处和快乐，所以坚持宣扬理性、进步、科学、乐观；后者则迷恋反生活的精神，推崇暴力、上帝之国、非理性。概而言之，塞氏高度推崇理性、科学、进步的现代文明，主张教育和塑造人，让人尽善尽美；而纳夫塔则声称要把人从人文主义者的"床榻"上惊起，呼唤"神圣的恐怖"。二者论争的实质其实是文明（zivilization）与文化（kultur）之争，是塞氏所代表的生命、启蒙、自由民主、理性平等的文明与纳夫塔所代表的死亡、权威主义、浪漫主义、民族主义的文化之间的较量。这两人的辩论非常精彩，在长达两百多

---

[1] Hugo G. Walter. Magnificent Houses in Twentieth Century European Literature [M]. New York; Washington, D.C/Baltimore: Peter Lang, 2012: 104.
[2] [德] 托马斯·曼. 魔山 [M]. 钱鸿嘉, 译. 上海：上海译文出版社，2007: 309.

页的舌枪唇战中各种思想和精神你来我往,针锋相对,成为《魔山》一道绚丽的人文景观。

四、余论

《魔山》中的自然景观、生活景观和文化景观蕴含着不同的精神取向和文化内涵,超越它们单纯作为景观本身的意义。这些不同的景观形态,既是单一的,又是交织的,有的贯穿小说始终,如高山和雪野;有的相互呼应,如餐厅和阳台;有的相互对比,如墓地和教堂,由此将《魔山》编织成一个有机整体。而这又与《魔山》含纳的多元精神和文化相互应和和补充,共同建构出一个复杂多元的文化世界。同时,这些景观各自象征不同观念,揭示出小说的主题和精神,对理解《魔山》有重要辅助作用。作者通过赋予景观不同的内涵和象征意味,以独特的观察视角和独到的刻画手法,丰富了空间美学中的景观书写,在"沉思性的"和"阐释性的"的景观意识之外,建构新的维度,即"反思性的"景观意识。其景观书写,始终关注景观如何对人类自身的情感、审美、心灵甚至主体结构发生作用,通过主体的景观体验探讨人类如何认知和感受自己与世界。从病人在高山中迷失自我,到汉斯在雪野里顿悟,从餐厅的虚无生活方式到阳台上的沉思冥想,从墓地的灵魂寄托到教堂的人格教化,魔山上不同景观形态背后始终关注人的生存处境和生存状态,这不仅是景观的问题,而且是以景观为起点对现代性的反思和批判。

托马斯·曼写作《魔山》时,世界风雨飘摇,个体与世界处于断裂状态。个体如何在破碎的世界中自处,能否获得生活和精神的安稳成为时代紧迫的命题。面对世纪之交多灾多难的德国乃至欧洲,曼氏通过建构不同的景观形态为身体和精神无家可归的人们寻找一个落脚之地,这个虚构的乌托邦并非浪漫虚幻的极乐世界,而是充满腐朽与死亡的炼金炉,需要在其中经历痛苦的蒸馏、萃取等过程,才能获得精神、思想和道德的提升。小说中,作者借送年轻的汉斯到高山历险,让他体验并明白:"一切高级的健康都必须以对疾病和死亡的深刻体验为前提,就像获得拯救的前提是经历罪恶。"[1] 对于当下时代而言,尽管现时空间不断分割和剥蚀着我们,但我们仍然可以像汉斯那样做一个永远的探寻者,不断探索自我的内在性,探知灵魂的多面性,感知世界的复杂性,迈向一种整体的和谐的自我。毫无疑问,这样一个意义的探寻之旅,必定险阻不断,需要披荆斩棘,甚至充满了暗礁险滩、动荡不安,尤其需要保持恒久的耐心和坚定的信念,需要托马斯·曼笔下那种经受现代性矛盾洗礼的"魔山",以承载对时代问题和文化危机展开不间断的批判性反思。

---

[1] 转引自黄燎宇.《魔山》:一部启蒙启示录[J].外国文学评论,2011(1):62.

书评篇

假设与解释

——评高友工"抒情美典"中的音乐思想[1]

曾小月[2]

[**摘要**] 高友工提出"抒情美典",以为"抒情传统"的理论基石,并将"抒情传统"从文学扩展到文化领域。为此,高友工举西周雅乐为例,以为"抒情美典"之张本。然而,高友工"抒情美典"赋予音乐"内在经验""非功利性""个人性"等特质,这恰好与彰显宗族意志、偏重社会功用的西周雅乐大相径庭。究其原因,在于"抒情美典"实以西方浪漫主义文艺思潮来阐释雅乐。面对诸多龃龉不合之处,高友工借助"假设""解释",选择性地规避乐教这一真正传统,以期实现理论的圆融。但终究无法掩盖"抒情美典"以西律中的理论属性,及其子虚乌有的学术事实。

[**关键词**] 音乐 乐教 高友工 抒情美典

在陈世骧之后,高友工将"抒情传统"推向了新阶段,这主要体现在"抒情美典"的提出。高友工通过构筑"抒情美典",在美学层面为"抒情传统"铺垫了理论基石,同时又将"抒情传统"从文学扩展到文化领域。高友工关于"抒情美典"的讨论,以《中国文化史中的抒情传统》为代表。该

---

[1] 本文为2018年度国家社科基金重大项目"华人学者中国文艺理论及思想的文献整理与研究"(项目编号:18ZDA265)的阶段性成果。
[2] 曾小月,汕头大学文学院中文系副教授,硕士生导师,主要从事比较诗学与海外华文文学教学与研究工作。

文"初期的音乐理论"的部分，选择《礼记·乐记》为案例来论证"抒情美典"。诚然，音乐在中国早期文化中居于显赫的地位，高友工选择音乐作为研究视角，确有合理之处。然而，在具体论述的过程中，高友工却对作为真正传统的乐教视而不见，由此导致一系列问题，并暴露了"抒情美典"自身的缺陷。

一、从假设到解释

在高友工看来，"抒情精神"是贯穿中国文化史的一条主线，"我以为这个传统的雅乐以迄后来的书法、绘画都体现了此种抒情精神而成为此一抒情传统的中流砥柱"[1]。他还试图从美学入手，将"抒情传统"上升至理论的高度："美学是以了解创作过程与方法为其主要课题的。而我提出对抒情传统的建立与发展的解释是基于一套基层的美典的成长。这套美典因为与抒情传统息息相关可以名之为抒情美典。"于是乎，"抒情美典"的理论范式便应运而生，与"叙述美典"相对，前者"可根据它的目的是表现内心而称为表现（或表意）美典"，后者"可由其模仿外象而称之模拟（或写实）美典"。但实际上，抒情与叙述不可能处于泾渭分明的状态，彼此间产生交集也在所难免，就连高友工自己都认为"这些名词都有问题"。不过，他自圆其说的途径居然是"假设"："只就我所常用的抒情与叙述而言，我们可以注意到它们的传统与其美典并非是相吻合的。抒情传统中的诗篇可以是不符合抒情美典的。这一方面由于抒情传统是较广义的，而抒情美典也可以说是我们假设的一个理想架构。"（107）在后文中，高友工再度谈及"抒情美典"和"叙述美典"的定义，重申道"也许并无一个绝对的模式，我只是在此假想其可能。……不但兼有两种美典是可能的"。既然"抒情美典"的理论边界，可

---

[1] 高友工.中国文化史中的抒情传统[M]//陈国球，王德威，编.抒情之现代性——"抒情传统"论述与中国文学研究[M].北京：生活·读书·新知三联书店，2014:107.后文仅在正文中用括号标注页码。由于高友工明确指出，其"抒情美典"是从传统雅乐论起，故而"初期的音乐理论"讨论的对象，可以认定为即是西周雅乐。

以通过假设来划定，那么如何对子虚乌有的"抒情美典"展开进一步论述呢？除了"解释"之外，高友工别无他途。

在高友工看来，"抒情美典"具有非功利性，"至少有两种目的似乎是不能归纳为此二项之下，即是'快感'和'功用'。……但我们也会注意到，谈事功已非（抒情）美典之范围"。（110）他还说："这串很粗糙的描写自不足包括一切抒情创作的心理，但至少可以拿它来和其他纯重物感或者以功利为目的的心理分开。"（113）然而，被高友工视作抒情传统重要代表的西周雅乐，本身就是承担仪式与教化的实用工具。看似最擅长表情达意的中国古典诗词，也不乏美颂、唱和、送别、答谢等功利属性。对此，高氏有自己的"解释"："从这点可以看出，所谓叙述美典实即属于功利的范围。但是我们也可以说抒情美典也可以功利地解释。所以二者都是外向的。这其实正说明美典是一套价值理念，是我们活动动机的解释，它的方向可以因解释者而转变，但它的原始动机或主要动机应该是最中心的根据，因为它往往是最有效的解释。这也是说抒情美典的内向、自省是一切解释的根本，其他层次的目的是枝节的。……自然，也没有根本的必要去分辨感觉的内外或心物关系。"（113—114）高友工试图借助"解释"来弥合理论与实际之间的隔阂，但这极易颠覆"抒情美典"成立的合理性。因为，高氏反复强调"抒情美典"与"叙述美典"的本质差异，就是内外之别，即前者指向内在经验，后者指向外部世界。然而，他又说"没有根本的必要去分辨感觉的内外或心物关系"。倘若如此，那将导致"抒情美典"与"叙述美典"之间的边界变得模糊不清，最终混杂为一而难分彼此。同时，也就根本没有必要区分和确立所谓的"抒情美典"和"叙述美典"。

在"解释"完"抒情美典"的内涵之后，高友工开始举例分析其外延。在讨论第一个案例"初期的音乐理论"之前，高友工谈及"抒情美典"的思想背景，再度祭出"假设"的法宝："但是我不但没有篇幅，也没有能力这样做。这些大的文化史与思想史的问题只有留给文化史家、思想史家去解决。我在这里只能假设这方面的问题大体上已经解决，提出一些和我们有关的史家的意见。"（123）在假设的基础上，他指出："最高的生命价值可以寄予个人实现其理想境界。这种境界自然是系于个人的内心；也可以说个人的行动不见得必指向外在的目的，往往止乎内心经验的本身。"（124）高氏以此为开场白，导出其对音乐的论述。在此后不长的篇幅中，高友工需要做的是对其"假设"进行合理"解释"。于是乎，一种自相矛盾的论调弥漫于字里行间。高氏一方面极力强调音乐的内向性，以便将之拉入"抒情美典"的范畴，"'乐'固然是和伦理道德及'礼'并论，但道德在'内'的时候即为人生理想，我想大家都可以把它和在'外'时的礼法分辨的。"（125）但与此同时，他又认为内与外可以互通："整个音乐的表现，也即是一种象征性地言志。如果说代表性的语言只是一种'外'的语言，象征性的语言则是一种'内'的语言。……这种融会的道路可以有两个方向，一个是以象征来适应代表，即是把内来牵就外，另一个是以代表来适应象征。中国抒情文化很显然地以'内'为重心，象征艺术是一个表现'心'的艺术。"（125—126）如果说，抒情文化以"内"为重心，而内与外又是相互融会的，那么抒情文化势必会与叙述文化彼此融合。在此情况下，其重心很难始终保持在内而不向外游离，抒情文化也极有可能变质为叙述文化。如此显而易见的矛盾，为何一再出现呢？高氏在接下来的解释中，将答案和盘托出。

在下面的文字中，高友工紧承之前的思路指出音乐内外互用的属性。他说：

> 《乐记》以及这一个系统的一些理论著作虽然是乐内礼外并重，但它一方面表示"先王之制礼乐，人为之节"，但另一方面更反复强调"乐由中出，礼自外作"。这个不代表任何矛盾，而正是反映了音乐的外在功用和内在目的的二者的并立而互用。……这种内在的目的正是《乐记》为什么三番五次讨论"音之起，由人心生也"的理由。音的产生或者是"情动于中，故形于声"；或者是"感于物而动"。其必须先内化为经验才能谈"乐"是必然的。所以其后讨论音乐理论可以走外向的路，"制礼作乐"。（126）

《礼记·乐记》是以西周雅乐为中心形成的乐论体系，高氏以此为研究对象，势必无法回避乐教，这一极富社会功用的研究对象。好在一切都可以解释。高友工将之前内外互通的论调直接照搬过来，以便完成"抒情美典"在乐教体系中的"软着陆"。在高友工的解释下，"乐由中出，礼自外作"成为音乐外在功用和内在目的并立的理论注脚。如此一来，"抒情美典"的内向性及非功利性，得以和乐教的实用属性共处一室。

然而，一旦在论及音乐的抒情本质时，高友工又会从内外互通的解释中抽身而出，回归内向与个人的单极世界，"（音乐）整个经验是可以为其自我而存在"。（127）由此回溯全文，高友工在最初界定"抒情美典"和"叙述美典"时，就已经巧妙地给自己设计好"容错"空间。在申明"抒情美典"的特质时，他就强调内向性、个人性与非功利性。当论及具体案例即雅乐时，则用内在目的和外在功用融会互通，来弥合理论与实际之间的隔阂。毕竟假设和解释，能够带来巨大的回旋余地。

二、周代乐教视野下的"抒情美典"

高友工认为"抒情美典"的价值奠基于经验，而经验的价值之一是感性，感性的价值又分为直接感应和间接感应。"前者是外界物性直接刺激人的感官而生的一种直感的快感（物感）。……间接感应，也可称为心感，实在是我们经验最根本的内容。所以我们心象保留的是物感所予我们的原始的快感，亦是原有物感所予我们的心感，而且同时更因此心感而又予我们一种快感，这是一个关键性的问题。"（112—113）然而，如果高友工将西周雅乐理论拉入"抒情美典"的框架内，势必会造成诸多龃龉。首先，在西周雅乐理论中，广义的音乐又被细分为"声""音""乐"三个层次：

> 凡音之起，由人心生也。人心之动，物使之然也。感于物而动，故形于声。声相应，故生变；变成方，谓之音；比音而乐之，及干戚羽旄，谓之乐。乐者，音之所由生也；其本在人心之感于物也。……凡音

者，生于人心者也。乐者，通伦理者也。是故知声而不知音者，禽兽是也；知音而不知乐者，众庶是也。唯君子为能知乐。[1]

高友工看重的"间接感应"，作为原始快感在心界的留存，尚停留在"感于物而动，故形于声"的阶段，"是故知声而不知音者，禽兽是也"。

虽然，高友工也知道"声""音""乐"之间存在差别，但他将此三者解释为"抒情美典"价值论的三个层次。他说："所谓'声相应故生变，变成方谓之音'，'声成文谓之音'。我以为正是指只诉诸快感的'声'与能体现结构性的'音'。而'乐'则是在音乐中能升华到个人最高人生境界者。"（125）[2]但他将"声""音""乐"混为一谈，显然有误。正因为"声"弥漫着太多自然情欲，所以才需要用"通伦理"的"乐"加以节制，并配合礼、刑、政等手段，以实现礼乐教化的目标。高友工以"间接感应"为价值的音乐，等同于"淫于色而害于德"的郑声、郑卫之音，后两者恰恰是雅乐的对立面。

其次，不可否认的是，高友工在强调音乐的内向性时，有些论断不乏合理性，"这个乐如果没有'内'的基础，自然会导致礼乐与人情的分歧，也就是内外的对立、制度僵化的根本原因。也可以走内向的路，个人可以'独乐其志'，'乐其自生'"。（126）孔子曾说："人而不仁，如礼何？人而不仁，如乐何？"[3]在孔子看来，内心是否有仁是修习礼乐的前提。与孔子相类似的思想，又见《礼记·祭统》："夫祭有三重焉：献之属，莫重于祼，声莫重于升歌，舞莫重于《武宿夜》，此周道也。凡三道者，所以假于外而以增君子之志也，故与志进退；志轻则亦轻，志重则亦重。轻其志而求外之重也，虽

---

[1]（唐）孔颖达.礼记正义（卷三十七）[M]//阮元，校刻.十三经注疏（第三册）.北京：中华书局，2009：3310-3311，3313.
[2] 高友工所说的"抒情美典"价值论的三个层次，即感性的快感、结构的完美感和最终视界的自我意义的体现。见高友工.中国文化史中的抒情传统[M]//陈国球，王德威，编.抒情之现代性——"抒情传统"论述与中国文学研究.北京：生活·读书·新知三联书店，2014：116.
[3]（宋）邢昺.论语注疏（卷三）[M]//阮元，校刻.十三经注疏（第三册）.北京：中华书局，2009：5356.

圣人弗能得也。"[1] 西周雅乐在东周时期开始被僭用和轻慢，最终走向荒废。究其原因，除了雅乐的娱乐性和艺术性有所缺失之外，最根本的因素还是雅乐所代表的信仰体系的崩塌，这正是所谓的"志轻"。当"志轻"发展到极限时，意味着礼乐的内核被抽干，沦为一具空壳。可以说，礼乐之所以走向僵化，诚因"没有'内'的基础"。但这个"内"并非高友工所说的个人内在经验，而是信仰体系或价值观，实际上属于集体意识。

在"抒情美典"的理论框架中，抒情与叙述处于二元对立的状态。由于抒情系于内心，叙述指向外物，抒情与叙述的对立，必然在心与物之间划出森严的边界。然而，在先秦乐论中，"音"本身是心感于物的结果。《乐记》云："凡音者，生人心者也。情动于中，故形于声。声成文，谓之音。是故治世之音安以乐，其政和。乱世之音怨以怒，其政乖。亡国之音哀以思，其民困。声音之道，与政通矣。"[2] 可知，"音"与外在的政治存在互动关系。至于"乐"，虽"自中出"，但也向外延伸。如果说，乐的内核是伦理道德，那么"器"和"文"则为外在表现。所以，在雅乐理论中，无论"音"或"乐"，都被一个由内及外的有机体系，而非纯粹的内在经验。

再次，高友工反复强调音乐的个体性，如"抒情美典是以自我现时的经验为创作品的本体或内容"，又如"（抒情美典）创作过程既然是个人生命的一片段，故创造也可以视为生命的再现或延展。抒情的本质也即是个人生命的本质"。（109、117）就雅乐的制作动机而言，包含着复杂的政治目的，有对先王遗烈的颂美，如《吕氏春秋·古乐》云："成王立，殷民反，王命周公践伐之。商人服象，为虐于东夷。周公遂以师逐之，至于江南，乃为《三象》，以嘉其德。"[3] 有对贵胄的训导，如《礼记·内则》载："十有三年，学乐诵诗，舞《勺》。成童舞《象》，学射御。"[4] 有用于祭祖，如《周礼·春

---

[1]（唐）孔颖达. 礼记正义（卷四十九）[M]//阮元，校刻. 十三经注疏（第三册）. 北京：中华书局，2009：3481.
[2]（唐）孔颖达. 礼记正义（卷三十七）[M]//阮元，校刻. 十三经注疏（第三册）. 北京：中华书局，2009：3311.
[3] 陈奇猷. 吕氏春秋新校释（卷五）[M]. 上海：上海古籍出版社，2002：290.
[4]（唐）孔颖达. 礼记正义（卷三十七）[M]//阮元，校刻. 十三经注疏（第三册）. 北京：中华书局，2009：3186.

官·大司乐》载："乃奏无射，歌夹钟，舞《大武》，以享先祖。"[1] 如此等等，皆源出于周人的宗族意识，而非高氏所谓"自我现时的经验"或"个人生命的一片段"。

最后，高友工早就意识到，他的音乐理论与雅乐的实际不相符合。为了弥合此间差距，他援引"乐由中出，礼自外作"，以证明音乐内在目的和外在功用的互通，其本质仍不过是高氏的有意曲解和利用。针对"音之起，由人心生也"之类的表述频现于《礼记·乐记》，高友工解释说："对个人来说音乐是一种主观的现象，只有在音乐创造的时刻，个人能体验到一种内在的经验。这种经验的存在不必变作外在的功用，对创造者个人即已体现了一种目的。这种内在的目的正是《乐记》为什么三番五次讨论'音之起，由人心生也'的理由。"（126）高氏借"音由心生"为音乐烙印上"内在经验"的标识，使之符合"抒情美典"的标准。进而，他又认为"内在经验"是音乐向外在功用延伸的基础，"必须先内化为经验才能谈'乐'是必然的。所以其后讨论音乐理论可以走外向的路，'制礼作乐'"。（126）

如果将有关"音由心生"的文字完整引出，或许有助于澄清《乐记》的主导思路：

> 凡音之起，由人心生也。人心之动，物使之然也。感于物而动，故形于声。声相应，故生变；变成方，谓之音；比音而乐之，及干戚羽旄，谓之乐。乐者，音之所由生也；其本在人心之感于物也。是故其哀心感者，其声噍以杀。其乐心感者，其声啴以缓。其喜心感者，其声发以散。其怒心感者，其声粗以厉。其敬心感者，其声直以廉。其爱心感者，其声和以柔。六者，非性也，感于物而后动。是故先王慎所以感之者。故礼以道其志，乐以和其声，政以一其行，刑以防其奸。礼乐刑政，其极一也；所以同民心而出治道也。凡音者，生人心者也。情动于中，故形于声。声成文，谓之音。是故治世之音安以乐，其政和。乱

---

[1]（清）孙诒让. 周礼正义（第七册）[M]. 北京：中华书局，1978: 1751.

世之音怨以怒，其政乖。亡国之音哀以思，其民困。声音之道，与政通矣。[1]

《乐记》讨论的对象是介于"声"和"乐"之间的"音"。由于"音"感于物而生，所以会随物流转，从而使人误入歧途。正因为"先王慎所以感之者"，才会用礼乐刑政"同民心而出治道"，这也是乐教产生的背景。

"音之起，由人心生也"和"乐由中出，礼自外作"，虽然都在讨论音乐，但所指不同。前者指向"音"，后者指向"乐"。将"音"和"乐"相分隔的是伦理道德，《乐记》反复提及"音由心生"，旨在凸显"音"先天缺陷的基本上，讨论推行乐教的必要性和必然性。高友工一方面借"音由心生"论证音乐的内向性，另一方面又用"乐由中出，礼自外作"来沟通音乐内在目的与外在功用。殊不知，这不仅再度混淆了"音"和"乐"的本质区别，对传统音乐的解读更是谬以千里。由此可见，高友工的"解释"，究其本质不过是诡辩罢了。[2]

三、以西律中的音乐思想

高友工提出"抒情美典"，并以之为"抒情传统"的理论基石，看似非常严谨。然而，他那种与功利、伦理无涉的"美典"，并不同于以"德""善"为邻的中国古典美，如《说文解字·羊部》释"美"曰"美与善同意"[3]。由此反观高友工的"抒情美典"，其本质更接近"类似于古希腊语中的'kalos'"，"或许只有在西方美学兴起之后，'美'才变成了高友工描述的那个'无功利''非伦理'的范畴，并且在20世纪深切地影响了数代中国人

---

[1]（唐）孔颖达.礼记正义（卷三十七）[M]//阮元,校刻.十三经注疏（第三册）.北京：中华书局，2009：3310–3311.
[2] 其实，高友工也曾意识到"声""音""乐"之间的区别，"先秦关于'声''音''乐'的分辨在高看来正体现了快感、结构性和境界的三层，《书经·尧典》和《乐记》所载思想都是把音乐活动看作是'内在的体验'和'象征性地言志'"（《中国文化史中的抒情传统》，第124—127页）。但其归宿仍是强调音乐的"内向性""个人性"。
[3]（汉）许慎.说文解字注[M].上海：上海古籍出版社，1988：146.

的语言使用"。[1] 康德《判断力批判》对美和善有如下区分："善是根据理性通过单纯的概念使人满意的。比如，我们称呼某一些东西对什么是好的（那是有用的），这些东西只是作为工具（媒介）而给人满意；另一些东西却是本身好，它本身令人满意。"[2] 显然，高友工非功利性的"抒情美典"，与康德对"美"的定义如出一辙，却与中国传统的"美"殊不相类。

中国传统音乐思想同样以美善并举，就雅乐而言，《论语·八佾》载："子谓《韶》：'尽美矣，又尽善也。'谓《武》：'尽美矣，未尽善也。'"虽然，旧注对《武》乐未尽善的原因持论不同，但《武》乐在政治文化上存在缺憾，却是不争的事实。[3] 同时，古人对于郑卫等地出现的新式音乐，其乱人心性的艺术蛊惑力，恰恰是被贬斥的重点：

> 《荀子·乐论》：姚冶之容，郑、卫之音，使人之心淫。[4]
>
> 《吕氏春秋·本生》：靡曼皓齿，郑卫之音，务以自乐，命之曰伐性之斧。[5]
>
> 《吕氏春秋·音初》：郑卫之声，桑间之音，此乱国之所好，衰德之所说。流辟诐越、慆滥之音出，则滔荡之气、邪慢之心感矣；感则百奸众辟从此产矣。[6]

相比之下，高友工认为音乐"不必变作外在的功用"，显然与更看重社会价值的雅乐理念相左。对此，他非常巧妙地借助象征来圆场。他说："整

---

[1] 冯庆指出，kalos 在西方古代表示优秀、高尚、高贵、正确等带有伦理色彩人类品质，柏拉图在许多对话录中都用到这个概念。冯庆."有情"的启蒙——"抒情传统"论的意图[J]//文艺研究，2014（8）：46.
[2]［德］康德.判断力批判：人是美与崇高的最后根源[M].彭笑远，编译.北京：北京出版社，2008：29.
[3] 程树德《论语集释》引《论语补疏》："武王未受命，未及制礼作乐，以致太平，不能不有待于后人，故云未尽善。善，德之建也（《国语》）。周公成文武之德，即成此未尽善之德也。"程树德.论语集释卷六·第一册[M].中华书局，1990：223. 又皇侃《论语义疏》则认为"以臣伐君，于理不善，故云'未尽善'也"，皇侃.论语义疏卷二[M].北京：中华书局，2013：80.
[4]（清）王先谦.荀子集解 下册[M].沈啸寰，王星贤，点校.北京：中华书局，1988：381.
[5] 陈奇猷.吕氏春秋新校释（卷一）[M].上海：上海古籍出版社，2002：22.
[6] 陈奇猷.吕氏春秋新校释（卷六）[M].上海：上海古籍出版社，2002：339.

个音乐的表现,也即是一种象征性地言志。如果说代表性的语言只是一种'外'的语言,象征性的语言则是一种'内'的语言。正因为'外'与'内'虽是对立,却在整个中国哲学系统中已经是相应、相通,是互相关联、等值的,所以这两种语言自然不是迥然相异,而不能汇通的。这种融会的道路可以有两个方向,一个是以象征来适应代表,即是把内来牵就外,另一个是以代表来适应象征。中国抒情文化很显然地以'内'为重心,象征艺术是一个表现'心'的艺术。"还说:"因为音乐是一个象征体系,它才能进而发挥同样的社会功能。"(125—126、127)

从某种层面看,西周雅乐不乏象征的意味,所谓"乐者,天地之和也""乐者,所以象德也"[1]。周人视乐为天地之和的象征,是认为乐可以达致如下境界:"地气上齐,天气下降,阴阳相摩,天地相荡,鼓之以雷霆,奋之以风雨,动之以四时,暖之以日月,而百化兴焉。"[2] 乐之和与礼之序,以相辅相成的方式构成了人类社会的基本秩序。高友工对音乐象征性的定义,却正好相反。他说:"这时五音的系统与自然因素的因果关系和音乐与情志的象征关系似乎是代表了两种并行而不同的哲学的倾向。前者是自然主义的思想强调自然、天、道是五音六律的产生条件和原因;后者则是人文主义的思想,音乐反映、象征了个人的情志。虽然在音乐理论上二者始终并存而且互补,但在以后抒情主义的发展上,人文主义的潮流是一条主流。"[3] 如果说,雅乐象征了周人的集体意识,高友工却认为音乐"象征了个人的情志",二者显然不能同日而语。究其实,高友工的音乐思想同其美学思想一样,都是舶来品。黑格尔及浪漫主义关于现代音乐的本体论者,主张音乐与功利性、目的性划清界限,要求音乐摆脱与模仿外界的纠缠,强调音乐的内在主体性和非再现性。[4] 高友工的"象征说",实为其众多"解释"之一,

---

[1] (唐)孔颖达.礼记正义(卷三十七)[M]//阮元,校刻.十三经注疏(第三册).北京:中华书局,1988:3317,3326.
[2] (唐)孔颖达.礼记正义(卷三十七)[M]//阮元,校刻.十三经注疏(第三册).北京:中华书局,1988:3320.
[3] 高友工.美典:中国文学研究论集[M].北京:生活·读书·新知三联书店,2008:166.
[4] 牛宏宝.音乐在现代美学"语言转向"中的作用[J].文艺研究,2012(3).

旨在抹平雅乐理论与"抒情美典"之间的裂隙与隔阂。他试图以此来蒙混过关，看似能够左右逢源，终不免首鼠两端，更使得"抒情美典"沦为"戏论"[1]。

无独有偶的是，早在高友工之前，"抒情传统"的首倡者陈世骧，已然选择从音乐的角度论证《诗经》的抒情特质。他将"兴"阐释为原始歌舞，并认为舞蹈的节奏感进而又赋予《诗经》的韵律[2]。然而，"兴"本来就是极为庞杂的范畴，不同的内涵决定了不同的外延。陈世骧依据的商承祚和郭沫若的研究，主要聚焦于"兴"的原始义，指向原始祭祀和巫术，在时间上远远早于《诗经》，二者之间不存在本质性的联系。陈世骧上述结论，本质上是援前例后，不可信从。很显然，若要以"兴"为视角来研究《诗经》，《周礼》才是最值得倚重的文献。然而，陈世骧将《周礼》之"兴"与原始歌舞相联系，他说："《周礼》里的'兴'指的是有音乐伴奏的朗读技巧，有时带着祭祀情调，意味着舞蹈的起步。这两点反映的是周初习俗，可以帮助我们追探'兴'的原始意义。"[3]这明显不符合实际，《周礼》之"兴"固然和音乐有关，但在本质上归属乐教体系，与原始歌舞不可同日而语。实则，六诗和乐语中的"兴"，皆以"喻"的方式传达劝谏之旨。陈世骧对"兴"的解读，纯属偷换概念。而高友工对雅乐理论的阐释，与陈世骧如出一辙。

陈、高二人均选择音乐作为"抒情传统"切入点，却又不约而同地回避了先秦乐教，这一中国音乐的真正传统。同时，他们把西方浪漫主义文艺理想填入各自的理论框架中，并以偷梁换柱的方式将之阐释为中国的"传统"。这已分明地透见出"抒情传统"以西律中的本质。对此，"抒情传统"后学王德威毫不讳言。他说："多少年后，当陈以'抒情传统'为中国文学特征作批注，他心目中'传统'不应仅来自华夏文学精神的赓续，也应是他融会西学影响后的心得。这传统的定义必须包括了艾略特为独具才华的诗人所安

---

[1] 龚鹏程.成体系的戏论：论高友工的抒情传统［J］.美育学刊，2013（4）.
[2] 陈世骧.原兴：兼论中国文学特质［M］//中国文学的抒情传统.北京：生活·读书·新知三联书店，2015：124.
[3] 陈世骧.原兴：兼论中国文学特质［M］//中国文学的抒情传统.北京：生活·读书·新知三联书店，2015：124.

置的'传统'（如 Tradition and Individual Talent）；利瓦伊斯为英国小说所描述的历久弥新的'大传统'（Great Tradition）。"[1]这种以西律中的传统一旦形成，就会被无限拔高和恣意推广。高友工不但对此"传统"照单全收，还变本加厉地继承了陈氏本质主义的错误。[2]他说："只是在进一步讨论到中国抒情传统以前，我却不得不从一个较普遍、抽象的理论架构开始。这套架构当然是极其简单的，而又是可以放诸四海而皆准的。"（106）在本质主义的驱使下，陈、高选择音乐为立论点，必然会绕开先秦乐教。最终，这不过是"僭用'传统'的名相以抹去传统"，"实质当然就是西方舶来的'浪漫主义'对真正古典精神的概念偷换"[3]。

四、余论

在高友工看来，"抒情传统"与"抒情美典"并非完全吻合，"抒情美典"与"抒情美典"也可以彼此兼容，这两个模棱两可的判断，在本质上体现出同一个问题，即"抒情美典"的定义本身就欠缺周延与圆融。实际上，高友工自己也意识到了问题的存在。他先"假设"了"抒情美典"的边界，再"解释"由于边界模糊而造成的种种例外。这样，整座"抒情美典"不过是奠基于"假设"与"解释"的空中楼阁。"抒情美典"之所以自相扞格，根本原因在于高友工借用西方结构主义二元对立的对比分析方法，硬生生地切割出叙述与抒情两个二元对立的概念，进而"用二元对立的方法来谈不是二元对立的中国文化，岂不谬哉？"[4]

其实，高友工对西方文化并非一味地追捧。他说过："黑格尔虽不懂中国艺术，但不免以为他的结论是可以'施之四海而皆准'，也要涉足于东方

---

[1] 王德威.抒情传统与中国现代性：在北大的八堂课［M］.北京：生活·读书·新知三联书店，2018：20.
[2] 李春青.论"中国的抒情传统"说之得失——兼谈考量中国文学传统的标准与方法问题［J］.文学评论，2017（4）：55."从陈、高两位先生的论述来看，'抒情传统说'至少可以说是有本质主义倾向。"从高氏所言看，本质主义倾向可以确立了。
[3] 冯庆."有情"的启蒙——"抒情传统"论的意图［J］.文艺研究，2014（8）：44，49.
[4] 龚鹏程.成体系的戏论：论高友工的抒情传统［J］.美育学刊，2013（4）：62.

艺术，其结论往往荒谬可笑。"[1] 在看到黑格尔讪笑中国人是无史诗的民族后，不知有多少国人为此自惭形秽。相比之下，高友工对黑格尔的驳斥，更显得弥足珍贵。他也反对用西方理念来解释中国文化的精神，"既然我们的'抒情精神'是拿中国的抒情诗传统作为一个范例，这里所谓'悲剧精神'实在也是隐以整个西洋文化中从希腊史诗悲剧一直到今天的写实和讽喻性的戏剧这个传统为悲剧的范例。……所以用这'悲剧精神'来解释'抒情精神'，正如以后者解释前者，在文化史中一定导致误解、谬说"[2]。

既然如此，高友工的"抒情美典"为何仍不免落入以西律中的俗套呢？要知道，西方文化在全球的强势地位确立已久，其思维方式、话语体系等已为学术界共识。同时，海外华人学者又久处西方学术圈，深受熏染是在所难免的。然而，借用西方理论来凸显中国文化的价值，不免使中国文化沦为西方文化的注脚和附庸。为中国文化发声的初衷，最终也因之扭曲变形。研究者对陈世骧的评价，同样适用于高友工："他在为原本'边缘'的中国文学的价值伸张、辩护的同时，仍以西方文学的价值立场为基准，其结果可能会更加强化西方文学的'中心'地位和中国文学的相对'边缘'地位。"[3]

---

[1] 高友工. 美典：中国文学研究论集[M]. 北京：生活·读书·新知三联书店，2008：306.
[2] 高友工. 文学研究的美学问题（下）：经验材料的意义与解释[M]//美典：中国文学研究论集. 北京：生活·读书·新知三联书店，2008：87-88.
[3] 徐承. 陈世骧中国抒情传统论的方法偏限[J]. 文艺理论研究，2014（4）：121.

"虚构文学"视野下的政治辨识力与民主实践性

——评魏简《在虚构与现实之间》

杨 旭[1]

在探讨文学的本质问题时,文学的"虚构性"与"现实性"是不可忽视的两个特质,其中关于文学如何摹仿、再现现实的思考自古希腊以来就备受关注。而法国学者魏简(Sebastian Veg)在其《在虚构与现实之间:20世纪初期的文学、现代主义和民主》一书中则从文学的"虚构性"入手,利用"虚构文学"的视角走入文本。魏简在书中借引让—玛丽·谢弗"类比模型"的观念来定义"虚构文学"。他提到,所谓的"类比模型"强调文学是对现实的类比,它源于现实又与现实相异。在类比中,"虚构文学"拥有了对现实的"辨识力"。这种"辨识力"本是一种反思性的观念,只有在读者阅读参与时才能被深挖和接受。在阅读中,"读者被邀请进入一个虚构的世界,并自愿终止怀疑,这个世界仍然彰显出鲜明的虚构性。正是这种虚构性。然而,正是由于这种虚构性,文学才可以开启质疑世界的可能性"[2]。在"信"与"疑"并存的阅读活动中,虚构文学的"辨识力"才有转换成民主实践的可能性。

借此,魏简将鲁迅的《阿Q正传》、布莱希特的《四川好人》、卡夫卡的《中国长城》、谢阁兰的《勒内·莱斯》以及老舍的《茶馆》五部摹写中国的"虚构文学"作为研究对象,来反思和回望20世纪的中国。《阿Q正传》

---

[1] 杨旭,北京师范大学文学院博士生。
[2] [法]魏简.在虚构与现实之间:20世纪初期的文学、现代主义和民主[M].杨彩杰等,译.北京:人民日报出版社,2019:2.

和《茶馆》是中国现代文学的代表作。魏简利用两部作品中虚构的"中国革命"反观当时的革命实践,以此思考革命的有效性。另外三部作品出自外国作家之手,他们对中国了解颇深,站在域外的视角,结合自身所处的社会环境,描摹出西方视域下的中国。《勒内·莱斯》对清朝皇宫亦幻亦真的描写,打破了西方对中国异域情调的幻想;《中国长城》通过虚构长城建造的过程,对寓言性的制度予以批判;《四川好人》对比了神仙为权威的中国与资本主义影响下的中国,在善恶难以抉择中引发读者反思。魏简借助"虚构文学"的"三棱镜",仔细辨识五部作品中多层次的观念,构建出 20 世纪中国政治、民主的试验场,邀请读者在"信"与"疑"并存的阅读实践中,与作者共同探讨试验场内所涉及的政治、民主与现代等问题,虚构文学的阅读也具有了"实践性"的价值。

一、辨识多面向的政治领域——民主的祛魅

当聚焦于虚构文学所呈现的政治领域时,魏简认为虚构文学不是对政治简单的肯定或否定,也不再是对政治二元对立般的"介入"或"远离",更不是"文化研究"和"结构主义"那样寻找文学与社会话语的对应。通过对五部虚构文学的阐释,魏简尝试"辨识"摹写中国的"虚构文学"如何反思革命的有效性,如何利用"虚构"制造的"类比模型",打破社会固有的规范。当然,虚构不是无限制的"掏空"现实走向"虚无缥缈",它始终离不开对现实的照应,现实应是虚构的基础与根基。

革命能否带来权力关系变革的问题,在这五部"虚构文学"中都有所体现。20 世纪初,中国风云变幻,政治变动不息,权力更迭不断发生,辛亥革命结束了清朝的统治,建立了民国。但它是否真正颠覆了过去的思想和权力关系,实现了革命纲领中的理想?以《阿Q正传》为例,魏简认为鲁迅笔下的阿Q对"革命党"的态度并不明确,他根本不明白革命意味着什么,只

因为革命之后"社会等级向他有利一面颠覆,他可从中获利"[1],自己可以翻身做老爷,就要去投奔革命党。革命在未庄所能带来的只是换一拨人来做老爷,而不是即刻实现所谓的"思想和民主解放"。瞿秋白在《赤都心史》中讲到了一个俄国革命的故事,也呼应了魏简所分析的革命有效性的问题。由于革命,一个农场主的农场被没收了,但是他始终不明白到底是为什么。因此他跑到圣彼得堡的中央劳农政府寻找答案,但是没有人能让他明白革命与没收农场之间的关联。后来在那个村里人们常常看到这位农场主"有时背着手,有时插着腰,独行踽踽,来去踯躅,不时指手画脚,呢喃自语:呀!什么!"[2]再如,在《茶馆》中,老舍以茶馆作为舞台,以三个历史事件作为切片展现革命的发展,以期"葬送三个时代",迎接新的时代。然而,魏简看到,老舍也只能借助李三来感叹,改良!改良!越改越凉,冰凉!以此体现出革命的艰巨与反复。

可见,政治家口中"权力关系"与"革命"所能带来的美好愿景,在革命实践中多少存在着"不适",这种不适在虚构作品当中被展现出来,体现出虚构文学在革命中所具有的反思作用,揭示出革命所具有的艰巨性。革命的发生一方面对旧制度产生冲击,另一方面也为普通不明革命的人带来了困扰。革命本身带来的政治和制度上的变革是肯定的,但其带来的新理念并不能即刻就普遍性地渗透和传播到各个阶层,"中国社会革命将不是以皇权或宗教权威的消灭为标志,因为中国的专制主义是渗透在社会的基本细胞家庭及其伦理形态之中"[3]。深入细胞的传统思想不能在一次革命当中就被改变,这种观念打破了乐观主义对革命的盲目信任和过高的期待,革命的理念还需要时间慢慢传播和普及。魏简将此称为"民主的祛魅"。

"虚构文学"对"民主的祛魅"不只体现在文学与历史所表达的内容层面,还展现在其内在的表达方式中。魏简称虚构文学创造的是"类比模型",

---

[1] [法] 魏简. 在虚构与现实之间:20世纪初期的文学、现代主义和民主 [M]. 杨彩杰等,译. 北京:人民日报出版社,2019:85.
[2] 瞿秋白. 瞿秋白文集 文学编(第一卷)[M]. 北京:人民文学出版社,1985:202.
[3] [法] 魏简. 在虚构与现实之间:20世纪初期的文学、现代主义和民主 [M]. 杨彩杰等,译. 北京:人民日报出版社,2019:93.

而"类比"在文学中的实践方式之一便是"戏仿"。魏简没有对戏仿做出确切的定义，但是在论述中他将戏仿视为以虚构的形式对传统观念、寓言教化和法庭审判的讽刺或戏弄，打破了传统的社会规范。在传统文化观念中，儒家思想和历史传记不只是记录言行、展现道德的方式，其中还暗含对道德的评价，从而形成固定的社会规范。在《史记》中，司马迁将书写分为本纪、世家、列传等诸多形式，不同类别的传记后是作者或社会对传主身份地位的划归与评判。然而，在《阿Q正传》中，鲁迅"用滑稽的方式列举了正史里出现的所有纪传体裁，他一个接一个地放弃它们，象征性地为传统画上句点"[1]。如此戏仿的方式，带来的是对传统规范的戏谑和讽刺。此外，在《阿Q正传》中，阿Q对小尼姑有非分之想，甚至是要跟吴妈困觉。这些行为都已经超出了传统传记和道德可以容纳的范围。虚构使得传统传记树立的规范被打破，此时阿Q成为了传统规范之外的人，与传统的距离越来越远。

　　除了传统传记，寓言教诲也形成了社会的规范。魏简提到寓言在法语和德语"圣书中有寓意的故事，故事中蕴含着教诲"[2]。《圣经》作为宗教的文本，其利用诸多寓言的故事启发和教育信徒。在《四川好人》中，布莱希特戏仿了《圣经·创世纪》中亚伯拉罕迎接上帝的场景。在《圣经》中，亚伯拉罕匍匐在地上等待上帝带来真正的拯救。而在剧中卖水老王跪地迎来的是因打赌而争吵的神仙，他们自身的价值观都无法统一，作为普通人的老王更无法获得解脱和拯救。寓言中救世主的上帝在戏剧中被戏仿为无能的神仙。由此，魏简展现了布莱希特对寓言教化形式有效性的质疑。对法庭规范的戏仿表现在《四川好人》的最后一幕中。在现实社会当中，法庭的作用本是对正义进行抉择，宣判善恶。但是在《四川好人》最后一幕中，神代表道德对沈黛/隋达进行审判，审判的重点在于"好人"和"坏人"的抉择，而沈黛和隋达是同一个人，"'善'和'恶'共存于一副身体中，粉碎了道德的概

---

[1]［法］魏简.在虚构与现实之间：20世纪初期的文学、现代主义和民主[M].杨彩杰等，译.北京：人民日报出版社，2019：143.
[2]［法］魏简.在虚构与现实之间：20世纪初期的文学、现代主义和民主[M].杨彩杰等，译.北京：人民日报出版社，2019：152.

念"[1]，最终神仙离去，也没有对善恶进行评判。此外，魏简还以《阿Q正传》公堂签字画押和卡夫卡《审判》当中法庭审判的情境为例进一步论证了虚构文学对法庭有效性的质疑。

"虚构文学"通过对外在历史的整体类比反思革命的有效性，通过对内在社会规范的戏仿击破了旧权力机制建构的权威。那么，"虚构文学"是否在"民主祛魅"的过程中脱离了社会实际，变成与现实无关的自说自话，从而建立起另一种权力机制，甚至变成了虚无缥缈的"幻想"？当然不是，魏简始终在强调"虚构文学"是"类比模型"，其"跨界"性是不容忽视的。当文学被承认为"虚构"时，它不是飘向了虚无的乌托邦，而是在现实与想象之间，有现实的根基，也有想象的诉求。谢阁兰的《勒内·莱斯》就很好地解释了虚构这一特质。《勒内·莱斯》是谢阁兰在寻找真实"中国"的过程中完成的。谢阁兰于1909年来到中国，在北京、天津居住了七年之久。1910年谢阁兰在中国结交了一位说着一口流利中文的法国人莫里斯·卢瓦。卢瓦声称自己做过宫中特务机关的头目，挫败过摄政王的阴谋，联络袁世凯镇压南方起义。卢瓦所说的诸多事迹没有办法被人证实，但是谢阁兰还是将其以日记的形式记下，名为《莫里斯·卢瓦秘史》。《勒内·莱斯》就是谢阁兰根据这段经历写成的。谢阁兰本人从来没有走入皇宫当中，也不知道皇宫中到底有什么。他在道听途说中，在个人经历与想象中，构建出来一个似是而非的中国。他"所描述的并不是现实的中国，而是想象的中国，不过，他的想象建立在现实的基础之上，而他的现实又以他深入华夏文明的结果为依据"[2]。

因此，魏简认为，尽管虚构文学从内外多层次重审和反思现实，但是在本质上，无论是鲁迅考量人民立场，还是布莱希特通过戏剧思考人的解放，抑或老舍在戏剧中暗含着知识分子的请愿，他们都是通过"虚构"，构建起自己的观念与话语，在虚构文学的视野下，对现实进行反思，展现出独特的

---

[1]［法］魏简.在虚构与现实之间：20世纪初期的文学、现代主义和民主［M］.杨彩杰等，译.北京：人民日报出版社，2019：177.
[2] 郭宏安.评《勒内·莱斯》——中译本代序［J］.法国研究，1988（1）.

"辨识力"。魏简追求的是"文学对权力的批判不会因为沉浸的威力，而变成一个简单的附加的独白话语，读者需要自己去占据文本固有的批评面向"[1]。以此，"虚构文学"构造出一个开放的空间，它拒绝一切话语的束缚，所有的确定性在虚构中瓦解。此时，解读的权力就交给了读者，读者成为了虚构文学最终实践的力量。

二、读者的民主实践——以言行事

在"虚构文学"的话语试验场中，虚构的类比模型呈现出对政治、民主多重面向的反思。魏简借助文本的"语用性行为"剖析了读者走进虚构文本，面对作者和作品所构建的类比模型时，所做出的选择和思考。通过对虚构文学的信与疑，读者在现实与虚构之间游走、对比，思考，从而打破了对现实的信任，将反思付诸于实践。进而，魏简的关注点从单一读者走向读者群，从个人阅读走向公共空间。阅读成为参与公共政治的一种方式，读者通过虚构的民主化实践实现"自由"。

魏简认为，"虚构文学"的"语用性行为"有三层，分别是作者的"言外之意"，作品的"言内行为"以及读者的"言后效果"。在三个层次中，作者的"言外之意"和作品的"言内行为"所起到的是建构的过程，作家通过文本构建出虚拟的情境，与现实若即若离，读者在阅读作品时，便"假装相信"虚拟的情境是真实的。那么，读者假装相信的情境又是什么？魏简认为，从作家层面来看，作者不是所谓的政治"预言家"，也不是充满着热情与理想的赞扬者，而是对政治的质疑者。例如鲁迅在《阿Q正传》中体现出的对革命有效性的反思，卡夫卡在《一道圣旨》中对古老权力的重审，以及布莱希特对神仙代表的传统观念的质疑等等。作者的观念在书写时融入作品当中，利用独特的文学形式若隐若现地展现出来。如，在《一道圣旨》中，卡夫卡利用寓言的形式描绘一封圣旨越过重重阻隔，从中央来到地方个人的

---

[1] [法] 魏简. 在虚构与现实之间：20 世纪初期的文学、现代主义和民主 [M]. 杨彩杰等，译. 北京：人民日报出版社，2019：249.

手中，但是皇帝已经驾崩，此时的圣旨是否还具有效力？在《勒内·莱斯》中，谢阁兰通过日记的形式，记录下亦真亦假的事件，真实的中国和虚构的中国谁又能分得清楚呢？

　　作者的"言外之意"和作品的"言内行为"邀请读者走进未定性的、有待参与的文学空间。虚构文学邀请读者走入到虚构文学的场域中，他们面对着作家和作品遗留下悬而未决的问题，在信与疑中获得了与现实问题相关的体验与思考。比如，在欧阳凡海对《阿Q正传》创作与影响的回顾中，他描述道"这篇文章在晨报副刊上连载的时候，社会上忽然惹起了一阵恐慌，许多人因为不知道《阿Q正传》是谁写的，都疑心是和自己相识的人在骂自己，或者讽刺自己，而感到不安"[1]。张天翼也曾恳切地记录《阿Q正传》给他带来的冲击和反思："阿Q给我的印象越深，我就越看得清楚我自己身上这些阿Q病。同时也就越容易发现到人身上的阿Q性"[2]。可知《阿Q正传》最直接产生的影响是"人人自危"，读者在虚构文学的阅读体验中开始对自己的行为进行反思，也对当时所处的时代和社会进行反思。再如，老舍的《茶馆》在1958年首次演出，刘芳泉、刘锡庆等人集体写作《评老舍的〈茶馆〉》，文章以批评《茶馆》为主要基调，认为老舍所描写的三个历史阶段不能很好地呈现革命的现实，他们"有理由要求文学作品尖锐地反映这些现实，而不能把革命的主流当作戏剧的'效果'，不鲜明地反映到舞台前面来"[3]。他们指出其中人物的阶级性不够强，迎合消极趣味等诸多所谓的"问题"，而这些批评最根本的问题在于不利于"现实教育"，不能让人民正确地认识现实。这篇限制于时代语境的批评文章，从另一个侧面印证了《茶馆》能给读者带来的实质性影响。

　　由此，魏简提出的"语用性行为"实际上是在强调作者和作品所构造的虚构文学中的"言"，经过读者阅读后变成"行"，即是虚构文学所具有的

---

[1] 李宗英，张梦阳，编.中国文学史资料全编现代卷·六十年来鲁迅研究论文选（上）[M].北京：知识产权出版社，2010：454.

[2] 李宗英，张梦阳，编.中国文学史资料全编现代卷·六十年来鲁迅研究论文选（上）[M].北京：知识产权出版社，2010：314.

[3] 刘芳泉，徐关禄，刘锡庆.评老舍的《茶馆》[J].读书，1959（2）.

"实践性"。"以言行事"的基础就在于虚构文学的跨界性，它一方面包容了想象，另一方面也涵容了现实，即文学与现实之间存在着"社会规约"。虚构文学中的场景和行为凭着社会规约与现实相似。正是这种相似，使得读者在阅读虚构作品的信与疑中，将眼前虚构的场景与自己亲身体会的生活联系在一起。读者通过阅读有了"如在目前"的感觉，从而对生活产生影响，由言变成行。但是魏简认为"虚构文学"给读者带来的影响不只停留在日常生活的层面上，而是要更深入地关涉到政治和民主的层面。正如前节所述，鲁迅、卡夫卡、老舍、布莱希特和谢阁兰所营造的虚构世界，指向的是对革命、社会规范的反思与考量。读者通过他们所"言"，来思考自己应当如何"行"。由此，阅读后的行动就变成了一种民主的实践方式。

魏简所谓的"民主"是广义上的民主，它"表示一种交流和规范公共生活的精神状态，这个精神状态同时暗含并改动着制度本身的定义"[1]。魏简对民主的解释是以"虚构文学"对个人的影响为基础，进而扩展到大众，即当"虚构文学"被公众广泛接受时，公众会对其中所涉及的政治、民主等诸多问题在公共生活中进行交流和沟通，从而对当下制度产生隐形的变动力量。这种力量是在"公共领域"中产生的。哈贝马斯认为在18世纪"资产阶级公共领域首先可以理解为一个由私人集合而成的公众领域"[2]，其组织代表形式是沙龙、咖啡厅、剧院，他将其称为"文学公共领域"。在这个领域中，各阶层的人汇聚在一起，探讨文学思考政治。以此，阶级的限制被打破，民主的观念从私人的空间产生，最终酝酿出对公共领域中政治、权力等多方面的批判。这与魏简所强调的民主实践相似，读者阅读和交流的过程，实际上就是参与民主的过程，众多私人的阅读汇集起来，最终可以对公共领域产生"教育"或"启蒙"的作用。因此，哈贝马斯认为这种从"私人"思考到"公共领域"交流的沟通模式，既保留了读者个性的思考，实现了"人的解放"，也在对"公共领域"的批判当中实现了"政治的解放"。

---

[1] [法] 魏简. 在虚构与现实之间：20世纪初期的文学、现代主义和民主 [M]. 杨彩杰等，译. 北京：人民日报出版社，2019：252.
[2] [德] 哈贝马斯. 公共领域的结构转型 [M]. 曹卫东等，译. 上海：学林出版社，1999：32.

由此可见，魏简用"语用性行为"着重强调读者的"以言行事"，意在将读者对虚构文学的阅读变成民主的实践并促进制度的革新，使虚构文学对社会话语产生影响。此时，魏简将阅读与民主实践的自由联系在一起，它既是"人的解放"也是"政治的解放"，读者在阅读中通过虚构的文学世界，自由地产生观念，自由地回应社会与现实中所对应的问题。但是，这种读者自由的阅读方式以及公共领域的条件在哈贝马斯的讨论中只停留在18世纪。而面对当代的阅读和公共领域，这种阅读自由和民主实践的方式似乎并不能很好地实现。魏简提到通过阅读参与民主的读者要"具有批判性思维"，能冷静客观地对社会做出评判。这种对读者的要求与西方选举中对选举人的假设是相似的：选举人要"具有一定知识和判断能力的选民能够在公共讨论中承担一种积极的角色，从而能够有助于发现合理形式并引起普遍关注的正当而公正的政治行为的约束标准"[1]。在具体的实践中，具有如此批判性思维的选举人毕竟占少数，剩下的人很难保证做出如此准确的判断。那么，魏简所认为的"具有批判性思维"的读者又有多少呢。尤其是在当下"文化消费"时代，"文化消费公众的业余活动在同一个社会环境中展开，无需通过讨论继续下去，随着获取信息的私人形式的消失，关于这些获取物的公共交往也消失了"[2]。当下的时代我们所获取的信息更多的是被制造出来的，而不是通过私人阅读所自发、自觉产生的。社会中诸多的热点，火爆一时的文学现象，呈现出的不只是文学本身，还有资本运作、社会需求、读者心理等诸多因素的影响。

因此，魏简想通过阅读在公共领域中赋予读者以"自由"，并将这种"自由"转化为民主实践，以期回到18世纪阅读具有自由信念的时代。这种期盼赋予虚构文学以政治行动力，有其积极意义。但这种赋予读者以绝对"自由"的方式，也是一种无法实现的梦想，"自由不可能是指一个一般、浮泛的自由状态，而应该是指特定项目的自由，针对人的特定活动类别而取得内容"[3]。读者阅读的自由也是局限在诸多条件的限制之下。而民主的讨论也

---

[1] [德]哈贝马斯.公共领域的结构转型[M].曹卫东等，译.上海：学林出版社，1999：245.
[2] [德]哈贝马斯.公共领域的结构转型[M].曹卫东等，译.上海：学林出版社，1999：190.
[3] 钱永祥.纵欲与虚无之上现代情境里的政治伦理[M].北京：中央编译出版社，2016：334.

需要有"共同意见"作为前提，即需要将探讨的话题变得相对集中，如此才能有效地进行讨论与发表意见。否则，个人自由的表达最终会变得散漫混乱达不到参与的效果。魏简将虚构文学与民主参与联系在一起，旨在赋予文学阅读以实践的力量。但虚构文学是否能建立有效的民主，读者是否可以自由地表述和介入，还需要以具体语境为基础考量更多的因素和条件。

三、重新定位中国文学现代性的尝试

魏简从"虚构"的视角透视文学，借助中外作家五部书写中国的文本，以中国为试验场，辨识和反思政治制度中的诸多面向，为民主祛魅，让20世纪初的"中国"文学走向"世界"，成为"世界"的参照系。进而，魏简邀请读者走入被虚构打开的文本，通过读者的自由阅读，构建民主，体现出实践性的特质。在展现虚构文学的辨识力与实践性之外，魏简尝试着为摹写20世纪中国的虚构文学寻找新的研究路径。他重新评价中国现代文学的地位，排除了西方观念中的偏见与歧义，称中国的现代性比起西方"既不次等，也不劣质"。那么，应当如何看待魏简对中国现代性的评价呢？

魏简在书中将现代性的特征总结为"断裂"，是与传统断裂，对传统进行扬弃。他提到"如果我们曾经指责过现代作家，就如同我们曾经指责过革命分子和民主主义者一样，指责他们将自己的历史（传统）与他们自身的地理（国家）相割裂的话，那么五四作家就更相信，与文学传统割裂这点，与一个普遍民主的现代国家的来临息息相关"[1]。可见，魏简所言的断裂是基于虚构文学的脉络而推演出来的。正是因为虚构，现实与想象共同参与到文学作品当中，虚构文学不再依附于历史、政治的规则之下，隐藏在其中的诸多限制性话语也被排斥在讨论的范畴之外。正如魏简提到"异域风情""文化相对主义""国族寓言"以及"东方主义"等话语无法真正辨识中国现代文学中多层次的文学意涵。这些话语将文学放置于中国近现代苦难的民族经历

---

[1]［法］魏简.在虚构与现实之间：20世纪初期的文学、现代主义和民主［M］.杨彩杰等，译.北京：人民日报出版社，2019：17.

中，以异域的视野和偏见来审视中国文学。文学只能是民族苦难的寓言，只能是西方视野下抽象的中国符号的表达。而魏简从虚构文学入手，强调现实与文学的断裂性。从而五四文学的现代性摆脱了西方话语的束缚，摹写中国的现代文学是对自身民族和国家问题的反思与讨论，是表达民主观念，实现现代国家的建构的重要因素。

但是，中国文学的现代性不只展现在断裂中，还应该在继承中体现。比如，普实克认为"主观主义、个人主义、悲观主义、生命的悲剧感以及叛逆心理，甚至是自我毁灭的倾向无疑是一九一九年五四运动至一九三七年抗日战争爆发这段时期中国文学最显著的特点"[1]。普实克将个人主义和主观主义作为这一时期文学的特点，而这种抒情的传统来自清代。他认为清代文人的小说、日记、诗歌都体现出对私人情感的凸显，是下层、民间力量的觉醒，是对清代制度的反对，人民力量开始崛起。普实克强调的抒情传统，实质上也是在追求民间、个人力量的解放，强调人民力量的发展对社会产生影响。普实克是从继承和延续的角度，从中国的内部和人民自身寻找文学发展的动力和机制。

此外，还有另一种方式的继承。例如，李欧梵认为"一个典型的五四文学大家都具有这种三合一的特点：气质上的浪漫主义，文学信条上的现实主义，基本观点上的人道主义"[2]。李欧梵承认了普实克所提出的抒情传统，但是他在抒情的基础之上加上了"现实主义"，即在继承传统抒情的基础之上，强调五四新文学所应当面临的社会现实问题。而他认为"中国现代作家与他们同时代的西方作家不同，他们不能够否弃'现实'；因此，他们为了自己那种'爱国主义的地方观念'所付出的代价，乃是一种深刻的精神上的痛苦感，这种痛苦负载着那种危机临头的'现实'压力"[3]。他将中国作家所面对的现实看作是代价和痛苦，也正如他在鲁迅身上看到的内心的苦闷与压抑。李欧梵将抒情与现实相结合，实际上是两种分散路径的拼合，他一方面承认

---

[1] [捷克]亚罗斯拉夫·普实克.抒情与史诗——中国现代文学论集[M].李欧梵，编.郭建玲，译.上海：上海三联书店，2010：3.
[2] 李欧梵.现代性的追求[M].北京：人民文学出版社，2010：226-227.
[3] 李欧梵.现代性的追求[M].北京：人民文学出版社，2010：240.

中国文学现代性与传统对接，另一方面则只能看到中国文学现代性沉溺在当下的土地，承担着精神的痛苦和负担。

此时，再看魏简对中国文学现代性的评价。首先，魏简所强调断裂的现代性是以虚构文学为切入点，摆脱了附着在中国"传统"中被西方误读的要素，以此来构建民主国家。其次，魏简的断裂相比于继承观念来说，显示了魏简为了摒弃附着在传统中的限制性话语，直接抛弃了传统的问题。这种抛弃有可能会将文学中的现实感"掏空"，所以魏简不断强调虚构中"现实"所起到的根基性作用。而普实克则从中国自身找到了现代性发展的动力，可见继承中国内在的力量对现代性的发展不可忽视。最后，李欧梵将浪漫和现实结合在一起，其形式与"虚构文学"的跨界性有所相似，既包含了现实，又表达了作者的想象。但与魏简相比，李欧梵给五四新文学大家身上背负了沉重的精神负担。这种负担最后可能会导向"国族寓言"的观念，也是魏简所要摒弃的观念。

中国文学的现代性应当是继承和断裂的结合，同时还应当包含超越性。魏简的超越性体现在：他尝试着将中国现代文学从西方语境赋予中国的"民族危机"中抽离出来，重新思考文学本身的特质，而不是将文学与作家沉溺在危机的痛苦与精神的负担当中。中国现代文学固然承担着民族发展和崛起的重担，但也应当看到作家在"负重前行"时利用文学的虚构性对当下的反思与超越，以此来勾勒未来民族发展的蓝图。中国现代文学作家的书写虽然直接面对民族危机，但他们利用"虚构文学"进行的思考并不局限在中国自身。魏简认为他们在文学中的思考可以为世界性的关于文学、政治、民主等问题提供反思的例证。

魏简在"虚构文学"的视域之下，探讨虚构具有的政治辨识力与民主实践性的特质，赋予摹写中国的虚构文学以独立的地位，突出文学对政治独有的影响力，承认摹写中国的虚构文学可以成为世界反思政治、民主的例证。因此，魏简提出与西方现代性相比，中国文学的现代性"既不次等，也不劣质"的观点，或许可以为我们反思中国现代文学打开新的思路。

编后记

由北京师范大学文艺学研究中心、文学院共同主办的"当前文学理论研究的问题与方法"学术研讨会,于 2021 年 8 月 28 日至 30 日在线成功召开。会议为时三天,以"问题与方法"为主题,围绕"当代语境与文学理论的未来""当前文论话语的问题与出路""理论的处境与批评的位置""新媒介的审美潜能""西方文论的历史形态与当下变迁""重访西方马克思主义的批判诗学""二十世纪中国文论的转型与再造""中国古典文论的当代重构"八个议题,展开讨论,反思并追问了理论研究之现实感的重塑,以及知识路径变革等诸多问题及若干认知层面。这对于推进当前文学理论研究,有较为重要的意义。

本辑选取这次会议发表的论文,凡五篇,作为主打篇目,呼应全书标题"文学理论:问题与方法"。各篇皆出名家之手,思理深湛,精彩纷呈。程正民高屋建瓴,总结俄罗斯诗学流派发展状况及其给予当代中国的启示,强调理论学派多元化和思想对话的重要性,很有启发意义。程巍细致盘点和分析了韦勒克和沃伦的《文学理论》,及其在 20 世纪 80 年代中国文艺学重建过程的意义,抉别其中饶有意味的"去政治化"的"政治"倾向,这种语境化脉络追寻和当代文论重审的视野很有新意,也有利于当代文论学界的反思和重建。胡继华透视 20 世纪二三十年代之交的达沃斯论坛及其间卡西尔—海德格尔之争,梳理出德语诗学从象征人文主义到文化修辞论美学的进路,有利于学界重审自身的人文维度及其文化愿景。王丽丽通过细读辨析福柯的"考古学"和"谱系学",从整体把握其历史考察在研究方法和思想批判上的独特性,这对于中国文论问题的自我理解有现实意义。赵文将阿拉贡搜集的景像世界与本雅明《拱廊街计划》研究结合起来,探讨后者的辩证光学及其对"梦幻刻奇"的理论构造,力图从整体上把捉本雅明理解的现代性及其广阔确实的外面世界，新鲜独到。

本辑组织了两组专题，"战时文艺与传统想象"和"修辞学与西方文艺思想史"。前者聚焦于抗战时期的文化思想和文艺问题，着重透过具体的文艺作品、美学批评和各类文艺个案，重现并审视当时充满分歧与论辩的文化战场及其政治想象。相信透过这些辨析和讨论，有便于今人更好地理解百年文艺思想和文化进程中的那个激荡而多元的特殊年代。后者从独特的角度梳理修辞学之于西方文艺思想史的内在关系，强调修辞学无论是在古代还是在近代，都从更为宽广的公共领域和深厚的思想世界，影响文艺思想的发育和生长。每篇论文都有精深的思想辨析和学术探讨，给当代中国相关学术以很好的参考。

本辑坚持给青年学人以更多学术发表的空间。年轻学人的思想具有活力，创造性和闪光的地方不在少数，往往给学界带来新的资讯和冲击，也成为各自未来发展的若干基点。杨旭的书评试图评析新译西著，把捉其间呈现的新鲜角度和独到思想，有一定的思想力。独立书评是本书力图有所创新的地方，希望年轻学人多所努力，提升自己，奉献新鲜学养和独立判断。

编　者
2021 年 10 月